厦门大学国学研究院资助出版丛书 ◎ 之五十二

闽台民间的心灵家园与文化变迁

萧友信 著

厦门大学出版社

XIAMEN UNIVERSITY PRESS

国家一级出版社
全国百佳图书出版单位

图书在版编目(CIP)数据

闽台民间的心灵家园与文化变迁/萧友信著. —厦门:厦门大学出版社,2017.12

(厦门大学国学研究院资助出版丛书)

ISBN 978-7-5615-6556-8

Ⅰ.①闽… Ⅱ.①萧… Ⅲ.①道教-教派-研究-福建 ②道教-教派-研究-台湾 Ⅳ.①B956.9

中国版本图书馆 CIP 数据核字(2017)第 143094 号

出 版 人　蒋东明

责任编辑　薛鹏志　章木良

封面设计　张雨秋

技术编辑　朱　楷

出版发行　厦门大学出版社

社　　址　厦门市软件园二期望海路 39 号

邮政编码　361008

总 编 办　0592-2182177　0592-2181406(传真)

营销中心　0592-2184458　0592-2181365

网　　址　http://www.xmupress.com

邮　　箱　xmup@xmupress.com

印　　刷　厦门市万美兴印刷设计有限公司

开本　880mm×1230mm　1/32

印张　13

插页　2

字数　350 千字

印数　1～1 200 册

版次　2017 年 12 月第 1 版

印次　2017 年 12 月第 1 次印刷

定价　45.00 元

自　序

　　闾山教派是道派与法派的结合,在闽台地区与民众生活息息相关,所牵涉的领域包括宗教、文化、农业、医疗等方面,是民众信仰不可或缺的一环。台海两岸研究者过去认为闾山教派的身世扑朔迷离,二者在学术理论与术数实践分道扬镳,各自表述,鲜少有人将其做一有系统之统合论述。又由于两岸历史文化历经长远隔阂而产生差异性,各自对闾山教派的视野仅是冰山一角与盲人摸象,未能全盘地深入与涉略,这也是目前研究者的困境之一。

　　在厦门大学期间,笔者借助于游走两岸之优势,易于搜寻两岸有关学术理论与术数实践等文献,透过田野调研,收集两岸民间之珍藏,再以自身过去在台与闾山教派及正一道的接触,身兼道士、法师与宗教博士之学术研究者,全神地投入撰写,综合而成一部较为完整的有关道教闾山教派的作品。尤其过去众多研究文献之偏颇或未完整脉络的解说,导致众多文献的误传,都在本书中得到解读。

　　本书的核心重点,总体概括有以下方向:(1)以闾山教派之整体为研究对象;(2)台海两岸教派文献比对;(3)学术理论与宗教实践两全;(4)合并文献与田野调查;(5)中文与日文等文献交叉比对;(6)厘清过去不当传说。本书综合了人类学、历史学、宗教学等观点,采取了古今文献梳理,配合两岸实地田野调查,融合而成,适合而后宗教学领域的研究参考。

唯本书内容之叙述,对前人研究有所修辞之处,或成文仓促错误在所难免,望先进先贤多加批评指正,是末学之荣幸,在此感激致谢。

萧友信

敬笔于天运下元岁次甲午桂月

目　　录

第一章

绪　　论

　　闾山教派是道教、民间宗教还是民间信仰？这个议题的界定，近几年来一直受到中外学者之关注与探讨，尤其在两岸宗教研究上有众多的讨论。笔者过去在台从事道教研究与术数实践，之后到大陆进行田野访谈与学术研究，发现海峡两岸学术界在道教或民间宗教研究上，有明显的差异性。大陆着重于哲学理论之阐述，而台湾则侧重实务实践论述，鲜少有人做有效的统合，而一个宗教派系之研究，应是全面性的理论与实践剖析，方能显露出该教派的真正内涵。希望将借此研究，在两岸道教交流领域做文化统一之领头羊（leadership）。突破研究之障碍点，取长补短，以期两岸学者与道徒能调整原有之我执，沉着思索研究各个领域之精髓，开创道教之新面貌，这是本书重心所在。

　　大陆在宗教文化方面有得天独厚之特色，虽过去有"文革"之影响，但幅员辽阔，人口众多，宗教在台面上虽几经破坏，但深藏在民间基层之文化中，经过整合亦可成章，只是实践之传承，因长久停滞而略有所失真。近年来大陆有关"道学"方面研究著作丰富，但"道法"方面略显不足，道教界与学术界的交流基本上还停留在道教文献研究的层面，宗教功能的开发略显不足。台湾宗教信仰传承自大陆，台湾民间信仰专家董芳苑在其《探讨台湾民间信仰》中谈道："'民间信仰'虽是中国南方闽南与粤东民间信仰之延伸,即便台湾民间庙宇之建筑与神像造型深具中国南方文化色彩,可是台湾民间信仰经历了三四百年的演变,已经具备了十足的'台湾味'或'本土风格',且能满足信仰群众精神与物质生活方面的需要,进而宗教风气鼎盛,开拓更多的弘道新途径。"①

目前台湾道教的研究,最主要是聚焦在地方道坛的型式及其仪式内容,同时对于道、法二门各种阴阳斋醮法事,以及民间道教神庙、神灵的信仰等几个面向,都已积累许多成果。但都主要是采取历史、音乐学及人类学的方法研究,其具体成果也主要体现在这些学术面向上。至于类似思想、哲学、宗教学及仪式理论的方法和层面,则几乎付之阙如。② 所以在两岸宗教中耙网出异同并从这些异同中淘出珍宝,亦是本书特点之所在。

道教与民间信仰之差别,在于道教是国家认同的具有经典、信仰群众、组织之正统宗教,而其他民间信仰教派只是沿袭道教之部分思想所创立的,在组织各方面并无严谨可谈。法国著名汉学家石泰安(Rolf Alfred Stein,1911—1999)认为道教与民间宗教信仰之间有着差异之辩证关系,两者之间之相互影响,可以看作一种变化无定的辩证运动。他又认为所谓纯化的道教应是"正派"与备受非议之"淫祀"之间,并非界限分明。③

事实上民间信仰亦是人类长期在物质生活充裕下所欲寻求的一种精神食粮,它是存在于大自然环境中,反映出人们自主性、主动性与创造性的精神活动,以神灵的崇拜满足了世人的需求,透过仪式的

---

① 董芳苑:《探讨台湾民间信仰》,台北:常民文化出版社,1996年,第5页。

② 萧进铭:《淡水道教的源流与内涵》,台北:"淡水宗教"学术研讨会议论文,2012年。

③ 石泰安编,吕鹏志译:《二至七世纪的道教和民间宗教》,《法国汉学》第七辑《宗教史专号》,北京:中华书局,2002年,第39～67页。

不断操作实现自我的生命。① 因此民间信仰就是一种民间宗教,它是族群性的传统宗教。以文化性而论,它是基层社会主要的文化现象,更是赖以安身立命之"文化宗教"。② 在宋朝民间教派有明显的成长,如净明忠孝道信仰的兴盛、闾山教派之创立与三奶派及法主公派之相继产生,所以宋代民间宗教信仰是民众的精神寄托所在,日本学者松本浩一在其《宋代の道教と民间信仰》提到从正统宗教与民间信仰互动的角度,来全面审视宋代宗教信仰实态。③

道教闾山教派是如何由民间信仰演变成道教之一派呢? 追踪其历史脉络,脱离不开儒、释、道三个领域之结合,而此结合必须要有意识相同之信仰群众,经由组织发展及宗教仪式之进行,达到宗教信仰之目的,这是一种实践之结果。由此可证,宗教除了应有自身之经典可供依循外,亦必须有其成立之四大基本要素:宗教意识、宗教组织、宗教礼仪、宗教器物。④ 具备了这四要素,将使得宗教组织更健全,更能发挥宗教之功能,但民间信仰或民间宗教是道教世俗化的主力,深入生命基层,和社会大众的日常生活密不可分,特别是在生命及生死上所表现出的,是一种宗教意识形态的内涵,也是一种文化发展的重要指标,代表着整体精神的根本源泉,每一种习俗或宗教仪式背后的意义更是群众生命与精神之所需。

闾山教派是道教的一个支派,也是融合道教正一派与古巫术思想的教派。自东晋许逊创立净明宗教派至闾山教派成立,经过长远之政治、经济、社会与时间及空间的变化,还能历久不衰,而且有更加

---

① 金清海:《台湾地区张圣君法主公信仰文化源流及现况探究》,《成大宗教与文化学报》2008 年第 10 期,第 114 页。

② 董芳苑:《探讨台湾民间信仰》,台北:常民文化出版社,1996 年,第52 页。

③ 松本浩一:《宋代の道教と民间信仰》,东京:汲古书院,2006 年,第1 页。

④ 陈麟书、陈霞:《宗教学原理》,北京:宗教文化出版社,2003 年,第74 页。

兴盛之趋势,势必有其内在之特色存有与神秘,引发众多学者或宗教从事者探究之兴趣。同时闾山教派是一个跨越儒、释、道所融合之特殊民间道派,它的信仰形成、法脉传承、核心思想,在领域上有别于其他宗教,必须要有对该教派问题之提出,方能做出翔实有效之成果。

闾山教派是由多个宗教或教派思想融合而成,在宗教理论上是儒、释、道、巫之综合;在教派上是由正一道、净明忠孝道、法主公派(张圣君等)、三奶派(陈靖姑等)、徐甲派、瑜伽派、普庵派、梅山派等统合。根据其复杂程度,闾山教派可谓为"海纳百川"之包容性宗教;它的组成充满着神秘性与灵验性,但只要条理其特性即可豁然开朗,也就是要以不同的联系、不同的层次、不同的视角、不同的方面来揭示宗教的多相属性。① 因此,要针对闾山教派不同之面向,去探讨其多方之属性、多方之功能与社会之实践。

一个宗教的创立、传承都有其宗教之历史背景与宗教经验。在教派存续当中,它整个教派所依凭之宗教思想,主要属性之特色,如自然与人文、生理与心理、文化与本质等,在此教派中所占有之价值地位,皆为值得探讨。尤其在道教或道派的内涵,其道理与道法深渊莫测,学道者不可不审慎挖掘其真理,《淮南鸿烈·原道训上》载:

> 夫道者,覆天载地,廓四方,柝八极,高不可际,深不可测,包裹天地,禀授无形;原流泉浡,冲而徐盈;混混滑滑,浊而徐清。故植之而塞于天地,横之而弥于四海;施之无穷,而无所朝夕。舒之冥于六合,卷之不盈于一握。约而能张,幽而能明,弱而能强,柔而能刚,横四维而含阴阳,宇宙而章三光。甚淖而滒,甚纤而微。山以之高,渊以之深,兽以之走,鸟以之飞,日月以之明,

---

① 陈麟书、陈霞:《宗教学原理》,北京:宗教文化出版社,2003年,第22页。

星历以之行,麟以之游,凤以之翔。①

道为宇宙万物之本源与始祖,一切万物因道而生。它不但深渊莫测,也能乘载着万物之力,操控着宇宙天地万物,同时有宽纳百川之德,夫子曰:

> 夫道,覆载万物者也,洋洋乎大哉!君子不可以不刳心焉。无为为之之谓天,无为言之之谓德,爱人利物之谓仁,不同同之之谓大,行不崖异之谓宽,有万不同之谓富,故执德之谓纪,德成之谓立,循于道之谓备,不以物挫志之谓完。君子明于此十者,则韬乎其事心之大也,沛乎其为万物逝也。②

由于道教或教派其自身所蕴藏之"道"的力量,因而君子应摒弃杂念,对天、德、仁、大等十者有所知晓,铭记在心。《道德经》说道:"有物混成,先天地生。寂兮寥兮,独立而不改,周行而不殆。可以为天下母,无不知其名,字之曰'道',强为知名曰大。大曰逝,逝曰远,远曰反。"③天地与万物皆来自大自然,但与人类之间有着依附关系,亦即所谓之"人文与自然",两者之相互撞击产生天、地、人之法则,如《道德经》(第25章)中也说:"人法地,地法天,天法道,道法自然。"④居于上述多方属性价值可细分如下:

1.人文与自然:在道教思想中,"道法自然"是其根本之属性,崇尚自然与自然崇拜是道教实践上之思维。道教的神学思想认为宗教有它起源之存在,在世界各国之学者各有它意相之表述,如"自然神

---

①　〔宋〕张君房编,李永晟校:《云笈七签》卷一,北京:中华书局,2003 年,第 7 页。

②　陈鼓应注译:《庄子今注今译·天地》,台北:台湾商务印书馆,2004 年,第 313 页。

③　任法融:《道德经释义》第 25 章,北京:北京白云观印制,年不详,第 65 页。

④　任法融:《道德经释义》第 25 章,北京:北京白云观印制,年不详,第 66 页。

话论"、"实物崇拜论"、"万物有灵论"、"祖灵论（鬼魂论）"、"图腾论"、"前万物有灵论"等。① 这种由宇宙自然之空间产物所酝酿而成之鬼神信仰，使道教闾山教派神系的渊源演变成天地人鬼神合为一体及人、神同源的神学思想，在道教与闾山教派中尤为盛行。

道在宇宙中有它存的规律，都是依循着宇宙自然法则之运行，最终还是脱离不开阴阳五行的调和。"天地、人物、仙灵、鬼神，非道无以生，非德无以成。"②其德优天地而和阴阳，节四时而调五行。由道而德其中转化之力量，对人与鬼神之影响，是人文与自然的一种奥秘所在。如五雷使者张天君所说："天无私日月垂明，天有德人物俱生，是故我天尊代天行道德，施三界，使清者为圣，浊者为贤，凡有情有形者，俾跻仙阼共成一气。天尊欲人人皆为天尊者，何故惜其气而应其本元之妙道也。"③

2. 在生理与心理面向：道教与闾山教派，皆是一种贴近于民众世俗之现实宗教，基本上充满着神仙信仰之思想，在修炼成仙的终极目标上，对人身心理之调适为其首件要务；同时积极在人体生理上操作，应用内外丹道之修炼来达成炁化形体，最终羽化成仙。在整个过程中，如何达到身心灵之平衡与协调，如何在道教养生或在闾山教派科仪中，显露出其中之攸关内涵，至今虽有众多学者针对此相关领域投石问路，达阵者却几乎一无所有，实对此有再深入研究之空间。

3. 在文化与本质上：闾山教派之文化本质包罗万象，领域多端庞杂，必须从不同之角度方能得到其精髓。（1）神学之本质：道教与闾山教派在神仙崇拜上是万物有灵论，举凡宇宙万物皆有神灵之存有。因此，在道教神学理论中，人们所追求的就是透过修炼而达到长生不

---

① 陈麟书、陈霞：《宗教学原理》，北京：宗教文化出版社，2003 年，第 152 页。

② 〔宋〕张君房编，李永晟校：《云笈七签》卷一，北京：中华书局，2003 年，第 11 页。

③ 〔宋〕撰人不详：《九天应元雷声普化天尊玉枢宝经》卷上。又名《雷霆玉枢宝经》。

死、神通广大之神仙体系，这种神仙信仰乃是道教所阐发的神学理论之核心。（2）伦理道德之基础：宗教信仰是一种人性内在之修为所形成对神灵崇拜的行为，这种力量之来源主要是对神灵的敬畏之心。闾山教派的思想来源大都受道家伦理道德观念影响，同时也吸收了儒家忠孝为主轴的三纲五常思维，对佛教思想亦有吸纳，集儒释道思想之大成。

4. 在丹道修炼上：道教将人体喻为大宇宙中之小宇宙，要使小宇宙融入大宇宙中，必须顺应宇宙自然之运行，"炼精化炁、炼炁化神、炼神化虚、与道合真"，将自身喻为炼丹之鼎炉，抽坎填离，阴阳交媾，达到炁化与道合真的道教终极目标。这种文化与本质，在理论与实践上如何相互呼应是值得探讨的。

道教闾山教派之形成有神圣化与世俗化两种领域，常因对宗教所涉及之不同层面，产生了神圣面与世俗面之差异，一个神圣之教派不因地域与时空之不同，而改变教派原有之教义，而相对的即为世俗之教派。闾山教派几百年来，能够为信仰民众所崇拜而不衰，其中定蕴藏着对信仰群众影响至深之价值存在，必须从中去剖析其内在之真理与本质。因此，必须探讨的是"对此研究之价值为何"。

首先是神圣性之功能价值：宗教神圣性功能是指与对神明的信仰与崇拜有内在本有的联系，并通过该教派自有之经典、仪式教规、教义和宗教神职人员、宗教组织把信仰中的"神"神圣化而体现出来的一系列功能。涂尔干（Emile Purkheim，1858—1919）认为：

> 宗教的本质在于把所有事物所有现象分为两个领域：俗世的和神圣的，这是两个处于对立地位的领域。宗教信仰神话、教义、圣徒传记是展现神圣事物的性质的表象或表象的体系。赋予这种表象或表象体系以美德和权能，则是表述了它们的历史、相互关系和它们同世俗事物的关系。俗世领域是实在的，神圣

领域是理想的,也是人应当向往的。①

功能主要包括信仰认同功能、信众牵引功能、行为规范功能、心理调适功能等。② 闾山教派信仰诸多分派都有其神圣法派之传承,或经典、教义与道法都在其脉络延续下来,在此传承之最原始源头,皆与太上老君有所关联。信仰群众如何对自身所崇拜神祇之神圣性有所认同,同时发展该教派之组织、倡导教义,在组织开展过程中,不但要顾全原有之信众不让其流失,同时要了解如何去召集更多之信仰群众,让整个组织更为扩大;而一个宗教组成之团体,要如何去设定组织章程之架构去管理信仰群众,同时了解信仰群众之心理,方能使整个信仰群众又稳且固,这就必须去发挥闾山教派神圣性之功能价值,使得信众不治自服于神圣使命中。

其次为世俗性功能之价值:一个教派之所以能长久延续原有之信仰团体,单靠着经典、教义、教规与神职人员来规范广大群众,仍不能完全执行宗教原有之信仰宗旨与目的,要基于整个教派神圣框架轮廓下,做出该教派应有之实践,以凸显出该教派之俗世性功能价值。涂尔干也认为:"宗教是一种既与众不同,又不可冒犯的神圣事物有关的信仰和仪轨所组成的统一体系,这些信仰与仪轨将所有信奉它们的人,结合在一个被称之为教会的道德共同体之内。"③在此之教团即为一个有组织功能之团体,它必须有高超道德标准之领导阶层与引导信众之能力,去适应此世俗性功能。

---

① 〔法〕埃弥尔·涂尔干著,渠东、汲喆译:《宗教生活的基本形式》,上海:上海人民出版社,1999年,第87页。

② 日生:《宗教神圣性功能与宗教社会作用的复杂性》,《中国宗教》2003年第12期,第16页。

③ 〔法〕埃弥尔·涂尔干著,渠东、汲喆译:《宗教生活的基本形式》,上海:上海人民出版社,1999年,第54页。

第二章

闽台民间的心灵家园与文化变迁的深层理论内涵

——以闾山教派为核心

闾山教派是一个"道、法二门"之教派,除了基本经典、教义之外,最重要的就是"法"的执行,亦即为教派"科仪"之实践,在吕大吉著名的宗教论断中,宗教行为(仪式)作为核心要件,与宗教观念、宗教体验、宗教体制共同构成了吕氏的"宗教四要素"。此四要素的内容是:(1)宗教的行为或活动;(2)宗教的感情或体验;(3)宗教的观念或思想;(4)宗教的组织与制度。[①]在此之行为或活动中,撞击出宗教特质的显现、存有的解读、领域与型式的划分、背后意涵的真相。

第一节　闾山教派内涵之特点

闾山教派着重在宗教科仪或仪式之实践与操作。一个宗教之仪

[①]　吕大吉:《宗教学通论新编》,北京:中国社会科学出版社,1998年;李申:《对宗教本质的"千虑"——兼评吕大吉教授的宗教"四要素说"》,《哲学研究》1999年第10期,第69页。

式操作往往代表着该教派最为核心之意义,其背后更有着较为深层之教化价值与功能。这个深层之教化,使得教派信仰有了宗教的观念或思想;然后能在宗教群体活动当中,由于仪式之进行使得信仰群众因教义与仪式之教化、思想观念之统一,产生身心灵之相互碰撞,而得到宗教之情感与体验。在这宗教活动中更需要发动群体组织之力量,使宗教行为顺利进行,因此必先要有该宗教之组织与制度,方能在最终使宗教之实践功能价值显露出来。

一、闾山教派的价值存有

在了解宗教四大因素其中之道理与根源之存在后,就会知晓如此之永续经营将"影响何种实践"。实践在整个教派历史延续当中,占有着举足轻重之地位,对一个教派之长存,若唯有做其历史追溯、教义释注、理论分析、经典阐述,而不执行科仪之实践,则只是有体而无用,无法体用相兼,是无法达到教派之存在目的,因此,必须要了解礼仪与术数之实践价值。

(一)礼仪实践价值

一个部落或一个民族都有其最原始之信仰文化,在信仰中对其崇拜之神祇皆产生敬畏之心,因此创造了自身宗教礼仪规范。宗教礼仪,就是指宗教信仰群众对其所崇拜神祇表示崇拜与敬畏所举行的各种科范仪式与活动。这种对神的崇拜行为都可以叫宗教礼仪,因此,宗教礼仪是被条文化和规范化的对神的崇拜形式,是有制式的宗教行动,亦可说是一种被制度化和戒律化了的宗教行动。

在闾山教派之宗教礼仪实践范围有:(1)献供礼仪,即对神佛供献各类供物,在古礼献供中,离不开香、花、灯、茶、果,其中各自所代表之意义为:香为无为,花为自然,灯为顺化,茶为清净。① (2)礼拜

① 中华道教总会:《认识道教》,台北:中华道教总会,2002 年,第 3~4 页。

礼仪,这是较高层次的宗教礼拜礼仪,即将礼拜者置身于礼拜坛场,对神佛表达敬畏等情感和祈祷时,将整个礼拜规范化、仪式化、庄严化、象征化,以增加宗教礼仪的崇高性和神圣性。(3)心灵意象礼仪,它是超越了一般形式的礼仪,是一种心灵感受所表达于内在的宗教礼仪,是信仰群众发自内心深处,对崇拜神灵的心灵表征,所以宗教礼仪的文化功能也就是对人类社会生活的作用。

(二)术数实践价值

一个宗教缺乏实践,就无法表达出该信仰之内涵及其背后所蕴藏的教育意义。所谓宗教术数实践,就是要把宗教思想观念、宗教教义、宗教组织,借宗教之实践融入整个社会阶层并深入人心的一整套有效运作方式。简言之,宗教创立之初,如何将其特有的思想观念融入社会、深入人心即是其全力以赴的方向,因此产生了一整套行之有效的实践技术。① 闾山教派所注重之行为,就是在法事科仪之操作方面来展现该派之体用兼备,使得术数实践能表现在一个教派行动之基本核心上。

闾山教派在整体社会功能上有如上所述诸多之实践价值,因此,必须找寻下手之启动原点,牵动整个教派所在之核心,而"想要对何种问题激发启动",就要一一列出各问题点之特性,经过分析归类,统合系列问题并加以解答。宗教信仰或宗教实践对社会有正面与反面影响,这一巨大正负作用不仅表现在信仰群众上,同时对整个社会之和谐亦有着莫大之催化作用,尤其在生命礼仪及生死关怀上,对伦理道德之宣扬与实践,有其内在之价值存有。它一方面内在地护佑着整个人类社会的良性发展与展示出指导方针;另一方面,它所创造的"世界形象却经常像铁路扳道手一样,决定了被利益动力所推进的行

---

① 段玉明:《中国宗教学应加强宗教实践技术的研究》,《云南社会科学》2007 年第 3 期,第 102 页。

为行进的轨道"。① 闾山教派就在此种历史环境下产生与发展,充满着神秘与神圣内涵。

二、闾山教派的达致目标

对该宗教内涵有所理解后,也必须有对该教派最终之归宿意向之提出,如没定出其目标,就诚如"无舵之舟",无法掌控行驶之方向与目的地;对于信仰群众之人生终极关怀,亦是要有最重要之课题之提出:(1)宗教要引领信仰民众走向何方?(2)该教派对信徒之终极关怀起了何种程度之作用?(3)"为何要关心此议题之结果?"教派之理解应抛砖引玉,首先由历史之角度切入,经过抽丝剥茧,对整个教派之思想与实践深入解析,最后应用到人的生命上,使学术理论与术数实践在"有趣、有意义、有理论意涵、有目的"之情况下,得到翔实之达阵成果。因此,将此目标概括为三个领域:现实之目的、实践之目的、学术研究之目的,基于以上闾山教派之实践目的,搜寻其背后之内涵,终究能得知其实质之目标。

(一)现实意义的剖析

宗教之实践应是在于民众现实之生命关怀,所表现出来的是信仰群众之现实功利思维,它的教义亦应是一种民众心灵之教养。因此,在闾山教派中,必须对该教派许多现实意义进行再次的剖析。

1. 找出改变现状之空间:一个教派经过长时间之时空转化,受到圣与俗不同处境之影响,使得原有之教义实践产生了变质,失去原有之本色。因此,必须理出其原始之根源与基础,从而比对分析各个时空之转变与现实之差异,寻找其变迁之因素,达到保存该教义之原始真理。

2. 厘清对特定现象之疑点:一个宗教或一个教派在不同信仰群

---

① 〔英〕罗伯特·鲍柯克著,龚方震等译:《宗教与意识形态》,成都:四川人民出版社,1992年,第3页。

众中,从不同之角度或立场进行观照,其观点之结论总是有差异之处。因此,其在解读上产生了疑点,唯有透过不同之释义,共同推敲至相同领域之观点。尤其在教派之教义与经典上,引经据典、词语用句尤为要务,《后汉书·荀爽传》:"爽皆引据大义,正之经典。"就为其义。

3. 完成对此教派之内涵呈现:一个事物皆有其突出之特色,更有着其独特之价值,如果是一种隐藏在深处之内涵,就无法被信仰群众所挖掘或运用,结果失去原有之价值本义。闾山教派原有之教义,充满着巫觋神秘感而无法为民众所了解与接受。因此,必须透过科仪与道场之演绎,方能将其教派内在实质之意涵表露出来。

(二)实践境界的厘清

宗教是一群信仰群众对于教派之教义或神之崇拜所组合而成的团队信仰,有时因其对神之信仰狂热,在理性上出乎常轨而对信仰机制有所偏颇,导致了信仰群众对正轨之传承亦有所差异。因此,在教派实践上必须厘清以下几个层面,以导正对该教派之信仰思维。

1. 厘清教派在宗教历史地位之发展:闾山教派的组成是沿袭净明忠孝道许逊许真人之"正一道"与"巫法"融合而成之道法二门,是道教组成之一部分,亦是含有巫觋系统之存在,如今在教派地位上被列为道教系统与民间信仰之混淆地带,如闾山教派常做之"打城"、"过桥"仪式,其整个仪式过程在正一道与闾山教派没什么两样,日本学者山田明广也指出:"在乌头道士也称为正一系道士……'打城'、'过桥'仪式数十个科目所构成,道士依着制式化之程序至地狱救渡亡魂。"[①]这种道派世俗化的结果,使得原有之宗教系统起了无意识变化,一些相似的教派也被归类到闾山教派中。台湾刘枝万教授在

---

① 〔日〕山田明广:《道教血湖科仪的初步探讨——以台湾南部地区为例》,台北:经典道教与地方宗教国际研讨会论文,2013年,第1页。

《台湾の道教と民间信仰》中称：

> 法教的祖师都是道教神或富有避邪性的民间神祇,这是通例,但性质不同的佛教系统也挤了进来。普庵佛就是如此。宋代临济宗的高僧普庵即慧庆禅师,生前从事布教,死后屡次显灵,特别在禅宗中常被奉祀崇拜。不仅如此,在民间信仰中也作为一方的首领受到崇拜,因其符咒驱魔力较强,所以常被使用。[①]

由以上显然很难看出闾山教派与正一道之间的明显差异,因此,在实践上是无法界定出闾山教派之属性,而无法定出其在宗教社会中之明确地位。

2. 厘清教派在神系认知之偏驳:在田野调查中发现,在诸多道教五营系统中,有的将五营兵将之将头——张、萧、刘、连、李,与闾山教派中之张圣君及萧法主混为一谈,有说法认为居首的东营张将军,即是张法主圣君。在宫庙"安营操兵科仪"手抄本中,东营九夷军,青令旗,青面张将军"张基清",而非"张慈观张圣君",因张圣君为黑面;南营八蛮军,红令旗,红面萧将军"萧其明"(或萧其良),而非闾山法主三师兄弟之"萧明(朗瑞)"。《张公法主祖庭》记载:"十一年辛酉(1141年),萧明(朗瑞)诞生在仙游县东乡龙坡社八姓庄。"[②]在此两则不同表述上,显然法主公派与五营系统之差异性值得探讨与厘清。

3. 厘清教派在神系传承之误导:许逊许真君被崇拜为闾山教派之教主,他的法派传自太上老君,依据《云笈七签·道教相承次第

① 刘枝万,《台湾的道教》,载自〔日〕福井康顺等编:《道教》第三卷,上海:上海古籍出版社,1992年,第128页;刘枝万:《台湾的道教と民间信仰》,东京:风响社株式会社,1994年,第185～186页。

② 福建省道教协会研究室、德化石壶祖殿管理委员会编:《道教圣地石牛山——张公法主祖庭》,福州:福建省道教协会研究室,1998年,第1页。

录》："老君传第三十六代许逊；逊授一百人，而无人可授，系代又绝。"①及《云笈七签·许真人传》载许逊：

> 闻豫章有孝道之士吴猛学道，能通灵达圣。叹我缘薄，未得识之。于是旦夕遥礼拜猛，久而弥勤。已鉴其心。猛升仙去时，语其子云："吾去后，东南方有人姓许名逊，应来吊汝，汝当重看之，可以真符授也。"至时逊果来吊，其子以父命，将真符传逊。奉修真感，有愈于猛。②

在以上文献记载叙述中，得知许逊之师承关系，有来自太上老君及吴猛真人；其他如法主公派、三奶派、徐甲派等派传承之传说误导，皆值得探究厘清。

（三）闾山教派的体用合兼导响

闾山教派之领域，有其特色存在，非一般宗教所拥有的，它所涵盖之范围除了学术理论外，尚须注重其科仪实践之演出；必须能以学术理论之"体"为基础，以术数科仪操作为"用"之实践。整合"体用合兼"并进，亦必须以复兴传统文化为出发点，促使两岸传统宗教思想交流统一，脚跨台海两岸，不但对道教有正确之认知，同时对闾山教派也要有适时之统合益处。

第二节　闾山教派存有之解读

闾山教派是否能被视为一种"宗教"，还是属于民间信仰？它具有怎样的宗教性内涵？学界对于这些问题争论已久，但每一次争论

---

① 〔宋〕张君房编，李永晟点校：《云笈七签》卷四，北京：中华书局，2003年，第61页。

② 〔宋〕张君房编，李永晟点校：《云笈七签》卷一○六，北京：中华书局，2003年，第2311页。

都未能取得一致看法。因此，必须对闾山教派相关文献分门别类，继续深入探讨。在文献回顾中对问题之提出，必须寻求古今文献，找到对于问题点能得到实质之证明或解说；尤其对于闾山教派的本质认识及其科仪功能，应有更深入之剖析，以解各研究之疑点。

就闾山教派之现状，可分为两方面来做探讨。一方面是以闾山教派创始者许逊及其教派——净明忠孝道为主之信仰，包含许逊授之于太上老君，吴猛传法至净明忠孝道之创立，最终被喻为闾山教主，其整个法脉之传承历史及思想领域应可在诸多道教经典中找到记载；另一方面为许逊后之闾山教派分支，包含着法主公派、三奶派、徐甲派、普庵派、瑜伽派等信仰，各分派之渊源、教义、经典与科仪，尤其在传承系统上，如何在地方志书或史册上，找到有力之证明，是为本书所欲求取之要务。

一、宏观宗教视野

闾山教派之研究，必须学习吕大吉先生的那种逻辑思维能力，以概念、判断、推理等逻辑分析的方法，作为学问的基础，并将研究者之思绪处于圈内人（insider）或圈外人（outsider）的角度，方能看清自己之位阶，去批判对宗教现象或宗教思维之信仰逻辑，同时从哲学研究转向宗教学研究，并且在宗教学领域里取得开创性成果。有了宗教就有神或上帝的存在，人神之间应为天人一体相辅相成，但现今已成为主仆关系，吕大吉对马克思之论调亦有相似之看法，他说："在马克思主义看来，宗教颠倒了人与神的真正关系，把神从被造之物变成了命运之主，而人则从造神之主变成神的奴仆，这就丧失了人的本质和人格的独立性，从而不再是自己命运的主人。"[①]信仰群众将神视为命运之统帅者及功利之分配者，认为唯有求之于神及功名利禄可得

---

① 〔英〕埃里克·J.夏普著，吕大吉等译：《比较宗教学·译序》，台北：联经出版社，1990年，第3页。

之于神,而不知一切命运操之在我。

宗教是神圣的,它是人去组织与创造的,并非自然创造而成,但它能统领整个部落族群,甚至于整个国家民族。马克思说:"宗教是这个世界的总的理论,是它的包罗万象的纲领,它的通俗逻辑,它的唯灵论的荣誉问题,它的热情,它的道德上的核准,它的庄严补充,它借以安慰和辩护的普遍根据。"①宗教研究者常因自身立场未能稳固,在进入宗教领域后身陷其中,被宗教现象或宗教传道者误导。因此,过去众多宗教学者对宗教虽皆有深入之研究,但其最大之待开发的空间即为本书之写作方向。

大陆学者陈麟书、陈霞之《宗教学原理》②一书中,对宗教之属性和本质、要素和功能、宗教现象、社会意识形态、宗教和政治、宗教和社会主义等,都有深入浅出的翔实记载与论述,是宗教学之代表作,尤其对宗教之研究方法列出了三种相互关联而又不同层次的思维研究方法:"具体学科的专业研究方法、逻辑思维的中介研究方法、唯物史观指导性的宏观研究方法。"③但其对宗教之实践,尤其在其科仪之实践上鲜少提及,这亦是本书待发展之空间。

台湾较有代表性的宗教学者刘枝万,在他的《台湾の道教と民间信仰》④中谈论有关台湾整个宗教术数科仪之实践、法脉传承与演法过程、巫与道士法师,大都是着重在宗教实务上,而在宗理论与思想上就较少谈及。另外尚有日人增田福太郎原著、黄有兴中译、江灿腾主编之《台湾宗教信仰》⑤所谈的是有关日本据台前后在台湾的宗

---

① 《马克思恩格斯选集》第1卷,北京:人民出版社,1972年,第1页。

② 陈麟书、陈霞:《宗教学原理》,北京:宗教文化出版社,2003年。

③ 陈麟书、陈霞:《宗教学原理》,北京:宗教文化出版社,2003年,第2页。

④ 刘枝万:《台湾の道教と民间信仰》,东京:风响社株式会社,1994年,第174～212页。

⑤ 〔日〕增田福太郎著,黄有兴译:《台湾宗教信仰》,台北:东大图书公司,2005年,第94～95页。

教概况及其各教派之分布;而日人增田福太郎之《台湾の宗教》①、董芳苑之《台湾民间宗教信仰》②,谈及台湾民间信仰之本质、原始精灵崇拜、进步精灵崇拜等实务领域。

台海两岸在宗教分道扬镳之情形下,经过时空转变渐行渐远,唯有透过宗教对话产生宗教交流,方能看出其中之端倪。如西班牙雷蒙·潘妮卡（Raimon Panikkar）在《宗教内对话》（*The Intrareligious Dialogue*）中所说:

> 如果宗教间对话要成为真正的对话,那么就必须伴随宗教内对话,即它必须始于我对自己和我的诸信念的相对性的质疑,接受转变、改宗和冒着传统模式被打翻风险等挑战。"我质疑我自己"（Quaestio mihi Factus Sum）,那位非洲的奥古斯丁（Augustine）曾说道。没有这种自我批评态度,一个人根本不可能进入真正的宗教对话领域。③

尤其在宗教内要立于正确之立场去沉思判断与实践,方能达到真实之宗教交流与对话;而一般只是在宗教领域中之谈论,并非实质地涉入真正宗教的交谈。因此,潘妮卡更说:"为了避开这一陷阱,我想也先强调常常被忽视的宗教内对话,即在我自身之中的内在对话。"④由以上论述得知,在以理论基础为后盾下,必须要有实质之实践行动,方能体用并兼。另有关吕大吉之诸多宗教文献,皆有详述宗

---

① 〔日〕增田福太郎:《台湾の宗教》,东京:株式会社养贤堂,1935年,第5~61页。

② 董芳苑:《台湾民间宗教信仰》,台北:长青文化事业公司,1975年,第139~141页。

③ 〔西班牙〕雷蒙·潘妮卡著,王志成、思竹译:《宗教内对话》,北京:宗教文化出版社,2001年,第95~96页。

④ 〔西班牙〕雷蒙·潘妮卡著,王志成、思竹译:《宗教内对话》,北京:宗教文化出版社,2001年,第95页。

教理论之著作,如吕大吉的《洛克物性理论研究》①,此外尚有日人池泽优之《"孝"思想の宗教学的研究》②"对祖先崇拜的一般理论"。其对祖先崇拜做出了两个层面之定义,是着重于理论与实务之论述,唯此是在整个宗教之层面的对谈,而较少谈到闾山教派之领域,因闾山教主许逊是以忠孝道为其创教之主轴。

二、闾山教派之祖——净明宗

闾山教派之创始者为许逊,而净明忠孝道亦以许逊为主;因此,闾山教派之教义也大都来自净明道,有关净明道之文献记载概括在以下三个领域。

(一)传记类

在古籍史册中,记载许真君及净明道之传记为数不少,计有:《许真君仙传》、《孝道吴许二真君传》、《许真君石函记》、《净明忠孝全书》、《搜神记》、《许真君玉匣记》。这些传记大部分被收录在《道藏》中,谈及有关许逊之生平记事,其中亦记载教派之道法,如古本《玉匣记》是集各类道教术数及五术等之代表作,亦称为《玉匣记通书》。许逊在道教术数及五术(山、医、命、卜、相)之涵养高深莫测,如《云笈七

---

① 吕大吉:《洛克物性理论研究》,北京:中国社会科学出版社,1982年;《人道与神道——宗教伦理学导论》,上海:上海人民出版社,1992年;《西方宗教学说史》,北京:中国社会科学出版社,1994年;《宗教学通论新编》,北京:中国社会科学出版社,1998年;《从哲学到宗教学——吕大吉学术论文选集》,北京:宗教文化出版社,2002年。合著:《中国宗教与中国文化》,北京:中国社会科学出版社,2005年。主编:《宗教学通论》,北京:中国社会科学出版社,1989年;《宗教学纲要》,北京:高等教育出版社,2003年;《中国各民族原始宗教资料集成(多卷本)》(共同主编),北京:中国社会科学出版社,1996—2000年。译著:《比较宗教学史》(合译),上海:上海人民出版社,1988年。

② 〔日〕池泽优:《孝思想の宗教学的研究》,东京:东京大学出版会,2002年,第10~11页。

签》中有云：

> 道者，虚无之至真也；术者，变化之玄伎也。道无形，因术以
> 济人；人有灵，因修而会道。人能学道，则变化自然。道之要者，
> 深简而易知也；术之秘者，唯符与气、药也。符者，三光之灵文，
> 天真之信也；气者，阴阳之太和，万物之灵爽也；药者，五行之华
> 英，天地之精液也。妙于一事，则无不应矣。①

"道者"为虚无至真之"体"，"术者"为其玄妙之"用"，唯有"体用
合兼并用"，始能"妙于一事"。在《许真君玉匣记》有云：

> 真君健世人作、福酬愿拜表上章建斋设醮，或吉或凶，作福
> 作祸，有人家祈禳及生灾祸，破散子孙者，此事不知何如？真君
> 考：天曹案内简簿看之，盖因凡师只取五福利者……天曜或在地
> 府，或在人间致今受生殃祸，真君遂录之，名曰"玉匣记"。②

因此，后世确认许逊得其妙要，传录于世，名之曰"玉匣记"。但
一般将其玄妙神奇都假托于诸葛孔明、张天师、周公、鬼谷子、李淳
风、袁天罡等先贤之名而作。至于在《净明忠孝全书》③与《搜神记》
皆谈到有关许逊身世及对其之歌功颂德，如诗曰："'从来世代出神
仙，争似旌阳拔宅登。屈指筹来千载后，应当还有凤珠吞。'格联曰：
'三尺龙泉追残齿壑千年魄，一根铁柱锁定将析万古秋。'"④显然许
真君对千载后皆已知晓，以及许逊对国家百姓之贡献与自身之修持，
皆有优质之事迹流传后人。

---

① 〔宋〕张君房编，李永晟校：《云笈七签》卷四五，北京：中华书局，2003
年，第1005页。

② 〔晋〕许真君纂，武林、朱说霖雨畴重校：古本《玉匣记》，《增广玉匣际通
书》卷之上，年代不详。

③ 〔元〕黄元吉等编撰：《净明忠孝全书》六卷，《正统道藏》太平部。

④ 〔宋〕撰人不详：《搜神记》，《三教源流搜神大全》卷二，长沙：中国古书
刊印社，1935年，第21页。

（二）经典类

一般宗教之经典，是一种思想、一种教义，代表着整个教派传承之核心所在。它的思想与教义，能使得信仰群众了解到整个教派信仰中心为何，依循其教义，先寻求自我归零，再依序传度与皈依，最后进入道门，成为学道、宣道与得道之徒。

净明道较常用之经典有：《太上灵宝净明入道品》、《太上灵宝净明院真师密诰》、《太上灵宝净明法序》、《太上灵宝净明法印式》、《西山许真君八十五化录》、《灵宝净明大法万道玉章秘诀》、《太上灵宝净明秘法篇》、《灵宝净明新修九老神印伏魔秘法》、《太上灵宝净明飞仙度人经法》、《太上净明院补奏职局太玄都省须知》、《灵宝净明院行遣式》、《太上灵宝净明洞神上品经》、《太上灵宝净明玉真枢真经》、《太上灵宝净明道元正印经》、《太上灵宝净明天尊说御殟经》、《太上灵宝首入净明四规明鉴经》、《太上灵宝净明九仙水经》、《太上灵宝净明中黄八柱经》。这些经典皆为净明道在科仪之用书，由各经典名称与内容不难发现净明道与道教灵宝派之传承关系，而且其中内容多与济世、渡灵有关。

（三）后人之研究

有关净明道的文献，除了前述之经典外，尚有诸多研究成果散见于《中国道教史》、《中国思想学说史·宋元卷》、《宋明道教思想研究》、《续中国道教思想史纲》及《中国道教思想史》等专书之中①,以及郭武之《净明忠孝全书研究——以宋、元社会为背景的考察》②、黄小石《净明道研究》③、秋月观暎《中国近世道教的形成:净明道的基础研究》④三种专书,在台湾则有李丰楙教授所著之《许逊与萨守坚:邓志谟道教小说研究》等⑤,但在以上诸多研究专书中,皆以净明忠孝道为主轴,少有专门探究闾山教派。在台湾台南之《三清道院科仪手抄本》有整套闾山教派完整之科仪手抄本,但其内容都着重在科仪术数上,并无理论为根基是其憾事与缺失;另有一整套迈克尔·萨梭(Michael R. Saso,中文名苏海涵)编《庄林续道藏》⑥,虽有科仪经典之陪衬,但其中亦着重在"闾山神霄小法"之术数上,是其美中不足处。

---

① 任继愈主编:《中国道教史》,北京:中国社会科学出版社,2001年,第568～576页;卿希泰主编:《中国道教史》卷三,成都:四川人民出版社,1988年,第128～132页;卿希泰主编,詹石窗副主编:《中国道教思想史》卷三,北京:人民出版社,2009年,第81～138页;卿希泰:《续中国道教思想史纲》,成都:四川人民出版社,1999年,第66～83页;张岂之、朱汉民主编:《中国思想学说史·宋元卷》,桂林:广西师范大学出版社,2010年,第654～659页;孔令宏:《宋明道教思想研究》,北京:宗教文化出版社,2002年,第298～317页。

② 郭武:《〈净明忠孝全书〉研究——以宋元社会为背景的考察》,北京:中国社会科学出版社,2005年。

③ 黄小石:《净明道研究》,成都:巴蜀书社,1999年。

④ 〔日〕秋月观暎著,丁培仁译:《中国近世道教的形成:净明道的基础研究》,北京:中国社会科学出版社,2005年。

⑤ 李丰楙:《许逊与萨守坚:邓志谟道教小说研究》,台北:学生书局,1997年。在期刊论文方面,中国学者张泽洪、孙亦平、赖保荣、杨世华、章伟文、吕锡琛、范立舟、许蔚、郭武等人皆有论述成果,尤以郭氏之研究最力。

⑥ 〔美〕迈克尔·萨梭编:《庄林续道藏》,台北:台湾成文出版社,1975年。萨梭1964年来台从事道教与民俗方面的调查,拜于新竹正一派庄陈登云道长(1911—1976)门下,因得庄、林(汝梅)、陈(捷三)、吴(景春)诸家世传抄本,故此编以"庄林"标题,并隐含有续编《道藏》的意图。本编共25册。

以净明道为研究对象的中国学者,包括张泽洪、孙亦平、赖保荣、杨世华、章伟文、吕锡琛、范立舟、许蔚、郭武等人,其中尤以郭武之研究最力,如郭武在《净明道与传统道派关系考述》中考察了宋元净明道的思想观念与宗教仪式,并探讨了其与传统道派如天师道、灵宝派、上清派、钟吕金丹道等的关系,认为净明道乃是当时融符箓与内丹之说为一体的新兴道派。① 郭武又在《关于净明道研究的回顾及展望》中谈到关于净明道研究的几个阶段、研究的涉及范围及诸家观点之分歧、研究的不足及展望。② 郭武尚有一些相关论文③,皆以净明道为主,鲜少谈论到而后有关闾山教派之精神或思想。

在其他著作方面:林庭宇所编"《净明忠孝全书》之'摄儒归道'思想研究"④,仅是谈到净明道,亦较少谈及闾山教派。范立舟之《南宋元代符箓道的发展与净明道的出现及其思想特质》,谈到符箓道派一直是汉魏以来道教的主流,自北宋以来,天师道(正一道)、上清道、灵宝道三大传统符箓道派成鼎足之势,最著名者大体上有神霄、清微、天心、净明诸道派,⑤并未谈到其后与闾山教派之关系。

---

① 郭武:《净明道与传统道派关系考述》,《云南社会科学》2005 年 3 期,第 97～101、106 页。

② 郭武:《关于净明道研究的回顾及展望》,《汉学研究通讯》第 19 卷第 3 期,2000 年 8 月,第 372～383 页。

③ 郭武:《何真公、周真公与南宋净明道团的演变》,《汉学研究通讯》第 20 卷第 2 期,2002 年 12 月,第 189～216 页;郭武:《宋、元净明道与儒学关系综论:兼谈影响宗教融合的因素》,《宗教哲学》第 34 期,2005 年 10 月,第 17～34 页;郭武:《略论净明道与金丹道派的关系》,《宗教哲学》第 39 期,2007 年 3 月,第 119～126 页;郭武:《净明道的道德观及其哲学基础——兼谈道教"出世"与"入世"之圆融》,《四川大学学报》2005 年第 6 期,第 72～77 页;郭武:《元代净明道与朱、陆之学关系略论》,《宗教学研究》2005 年第 2 期,第 9～14 页。

④ 林庭宇:《净明忠孝全书》,《摄儒归道思想研究》,台湾师范大学博士学位论文,2012 年。

⑤ 范立舟:《南宋元代符箓道的发展与净明道的出现及其思想特质》,《国际社会科学杂志》2009 年第 3 期,第 136～145 页。

章伟文有《净明道的忠孝思想及形成原因初探》，主要对宋元时期净明道的忠孝思想及形成原因进行初步的探讨；①赖保荣的《从儒道互补看净明道的特色》，谈到以孔孟思想为核心的儒家学说和以老庄思想为代表的道家学说，体现在净明忠孝道上；②张泽洪则有《净明道与正一道》，其中谈到净明道与道教各派的关系，是净明道研究中值得关注的问题。③

至于吕锡琛的《论净明道对儒家忠孝思想的继承和发展》，详述净明道在儒家忠孝思想演化为片面的道德义务的历史背景下，继承并扩充了忠孝道德的内涵，追求"一物不欺的大忠"和"一体皆爱的大孝"，体现出一种无差等的尊重和关爱；④孙亦平在《论净明道三教融合的思想特色》中认为净明道不但热切地奉行儒家的忠孝观，而且还吸取了佛教的修行解脱论，它是在特定的历史条件下出现的儒佛道相融会的新道派；⑤以及杨世华的《浅述净明道的忠孝思想及现代价值》，谈到了净明道忠孝思想的内涵、忠孝是成仙之基与忠孝思想对现代社会的作用。⑥

以上皆仅谈到有关净明忠孝道之思想、历史、渊源，可说是谈到净明道之始，而未谈及其末。因许逊沿袭净明道之思想创建闾山教

① 章伟文：《净明道的忠孝思想及形成原因初探》，《江西社会科学》2003年第6期，第34～37页。

② 赖保荣：《从儒道互补看净明道的特色》，《中国道教》2002年第6期，第20～22页。

③ 张泽洪：《净明道与正一道》，《江西社会科学》2001年第12期，第6～10页。

④ 吕锡琛：《论净明道对儒家忠孝思想的继承和发展》，《株洲工学院学报》2005年第5期，第9～11页。

⑤ 孙亦平：《论净明道三教融合的思想特色》，《世界宗教研究》2001年第2期，第65～73页。

⑥ 杨世华：《浅述净明道的忠孝思想及现代价值》，《中国道教》2002年第6期，第28～29页。

派,许逊又为间山教派之教主,理当应在谈及许逊或净明忠孝道时,提及净明宗与间山教派之渊源始末。

三、间山教派文献探索

间山教派是传承自道教净明宗下的法派之一,故间山教派之经典文献大致可被净明忠孝道之经典文献所涵盖。关于间山教派信仰研究的文献梳理及田野调研,目前有众多学者做过深入探讨,如叶明生、林国平、王见川、王铭铭、金清海等,其对于张圣君的法主公派、陈靖姑的三奶派之历史脉络以及流传区域和演变做了翔实调查与分析,其中叶明生对张圣君信仰所做的《闽台张圣君信仰文化》[①]调查叙述较为齐全。

王见川教授所著《法主公信仰及其传说考察》[②]谈其历史渊源,该文应用追述之方法,论述了当代关于"法主公派"(张圣君)的神话及各个时代对张圣君信仰情况的记载,同时根据其他历史数据、古代笔记小说、地方志等分析其发展变迁。在各界所做过的各项文献疏理中,皆以"法主公法脉"之"张圣君"为名带入研究,但"法主公法脉"所代表的尚有萧公法主及章(洪)公法主师兄弟,并涉及整个间山法脉之关系,所以在法主公领域中,如能再加入法主公法脉之传承及其科仪演法等间山教派之论述,将更加完整。

宋永和、叶明生的《普庵信仰在福建民间之文化形态探讨》,针对普庵禅师的来历和传说等具有明显的宗教世俗化特征,探讨佛、道兼

---

①　叶明生:《闽台张圣君信仰文化》,福州:海潮摄影艺术出版社,2008年。该书系以田野实务调研方式著作,包含志书文献与实地考察照片,属于张圣君的文化叙述。

②　王见川:《法主公信仰及其传说考察》,《从僧侣到神明——定光古佛、法主公、普庵之研究》,圆光佛学研究所丛书(2),桃园:圆光佛学研究所,2007年,第23～50页;王见川:《"法主公"信仰及其传说考察》,《台湾宗教研究通讯》2000年第2期,第103～123页。

容的普庵教教派形态和闽地普庵信仰的民间文化现象。① 其中仅针对普庵祖师之历史传承略加说明,并未谈到整个闾山教派之思想与传承。

另外有关法主公的论述主要有:叶明生《闽台张圣君信仰之探讨》②以及《张圣君信仰发祥地与盘谷方壶寺祭仪述略》叙述了闽台张圣君信仰的现状,并记录了盘谷方壶寺张圣君的祭仪;③王铭铭《地方道教与民间信仰——"法主公"研究笔记》,将历代有关于张圣君信仰和传说的笔记小说、地方志和田野调查资料相结合,论述张圣君传说和信仰在两宋的流变,以及其折射出的当时福建民间造神浪潮的规律;④又有周宗禧的《张公法主的祖殿及其羽化地点考证》⑤等,这些都是以单一法主公为对象,并未针对整个闾山教派,将法主公派、陈靖姑派、徐甲派、普庵派、瑜伽派等相提并论,此为本书探讨补强之重点。

另外有专研科仪道坛的实践文献,张振国的《当代道教科仪与教义的互相印证》认为道教能绵延流传到今天,很大程度上是科仪的实践功劳,通过道士或法师之操作仪式等宗教实践,闾山教派方能表达出其经典与科仪内在之精神及其背后所隐喻之意涵。张振国认为科仪是教义的存在形式,教义借助科仪得到发扬光大,科仪与教义应该

① 宋永和、叶明生:《普庵信仰在福建民间之文化形态探讨》,《闽江学院学报》2010 年第 6 期,第 14～21 页。

② 叶明生:《闽台张圣君信仰之探讨》,《福建道教》1999 年第 2 期;《闽台张圣君信仰之探讨(续一)》,《福建道教》1999 年第 3 期;《闽台张圣君信仰之探讨(续二)》,福州:《福建道教》2001 年第 1 期;《闽台张圣君信仰之探讨(三)》,《福建道教》2001 年第 2 期 。

③ 叶明生:《张圣君信仰发祥地与盘谷方壶寺祭仪述略》,《民俗曲艺》第 138 期,2002 年 12 月,第 147～198 页。

④ 王铭铭:《地方道教与民间信仰——"法主公"研究笔记》,《民俗研究》1997 年第 4 期,第 14～22 页。

⑤ 周宗禧:《张公法主的祖殿及其羽化地点考证》,《福建道教》2000 年第 2 期,第 14～15 页。

是互相印证的。[①]

台湾的李丰楙教授以科仪仪式的传承作为观察重点,扩及其他聚落之互动关系,提出"道士行业圈"的概念,深入探讨道士在聚落中的社会职能、道士的社会生活,以及道士职司的仪式象征表现与意义。[②] 因为在探讨实践功能前,必须对一个教派科仪及"道士行业圈"有所了解,意识到法师之水平、智识、经验与形象在实践功能的发挥上有重要作用。

第三节 闾山教派领域与型式

一、偏全概括

在闾山教派概括范围中,可依其特性划分为"教派领域"与"空间领域"。前者则着重于其思想、特性、实践上,是一种软性之信仰领域;而后者则限定在时空与群众上,着重在区块之划分上。

(一)教派领域(Religious Area)

一个教派所牵涉的范围及所涵盖之派别有哪些,可依循其生成之思想源流、发展过程之特性、传播与继承之实践是否有相同之属性来探讨。闾山教派之诸神仙,其思想之启蒙大都来自净明道、正一道、巫术与佛教等之教义或思维,尤其在科仪与术数方面,更是综合上述三大脉络,经人间世俗化与神俗化,符合基层百姓之需求所演义出之科事;在发展过程中同时为适应世俗化,更吸收部分佛教俗神化

---

① 张振国:《当代道教科仪与教义的互相印证》,《道教教义的现代阐释》,北京:宗教文化出版社,2002年。

② 李游坤:《台湾基隆广远坛的传承与演变研究论文》,台北:天主教辅仁大学宗教学研究所,2011年,第5页。

之思想,以至于在宗教领域中产生了诸如佛道二教合一之场景,台湾文献中最早出现于《彰化县志》:

> 俗素尚巫,凡疾病辄令僧道禳之,曰:"进钱补运。"又有非僧非道,以红布包头,名"红头司",多潮人为之。携一撮米,往占病者,名占米卦。称神说鬼,乡人为其所愚,请贴符行法,而祷于神,鼓角喧天,竟夜而罢。病未愈而费已十数金矣。[①]

在闾山教派中,有所谓非道非佛之道士或法师,如瑜伽教、普庵派等皆与佛教有关,而普庵派是奉临济宗的普庵禅师为宗师。徐晓望的《论瑜伽教与台湾的闾山派法师》[②]说明了在历史上,闾山教派从瑜伽教分离出来,成为独立的巫法,而后成长为巫教,再后被纳入道教系统,完成了从佛入道的变化。因此闾山教派之研究所牵涉的范围,就包括佛、道兼容的普庵教教派形态和闽地普庵信仰的民间文化现象。

在道教中所涵盖之派别,凡属有牵涉"道法二门"者,即有道亦有巫者,或涉略"三五禁术"的仪式,皆归属到闾山教派中,目前有法主公派、三奶派、徐甲派、瑜伽派、普庵派等。虽然其派别名称众多,但其教义与科仪相差无几,诚如台湾刘枝万的《台湾の道教と民间信仰》中谈到"老君传下七十二教,教教不相同"[③],有相同之传承祖师,但其派别之称并非一致,唯有透过教义与科仪形式之探讨,方能辨别其所属之教派。

(二)空间领域(Block Area)

道教"万物有灵论"之"多神论"思维,使整个地域空间充满着一

---

① 〔清〕周玺编:《彰化县志》卷九,《风俗·汉俗·杂俗》,第156页。
② 徐晓望:《论瑜伽教与台湾的闾山派法师》,《福州大学学报》2008年第2期,第5~11页。
③ 刘枝万:《台湾の道教と民间信仰》,东京:风响社株式会社,1994年,第177页。

切鬼神,同时推展到"天、地、人、鬼、神五位一体"。因此,必须将此空间领域中所牵涉的地域空间领域与群众空间领域加以划分。

1. 地域空间领域:一个宗教之扩展,必须有合宜之地域,适合求神修仙之发展空间,在空间领域里所讲求的,必须是优质地理环境之存有,即"天地自然",尤其道教崇尚道法自然更应遵循,如刘禹锡的《陋室铭》所说:"山不在高,有仙则名;水不在深,有龙则灵。"闽南地区名山林立,台湾温湿得体,为修炼成仙圣地,在修炼济世过程中,闾山道法也就成为道徒修炼必选之法门。因此,在研究闾山教派修炼之空间领域上,闽台地区已有得天独厚之合适性。

2. 群众空间领域:道教是中国本土之宗教,除了自身在国内拥有广大信仰群众外,也随着移民远渡重洋而流传海外,造就了闾山教派之广阔空间版图。在闾山教派之渊源中已谈到,其教派形成于晋之净明始祖许真君,而后闾山教派诸神在宋时相继诞生,其中有法主公派、三奶派等,流传于闽赣地区,奠定了闽南地区之群众空间领域。闾山教派是一种道教世俗化之教派,亦是属于基层群众之宗教,人群之间充满着宗教情感与道德修为,凝聚了信仰群众之共同思维。因此,信仰群众空间领域中,宗教管理是必谈之课题。《正确处理宗教领域人民内部矛盾的路径选择》一文亦谈道:

> 正确看待和处理宗教领域的人民内部矛盾,已成为新形势下宗教工作的重要任务。宗教领域人民内部矛盾的复杂性通常表现为依附性、群众性和长期性。有鉴于此,正确处理这类矛盾应还原宗教信仰的本真面目,从源头上减少宗教问题;关注新形势下的宗教发展,维护信教群众合法权益;探索中国特色"相适应"模式,引导宗教增进社会和谐。[①]

优质的宗教传播,先决条件就是有相同语言、相同的生活习惯。

---

①　方丽、张强、谢丹丹:《正确处理宗教领域人民内部矛盾的路径选择》,《理论导刊》2011年第2期,第26～29页。

闾山教派盛行于闽台地区及南洋诸国之原因有迹可循,这可在闽南移民潮中找到蛛丝马迹,华侨是中国移民海外有力之佐证,华侨迁居之地,即为中国宗教之落脚地,闾山教派在移民的心中未曾落于人后。此种同文、同种、同语言的状况下,闾山教派之信仰除了闽南地区外,自然传播到台湾与东南亚等地区。

田野调查发现,闾山教派信仰分布广阔,除了闽台地区、港澳地区外,南洋、中南半岛皆有其足迹存在,尤以新加坡、马来西亚华语社会尚为数不少,唯中南半岛因语言与政治因素已烟消云散,寥寥无几。因此,本书以闽台地区,尤其以法主公(张圣君)派与三奶夫人派较为兴盛之区块为重点。

二、教派论述型式

一个宗教神圣经典之存有,可谓为该教派经由历代前贤经验之累积综合而成的,并非盘古开天即有高超原创者,将经典与出世同来;在这经验之组成部分,必须有其方士之运用与实践,并为大众所认知,方可为该教派之经典。在此经验进行之中,无不应用到术数或学术之理论与实践,因此,术数或学术在整个宗教经典脉络中是一颗萌芽之种子,唯有透过演化及经验累积,方成为有意义之学术理论;而学术理论再经由各个领域、逻辑之论证产生宗教之经典,作为该宗教之准绳,实现宗教理论与实务齐头并进,才能使一个宗教稳固发展。因此,必先将整个闾山教派型式划分为思维与段落才可论之。

(一)思维为根基

一个教派深层思维之造构,为该教派思想之组成因素,如教派之历史背景、经典与科仪、组织与制度、情感与体验、观念与思想。

1.历史背景:道教闾山教派的形成,有其特殊之历史背景。这可由净明宗与闾山教派之渊源及教义经典之产生,再谈到净明道与闾山教派之关系,同时必须要研究其崇拜之神祇、教派诸神之渊源、神系的形成,最后是其传承与分布及发展。

2.经典与科仪之传承:经典是宗教的一种思想及教义,亦是一种精神与灵魂之所在,必须要了解经典深层之实质意义,同时分析其教义类型及其生成由来与信仰演变,探讨其在信仰群众心中的意义,作为其教派而后存续之调整对策。然后做科仪实务之探讨,再透过科仪仪式之进行,以达到养生送死之生命价值。这其中亦涵盖着非物质传统文化之传承、宗教文化之价值、安定社会民心之价值。

3.宗教组织与制度之创建:一个宗教群体为维护整个教派正常发展与进步,必须要有整体之共同理念与规范,让此教派不因内在或外在因素之冲击,而影响或改变其体制与命运,这种力量之组成即为组织与制度。闾山教派在整体组织上,较之于佛教为一盘散沙,各个传承法派之间在科仪实践上似乎相同,但其法派名称上却有异,刘枝万的《台湾の道教と民間信仰》说道:"老君传下七十二教,教教不相同。"①闾山教派是多元化之信仰思维,由于师承法脉渊源来自各个山头,内部门派众多,因分派之性质与理念之不同而名称各异,此即为其教派未预先设立正宗之组织与制度,所导致之教派杂陈。

4.宗教情感与体验:宗教之情感是信仰群众发自内心对宗教的一种敬畏心态。它包含两层含义:一是指对外界刺激的心理反应,如喜欢、愤怒、悲伤、恐惧、爱慕、厌恶等;二是指感情、欲望。② 这种于内在之情欲或感受,皆为由于宗教之神圣性与灵验性之表露,促使民众在心理之反应,亦可展现出信仰群众对神圣之执着与领悟,同时也是一种从情感的客观状态和主观意向来对宗教之体验。《庄子·秋水篇》中:"庄子曰:'鲦鱼出游从容,是鱼之乐也。'惠子曰:"'子非鱼,

---

① 刘枝万:《台湾の道教と民間信仰》,东京:风响社株式会社,1994年,第177页。

② 田青青、张义桂:《中国宗教的情感论特点浅析》,《湖北省社会主义学院学报》2011第3期,第28页。

安之鱼之乐?'庄子曰:'子非我,安知我不知鱼之乐?'"①这是一种对宇宙中自然之现象引发内在心理之反应,自我体验出水中鱼之乐也。同理,在宗教中之感知与亲历之体验,亦是长时间与神接轨所产生之人神共振,或神人合一所诱导的存神变神的人神一体化现象。

5.宗教观念与思想:宗教之核心在于宗教观念或思想,尤其在道教宗教神学中神学理论是建构在伦理道德上,故道教伦理是道教神学之基石,而道教的道德形上论内涵于道教神学之中。在此之道教的道德形上论涵盖着万物有灵论的鬼神观、祖先崇拜与道教神仙观,作为信仰群众行善积德、慎终追远之准绳。

(二)闾山教派之主体模式与方向

1.闾山教派为多方属性之宗教价值存有:圣与俗之功能价值、实践之功能价值。针对闾山教派存有之现实目的:实践之目的、学术与研究之目的,同时以剖析方式让它显现出闾山教派之内涵。

2.因闾山教派之渊源与净明道、正一道、巫觋有关系,必须将道教、净明宗、闾山教派的历史背景加以勾描,主要内容包括净明宗闾山教派之渊源、净明宗历史渊源、净明宗之教义经典与主张、净明宗与闾山教派之关系、闾山教派神系的形成、闾山教派中道教诸神之渊源、古部落巫觋之传承等,因闾山教派之渊源与净明道、正一道与巫觋有所关系。因此,必须将各教派有关之传承一一联结,方能看出其真实之渊源系统。在知其渊源后,其传承上有关闾山教派的分布、闾山教派的传播方式、闾山教派发展趋势、教派之离合变化与该教派定位之混淆,整个脉络由始至现状,抽丝剥茧,一一厘清与追踪,方能有个完整之传承记载。至于在净明道与闾山派之会通上,即为何该师徒之派别上,有着奥妙之处存在? 这可从其信仰结构之融通、教义之会通、科仪式场之融通等方向找到解答。

---

① 陈鼓应注译:《庄子今注今译》,台北:台湾商务印书馆,1999 年,第462 页。

　　3.谈到道教闾山教派科仪探讨,主要是阐述有关闾山教派科仪之定义、范围及功能;同时在科仪法术当中所应用之经典、实物、历史与作用;最后谈其科仪之价值存在包含着传统文化、艺术文化与安定民心等。在科仪当中除了表露出闾山教派之教义本质外,更能显现出其法派之特色。

　　4.闾山教派法脉在台之变迁,分为明清时期、日据时期、二次大战后。有关在民间因政治因素而改朝换代所引发之宗教变迁,尤其在明清时期之闽粤移民渡台所带来的家乡神祇,奠定了台湾之宗教成为多重至上神信仰,以及在台湾有了道法二门之产生的基础;闾山教派因移民落点的不同及族群的聚集,导致在台之分布与科仪领域有所差异,在此时闾山教派与神谱系统就产生了混杂。如最后再将台海两岸之闾山教派,依神系、经典、科仪、信仰方式、神意传达等方向做出异同之比较,更可发觉明显的差异性。

　　5.针对闾山教派法脉之探讨与分析,从道教道派之分岭、道教派别之渊源、道教建构神仙谱系的原则、道教宗派之划分与闾山教派之形成,找出闾山教派整个脉络在道教所占之位置;同时分析出闾山教派脉络之传承与组成,最主要是在闾山派的教主——许真君崇拜上,而后发展到法主公(张圣君等)派之崇拜等各系统,如三奶(陈靖姑等)派、普庵派、徐甲派、瑜伽派及其他闾山派之崇拜;再将闾山各教派在思想领域、科仪类型、信仰族群、发展方向、教派盛衰之异同,做翔实之比较。

　　6.闾山教派整体重心所在,是闾山教派的思想源流,包括其承袭道教净明宗之思想,融合佛教之思想、儒家思想,包含民间信仰之思想、神仙思想及西方宗教思想;而其道法二门之思想有源自原始道教科仪之思想、师承天师道之思想、实践巫觋法术之思维;此外闾山教派在应用思想上主要是借由其传统术数文化、追求禳灾植福、施做巫法驱苦得乐及术数实践生活应用等,都是闾山教派术数道法思想在世俗上的实践;同时,闾山教派在道教医疗思想上亦有多重建树,尤其是承袭道医与养生、符咒与祝由、心灵抚慰运用等思想。

第四节　闾山教派背后意涵之真相

　　一个社会科学或宗教学,都有它自身概括之领域与特性,必须首先界定出其背后意涵之真相,并将其可能突出专业部分加以阐述,应用逻辑之思考方向去验证其方法在因果上之可行性,最后做出其实务之论证。因此,欲达到其真相,必须以不同层次但又有相互关联的思维方式来剥析,其方式略括为以下三点:一是具体学科的专业研究方法,二是逻辑思维的中介研究方法,三是唯物史观指导性的宏观研究方法。[①] 这三个研究方式必须层层相扣联结,即先设定一个宗教现象之假设领域,应用逻辑因果求证,再以实验证明其存有。

　　我们必须从历史文献考究闾山教派道教之创新、法脉之传承方式、应用科仪实践之探讨。因此,其历史之考究与法脉之传承部分,必须借重于古籍史册之记载与分析,而科仪部分则必须依靠理论与实践之综合探讨,亦即除了有文献做前提外,也要配合田野调查分析与实证,尤其必须吸取台海两岸民间基层之科仪本或手抄本内容,方能达到实践之真实感。

一、闾山教派之宗教现象

　　菲奥纳·鲍伊(Fiona Bowie)在《宗教人类学导论》一书中谈到,对许多人来说,无论在宗教研究中还是在社会科学中,已经成为宗教研究之标准化探讨的东西是现象学方法。[②] 但研究一个宗教现象,必须有身临其境之感受,透过观察与自我提出问题来探究分析,才能

---

　　① 　陈麟书、陈霞:《宗教研究的方法》,见《宗教学原理》,北京:宗教文化出版社,2003 年 ,第 2 页。

　　② 　〔英〕菲奥纳·鲍伊著,金泽、何其敏译:《宗教人类学导论》,北京:中国人民大学出版社,2004 年,第 4 页。

产生宗教现象之理论根据与结果。台湾在这方面的研究成果，以刘枝万为最早，其一系列有关台湾民间信仰的研究便是以北部道教作为观察、研究重点，例如《台北市松山祈安建醮祭典》①，此外刘氏尚有《台湾民间信仰论集》②一书，深入浅出描述了当时台湾基层代表性宫庙之演法过程，同时也说明当时台湾道教或民间信仰"道"与"法"皆受重视之情况。日本学者浅野春二所著《台湾における道教仪礼の研究》③，因在台湾文献资源有限情况下，深入民间进行田野调查，集聚民间之口述历史及手抄本，并针对台湾南部之道士进行深入研究，又详细记录南部道坛所进行之斋醮仪式。这是宗教现象学中有关神、巫术、仪式、献祭的行为现象，也是道教或闾山教派中特有之仪式表征，亦唯有透过这种科仪行动之实践，方能表露出该教派特有之内涵及其背后蕴藏的社会文化教育之省思。其研究面向中，道士之形成历程是透过修道、日常课诵、职司生活等基本道教规范，扩及道士法师各种职司之构成与操法分配，并寻求其在中国宗教仪式中之定位与社会之地位。这种宗教现象之产生，亦能宣扬该教派之教义与真理，同时寻求大众对该教派之认同。因此，对闾山教派之宗教现象进行研究，必须分析其历史轨迹、厘清自然崇拜的宗教现象与执行宗教对象等。

（一）历史轨迹

一个族群或部落之延续与发展，必须有其种族性特有之团体规范与操作仪式，以维持这个族群种性与命运之永续发展。同样地，在

---

① 刘枝万：《"中央研究院"民族学研究所专刊之十四：台北市松山祈安建醮祭典——台湾祈安醮习俗研究之一》，台北："中央研究院"民族学研究所，1967年。

② 刘枝万：《台湾民间信仰论集》，台北：联经出版社，1983年。

③ 〔日〕浅野春二：《台湾における道教仪礼の研究》，东京：笠间书院，2005年。

宗教教派中也离不开其信仰规范与操作仪式的整个脉络,如达瓦马尼(Mariasusai Dhavamony)在《宗教现象学》①一书中从整体宗教现象学的角度来对神、巫术、仪式、献祭、祷告、沉思、拯救等领域所产生之宗教问题,一一剖析,找出一个宗教之历史定位与历史轨迹。闾山教派之产生,最简单的概括就是"许逊首创",在直观明确地描述前人之口述和历史文献分析后,可了解到许逊出生、学道、拜师、得道、宣道、施法、传道、拔宅飞升,完成初阶,以及而后的传承与发展。我们此外必须根据台海两地,甚至于世界各地众多宗教的原始资料,找寻与研究议题有关之史料,科学地运用宗教现象学的描述方式,先从其相关之历史轨迹求其原点,再联结其相关之师承及法派脉络,而不能简单地将现象学之方法局限在其本质上之阐述,遗失其原始需求之意义。有关闾山教派之最原始传承,道教经典《道藏》及《云笈七签》中的《道教经法传授部》与《闾山教主咒》有谈到关于许逊的传承及太上老君之授予传法:"第三十六代许逊。"②

> 谨请闾山大教主,老君传授亲敕令,金殿毫光千里显,龙虎将军随身转。有事请来神做主,化作催官许真人,降下闾山传法人,凤眼龙降百鬼神,金吴大使在四边,斩砍邪魔不容身,家家显现度师念,门法传了归天去,闾山门人来相请,法门弟子专拜请,处处显现救万民,闾山渺渺何处是,摇旗打鼓来相迎,闾山教主亲降临,神兵火急如律令!③

在此之"第三十六代"传承及《闾山教主咒》中所述"老君传授亲

---

① 〔意大利〕马利亚苏塞·达瓦马尼著,高秉江译:《宗教现象学》,北京:人民出版社,2006 年。

② 〔宋〕张君房编,李永晟点校:《云笈七签》卷四,《道教经法传授部》,北京:中华书局,2003 年,第 61 页。

③ 黄福全编:《闾山祭送白虎天狗煞神科仪(闾山派师门秘传)手抄本》(年代不详),见《道教科仪集成四十六》,彰化:彰化逸群图书公司,第 17~18 页。

敕令"等皆为许逊之道法传自太上老君的证明,此即为寻找法脉传承之历史轨迹,研究闾山教派最原始的方法之一。

(二)历史的宗教现象

闾山教派的原始宗教现象形式是鬼神观,它相信有妖邪鬼怪,必须以道法制煞,亦相信万物有灵;但费尔巴哈(Ludwig Feuerbach)认为"未开化的自然人还不但使自然具有人的动机、癖好和情欲,甚至把自然物体看成真正的人"①;伊万·斯特伦斯基(Ivan Strenski)在他的《二十世纪的四种神话理论》一书中说:"20 世纪是一个着迷于神话的世纪,任何对这个问题感兴趣的人最终都不得不走近那些与伊利亚德的著作相关的术语。"②这两段话对闾山教派之鬼神观可说是一种挑战,因闾山教派在法事过程中所应用之法器与图腾,皆体现了神灵存在的观念,甚至于闾山教派中各神祇之产生,无不与制妖成名或成仙有关。在此鬼神观存有之争议下,葛洪《抱朴子·论仙篇》有两则代表性之论述曰:

> 夫方术既令鬼见其形,又令本不见鬼者见鬼,推此而言,其余亦何所不有也。鬼神数为人间作光怪变异,又经典所载,多鬼神之据,俗人尚不信天下之有神鬼,况乎仙人居高处远,清浊异流,登遐遂往,不返于世,非得道者,安能见闻。③

> ……故不见鬼神,不见仙人,不可谓世间无仙人也。④

---

① 〔德〕路德维希·费尔巴哈著,荣震华译:《费尔巴哈哲学著作选集》下卷,北京:三联书店,1962 年,第 458～459 页。

② Ivan Strenski, *Four Theories of Myth in Twentieth-Century History*, Hong Kong:The Macmillan Press,1987,p. 70.

③ 〔晋〕葛洪著,陈飞龙译:《抱朴子今注今译》,台北:台湾商务印书馆,第67 页。

④ 〔晋〕葛洪著,陈飞龙译:《抱朴子今注今译》,台北:台湾商务印书馆,第68 页。

此种鬼神观即从反面论证,不否定人世间有鬼神精灵之存在。在《三教源流搜神大全》也记载着许真君斩蜃精除水患一事及陈靖姑(大奶夫人)斩蛇除妖事迹:

> 江西累遭洪水为害,若不剪除,恐致逃遁。遂举道眼一观,见蜃精化一黄牛于洲北,真君谓弟子施太玉曰:彼黄牛,我今化黑牛,仍以白巾与斗,汝讯之当以剑截彼。俄顷二牛奔逐,太玉以剑中黄牛之左股。因投入城西井中,黑牛亦入井,蜃精径走。①……姑年方十七,哭念同气一系,匍往间山学法,洞王女即法师传度驱雷破庙罡法,打破蛇洞取兄,斩妖为三。殊料蛇禀天宿赤翼之精,金钟生气之灵,与天俱尽,岂能殁得。第杀其毒,不敢肆耳。至今八月十三起,乃蛇宿管度,多兴风雨霖雹,累至伤民稼穑。蛟妖出没,此其证也。②

此外,尚有《游洋志》记载张圣君(法主公派)神迹:

> 永兴岩,在广业清源里隆兴寺之后,岩东祀张圣真君,西祀八仙,为里人祈梦。宋绍兴中,石洞中有厉鬼数百出没,侵入,公与其义弟萧、朱二仙屹镇动口,使不得出,境内赖以平安。③

以上各案例是一种历史的宗教现象,即代表着一个宗教事迹之显现,应用历史学、人类学、宗教学或哲学之角度,述说事迹之发生过程与结果所产生之情感,表露在信仰群众心灵之感受上,从而记录下来。

---

① 〔宋〕撰人不详:《三教源流搜神大全》卷二,见《郎园先生全书》,长沙:中国古书刊印社,1935年,第21页。

② 〔宋〕撰人不详:《三教源流搜神大全》卷四,见《郎园先生全书》,长沙:中国古书刊印社,1935年,第48页。

③ 〔明〕周华编,蔡金耀点校:《游洋志》卷一,《岩志》,见《兴化县志》,1936年刊本。

（三）执行宗教的对象

宗教信仰对宗教涉入之层次，往往取决于宗教信仰者对其所信仰之神灵的概念深层认识与否，亦即其对自身所信仰之宗教虔诚程度为何。当然在执行宗教的对象上，必须认清该宗教之神圣性与世俗性，分辨出其"圣"与"俗"，即为儒家所称之道德智能极高的、超理想的"圣"与由群众通过长期实践而认定形成的"俗"。执行宗教对象分为以下几个方向：

1.执行类型：一个宗教有其自身之宗教礼仪与献祭，信仰群众透过此种仪式与神达成共识或对神明祈求，撇开其所求之结果顺遂与否，其心灵瞬时能充满着充实与慰藉，因而必须将宗教的礼仪与献祭类型统合与归纳，并比较各派的优劣点。

2.执行者：在宗教仪式中，神的中介代表着神人之桥梁，进行沟通与执行天人之间的各需所求，同时化解人鬼差距而达成协议。神的中介一般以巫觋为主，由其行使圣事之仪式，在演法过程中，对各派执行者的派别传承系统与特点，做出研究与批判。

3.执行的目的：宗教之行事必有其目标或目的，方能定下执行之过程。执行过程通常都是透过宗教仪式中之祷告和沉思，最终使祈祷者得到天神之拯救，以达到宗教执行的目的。在这执行中的目的是居于何种思想，目的达到有何种成果，都是探讨的重点。

4.执行的批判：在以上整个执行宗教的对象中，仪式之进行或巫师之执法，充满着神秘主义（mysticism）或迷信思维，但体验者却认为这是自己的灵魂与一个至高的精神实体相契合的经验，两派领域之相互批判产生火花，促使宗教交流或宗教交谈因应而生。

二、推敲闾山教派科仪之内涵

道无术不行,道术的连串就是科仪。① 所谓科仪即为"科范",亦指"依科行仪礼敬","依格书章呈文"②,借以传承传统的科法规范,表现出丰富教义教理之内涵,在《销释金刚科仪会要注解》有对科仪之适当解说曰:

> 科仪者,科者断也。禾得斗而知其数,经得科而义自明。仪者法也,佛说此经为一切众生断妄明真之法。今科家,将此经中文义事理,复取三教圣人语言合为一体,科判以成篇章,故立科仪以为题名。③

而闾山教派之教义与真理,必须透过科仪操作方式才能显露出其核心所在,表达经典教义内容,充满着人生生死之智慧。除了对经典教义内涵要有深入之探讨外,在科仪法事中,更借着教义内涵所表露的对人生生死的关怀教育、该教派之存有价值、神话的宗教意义、象征行为的宗教仪式等做一解说。

(一)神话的宗教意义

在探讨"神话"的宗教意义之先,必须对"神话"做一理论性之叙述:在学术上,"神话"是指人类在远古时期,亦即人类演化初期所产生之单一事件或故事,流传于后世,承传者对这些案件深信不疑,学术界与研究者根据其意义原则来划分神话与传说或神话与民间故事之异同。闾山教派中之诸神话,或许为真实之人事地物,在道教经典

---

① 张振国:《当代道教科仪与教义的互相印证》,见《道教教义的现代阐释》,北京:宗教文化出版社,2002年。

② "依格书章呈文":道教文疏格式必须依"道远何时还乡,路遥何日通达"行数术书写。

③ 〔宋〕宗镜述,〔明〕觉连重集:《销释金刚科仪会要注解》卷第一,见《大藏新纂万字续藏经》第24册,石家庄:河北省佛教协会,2006年,第651页。

文献中可找到端倪。

在古部落民族中,宗教信仰是凝聚部落族群的力量之一,亦唯有透过其族群神之意识指引,方能控制与约束整个族群之思想与秩序,神与信仰之产生就随着神话与传说在古部落族群中因应而生。神话传说既是宗教的起源,而宗教一定亦有自身独特之神话传说,神话亦因族群的不同而有所差异,但并非所有神话传说都可以形成宗教,众多神话皆是停留在神话传说之阶段,而无形成宗教之条件,或仅形成简单的科仪形式和祭祀崇拜,并未达到宗教的水平。

因此,宗教神话可分为三种类型,即人为创制之神话、自然崇拜之神话和历史英雄之神话。这些神话产生的背后都有着其神奇或不可磨灭之功绩存在,尤其闾山教派中的诸神传奇及其嘉惠于族群民众之遗迹,都可在其科仪执行中找寻到值得研究之空间。

(二)象征行为的宗教仪式

历史上道教科仪大致分为四大类:一是出于对天地、日月、星辰、山川之神的尊重,祈求风调雨顺的祭祀科仪;二是出于对亡灵的亲情,期盼亡灵勉受地狱之苦,早登仙界的超亡科仪;三是出于对妖魔邪祟的厌恶或恐惧而施行的镇厄驱邪的科仪;四是出于洗雪精神,督促自身修炼需要的净心科仪。[①] 在科仪进行中,坛场之布置与设计是一种虚凝之空间,代表着宇宙中神灵之寄居所在与执行法场,被法事执行者象征性地迁移至人间坛场。一切之虚凝存有,涵盖在整个宗教仪式中,其中包含着应具备之神像、图腾、法器、经忏、唱诵、步罡等;同时由法师配合宗教音乐,进行口白对话,韵腔抑扬顿挫,步罡踏斗掐诀,以及配合环境气氛,在法师和道众的一呼一应中,完美体现丰富的教义思想。在闾山教派中,法器圣品之操作多种多样、锣鼓喧

---

① 张振国:《当代道教科仪与教义的互相印证》,见《道教教义的现代阐释》,北京:宗教文化出版社,2002年。

天、服饰穿着各异、动作活跃，整个坛场可谓热闹非凡。此种科仪形式又代表着何种象征行为，皆值得探讨。

(三)剖析闾山教派与巫术之纽带关系

闾山教派是由具有相同特性之宗派融合而成的，虽然各宗派有不同思想与科仪领域，理应不能归类于同一门派，应根据不同渊源派别分类进行教义研究，但深入其内涵剖析整个思想脉络，即可得到其共振点——巫思想之存有，它将有佛、道与法杂陈之各宗派，集中融合而成闾山教派。如：三奶派与法主公派为净明忠孝道、正一道、佛教瑜伽派及巫的融合；徐甲派为老君教与巫之组合；瑜伽教为佛教与巫的结合；普庵派则为佛教与巫组成等，尤其在台湾尚巫之风气尤盛，①《东瀛识略》有云：

> 南人尚鬼，台湾尤甚，病不信医而信巫。有非僧非道专事祈禳者，曰客师；携一撮米，往占曰米卦。书符行法而祷于神，鼓角②宣天，竟夜而罢。病即不愈，信之弥笃。③

整个闾山教派宏观上，应分为"道"与"法"两个部分来探讨，道为体，法为用，由于不同的民俗习惯和人文背景，在每个地域就会发展不同的教派。就闾山教派而言，不同时期也产生不同派别，当然其教义也是随之不相同的。将不同时期与不同教派之间的不同教义混合在一起，就闾山教派而言，先整理教义中来自天师道的思想，再厘出灵宝派科仪、净明宗派基础传承及哪些法吸收了巫术，在这个基础上

---

① 刘枝万：《台湾の道教と民间信仰》，东京：风响社株式会社，1994年，第208页。

② 角鼓，一般是使用水牛角，亦有以锡制品制成。尖端切除穿洞，于法事现场吹奏。

③ 〔清〕丁绍仪：《东瀛识略·习俗》卷三，见《台湾文献丛刊》，1957年，第35页。

再进行取舍增损，使教义科仪之间不发生抵触，进而相互融合。除了要找出闾山教派思想渊源净明宗与许真君外，同时要参照道教正一派、灵宝派之经典，尤其闾山教派大部之经典皆来自净明道，而净明道亦以灵宝派为基础；在"法"的部分则以巫为主要核心，法师透过道为体之基础，以法为用之执行，体用并兼，达成完整之道法。

第三章

净明宗闾山教派的历史背景

道教根植于中国文化土壤中,是中国本土之宗教,因此在中国产生许多神仙传说。由于道教之多神论思维,其崇奉之神灵数量众多,但这些多神之产生,都可找到其传说之源头。道教崇尚"道法自然",信奉宇宙万物之山川、河海、日月、星辰等,都有神的存在之"万物有灵论"。道教崇拜之神祇可分为如下三类:道教将宇宙之空间分为天、地、人三才,神仙亦分布在此三大空间之中,亦即将中国古代之神灵划分为"天神、地祇、人鬼"。早在战国时,《周礼·大宗伯》已有"天神、地祇、人鬼"的崇拜信仰。天神有昊天上帝、日月、星辰、雷公、风伯、雨师;地祇有社稷土地、山川泽木及地上自然万物;人鬼主要是对祖先的崇拜,人死为鬼是道教一贯的灵魂思想。道教对信仰的继承、改造与发展,常因时空之转变而顺水推舟,在道教成立之初,道教所崇拜之太上老君、三官大帝为主要供奉之神灵,种类与数量不多,而且多与古代部落信仰所崇拜的神灵相异。

有关净明道之经典,被收录在《道藏》中为数不少,但至今净明道的面貌仍然显得扑朔迷离。如对净明道的完整历史、许逊与净明道的关系、净明道与传统道教的关系、净明道与新道教的关系、净明道与儒学的融合等重要问题,学术界都缺乏清晰的认识,这不能不说是一种缺陷。① 唯其道法之传承在道教法派中,被各个教派所发扬与取用,因此,在进行理论分析和论证时,特别是对净明道的信仰、教义等,要找出其中的逻辑和意蕴,以揭示净明道的理论价值和理论贡献,②同时必须注重到闾山教派中各派别之间的相互关系。

净明派许逊祖师的由来及发展,在《道藏》中可发现一些端倪,但其师承又本末倒置,因此有必要对其进行较为深入全面的研究,梳理出净明道较为完整的历史演进过程,勾画出较为清晰的面貌。③

第一节　净明宗闾山教派之渊源

一、净明宗历史渊源

净明宗是在南宋由灵宝派分化而来的。从东晋以后,道教又有了新发展,当时所崇拜的神灵种类开始多样化,产生了万物有灵之多神论思维,引发了许多道派的诞生。到了南宋,除旧有的龙虎山之天师派、茅山之上清派、阁皂山之灵宝派等号称"三山符箓派"之外,自称独得神仙异传而创立的宗、教、派者不计其数:(1)主要有从天师道衍化而来的天心正法派,(2)由天师道衍化而来的神霄派,(3)由上清派衍化而来在民间较有影响力之清微派,(4)从灵宝派分化而来的东华派与净明派,(5)由白玉蟾所创的金丹南宗者。入元以后,这些道派分别与全真道和正一派合并。实际上,道教的发展历史也是各教派萌生、发展、消亡的不间断历史。因此,对道教教派的发展进行研

---

①　黄小石:《净明道研究·导言》,成都:巴蜀书社,1999年,第1页。
②　黄小石:《净明道研究·导言》,成都:巴蜀书社,1999年,第3页。
③　黄小石:《净明道研究·导言》,成都:巴蜀书社,1999年,第1页。

究,是道教研究的一个重要任务。①尤其是后起之民间道教神仙信仰之思想,以及在道法二门之显现活跃,在道教史上占有着重要之地位。

"净明道教"就是"道法二门"。明、清以降,道教教派更有新面貌之发展趋势,以出家修行为主轴之全真派与正一派成为道教两大道派。历史上所谓的"三山符箓",在南宋王契真编纂的《上清灵宝大法》卷二七有言:"金陵之三茅山,大洞宗坛也;临江之合皂山,灵宝宗坛也;信州之龙虎山,正一宗坛也。"②同时"道法二门"更结合正一与巫术融合成为"民间道教",皆以当时之许逊为祖师的"净明道教"为主。

依据胡化俗述《净明忠孝全书》六卷,《净明大道说》中谈到何谓净明:

> 净明者,无形大道,先天之宗本。在上为无上清虚,在天为中黄八极,在人为丹元绛宫。此三者同出而异名,同谓之玄,玄之又玄,众妙之门。明此理者,净明也。清则净,虚而明,无上清虚之境,谓之净明。中黄八极天心也,丹元绛宫人心也。故天立中黄八极而报无上之本,人当忠孝而答君亲之恩。忠孝,大道之本也。是以君子务本,本立而道生。孝弟也者,其为仁之本与。③

胡化俗所谈到之"净明"最终之义为"忠孝,大道之本","孝弟也者,其为仁之本与",即为孔子的《论语·学而》第二则:"其为人也孝弟,而好犯上者,鲜矣。……君子务本,本立而道生。孝弟也者,其为仁之本与。"由此可知,净明道之思想本质即为"忠孝"二字所概括,此

---

① 黄小石:《净明道研究·导言》,成都:巴蜀书社,1999年,第1页。

② 〔明〕《正统道藏》第52册,台北:新文丰出版社,1988年影印,第161页。

③ 〔元〕黄元吉等编撰,胡化俗述:《净明忠孝全书》六卷,《净明大道说》,《正统道藏》太平部。

亦为净明忠孝教义之主要传承理念。而郭璞又述净明法说:

> 无极而太极,无极者净明之谓也,经云:"无名天地之始,有
> 名万物之母。"故自太极判,两仪立,人斯生,而人于天地间为最
> 秀,此所以并天地曰三才。然后天地以好生为心,则人体天地心
> 为心。先天之世,人心与天地一,清静而无为。中天以来,无者
> 不能,不显于有,而净明之教犹未甚泯也。后天之后,有为者葛
> 殊千致,与夫无名天地之始者异矣。……净明之教,周流八荒。
> 虽许太史道尊德贵,功盖九州,而吾法子,功成行满,洞隐玉真,
> 备符净明,无为一也。①

在此谈到"无极者净明之谓也……人体天地心为心,先天之世,
人心与天地一,清静而无为"。净明忠孝之道之于人心,是清静无为、
宏观与无私,由此可了解到《净明忠孝全书》中,唯有谈及净明道为人
行事之风格及其后门徒对许真君崇拜与传承,但未描述到其与闾山
教派之牵连关系。在《云笈七签》中之《道教经法传授部》谈道:"第三
十六代许逊。逊授一百人。"②在此之"第三十六代"传承及《闾山教
主咒》③中所述"老君传授亲敕令"等系言许逊之道法传自太上
老君。

但净明宗法派之师承,到了元初又有了教义上的变化,刘玉(玉
真)道士传承了晋代许逊的思想,开创了新的一派道教——净明(忠
孝)道,它是融合了儒、佛、道三教而成,在道教史、中国宗教史上都曾
起过一定作用和影响。

---

① 〔元〕黄元吉等编撰,胡化俗述:《净明忠孝全书》六卷,《净明大道说》,
《正统道藏》太平部。
② 〔宋〕张君房编,李永晟点校:《云笈七签》卷四,《道教经法传授部》,北
京:中华书局,2003 年,第 61 页。
③ 黄福全编:《闾山祭送白虎天狗煞神科仪(闾山派师门秘传)》手抄本
(年代不详),见《道教科仪集成四十六》,彰化:彰化逸群图书公司,2010 年,第
17~18 页。

欲了解净明宗派,必须对许逊身世有所知悉:许逊(239—374),字敬之,东晋时江西豫章人。曾隐居离南昌30余里之西山万寿宫,一人得道,鸡犬九族升天之说由此而传。有文献记载其青年时期曾学道于吴猛,后举忠孝,入蜀任旌阳县令。由于广施仁政,受民爱戴,乡民称之为许旌阳。后因晋室腐败,有感大祸将至,于是弃官东归,重返西山修道。

卿希泰认为,许逊其人"不但《晋书》无传,且六朝道书中亦未述及",只见后来出现的有关"神仙传"中,疑窦甚多,史迹有待考定。但从有关地方的一些遗迹和口头传说来看,许逊应实有其人。① 文献中记载:

> 许真君即东晋道士许逊,传说他学道于吴猛,曾做过四川旌阳(德阳)县令,政绩卓著,吏民敬服,后人便称他为许旌阳。后弃官东归,周游江湖,拜师学道,演出种种神奇故事。宋代封为"神功妙济真君",又被元代创立的道教净明忠孝道奉为祖师,江西南昌万寿宫即祀许真君,有关他的故事在南方各地甚为流行。②

许逊学道于吴猛又有一说,根据《许真君仙传》云:

> 九州岛都仙太史高明大使至道玄应神功妙济真君,姓许名逊,字敬之……父汉末避地于豫章之南昌……真君闻西安吴世云往师之……真君与郭璞访求名山为栖真之地,得逍遥山……拔宅同时升举,鸡犬亦随逐飞腾。③

---

① 卿希泰主编:《中国道教史》第一卷,成都:四川人民出版社,1988年,第1页。

② 卿希泰主编:《中国道教史》第一卷,成都:四川人民出版社,1988年,第1页。

③ 《许真君仙传》,见《道藏》第6册,《洞玄部·谱箓类》一卷,上海:上海书店出版社等,1988年影印,第809～812页。

此中言及"许真君闻西安吴世云往师之",亦即许真君曾师承于吴猛。而《三教源流搜神大全》言:"真君弱冠师大洞真君,吴猛传青法。"[1]但在《云笈七签》中又有不同记载:

> 许逊闻豫章有孝道之士吴猛学道,能通灵达圣,叹我缘薄,未得识之。于是旦夕遥礼拜猛,久而弥勤,已鉴其心,猛升仙去时,与其子曰:"吾去后,东南方有人姓许名逊,应来吊汝,汝当重看之,可以真符授也。"至时逊果来吊,其子以父命,将真符传逊。奉修真感,有愈于猛。[2]

其中所言:"许逊闻豫章有孝道之士吴猛学道……未得识之……其子以父命,将真符传逊。"即可了解到许逊欲学道于吴猛,无缘未被吴猛所接受,但吴猛在仙逝前要其子将真符传逊。由以上得知,许逊有无求师于吴猛暂且不论,但其部分道法之传承来自吴猛之道法是不容置疑的,后经过元代刘玉(玉真)道士,传承开创了新的一派道教——净明(忠孝)道。由于净明道渐渐地被广大民众所接受,加之许真君在道法与灵验方面受到民众所肯定,净明道成为道教中有较大影响的教派之一。至于教主许逊在创教之初所起的作用及地位等问题,吴猛的地位本应高于许逊,只是在许逊被推为教主之后,吴猛的净明思想及灵异事件才逐渐移到了许逊的身上,以吴猛的事迹使许逊的形象丰满起来,[3]最后在净明道师承上似乎有所异样或转变,亦是净明道师承之特色。此种师承之谱录特点说明了净明道从吴、许的学道至行道,最后到形成净明道的每一个时期都留下了一部谱录,在《道藏》三洞谱录中有三部被详尽地记载下来成为三个阶段:

---

① 〔宋〕撰人不详:《三教源流搜神大全》卷二,见《郋园先生全书》,长沙:中国古书刊印社,1935年,第10页。

② 〔宋〕张君房编,李永晟点校:《云笈七签》卷一〇六,《许真人传》,北京:中华书局,2003年,第2310页。

③ 宁俊伟:《由谱录考许逊与吴猛之关系》,《山西大学学报》1999年第1期,第41页。

(1)文献中记载许逊为晋人;(2)许逊崇拜始兴于隋唐,有《孝道吴许二真君传》①作于唐代;(3)创始净明道于南宋,《西山许真君八十五化录》②作于宋代,接着《许真君仙传》③成于元代。这三部谱录分别出自净明道的三个发展时期,从中可以看出许逊崇拜的发展轨迹及吴猛在谱录中地位的变化。这一变化对于探讨净明道创教历史具有非常重要的意义。④ 而往后的弟子,对净明忠孝道又有何传承,在《净明忠孝全书》亦有显著之记载:

> 至建炎戊申仅七百年,兵祸煽结,民物涂炭,何真公等致祷真君,丐垂救度,既而降神渝川,谕以辛亥八月望,当降玉隆宫。至期迎俟,日中云雾郁勃,自天而下,由殿西径升玉册殿,将授《飞仙度人经》《净明忠孝大法》。真公得之,建翼真坛,传度弟子五百余人。⑤

从经典的角度看,现存明《道藏》中有为数不少的一批宋元道经,它们有一个共同的特点,就是以"法"来命名,每一类"法"经典背后几乎都有一个新道派。⑥ 净明道作为道教的重要教派,其历史发展除了符合道派发展的一般规律外,还具有与其他教派不同的演变轨迹和独特个性,但是不论研究何种道派,在研究方法上则是基本一致

---

① 《孝道吴许二真君传》,见《道藏》第6册,《洞玄部·谱箓类》一卷,上海:上海书店出版社等,1988年影印,第841页。

② 施岑编:《西山许真君八十五化录》,见《道藏》第6册,《洞玄部·谱箓类》三卷,上海:上海书店出版社等,1988年影印,第815页。

③ 《许真君仙传》,见《道藏》第6册,《洞玄部·谱箓类》一卷,上海:上海书店出版社等,1988年影印,第809~812页。

④ 宁俊伟:《由谱录考许逊与吴猛之关系》,《山西大学学报》1999年第1期,第41页。

⑤ 《净明忠孝全书》之《西山隐士玉真刘先生传》,《正统道藏》第24册,第629页。

⑥ 陈文龙:《"法"与宋元道教的变革——评道教"天心正法"研究》,《世界宗教研究》2012第4期,第180页。

的。为了较客观科学地反映净明道的历史演变过程和思想发展脉络,①必须谈及净明派整个历史传承架构:奉东晋许逊道士为祖师,以江西南昌西山为祖山,现存江西南昌之玉隆万寿宫为祖庙。玉隆万寿宫为宋代著名道观,这可在《道藏》中找到记载:"真君垂迹,遍于江左湖南北之境,因而为观府、为坛靖者,不可胜计。"②可见在宋代民间不仅对其宫观之设立如雨后春笋,而且对许逊的信仰也相对盛行,如《道藏》中也谈道:"每岁夏季,诸卿士庶,各各香华,鼓乐、旗帜,就寝殿迎请真君小型像幸其乡社,随愿祈禳,以蠲除旱蝗。"③据传每年仲秋"净月",前往西山玉隆万寿宫朝拜者,扶老携幼,肩舆乘骑,肩摩于路。因此,南宋何真公、元初刘玉都假托许逊神灵降授,并尊其为净明道祖师。④

道教净明宗派初创为南宋周(何)真公,但至元时刘玉(玉真)道士又创新净明道,弟子与信仰民众甚广,其道广播。因此整个净明道派之脉络为:元代刘玉将整个净明道业传承给黄元吉,元吉掌教16年。继黄元吉后,徐慧承其大法,度徒数百人,同时将净明忠孝经典编撰刊行,广传于道教领域中。至元末明清,净明教派之教义经典被正一道所吸收,并融入丹鼎派中。真师曰:"法法从心生,心外无别法,元长问曰:近观灵宝法之旁门,又有曰圆通一法,复有太上净明院法一阶,或有用太上净明院印者。"⑤又曰:"古三十六靖庐是矣,许旌阳七靖是矣。"⑥师曰:"老聃有三宝,一曰慈,二曰俭,三曰不敢为天

---

① 黄小石:《净明道研究·导言》,成都:巴蜀书社,1999年,第3页。

② 《道藏》第4册,上海:上海书店出版社等,1988年影印,第763页。

③ 《道藏》第4册,上海:上海书店出版社等,1988年影印,第763页。

④ 卿希泰主编:《道教的产生》,见《中国道教》第一卷,上海:上海知识出版社,1994年。

⑤ 〔宋〕白玉蟾:《海琼白真人语录》卷一,《道藏》第33册,上海:上海书店出版社等,1988年影印,第113页。

⑥ 〔宋〕白玉蟾:《海琼白真人语录》卷一,《道藏》第33册,上海:上海书店出版社等,1988年影印,第124页。

下先。许旌阳有八宝,曰:忠孝廉谨宽裕容忍。"[①]在《海琼白真人语录》中,除了净明道历史与道法之概说外,大部属于一种人生道德之劝说,这亦是净明道能持久不衰之铁证。以上从教派历史研究的角度,将净明道置于宏观社会历史背景之中,以净明道主要人物为纲,以历史先后为序,着重分析梳理净明道的各宗教要素,如人物、组织、祭祀、信仰、教义、神系、典籍、修炼、法术等演变过程,[②]述说了整个净明教派之历史渊源与背景。

二、净明宗之教义经典与主张

净明宗或闾山教派基本道法仿效《太平经》。道教净明宗许多教义经典,亦大部分承袭或相似于道教古经典学说,如其神仙思想可谓参酌《太平经》之内涵;虽然《太平经》的操作约可上溯至西汉,但不确定,只是在此年代中有发觉其踪迹;但《汉书·李寻传》中有提到西汉成帝时,齐人甘忠可诈造《天官历》与《包天太平经》十二卷。同时《后汉书·襄楷传》又说顺帝时,琅邪上其师所得之神书,亦即《太平清领书》百七十卷。[③] 由其在《汉书》及《后汉书》相继出现之频率可推测出《太平经》在当时之盛行。

另若以汉末太平道的张角已拥有此书及汉末灵、献时牟子《理惑论》曾参酌"神书百七十卷"来看,在灵、献帝之时,《太平经》已有百七十卷的定本了,所以其成书年代当是东汉中晚期。此外,可以肯定的是,《太平经》由原来的十二卷发展到后来的百七十卷,篇幅浩繁,当不是完成于一人之手。[④] 因为净明宗或闾山教派在基本道法上,皆

---

① 〔宋〕白玉蟾:《海琼白真人语录》卷一,《道藏》第 33 册,上海:上海书店出版社等,1988 年影印,第 124 页。
② 黄小石:《净明道研究·导言》,成都:巴蜀书社,1999 年,第 3 页。
③ 杨琇惠:《太平经·神仙思想探微》,《成大宗教与文化学报》2002 年第 2 期,第 215 页。
④ 杨琇惠:《太平经·神仙思想探微》,《成大宗教与文化学报》2002 年第 2 期,第 215 页。

擅长于道教五术(含阴阳、五行及咒术),其内容包罗万象,需各派异人长才经朝累代方可沉积纂成,而今《太平经》残篇五十七卷的内容,相当庞杂皆属此类术数用语,由是可见其成卷之时人为精神投入谓为可观。有关净明道的主要典籍皆被收录于1988年上海书店出版社等影印出版之《道藏》中。

(一)传记类

有关净明道记载的传记有《许真君仙传》、《孝道吴许二真君传》、《许真君石函记》、《净明忠孝全书》、《搜神记》、《许真君玉匣记》。这些传记大都记载着许逊的生平事迹。

(二)经典类

有关净明道记载的经典有《太上灵宝净明入道品》、《太上灵宝净明院真师密诰》、《太上灵宝净明法序》、《太上灵宝净明法印式》、《西山许真君八十五化录》、《灵宝净明大法万道玉章秘诀》、《太上灵宝净明秘法篇》、《灵宝净明新修九老神印伏魔秘法》、《太上灵宝净明飞仙度人经法》、《太上净明院补奏职局太玄都省须知》、《灵宝净明院行遣式》、《太上灵宝净明洞神上品经》、《太上灵宝净明玉真枢真经》、《太上灵宝净明道元正印经》、《太上灵宝净明天尊说御殟经》、《太上灵宝首入净明四规明鉴经》、《太上灵宝净明九仙水经》、《太上灵宝净明中黄八柱经》。这类经典涵盖有较多净明道的道法与科仪。

以上文献中,除了针对许真君与吴猛之记载外,其余皆为经典与道法之经册,代表着许真君对道法与巫术着墨之深远。宗教经典之多寡与所记载的内涵,代表着宗教之思想与智慧,其思想真正意象要能教化信徒或弟子,使得信仰者能够遵循其宗教之经典教义,而达到宗教传布之目的。所以一个宗教经典内涵之丰富与否,代表着宗教之前景与地位。

(三)净明道主张

除基本道义之内涵外,净明道亦有其道派应有的基本"主张":

1. 以"净明"为全部教义的主眼、枢要。在净明道看来,"净明"与"道"具有同等的本体论意义,而"忠孝立本"与"本立而道生"的观念,又使忠孝与"道"具有密不可分的联系。

2. 以体道成仙为修道的根本目的。净明道以忠孝为修道之根本,强调"欲修仙道,先修人道",以净明为修道的理想境界。

3. 以儒家"正心诚意"、"惩忿窒欲"作为教门修持的根本方法,以忠孝为核心。在修炼上,以内丹心性修炼为上,并以此来指导其他的修炼、行持方法,如辟谷、吐纳、导引等。既讲存神服气,又讲飞符上章,融合内丹与符箓,其内丹养生法与钟吕派有渊源关系。可说净明道是宋元时期理学与道教相融合的产物。①

净明道之思想,首先结合道教内丹与符箓,作为自度度人之强身与济世之基本宗教慈悲情怀,同时吸收禅宗及儒家思维之内涵,扩展到治理整个国家社会。到了南宋,它更融合儒、释、道各家之精华,通会儒家思想,强调忠孝的伦理实践,尤其在内丹与符箓方面最为典型,具有突显时代百家思潮之特色,应用于道家丹道修炼与儒家孝道教化民心之理念,相较于同时期其他道派,净明道尤以积极进行伦理教化为明显特点。

三、净明宗与闾山教派之关系

在研究净明宗与闾山教派之关系时,必须将净明道的具体历史数据与史料保持密切接触,尽可能做到"言必有据";但同时,研究净

---

① 任继愈主编:《中国道教史》,上海:上海人民出版社,1990 年,第586 页。

明道历史的演变也不能为数据所困,有些数据虽然丰富,但不能反映教派的本质,故应正确把握,加以取舍。①前述之净明道派整个历史架构,最后奉东晋许逊道士为祖师,其所应用之道法是否与巫觋有所关联?其如何与闾山教派产生关系,又有何关系?这都可依据古文献中所谈巫法、闾山法的情况找出端倪,目前所见最早有关著录是宋代白玉蟾弟子所编之《海琼白真人语录》,其卷一中说道:

> 元长问曰:巫法有之乎?其正邪莫之辨也。答曰:巫者之法始于娑坦王,传之盘古王,再传于阿修罗王,复传于维陀始王、长沙王、头陀王、闾山(山在闾州)九郎、蒙山七郎、横山十郎、赵侯三郎、张赵二郎,此后不知其几。昔者,巫人之法有曰"盘古法者",又有曰"灵山法者",复有"闾山法者",其实一"巫法"也。巫法亦多窃太上之语,故彼法中多用太上咒语。最可笑者,昔人于巫法之符下草书太上在天,今之巫师不知字义,却谓大王在玄。呵呵!②

其中所引述"巫者之法始于娑坦王,传之盘古王,再传于阿修罗王,复传于……闾山九郎",又"昔者,巫人之法有曰……闾山法者",因此,闾山九郎为闾山法者。巫法之"传人"中,闾山九郎、蒙山七郎、长沙王、盘古王、阿修罗王、头陀王、横山十郎、赵侯三郎、张赵二郎等均在闾山教派信仰祀神之中,而其中的闾山九郎,被各地闾山教派之法主许真君尊为闾山教主。前已提到许真君为太上老君之三十六代传人,张道陵是道教教祖(创始人),亦是老君亲授道法,过去是龙虎山天师府掌门人;同时在龙虎山天师府之碑文中,亦有记载"张圣君(法主公)"为天师府第三代传人之一③,而张法主又属于闾山教派。

---

① 黄小石:《净明道研究·导言》,成都:巴蜀书社,1999年,第3页。
② 〔宋〕白玉蟾:《海琼白真人语录》卷一,《道藏》第33册,上海:上海书店出版社等,1988年影印,第113~114页。
③ 依据石牛山石壶祖殿黄主任委员所言,待查证中。

文献理论与实务比对分析显示,闾山教派是创始在许真君手中,张圣君系后启者,同时证明净明宗与闾山教派是息息相关的。

有人认为"净明道与闾山教派无关,是因为有的闾山教派中,并非以许真君为祖师崇拜",这是因为道教信奉"多重至上神崇拜",在同一派别中,不一定供奉相同之主神,诚如闾山派中有的供奉许真君,有的是陈靖姑、法主公或徐甲,或其中两尊与三尊被同时供奉。它们相同之处为演法科仪及施法之法器,与施法除蛇妖中有关之经咒等,这都是净明道与闾山派之实质牵连。

闾山教派中各派都以斩蛇抓妖与祈雨而得到信众崇拜,这都是闾山教派所专长;在闾山派施法中除了三清铃(帝钟)、角鼓(锡鼓)外,尚有代表着降伏蛇神的"法索",这些都是闾山教派的必备法器,同时象征蛇神崇拜,因此可推敲出蛇崇拜与闾山教派关系十分密切,蛇文化是闾山教派的宗教灵魂,每一个闾山教派的法神无不与蛇具有关系。[1] 斩蛇除妖,为民除害,博得地方之安居乐业,是闾山教派能赢得地方崇敬之主因之一;以象征蛇的图腾崇拜与制作蛇神之法索,是闾山教派之独有特色。这种图腾崇拜亦是一种民族文化与道教思想之特征,它可追溯到东汉,道教不仅建立了自己的信仰体系,而且形成了富有特色的组织机构和经典文化。[2]

叶明生还强调,蛇神信仰由崇蛇和斩蛇两种对立方式构成,崇蛇是教法内在的一种法术,以"蛇"驱邪;而斩蛇却是教法外在的一种表现形式,以斩蛇除妖、灵应示人。[3] 二者从表面现象看是对立的,而其实际效果是一致的,都是借用蛇神信仰来推行巫法——闾山法,以

---

① 叶明生:《道教闾山派与闽越神仙信仰考》,《世界宗教研究》2004 第3期,第64~76页。
② 郑镛:《闽南民间诸神探询》,郑州:河南人民出版社,2009年,第62页。
③ 叶明生:《道教闾山派与闽越神仙信仰考》,《世界宗教研究》2004 第3期,第64~76页。

弘扬其教派——闾山教。① 由于有相同的信仰、相同的理念与相同的目标,方能形成一个志同道合的组织或教派,因为信仰缘起于人类对现实社会、政治与生活理想的反应。② 而蛇神信仰在许真君净明宗崇拜中与闾山各派中都有,足以证明它们有所关联。在此谈到之"闾山坐落于何处",传说中与"辽宁之闾山"不同,最有可能之处应在闽越地区,或为江西"卢山"之音误。此山存在与否,有沉在水中的传说。《幡科二卷·分军》科仪本称:

> 请说闾山起祖时,第一传来生木儿。董仲仙人传正法,闾山原有一口池。池中天下千百里,水气冲天太白儿。池中一枝长生不老树,生得千枝及万枝。左边老君来缭马,右边王姥挂仙衣,白鹤飞来树上宿,先带仙人半天飞。③

笔者认为此处所谈到的闾山,应是假想的一座灵山圣地、仙境,是人生修炼的一个终极目标,亦是闾山教派的神仙世界思维,即生于闾山、羽化于闾山及成道于闾山。叶明生也认为:

> 闾山教中"闾山"处于"天下几百里"的池中,或水浪滔天的沉毛江,以及大海中央的构想,都与闽越先民的神仙世界一脉相承,是存在于水国中的一座仙山,是人们向往中的神仙世界,而这一神仙世界就在庐山,庐山在闽浙各地道坛亦称闾山。人们可以在那里学到闾山法术以收妖救民,同样也是人的灵魂最好的归宿之处。因此,那里有许多人们仰慕的如王母、徐甲、许九

---

① 叶明生:《道教闾山派与闽越神仙信仰考》,《世界宗教研究》2004 第 3 期,第 64～76 页。
② 林渭洲:《台湾地区清水祖师信仰研究——以台北、台南地区为中心》,台南:"国立"成功大学历史语言研究所,1992 年,第 1 页。
③ 叶明生:《福建省龙岩市东萧镇闾山较广记坛科仪本·第二部分·经科附件》,台北:新文丰出版社,1996 年,第 263 页。

郎等等帮助人们脱离苦难的神仙。①

在福建古田《临水宫志》中谈到,临水夫人曾师许真君学道于"闾山",此即意味着陈靖姑曾经拜师许真君于闾山,闾山是一个实有的地方。"靖姑年方十七,哭念同气……匍往闾山学法,洞王女即法师传度驱雷破庙罡法,打破蛇洞取兄,斩妖为三。"②但许真君(239—374)与陈靖姑(767—791)相距约400年,陈靖姑何来拜师于许真君?其应是"洞王女"以许真君之法传于陈靖姑。而从《陈靖姑栽花换斗》科仪中之《请大奶咒》亦可了解到"闾山学法"之事实:

> 恭焚真香专拜请,临水元君现金身,闾山学法陈夫人,率领神兵千万人。
>
> 父是下渡陈长者,母是西河葛夫人,甲寅年春正月半,寅时生下奶娘身。
>
> 八角金盆来贮水,香汤沐浴奶娘身,三岁四岁多伶俐,五岁六岁甚聪明。
>
> 七岁八岁去食菜,九岁十岁能诵经,十三岁时去学法,诸般法力尽受传。
>
> 过府逢州收妖怪,翻山倒庙拿妖精,百花桥头度男女,除关斩煞显威灵。
>
> 随带神兵三百万,鼓角飞来临水宫,千处祈求千处应,万家恳祷万家灵。
>
> 臣下坛前专拜请,飞云走马降来临。③

因此,追本溯源,"闾山"成为闾山教派之学法及精神与灵魂之归

---

① 叶明生:《道教闾山派与闽越神仙信仰考》,《世界宗教研究》2004第3期,第65页。

② 〔宋〕撰人不详:《三教源流搜神大全》卷四,上海:上海古籍出版社,1990年,第138页。

③ 《请大奶咒》清代手抄本,由台湾新北市土城区李道长提供。

宿所在,而许真君(许九郎,即许逊)被尊崇为闾山教派之始祖及教主,被闽越巫教奉为闾山法主。对闾山之见解亦有如福建闽北建阳闾山教之"魂归闾山"。该教派中有两类仪式与此有关:一是道师羽化之际,各道坛道友会自动凑集一起,为道师作"羽化道场",这一道场的目的,就是将道师的灵魂由阳世渡入闾山(不是渡往西天),到闾山为仙为神;二是将非正常死亡者的男女灵魂渡入"闾山大营",而由闾山招为仙兵仙将。[①] 这种闽越族人对神仙世界的向往和崇拜,在中国民间道教形成了一股热潮,而后闾山教派在民间世俗稳固发展,并且其原始之巫觋的传承与弘扬,使其形成闽越巫法——闾山法。

据各种史料及传说可知,闾山教派的真正来源与巫法有关,闾山教派起源之状态为巫法延续,故被称为"闾山法"。宋代之前其约略也受地方或部落族群之信仰与图腾崇拜影响,尤其在闽、浙、赣之古越国旧地,"闾山教派"是源自古巫术、巫法、巫教,因受到道教的影响而发展出来的一支教派。

另一种原因为地理领域之关系,在闽台道教闾山教派,为闽越巫法与道教正一符箓派相融合而成;至于闾山教派中之普庵派、瑜伽教与清水祖师派,则是受到佛教俗神化的影响而又发展出来的,表面上所崇拜的神祇是源自于佛教系统,但因世俗化佛道难分,尤其在祭解科仪上,已几乎是道教的系统,在台湾已有以龙华派自称的,更是佛道不分。

唐宋间闽中陈靖姑前往闾山学法于许真君,学法归来于古田及福州等地,并从事驱邪伏妖、祈雨、治病等利国救民之圣事,导致闾山法信仰的盛行而传播于福建、浙江、江西、广东及湖南等地。因法主公派的事迹也与泉州及德化等地有关,陈靖姑三奶派与张圣君法主公派,成为闽南地区民间信仰中最具影响力之道派。闾山教派的特

---

① 叶明生:《道教闾山派与闽越神仙信仰考》,《世界宗教研究》2004 第 3 期,第 65 页。

质是表现于农耕社会与基层百姓群体中,与民众社会生活息息相关,具有深厚的社会基础,因此它虽经历代的政权压制而屡灭不衰,至今仍为广大民众所信仰,并且对社会的安定与和谐有深远的影响,尤其在闽台两地之间,近几年来的宗教交流频繁,更使得间山教派为信仰群众所青睐。

第二节　间山教派神系的形成

一、间山教派中道教诸神之渊源

　　闽南民间道教之教派及信仰繁多且杂。此种多神论信仰尤为普遍,系由于闽南之"尚鬼"习性所导致,加之众多后起之先贤在闽越地区得道、成仙或飞升,促使间山教派在闽越巫文化基础上发展开来。闽越巫文化之思维在闽越族群中是以神仙世界、蛇神、蛙神及动物图腾之崇拜为主轴,因此,闽越之神仙及图腾崇拜在闽越族群中之巫文化信仰常占有极其重要之地位。当然,此民间所崇拜及信仰以巫文化有关之神祇为主,其信仰性质之领域介于道教与巫觋之间,几乎类似或相同于间山教派,处于上述所言"民间宗教"之领域,属于基层百姓之中心信仰。这种宗教信仰往往就是存活于最基层人群中,亦唯有基层民众信仰方能为宗教扎根,作为宗教教派之基础。

　　道教之起源与中国古部落传统信仰有密切关系,较有代表性的为巫术与神仙真人,主要的思想学说为阴阳五行学说与黄老思想集合而成。而这"神、仙、真人"之来源可追溯到唐代以前诸神之如何得道与成神,有"自然崇拜"与"祖先崇拜"两方面。① 间山教派中的神

---

　　① 蒲慕州:《追寻一己之福——中国古代的信仰世界》,台北:麦田出版社,2004 年,第 43 页。

仙信仰人物众多,这些人物都与学习原始之道法二门有关。闾山教派的一些道派、法术亦随之与这些人物羽化成仙产生了密切的关系,并且对闾山教派的形成及发展也产生不同程度的影响,这符合道教"有容乃大"、"海纳百川"之宗教特质。亦唯有以关照民间道教之心态,使其在演化进程中具有普遍性或特殊性之影响,以及在宗派之间产生"合缘共振",才能融合而成闾山教派及其诸神。

　　道教诸神之来历,可分为几个方面来探寻,较有代表性之神仙系统有:(1)先天尊神崇拜(太上老君等),(2)星君崇拜(玄天上帝等),(3)山川河海及雷部诸神(东岳大帝等),(4)土地神和地方保护神(城隍老爷等),(5)财神和福禄寿星(五路财神等),(6)冥司神灵(酆都大帝等),(7)得道仙真(三茅真君等),(8)祖先崇拜,(9)佛教俗神化(清水祖师等)。而闾山教派信仰所崇拜之诸神,涵盖在上述诸领域中,但闾山教派之法神,则大部分是后起之得道仙真与佛教俗神化诸神。

二、道教诸界圣神

(一)三清四御与诸天上帝

　　先天尊神崇拜有(元始天尊、太上老君等)道教思想源自于道家及古代方士、仙真之说,依道教神仙谱系所言,"元始天尊"、"灵宝天尊"与太上老君——老子(亦称"道德天尊"),并称为"三清道祖",是道教最高神灵。"元始天尊"于天地混沌之时,太无之先,禀自然之气,尊神由是生,初称"元始天王"。元始天尊的由来,东晋葛洪《枕中书》称:

　　　　昔二仪未分,溟涬鸿蒙,未有成形。天地日月未具,状如鸡子,混沌玄黄。已有盘古真人,天地之精,自号元始天王,游乎其中。①

《隋书·经籍志》:

> 道经者,云有元始天尊,生于太元之先,禀自然之气,冲虚凝远,莫知其极。所以说天地沦坏,劫数终尽,略与佛经同。以为天尊之体,常存不灭。每至天地初开,或在玉京之上,或在穷桑之野,授以秘道,谓之开劫度人。②

"元始天王"即"元始天尊",他是道之始、宇宙之主宰,与"道德天尊"、"灵宝天尊"相提并论显现于道教各道场中。而道教思想学说皆托于老子,视其为道之化身。《云笈七签》云:

> 老子者,老君也,此即道之身也。元气之祖宗,天地之根本也。夫大道元妙出于自然,生于无生,先于无先,挺于空洞,陶育乾坤。号曰无上正真之道,神奇微远,不可得名。故曰:吾生于无形之先,起乎太初之前,长乎太始之端,行乎太素之元。浮游出虚,出入杳冥。观混沌之未判,视清浊之未分……步宇宙之旷野,历品物之族群。……夫老君者,乃元气道真,造化自然者也。③

故"道"是宇宙万物自然的表征,老子是"老君也,此即道之身也。元气之祖宗,天地之根本也",《道德经》又说:"道生一,一生二,二生三,三生万物。"④由此即可领悟到,道是老子之化身,是元炁之宗,天地之本。老子之"道"是"一"之始。《易传·系辞上传》的第11章,原文为:"是故,易有太极,是生两仪,两仪生四象,四象生八卦,八卦定

---

① 〔晋〕葛洪:《龙威秘书》第一集第七册,《汉魏丛书原本·枕中书》,第2页。

② 〔唐〕魏征等:《隋书》卷三五,《志第三十》,武英殿本。

③ 〔宋〕张君房编,李永晟校:《云笈七签》卷一○二,北京:中华书局,2003年,第2205页。

④ 任法融:《道德经》第42章,北京:北京白云观,第117页。

吉凶,吉凶生大业。"葛洪《神仙传》云:

> 自伏羲至三代,显名道士,世世有之。其老子,盖道尤精也……至汉,实太后好黄老言,孝文帝及外戚诸窦皆令读之,故庄周之徒以老子为宗。①

上文意味着道教并非起源于老子,但道教未成立以前,就有道家及道教之思想是不容置疑的。道教尊神众多,其来有自,其司有别,《枕中书》又称:

> 扶桑大帝,元始阳之气,治东方。故世间帝王之子,应东宫也。西汉九光夫人,始阳之气,治西方。故曰:木公、金母,天地之尊神,元气炼精,生育万物,调和阴阳,光明日月,莫不由之。②

在闾山教派先天诸尊神中,三清圣境位居于"无极界之大罗天"中,其次是四御与诸天上帝,他们是宇宙万物之创始者与主宰者,"王室先祖"以及山、岳、风、水、雷、雨等自然神祇为辅佐,共同控制人间祸福。③ 因此,有玉皇大帝、勾陈大帝、紫微大帝、后土皇地祇、青华大帝、长生大帝、东王公、西王母、五方五帝、三官大帝、四圣真君、九天生神上帝、三十二天帝等。这个时期的主要神祇是以自然方式产生的,他们掌管着天地运行之法则,人与万物必须顺应天理之规律,顺天则昌,逆天则亡。而"王室先祖"系由人往生后转变而成"鬼"之行列,其表现职能仍然有祸福人间之神祇特性,是一种自然现象的存有,并非由人加以造化,只是由于其魂魄强度可能决定了死后鬼魂的

---

① 〔晋〕葛洪撰:《神仙传》卷十,北京:学苑出版社,1998 年。
② 〔晋〕葛洪:《龙威秘书》第一集第七册,《汉魏丛书原本·枕中书》,第5 页。
③ 蒲慕州:《追寻一己之福——中国古代的信仰世界》,台北:麦田出版社,2004 年,第 43 页。

能力,因而成了神明。①

道教称天界最高主宰之神为玉皇大帝,犹如人间的皇帝,上掌三十六天,下握七十二地,掌管一切神、佛、仙、圣和人间、地府之事。据《玉皇本行集》记载:"光明妙乐国王子舍弃王位,在晋明香严山中学道修真,辅国救民,渡化众生,历亿万劫,终为玉帝。"②在闾山教派科仪中,许多文检疏文之禀报上天,皆须以玉皇大帝为天界之主宰。例如在"天赦日"祈求"开恩赦罪"时,就须"设案与疏文"③专求玉皇大帝。

(二)后天(太极界)

太极界神灵有星宫斗府、岳渎山川河海群真自然诸神、雷部诸神、土地神祇和地方保护神(城隍老爷等)、财神和福禄寿星(五路财神等)。道教多神论又崇尚宇宙自然,以万物有灵论为道教的神灵信仰观念,加以信仰群众之功利主义思维,掺杂着对人生居住安全等的考虑,自创出了福、禄、财、喜、寿诸神信仰于群众生活中,同时闾山教派亦以星宫斗府诸神、星君之犒赏来进行制星、拜斗、祭解科仪。人们对在此阶段所产生的神祇,具有讲求灵验性的功利倾向,蒲慕州认为:"灵验性才是民间祠祀活动关注的面向,而不是这些神明所以存在的理由。"④而这些祠祀活动功利思维背后之意涵,被分为两个极端之领域,即官方欲借着祠祀达其政治前途之目的,民众则利用民间祠祀活动达到个人功利目标。

---

① 〔美〕余英时著,侯旭东译:《东汉生死观》,台北:联经出版社,2008年,第115页。

② 撰者不详:《太上洞玄灵宝高上玉皇本行集经》,清康熙五十一年(1712年)刊本。

③ 《天赦日忏悔消灾植福疏文》,由新北市泰山区天妙宫提供。

④ 蒲慕州:《追寻一己之福——中国古代的信仰世界》,台北:麦田出版社,2004年,第266页。

(三)冥司神灵(酆都大帝等)——罗酆鬼神

冥司地府之空间观念,是道教之地狱存有之思维,因道教认为人死为鬼,人在死后首先被归类到"中阴生"领域中,等待着鬼吏及"十殿明王"之审判;而道教闾山教派认为人因意外而死后,灵魂被牵引至地狱空间中之"枉死城",必须经由法师或神明执行落府破狱科仪救出,这在第四章之打城科仪中有详述。太史文(Stephen Teiser)对宋朝道教在冥司神灵信仰之特点进行调查,亦认为中国民间有"十殿明王"[①]之信仰,阐述如下:

第一殿:秦广王蒋(广明王蒋子文),二月初一日诞辰(一说为二月初二日),专司人间寿夭生死,统管吉凶。

第二殿:楚江王历,三月初一日诞辰,专司活大地狱,即寒冰地狱。

第三殿:宋帝王余(宋帝明王),二月初八日诞辰,专司黑绳大地狱。

第四殿:五官王吕(官明王)二月十八日生,专司合大地狱,即血池地狱。

第五殿:阎罗王包(阎罗天子包拯),正月初八日诞辰,专司叫唤大地狱。

第六殿:卞城王毕,三月初八日诞辰,专司大叫唤大地狱及枉死城。

第七殿:泰山王董,三月二十七日诞辰,专司热闹地狱,即肉酱地狱。

第八殿:都市王黄,四月初一日诞辰,专司大热闹大地狱,即闷锅地狱。

---

① Stephen F. Teiser, *The Ghost Pestival in Medieval China*, New Jers. : Princeton University Press, 1988, p. 208.

第九殿：平等王陆，四月初八日诞辰，专司铁网阿鼻地狱。

第十殿：转轮王薛，四月十七日诞辰，专司各殿解到鬼魂，区别善恶，核定等级，发往投生。

以上所列出秦、广、王、蒋（广明王蒋子文）、阎罗王包（阎罗天子包拯）等是姓，其为人在往生后，大部分要在49天内经过的"十殿明王"之审判。而在中国民间所为之"做七"与"做旬"，"做七"即每七天做一次功德法会回向给亡者，"做旬"即为做完七七后每隔十天做一旬，直到百日、对年与三年。在此冥司神灵诸鬼神中，被闾山教派运用超场（阴事）法事，游走于人间与地狱领域中，救度冥司中诸灵魂。至于"十殿明王"之来源，亦有一得自闾山教派之徐甲真人传说：

> 自从徐甲离开老子后，发觉人生茫然，不知如何自处。突然看见帮老子担书的篮子里，有一本老子故意留下的《阴符经》，于是徐甲依照阴符经的法门，做起超度死亡者的丧葬科仪。此时正处战国时代，列强连年战争，尸骨遍野，徐甲在战争最惨烈的秦国、楚国、宋国，做了多次大型的拔阴法会，而产生秦广王、楚江王、宋帝王、五官王、阎罗王、卞城王、泰山王、都市王、平等王、转轮王等十殿地狱说。徐甲的丧葬科仪，后来成为中国道教闾山派、梅山派、衡山派、茅山派的送丧法门，并奉他为法主。①

文中"徐甲的丧葬科仪"、"送丧法门"直指徐甲为闾山教派中专司度亡的法主。在田野调查中发现，徐甲派大部分是做红头法师之吉场，虽然该派亦有做些"打城科仪"，但据了解，《阴符经》（黄帝阴符经）上、中、下篇全文如下：

> 观天之道，执天之行，尽矣。天有五贼，见之者昌。五贼在心，施行于天，宇宙在乎手，万化生乎身。天性，人也；人心，机也。立天之道，以定人也。天发杀机，移星易宿；地发杀机，龙蛇

---

① 沈平山：《中国神明概论》，台北：新文丰出版社，1987年。

起陆;人发杀机,天地反复;天人合发,万化定基。性有巧拙,可以伏藏。九窍之邪,在乎三要,可以动静。火生于木,祸发必克;奸生于国,时动必溃。知之修炼,谓之圣人。

天生天杀,道之理也。天地,万物之盗;万物,人之盗;人,万物之盗。三盗既宜,三才既安。故曰:食其时,百骸理;动其机,万化安。人知其神之神,不知不神之所以神也。日月有数,大小有定,圣功生焉,神明出焉。其盗机也,天下莫能见,莫能知。君子得之固躬,小人得之轻命。

瞽者善听,聋者善视,绝利一源,用师十倍,三反昼夜,用师万倍。心生于物,死于物,机在于目。生死之心在于物,成败之机见于目。天之无恩,而大恩生,迅雷烈风,莫不蠢然。至乐性馀,至静性廉。性馀则神浊,性廉则神清。天之至私,用之至公。禽之制在气。生者死之根,死者生之根,恩生于害,害生于恩。愚人以天地文理圣,我以时物文理哲。人以愚虞圣,我以不愚虞圣;人以奇期圣,我以不奇期圣。故曰:沉水入火,自取灭亡。自然之道静,故天地万物生,天地之道浸,故阴阳胜,阴阳相推,而变化顺矣。是故圣人知,自然之道不可违,因而制之。至静之道,律历所不能契。爰有奇器是生万象,八卦甲子,神机鬼藏,阴阳相胜之术,昭昭乎进乎象矣。[1]

以上所谈的是有关"天人合一、天地人鬼神与生死",并无具体拔幽度亡之科仪,因此指徐甲为闾山教派中专司度亡的法主等传说之可信度值得商榷。

三、历代得道仙真

闾山教派中道教诸神信仰充满于宇宙各界,正是道教崇拜于三十六天空间思维中,所假想此类神仙之存有,附于信仰大众默拜与心

---

① 佚名:《阴符经》,民国珂罗版成书,年代不详。

灵之寄托所在。唯闾山教派摄取道教之神仙思想,应用闽越古巫觋文化,综合而成一个神仙崇拜系统,在其内涵上及其背后所存在之教义体系与思路,无法远离原始及现存之道统领域。因此,我们从道教文献中得知,得道仙真七百四十五人,上起轩辕黄帝,下至北宋末年。① 在众多的神仙信仰人物中,选择上述神仙面向,来兼顾道教与闾山教派共有之神仙系统,更为重要的是透过这些神仙信仰人物之操作,可以探寻到闽越古巫觋文化中的一些宗教神仙组合与社会背景的文化内涵,从而了解到闾山教派中道教诸神之传承,较常见之先圣先贤、得道仙真有四大真人、四大天师(张道陵、葛玄、许逊、萨守坚)、老五祖、南五祖、北七真。

《魏书·释老志》说:"道家之原,出于老子……及张陵受道于鹄鸣,因传天官章本千有二百,弟子相授,其事大行,斋祠跪拜,各成法道,有三元九府百二十官,一切诸神,咸所统摄。"②由此得知,张陵受道于老子,奉其为开教之祖,以其《道德经》为圣典,而净明宗闾山教派教主许真君,又与张道陵并列为四大天师之一。闾山教派中道教诸神之传承,受到后天民间宗教信仰的影响,收录了许多因得道而成名之仙人或真人,如闾山教派中之许逊、徐甲、陈靖姑、张慈观(张圣君)等人物。这不仅使我们了解到,诸得道仙真在世俗之际,大都有功于民,或其修炼成仙方式得到后世之效法;更在得道成仙后,为世人所崇拜,如《无上秘要》卷五〇《荼炭斋品》记载:"露身中坛,束骸自缚,散发泥额,悬头衔发于格兰之下。"③记述当时经荼炭斋修者的形状及作法,似有苦行僧的意味。他们在闾山教派中的影响更延绵到现今,非但不衰,反而因信仰民众之热络而更为兴盛。

---

① 〔元〕赵道一:《历世真仙体道通鉴》新文丰本第 8 册,胡孚琛主编:《中华道教大辞典》,北京:中国社会科学出版社,1995 年,第 421 页。
② 〔宋〕魏收:《魏书》卷一一四,《志第二》,第 3048 页。
③ 〔明〕《正统道藏》第 42 册,第 33628 页。

四、祖先崇拜

在道教之祖先崇拜中，认为人死为鬼，鬼是祖先在不同时空下所表现出的不同表征，同时道教也相信，人死后有灵魂的存在空间。《抱朴子内篇·论仙篇》：

> 俗人之不信，不亦宜乎？惟有识真者，校练众方，得其征验，审其必有，可独知之耳，不可强也。故不见鬼神，不见仙人，不可谓世间无仙人也。人无贤愚，皆知己身之有魂魄，魂魄分去则人病，尽去则人死。故分去则术家有拘录之法，尽去则礼典有招呼之义，此之为物至近者也。然与人俱生，至乎终身，莫或有自闻见之者也。岂可遽以不闻见之，又云无之乎？[①]

鬼魂崇拜、巫术迷信、灵魂信仰（对自然力的崇拜和人格化的神灵崇拜）等这类文化现象，是人类处在蛮荒时期低级阶段上产生的。[②] 这种"灵"的存有思维，不但在东方各种族中有各自之信仰，同时在西方宗教中亦有相当之热络崇拜，在基督教《万有之灵——生命·圣灵》《启示录》中讲到"主的灵充满家庭、世界以及他的所有居民"[③]。因此，这种灵魂与鬼神之观念，虽然教义有所不同，但灵魂形象之思维几乎是雷同的，所以灵魂之存在可以扩充到各种宗教信仰中。

祖先与我们有最直接、最亲近的血脉相连关系。唯有祖先的崇拜，在慎终追远框架下，缅怀祖先之养育恩德，表达各种敬拜之心，使我们之心灵最易得到充实感与安适。先圣先贤"生事之以礼，死葬之

---

① 〔晋〕葛洪撰，陈飞龙注译：《论仙篇》，见《抱朴子内篇今注今译》，台北：台湾商务印书馆，第68～69页。
② 刘锡诚：《非物质文化遗产的文化性质问题》，《福建省社会主义学院学报》2006第1期，第33页。
③ 〔西班牙〕雷蒙·潘妮卡著，思竹译：《宇宙—神—人共融的经验》，北京：宗教文化出版社，2005年，第170页。

以礼,祭之以礼"。亦唯有祖先崇拜,最能表现儒家与道家中之"忠孝"两全。《论语·为政篇》有子曰:"无违。"樊迟御,子告之曰:"孟孙孝于我,我对曰无违。"樊迟曰:"何谓也?"子曰:"生事之以礼;死葬之以礼,祭之以礼。"《论语·学而篇》有子曰:"其为人也孝弟,而好犯上者,鲜矣;不好犯上而好作乱者,未知有也。君子务本,本立则道生,孝弟也者,其为仁之本与!"可知,祖先崇拜是一种孝的表征,透过祭祀祖先来表达慎终追远与对祖先的尽孝,正是净明忠孝道之思想所在。

五、古部落巫觋之传承

道法为道教实践之准则与规范,亦是实践道教的一种"运用"路径,亦唯有道法能达到道教之最终目的。道法是天地人鬼神五位一体,依循自然法则所创出的天地共容之学说;而在这领域中发生的一种具有实用目的的特殊仪式活动,在人类学中称作"巫术"。① 因此,道教尤其是道法之一部分源自于民间巫术,但东晋南朝之后,道教为显示自己为国家或上层阶级接纳的身份,频频表示自己和巫术之间的区别,这种不断祛除原始巫术的努力,也使道教进一步摆脱世俗信仰趋向正规宗教。② 然而,道教自身之基因,离不开巫术之阴影,亦即在道教道法之背后有着浓厚的巫术味道,这不但符合着道教的生存条件,同时是道教必备之秘密武器。因此,巫术应用最广的地方,也许就在人所最关心的健康上,在初民社会中几乎一切有关于疾病的事都是靠巫术解决的。③ 由于在原始部落中,巫师是被安置于群

---

① 〔英〕马凌诺斯基著,费孝通译:《文化论》,北京:中国民间文艺出版社,1987年,第48页。

② 陈文龙:《"法"与宋元道教的变革——评"道教天心正法研究"》,《世界宗教研究》2012年第4期,第183页。

③ 〔英〕马凌诺斯基著,费孝通译:《文化论》,北京:中国民间文艺出版社,1987年,第50页。

体生活中之重要角色,负责整个群体的安危与医疗,亦唯有巫师方能领导部落,因为后来崛起的知识和科学虽能满足人类的需要,但是它们总是有限度的。

不论巫术之存在与否,道教神系信仰之产生年代都源自唐宋或更早些,都离不开古代巫术之范畴。这些神系信仰之神仙与巫术之巫法情况,早在宋代已有谈到净明宗与闾山教派之关系,如《海琼白真人语录》卷一所载:"元长问曰:巫法有之乎?……巫者之法始于娑坦王……巫人之法有曰盘古法者,又有曰灵山法者,复有闾山法者,其实一巫法也。"①宗教与巫术是一种超自然之精神行为表征,在人群中占有极其广大之领域,非科学所能取代。道教认为这是因为科学不能消除超乎自然之疾病和朽腐,不能抵抗天命所赋予之死亡。诚如《广阳杂记》正文中谈道:

> 湖南多异术,凡肢体折伤,以符水禁咒治之,立刻可愈。前向禹门见余伤臂,殷勤言之;又作字与向亦周,必令此辈一看,若犹可治,何惮而不为。余不敢辞,故至衡山。时亦周与术士二人偕来,视予臂,言伤已老,须使之脱,而后符水可施。必也频频举动,力不胜任,则再肿痛,然后可为也。余此臂已安之如命,且亦无大碍,不废作字揖让,亦何苦而必欲为此?遂笑谢之。②

在此所显现之意涵,是一种超凡之论调及非科学所能概括之领域,它的现象是属于一种巫术或宗教的范畴。所以不论已经发达的还是尚属原始的科学,都不能完全支配机遇,消灭意外,预测自然事件中偶然的遭遇。它亦不能使人类的工作都适合于实际的需要并得

---

① 〔宋〕白玉蟾:《海琼白真人语录》卷一,《道藏》第33册,上海:上海书店出版社等,1988年影印,第113~114页。

② 〔清〕刘献廷:《广阳杂记》卷二。

到可靠的成效。[1] 闾山教派也认为，虽然一切命运操之在我，无论科学是在古文明还是现代科学中，都无法完全操控精神与心灵，而宗教与巫术则可弥补这方面的不足。

六、教派离、合之传承

在闾山教派中之神仙信仰，大部分掺杂着儒、释、道，因此，闾山教派可谓为宗教之大熔炉。唯在道教研究中，似乎有个明显的空间与时间划分区隔，亦即道教的创立和发展可分为三个阶段：一是原始道教阶段，在东汉末年的蜀中鹤鸣山，以张陵倡导五斗米道和太平道为代表，以《老子五千文》为主要经典；二是以东晋葛洪、北朝嵩山寇谦之、南朝齐梁间茅山陶弘景等道士为主轴之学术与理论化阶段；三是金元以来至今道教形成两大派系阶段：王重阳之全真道与元朝形成的正一道两大教派。

（一）教派之融合

闾山教派在闽越地区有明显的地域空间区隔，如江西南昌许逊之净明道派、泉州府中德化张圣君之"法主公"、古田与福州陈靖姑之"三奶派"、澎湖之"普庵派"、广西"梅山派"、汉代江南盛行的"淮南教"等神仙信仰。因此，古闽越先民崇拜的神仙世界，被后来巫觋们称为闾山仙境，由此闾山教派一词与巫觋几乎画上等号，或曰闾山教派是一种巫觋的化身，或曰闾山教派是一种正一道与巫术之综合。因此在民间道派闾山教的发展中，先后产生了各个神仙体系与教派，在每个教派中掺杂着巫的内涵。此一思维对道教之信仰产生了深远的影响。

---

① 刘锡诚：《非物质文化遗产的文化性质问题》，《福建省社会主义学院学报》2006 第 1 期，第 34 页。

(二)教派之分支

道教法派、道派之创立虽有时间与空间之划分,但法派之思想与归属皆相同或相近,老子云:"万民皆付西王母,唯王、圣人、真人、仙人、道人之命上属九天君耳。"[①]同时由于不同地域间民众之生活交流,加以闾山道法皆与正一道及巫术有所关联,又受到佛教与儒家思想之熏陶,自然发展出许多非道非佛之融合教派,如瑜伽派、清水祖师派等。

> 问曰:今之瑜伽之为教者,何如? 答曰:彼之教中为释迦之遗教也,释迦化为秽迹金刚,以降螺髻梵王,是故流传。此教降伏诸魔,制诸外道……今之邪师,杂诸道法之辞,而又步罡捻诀,高声大叫,胡跳汉舞,摇铃撼铎,鞭麻蛇、打桃棒,而于古教甚失其真,似非释迦之所为矣,然释迦亦是佛家伏魔之一法。谓之灭魔,彼之徒且曰太上老君之遗教。[②]

由于闾山教派所具有的交流性、宽容性,该教派中创出众多衍派。有的打着道教之名,唱诵着佛教经典,穿着佛教服饰,操作着佛教与道教法器,但引用道教之步罡、踏斗、捻诀与符箓。有的将众多的佛教真言秘咒用于道法上,说它是佛教密宗也不为过,因这不是正统道法。两宋之际的神霄派,亦酌量援引密教真言及秘咒,而净明派、瑜伽派、普庵派及闾山派在福建柘荣地区之"文科"也有所涉略,说明佛教密宗之影响深远,许多密法被道教吸收,显现出佛、道二教相辅相成之融合与传承现象。当然这种佛道融合之现象与当时为政者之政策有关,特别是在宋仁宗天圣二年(1024 年)的禁巫运动后,

---

① 〔晋〕张华撰,范宁校证:《博物志》卷九,《杂说上》,北京:中华书局,1980 年,第 104 页。

② 〔宋〕白玉蟾:《海琼白真人语录》卷一,《道藏》第 33 册,上海:上海书店出版社等,1988 年影印,第 115 页。

道士为求自保,大量吸收佛教密宗瑜伽教之密法,如此可让民间道教得到了延续,同时又增加了佛教之元素使自己得以发展,如张圣君法主公也曾剃发为僧短暂学习过佛法,使后世产生许多以闾山教派与瑜伽教相配合的"文科与武科",产生了"法主公教",并在闽台地区产生很大的影响。

七、教派之混淆

　　道教神系的渊源,有的是口述历史之记载,难免有传承上之误解而遗留后世。如讲南宋时代的白玉蟾行脚时,碰到奇异的老人,这个老人就是辛天君(辛汉臣),他向白玉蟾传授了使役刘天君的法术。日本横手裕在《白玉蟾と南宋江南道教》中说:"《洞玄玉枢大法》是南宋的白玉蟾从辛汉臣(辛天君)传授到的雷法,这个师徒关系被认为是《洞玄玉枢大法》的传承者假造的。其理由如次:第一,在我们现在看到的白玉蟾的资料中,没有《洞玄玉枢大法》的记载。"①虽然《洞玄玉枢雷霆大法》(《道法会元》卷一四八)记载了白玉蟾的教说,但白玉蟾的文集和语录中找不到这个教说,没有可靠性。第二,白玉蟾留下来的资料中,他始终认为他的师父是陈楠,没有记载辛汉臣向他传授法术这个故事。辛汉臣的直传的徒弟是陈楠,不是白玉蟾。② 教派之传承常因传说记载之错误,或前人未经正确考证而流传下来,闾山教派中亦有诸多因地方信仰神明之尊崇,而误解其中神明的来历。

---

① 〔日〕宫川尚志:《南宋の道士白玉蟾の事绩》,《内田吟风博士颂寿记念东洋史论集》,东京:同朋舍,1978 年;〔日〕横手裕:《白玉蟾と南宋江南道教》,《东方学报》第 68 册,1996 年,第 77～182 页;Lowell Skar, Administering Thunder: A Thirteenth-Century Memorial Deliberating the Thunder Magic, *Cahiers d'Extrême-Asie*, No. 9, 1996—1997.

② 〔日〕酒井规史:《地方的雷法的形成(其二)——以〈洞玄玉枢雷霆大法〉为中心》,台北:经典道教与地方宗教国际研讨会论文,2013 年,第 2 页。

（一）王母信仰

在福建地区,有打着闾山教派之旗帜的被称为"王母教"的王母信仰。在道教经典中有关于"王母"或"西王母"之记载,《云笈七签》太极真人九转还丹精要诀中有"王母四童散方"①,由此可知"王母"于远古时期与仙真同时存在。《云笈七签》又有《西王母传》:

> 西王母者,九灵太妙龟山金母也,一号太灵九光龟台金母,亦号曰金母元君,乃西华之至妙,洞阴之极尊。在昔道气凝寂,湛体无为,将欲启迪玄功,生化万物。先以东华至真之气,化而生木公焉。木公生于碧海之上,苍灵之墟,以主阳和之气,理于东方,亦号曰东王焉。又以西华至妙之气,化而生金母焉。金母生于神洲伊川,厥姓缑氏,生而飞翔,以主阴灵之气,理于西方,亦号王母。②

此之"王母"或"西王母"与"东王公"相对应,共掌宇宙东西与阴阳之气,与东王公有明确的分工。西王母的分工是"凡上天下地,女子登仙得道者,咸所隶焉"。在《博物志》中亦谈道:"老子云,万民皆付西王母。唯圣人、真人、仙人、道人之命,上属九天君。"③由此可见,早期民间信仰中的西王母统领的是黎民百姓,其后她被衍化为道教女神西王母,"与东王公共理二气,而育养天地,陶钧万物矣。体柔顺之本,为极阴之元,位配西方,母养群品。天上天下,三界十方,女

---

① 〔宋〕张君房编,李永晟点校:《云笈七签》卷七七,《药方》,北京:中华书局,2003年,第1747页。"王母四童散方"即为:胡麻四大两、天门冬四两、白茯苓五两、术三两、桃仁四两、干黄精五两。

② 〔宋〕张君房编,李永晟校:《云笈七签》卷一一四,北京:中华书局,2003年,第2527～2528页。

③ 〔晋〕张华撰,范宁校证:《博物志校证》卷九,《杂说上》,北京:中华书局,1980年,第104页。

子之登仙得道者,咸所隶焉"①。我国王母信仰的年代很早,较早记载"西王母"的是《山海经·西山经》,其中说到这位王母是"司天之厉及五残"。其后晋人张华《博物志》对西王母有了较详细的描述:

> 汉武帝好仙道,祭祀名山大泽,以求神仙之道。时西王母遣使乘白鹿告帝当来,乃供帐九华殿以待之。七月七日夜漏七刻,王母乘紫云车而至……有三青鸟,如乌大,使侍母旁。时设九微灯。帝东面西向,王母索七桃,大如弹丸,以五枚与帝,母食二枚。帝食桃辄以核着膝前,母曰:取此核将何为?帝曰:此桃甘美,欲种之。母笑曰:此桃三千年一生实。唯帝与母对座,其从者皆不得进。时东方朔窃从殿南厢朱鸟牖中窥母,母顾之谓帝曰:此窥牖小儿,尝三来盗吾此桃。②

由此可知,在汉武帝时,王母信仰已经存在,而在福建闾山教派中所讲的王母信仰,应是以陈靖姑为主的三奶派信仰。同时在闾山教派中之王母陈靖姑,以其慈悲为怀于众生,几可与无极金母比拟。闾山教派中以"王母"为法神信仰,虽具有"桃源王母"的某些意涵,但绝对不是指与东王公配对的"西王母",而是借"王母"之名,将她附于闾山教派女神陈靖姑等人的身上,使之成为闾山教中的"王姥娘"。

(二)五营兵将与法主公派之混淆

"五营兵将"信仰是以东、西、南、北、中各方兵将命名,以张、萧、刘、连、李姓五位将领为首。在诸多宫观或道坛中,闾山教派在操兵安营时,皆以此"五营兵将"为主,在台亦有将法主公等误为五营的张、萧、刘、连、李之官将;另有张、萧、刘、连、邵五公的说法;③在"嘉

---

① 〔宋〕张君房编,李永晟校:《云笈七签》卷一一四,北京:中华书局,2003年,第2528页。

② 〔晋〕张华撰,范宁校证:《博物志校证》卷八,《史补》,北京:中华书局,1980年,第97页。

③ 陈建生等:《溪源萧公文化》,福州:海风出版社,2010年,第2页。

熙赐敕"记载"宋嘉熙二年(1238年),宋理宗赐额'德云殿'将张、萧、刘、连、邵五位道人封为'五大圣君、五位真人'"①。

但法主公(张圣君)原始祖庙及发祥地——石牛山石壶殿与石壶洞记载,法主公确定为张慈观、萧明(朗瑞)、章敏(郎庆)三公,此说之记载较多,亦较齐全,"石壶洞三真人:张、萧、章……初与闽清章公、蕌溪萧公善。将化,谓章公曰:'后十二年有难,啮指血呼我。岁丙辰……'"②德化石壶祖殿管理委员会所编文献中有"孝宗乾道四年戊子(1168年),张、萧、章三道人到石牛山伏妖,镇住五通鬼后,定为福地,三道人誓言来日显在石壶……"③另有诸多文献记载,将于第四章一一详述之,唯在此言及法主三公与"五营兵将"及"五大圣君、五位真人"信仰之混淆,三个领域应非同一系统。

第三节　闾山教派的分布与发展

一、闾山教派脉络形成的因素

道教是中国固有之传统宗教,但由于中国幅员广阔,各地族群散布,产生了各个部落自有之宗教信仰。由于道教的地域化、世俗化与宗教融合等因素,因此各地道教虽然同属于相同教派,亦有差异性之存在。地方道教的特色表现在两方面:其一,吸纳地方神灵进入道教的神仙体系。地方道士为得到民众的认可,往往在仪式中吸纳地方

①　南平市政协学习文史委员会:《南平宗教史略》,内部刊物,2003年,第86页。

②　〔清〕陈池养:《慎余书屋文集》卷四,《张公传》。

③　福建省道教协会研究室、德化石壶祖殿管理委员会编:《道教圣地石牛山——张公法主祖庭》,福州:福建省道教协会研究室,1998年,第1页。

神灵,这在地方道教中很常见。① 其二,对地方巫术的吸收,如福建闾山教道法、台湾红头师公和乌头师公等。这些内容在道法体系中表现得比较明显,值得进一步研究。② 就以净明宗闾山教派在福建和台湾的各个分支点来相较,同是闾山教派科仪道坛,瑜伽派中之文科较多使用于闽北地区,而在台湾的闾山教派为许多教派之综合运用。

闾山教派是一种最适合于民间之宗教,在基层民众中扮演极其重要之角色。由于信仰、职业、种族或血统关系而聚集对某种神灵之崇拜,这种集合之族群之间,具有不成文之默契与一种"血性"之融合,因为"血性"就是"吾国固有之美德'信义'"。③ 因此,它是以各自不同的表现形态分布于福建、台湾及东南亚各地,存在于不同之族群生活圈中,同时建构出许多相同信仰。根据日本学者窪德忠引述:"夏威夷大学教授萨索说道教于 1590 年(万历十八年)传入台湾,传教者是出身福建漳州的闾山三奶派道士,当时传到了台南。后来在公元 1740 年(乾隆五年),茅山、正一道教传入台湾北部,公元 1823年(道光三年)清微派道教又传入台湾。"④在窪德忠的文献记载中可发现,闾山教派中之三奶派巫法比其他道教法派先传入台湾,奠定了台湾南部道教之基础,后来虽有茅山派与正一道派的传入,但其散布在台湾北部,这也是现今闾山教派较兴盛于台湾南部地区之原因。

窪德忠在其《道教史》中又说过,台湾"唯独没有传入全真教,其原因也许可以从台湾所处的地理位置来解释,因台湾与福建、广东等地交往密切……现在台湾也有自称全真教系统的道士,但只要仔细

---

① 李志鸿:《道教天心正法研究》,北京:社会科学文献出版社,2011 年,第186 页。

② 陈文龙:《"法"与宋元道教的变革——评"道教天心正法研究"》,《世界宗教研究》2012 年第 4 期,第 183 页。

③ 畲国纲:《罗鲂重文集》,长沙:湖南教育出版社,1999 年,第 7 页。

④ 〔日〕窪德忠:《道教史》,东京:山川出版社,1977 年,第 294 页;〔日〕窪德忠著,萧坤华译:《道教史》,上海:上海译文出版社,1987 年,第 294 页。

查考一下,就会发现他们与全真教怎么也联系不上"。①这就是宗教信仰中,由于先天地理环境之影响,而产生了各种不同之教派崇拜,闾山教派的分布区域就是因这些因素的改变或相通而形成。

二、净明宗之分布与发展

掌握净明宗之分布与发展,首先必须了解在福建极其兴盛之闾山教派,这一历史悠久的信仰与发源于江西之净明宗有师徒之关系;而闾山教派又与湖南、广西的梅山教有许多兄弟渊源关系,它们不仅同属一个古巫觋系统,而且互相还有交流与影响迹象,为长江中下游之南方巫法闾山派的共生物。② 这种教派的形成,因拥有极为相似之信仰基因与精神意象,导致有相当稳固之宗教思维根基,并将道法传播到中国南方各地或东南亚地区。

由于许逊出生于南昌县长定乡,经过道家修炼之熏陶,26 岁又跟随西安吴猛学道,后又访游名山圣地,求取各个灵山仙气,练得一身仙风道骨,最后落脚于南昌城西之逍遥山,42 岁时更出任四川旌阳县县令。在他走过之路必留下痕迹,经过历代官民对许真君服官旌阳、诛蛟治水、从戎北伐、修真传道等事迹的渲染,唐中后期开始道士借助许真君在民众心目中的地位,成立了净明忠孝道。③ 其中他在治水方面的功绩颇为显著,使江西各地原有之水患得以根绝,他在治水二十余载,踏遍南昌、进贤、丰城、旬阳、鄱阳、都昌、湖口、余干、武宁、奉新、长沙等地,④在这些地区奠定了而后民众对许真君之信仰的基础。因赣南地区是客家人最大的聚居区,是净明道的重要传

---

① 〔日〕窪德忠:《道教史》,东京:山川出版社,1977 年,第 294 页。

② 叶明生:《共生文化圈之巫道文化形态探讨——福建闾山教与湖南梅山教之比较》,《宗教学研究》2005 年第 4 期,第 1 页。

③ 李晓文:《赣南客家地区许真君信仰研究》,赣南师范学院硕士学位论文,2007 年,第 7 页。

④ 李晓文:《赣南客家地区许真君信仰研究》,赣南师范学院硕士学位论文,2007 年,第 6 页。

播地区,许逊信仰是赣南客家人宗教生活中的重要组成部分,这种地域族群凝聚所崇拜之宗教信仰影响,最能表现出其宗教之特色。在许真君信仰之发展时期,万寿宫是赣南客家人宗教活动的重要场所,在此,许真君信仰在赣南客家区奠定了基础,而后经客家人之移民垦荒,经由福建与广东传播到台湾与东南亚。这是今日许真君信仰传播中一个可循之路径,也是目前台湾净明宗闾山教派信众至南昌万寿宫认祖归宗、寻根之原因。

三、西南梅山教分布与发展

在中国南方或西南方少数民族传统宗教中之梅山教,被认为是闾山教派在中国西南的传播与发扬,这长期存在着争议性。它因起源于湘中的梅山而得名,作为梅山教发祥地区的古梅山文化区,地跨湖南邵阳、益阳、娄底、新化、安化、怀化等市县。[①] 梅山教是其地缘中最为兴盛之土著信仰,其教派科仪之特色离不开原始巫觋系统与道教之内涵。在福建闾山教派中,有许多巫道神祇及其符咒科法资料,都受到古闽越萨满巫术传播之影响,使整个华南地区充满着巫法的熏陶,因此与邻近之湖南梅山教产生密切的关系。其中南方闾山巫及楚巫文化的演化,属古代共生文化之遗存现象,导致闾山教派与梅山教有交流空间,在第五章将会谈到"梅山教是南方巫法闾山教派的共生物"。

在西南壮族师公中又称"三元教"的"梅山教",是一种在原始"越巫"的基础上整合傩、道教、佛教等外来宗教文化因素而形成和发展起来的古老民间宗教。[②] 自魏晋南北朝以来,梅山成为瑶族先民梅山蛮的聚居地,尤其是湘沅流域之间的新化、安化所在的上、下梅山,

---

① 张泽洪:《中国南方少数民族的梅山教》,《中南民族大学学报》2003 年第 4 期,第 36 页。

② 杨树喆、叶展新:《一个壮族师公班子的渡戒仪式——壮族师公文化研究系列论文之一》,《广西民族研究》2000 年第 1 期,第 80 页。

是历史上梅山蛮的活动中心。① 历史上各民族文化的影响和互动，加上道教在长江中游地区的传播，使梅山蛮较早受道教的影响，梅山教也因此融摄道教法术和原始巫教的特点。这种传统文化与环境之影响，使得在中国南方少数民族中，瑶族、壮族、苗族、土家族、仫佬族、仡佬族、毛南族、侗族、白族、水族都不同程度地信奉梅山教。② 地域情感与民族血缘之凝聚，更加深了当地族群性的信仰，这足以证明了中国南方少数民族的梅山教是起源于古梅山地区的传统宗教，③ 同时亦牵涉闾山教派在中国西南的传播与发展。

四、华南闾山教派分布与发展

闾山教派统领南方巫觋文化的传统，虽然又有其他教派的产生，但都被归类到闾山教派中，如龙岩闾山教、法主公（张圣君等）派、三奶夫人（陈靖姑等）派、徐甲派、瑜伽派等。其各教派之法脉基础皆以闾山法为轴心，尤其是龙岩闾山教并附有"茆山"、"横山"之二法为辅佐，成为"闾横茆三山"并立的一个综合教派形态，④ 这三山拥有相同之教主、法派思想与经典。从经典的角度看，现存明《道藏》中有为数不少的宋元道经，它们有一个共同的特点就是以"法"来命名，每一类"法"经典背后几乎都有一个新道派。⑤ 这也导致日后闾山教派中之诸多法派，如福建闾山教之"三山"教派，所散布之领域涵盖了整个古

①　张泽洪：《中国南方少数民族的梅山教》，《中南民族大学学报》2003 年第 4 期，第 36 页。

②　毛攀云、石潇纯、周探科：《1988—2012 年梅山文化研究述略》，《湖南人文科技学院学报》2013 第 1 期，第 46 页。

③　张泽洪：《中国南方少数民族的梅山教》，《中南民族大学学报》2003 年第 4 期，第 36~40 页。

④　叶明生：《共生文化圈之巫道文化形态探讨——福建闾山教与湖南梅山教之比较》，《宗教学研究》2005 年第 4 期，第 120 页。

⑤　陈文龙：《"法"与宋元道教的变革——评"道教天心正法研究"》，《世界宗教研究》2012 年第 4 期，第 180 页。

代长江流域中下游,其信仰范围情况如下:

> 南巫:横(衡)山教——梅山法——长江中上游(湖南)——
> 庐山(左)
>
> 文化:闾山教——闾山法——长江中游(江西)——庐山
> (中)
>
> 系统:茆(茅)山教——蒙(茆)山法——长江下游(江
> 苏)——庐山(右)[①]

从上可知闾山教派与巫系统在地域之划分,同时知其文化之相互影响关系。所以闾山教派之传承,除了族群有相同之理念与信仰思维外,最主要还是受地理环境与生活方式之影响,同时教派有其专司之特点来引导民众信仰之意念。默林宝引用白玉蟾之观点,以一个乡村的传统仪式所对应的地理关联来显示,这种说法本身不超过一个范围的,就像在阳原村的仪式有密切对应的传统。[②] 因此,可以了解到,道教道法之传授,各有其地域之优势,如龙虎山天师府所传之天师派正一道;汉末葛玄传古灵宝经,经葛洪至葛巢甫,创立经箓派道教的灵宝派道团,灵宝派在宋元间是以阁皂山为本山。在闾山教派中传说闾山为闾山教派之发祥地,亦为诸闾山教派人士必须前往学法之地。明代嘉靖、万历年间的《海游记》一书云:

> 自天地开辟之后,人民安业,以儒、释、道、巫四教传于天下。
> 儒出自孔圣人,居人间以孝悌忠信行教;释出自世尊,居西境以

---

① 叶明生:《共生文化圈之巫道文化形态探讨——福建闾山教与湖南梅山教之比较》,《宗教学研究》2005 年第 4 期,120 页。

② Mark Meulenbeld, *What is Local about Local Religion? The Pantheon of an Ordination Document from Hunan*, p. 12, International Conference on Scriptural Daoism and Local Religion, 2013.

持斋行教;道出老子,居钟南以修炼行教;巫出自九郎,居闾山以法行教。①

在此之九郎即为"闾山九郎许真君",为闾山教主,是众闾山派之祖师,许多法派人士皆拜其为师,三奶派陈靖姑亦不例外。但此传说中之师承授受,似有所误解或其他象征意义:《三教搜神大全》第四卷"大奶夫人"条中记载,陈四夫人(靖姑)之兄陈二相公在收蛇妖时,因不敌妖而被擒,幸瑜伽仙显灵罩之于金钟之下。"福州籍法神陈靖姑上闾山学法,靖姑年方十七,哭念同气一系,匍往闾山学法。洞主九郎法师传度驱雷破庙罡法,打破蛇洞取兄,斩妖为三。"②依据文献记载,许逊在世 136 年(239—374),而陈靖姑则为 24 年(767—791),两人相距约 400 年,何来"洞主九郎法师传度驱雷破庙罡法"。因此,这种传法是一种法脉之象征意义大于实质意义,即陈靖姑之学法应是拜在许真君法派下,所学之真传亦是净明宗闾山派之法。

自宋代以来,民间流行着种种对闾山教派之思想,它的宗教地位可以与佛教、道教及儒教相媲美,在闾山教派中除了三奶派外,尚有龙岩闾山教、法主公(张圣君等)派、徐甲派、瑜伽派等。这些法派之信仰亦类似于三奶派,有相同之属性与领域,即相同或相似的演法科仪,目前流传于华南各地,这些教派将于第六章中详述。闾山教派,又称闾山道、闾山教,主要信仰之传播分布在中国华南地区,是一个具有包容性的民间道教之重要流派。其活动范围以福建为中心,盛行于中国东南沿海,普遍分布于闽、浙、赣、台、粤、湘及东南亚等地,据调查发现在闽浙地区,虽有庞大的信仰群众及众多的闾山诸神庙,但在福建各地,由于受到地域文化和不同历史时期宗教形态的影

---

① 海北游人无根子:《新刻全像显法降蛇海游记传》,建邑书林忠正堂刊,第 1 页。

② 〔宋〕撰人不详:《三教源流搜神大全》卷四,上海:上海古籍出版社,1990 年,第 183~184 页。

响,闾山派又派生出诸种存在很大差异的教派形态来。① 尤其在行使闾山道法上,台湾较好地保留了传统法事科仪之文化。

五、台湾与东南亚闾山教派分布与发展

大陆汉族人从唐代起就有迁移台湾的文献记载,有确切记载的是从宋代开始不断移居台湾澎湖,特别是明、清至民国时期共出现了五次大规模的移民高潮。② 在这些移民过程中,必须横渡台湾海峡波涛汹涌之危险黑水沟,其水性难测,诚如《淮南子·说山训》所言:"越人学远射,参天而发,适在五步之内,不易仪也。"③有特殊的地理环境,就必须有较高超之对应措施,去调适应有之对策。越人有习水便舟的生活习俗和民族性格,是与整个地理环境息息相关,这又与《淮南子》所说"胡人便于马,越人便于舟"④有所雷同。又如远古时期的绍兴地处海域,据《越绝书》记载,越王曰:

> 吾欲伐吴,恐弗能取。山林幽冥,不知利害所在。西则迫江,东则薄海,水属苍天,下不知所止。交错相过,波涛浚流,沉而复起,因复相还。浩浩之水,朝夕(潮汐)既有时,动作若惊骇,声音若雷霆。波涛援而起,船失不能救,未知命之所维。念楼船之苦,涕泣不可止。非不欲为也,时返不知所在,谋不成而息,恐为天下咎。⑤

---

① 叶明生:《共生文化圈之巫道文化形态探讨——福建闾山教与湖南梅山教之比较》,《宗教学研究》2005年第4期,第1页。

② 张环宙:《从台湾历史人口的构成看台湾与祖国大陆的渊源关系》,《安徽师范大学学报》2005第4期,第490页。

③ 〔汉〕刘安:《淮南子·说山训》卷一六,北京:北京燕山出版社,1995年,第112页。

④ 〔汉〕刘安:《淮南子·说山训》卷一六,北京:北京燕山出版社,1995年,第112页。

⑤ 〔东汉〕袁康、吴平辑录,俞纪东译注:《越绝书全译》,《越绝计倪内经第五》卷四,贵阳:贵州人民出版社,1996年,第92～93页。

　　万事万物各有其本性与特征,岂能以偏概全,仅做环境之通则而未考虑其背后暗藏之危机?在评价整个事物时必须采取"因任"的原则,因事、因地制宜,人的本性是天真无邪的,但长期沉溺于习俗之中就会发生变化。[1] 众多移民因不测黑水沟之暗藏深水暗流,葬身茫茫大海中;移民为求远洋航行之安全,将自家所崇拜之神灵随身携带供奉,同时将家乡原有之信仰传播出去,奠定了往后台湾与东南亚地区来自家乡的宗教文化基础。在这些移民中,由于地理因素之关系,以福建闽人为多数,尽管自明清以来闽台两地的往来经历了极不平坦的过程,但是两岸民间血缘家族的联系,并不是人为的政治因素所能割断的,[2] 尤其在宗教的传播上,牵涉整个族群之生命安危与心灵之寄托,是不可或缺的。因此,闾山教派在台湾与东南亚之盛行,是由于闽越粤地区之东南移民潮所造成的。

　　在这移民潮中,19世纪末,三一教在马来西亚的传播和发展较为迅速,这是由于随着兴化(此指莆田、仙游地区)移民的南来,三一教传入马来西亚。三一教的思想体系中,道教的色彩非常浓厚,不仅远超佛教,甚至也压过儒学。[3] 三一教中除了三一教主外,大部分亦为道教神祇。[4]

　　人类所信仰的神,大都与其民族或族群有所关联,信仰民众总是在其自身信仰中崇拜自身民族之神祇。闾山教派不但已能适应中华民族之信仰,而且为其他地区之族群所敬仰,几可说是世界性之教派。一般而言,一个宗教为各民族所崇拜时,就可谓为"世界宗教",

---

　　① 中国社会科学院:《淮南子·齐俗训》卷一一,北京:北京燕山出版社,1995年,第72页。

　　② 陈支平:《福建族谱》,福州:福建人民出版社,2009年,第362页。

　　③ 陈支平主编:《福建宗教史》,福州:福建教育出版社,1996年,第76页。

　　④ 石沧金、欧阳班铱:《马来西亚华人的三一教信仰考察》,《东南亚研究》2012年第3期,第63~64页。

而一种新的世界宗教是不能用皇帝的敕令创造出来的。[①] 因为世界宗教必须符合各民族之需求,它比起其他民族宗教和国家宗教来说,具有较高的信仰素质,[②]闾山教派信仰民众大都为基层农民与百姓,要使闾山教派达到较高之信仰文化水平,尚有努力之发展空间。

至于新加坡闾山教派中之法主公(张圣君)及三奶夫人(陈靖姑)崇拜,亦相当风行。笔者在新加坡田野调查中发现,新加坡对法主公派崇拜胜过于三奶派,其所雕塑的神像类似于台湾的神像,而且大部分是在 0.8 米的大尺度金身,显现出新加坡华人对闾山教派及法主公信仰之热衷,同时我们可以从一个侧面看到道教闾山派目前在马来西亚三一教发展中的重要地位。[③]

因中国的宗教文化是一个庞大而涉及各民族的体系,各教派中都有诸多的子系统。中国宗教传统文化的子系统,除了道教,还有儒教和外来之佛教,都是其中的重要宗教支柱,而且其中许多宗教思想文化已经深深地植根于中国人的身心灵领域中,因此思维方式和生活习俗受到或多或少之影响。既然道教与其他子系分派相较,皆本是同根生,有出自同一个文化源的共性,亦保有自身之特性,这种原始基因之存有,是其自身之特质与成为后起不可磨灭祖炁之精神的所在。

虽然台湾闾山教派的传承系来自闽越地区,时空之转化及政治之思维影响使原有之原始文化受到变迁,导致原有之闾山道法产生些许变化,尤其台湾闾山教派分布在各个角落,分支派别甚广,名称各异,为法主公派、三奶派、普庵派、徐甲派等。这些派别因现实生活之需求,名称有异,但其演法科仪内容几乎是相似的。在此可了解到

---

① 《马克思恩格斯选集》卷四,北京:人民出版社,1996 年,第 255 页。

② 陈麟书、陈霞:《宗教学原理》,北京:宗教文化出版社,2003 年,第227 页。

③ 石沧金、欧阳班铁:《马来西亚华人的三一教信仰考察》,《东南亚研究》2012 年第 3 期,第 68 页。

一个教派之实质存在内涵,除了其原始体制外,其背后可因时空、因人为因素产生变动,使其在不改变其教义下去满足民众之需求,迎合社会之潮流与教派之发展。

如前面所述闾山教派,其与闽越巫文化密切关系,效法许真君白昼举家升天之神仙修炼信仰,应用道教之科法符箓,除妖斩蛇为民除害,成仙后得到后世之敬仰崇拜,因而设立教派传法,并分布发展到华南与东南亚地区。因其信仰民众多为基层群众,科法应用都处于比较原始状态,而道坛中没有正统道教的经典可资传承,唯有简易手抄传法秘籍、法器、符箓及科仪,其传道方式在不科学状态下,实难得有效之布道与发展。至于闾山教派在台湾之分布与发展,将在第五章中有详尽论述。

第四节　闾山教派与净明道之会通

一、在信仰结构之融通

在中国宗教信仰中,各个宗教有其不同的信仰中心,如儒家注重伦理道德修养,佛教则注重因果报应与轮回,道教信仰中最主要目标只有一个,就是通过修炼羽化成仙,它亦可说是道教羽化之中心思想,这种神仙信仰是道教之根基,人必须经由修炼才能达到与自然同归。闾山教派除了拥有道教之特点外,同时道法与古代之巫觋有所关联,唯有透过巫的应用,才能将道教仪式执行得尽善尽美。净明道教主许真君就基于这种神仙与巫术之思维,弘扬于闽越赣地区,成为后世闾山教派之思想渊源。

(一)主祀神祇崇拜

闾山教派与净明道在信仰结构上,因闽越地区邻近的江西南昌西山为许真君之发祥地,具有先天地理环境之优势,净明忠孝之思想迅速传到闽浙地区,二者具有共生的神仙思想渊源与相同的神明信仰特点:第一,都是以太上老君为道祖,道坛中或法坛中皆以三清道祖挂像为主;第二,两个道派亦都尊奉许真君为祖师,因此两道派可说是皆为许逊所创;第三,它们也都以除妖、杀蛇、斩蛟故事作为标榜。福建是闾山教派发展的中心,其最重要的原因是唐代以来,福州、古田民间女神陈靖姑及泉州、德化张圣君信仰的扩大及影响,这也是三奶派与法主公派会成为闾山教派主流的原因所在,因这两个道派各有专长,皆以斩蛇、驱妖、除煞、祈雨的传说为主轴,以宣扬法术度人,同时奉祀许真君为教主。在台湾之闾山派除了三奶派与法主公派外,尚有徐甲派、普庵派等,而大陆则另有梅山派与较接近闾山派的三一教等。这些分支的教派,皆有道教正一道之教义与巫法的成分。

在净明道中因许真君是太上老君之三十六代传人,在本章第一节中谈到《云笈七签》之《道教经法传授部》时有言:"第三十六代许逊。"①《闾山教主咒》中所述"老君传授亲敕令"等说明许逊之道法传自太上老君,对老君之主神崇拜自有其渊源道理。

一般说来,在哲学思维时空背景下,道教的核心信仰已成为时代精神的精华。道教之教义思想有其独特之核心与精粹,形成了庞大的信仰中心和文化体系,道教的核心信仰就是一种形而上之道,《周易》中说:"乾坤其易之缊邪?乾坤成列,而易立乎其中矣!乾坤毁,则无以见易;易不可见,则乾坤或几乎息矣!是故形而上者谓之道,形而下者谓之器。化而裁之谓之变,推而行之谓之通。举而错之,天下之民谓之事业。"②净明道与闾山教派所崇尚的就是道,以及道的化身三清等尊神;又在东晋葛洪的《枕中书·真书》曰:"昔二仪未分,

① 〔宋〕张君房编,李永晟点校:《云笈七签》卷四,《道教经法传授部》,北京:中华书局,2003年,第61页。

② 〔晋〕王弼注,〔唐〕孔颖达疏:《周易注疏》卷七,台北:艺文印书馆影印南昌府学重刊宋本,第31~32页。

溟滓鸿蒙,未有成形。天地日月未具,状如鸡子,混沌玄黄。已有盘古真人,天地之精,自号元始天王,游乎其中。"①

在闾山教派中,对主神的崇拜亦有其原始脉络可循,闾山教派所组成之部分为正一道与巫的综合,而正一道之张道陵祖师亦受太上老君授予道法,其所崇拜主神也少不了老君;徐甲真人对太上老君更有直接之师徒关系,因徐甲是老君之第一代传人,②同时徐甲真人亦为老君之牛童,晋朝《神仙传》卷一《老子》:"老子将去而西出关,以升昆仑。关令尹喜占风气,逆知当有神人来过,乃扫道四十里。见老子而知是也。老子在中国,都未有所授,知喜命应得道,乃停关中。老子有客徐甲,少赁于老子。"③在《全唐文》中也提到:"古者孔子门人,皆曰上贤,及在陋穷,有愠见者。吾老君亦有从者徐甲,老君去官,甲亦求去。夫孔老之道,于我也则小大较然,其门人从者之操,则何远斯童哉!"④由以上可见,徐甲与太上老君之间不但是师徒关系,而且是主雇关系,所以在徐甲派中,其所祀奉之主神亦缺不了太上老君。因此,从净明道许真君之崇拜到闾山各派之主神崇拜,皆以老君为其共同之主祀神祇。

(二)两派之信仰领域

闾山教派是净明派或正一派的分支,为一民间道派,与净明道具有传承关系,虽然净明道以忠孝道为其教派之名称主轴,但在信仰上与闾山教派并无差异,两者具有共同的神仙信仰渊源,都尊奉晋代著

---

① 〔晋〕葛洪:《龙威秘书一集》第七册《汉魏丛书原本》,《枕中书·真书》,总第 62 页。

② 〔宋〕张君房编,李永晟点校:《云笈七签》卷四,《道教经法传授部》,北京:中华书局,2003 年,第 60 页。

③ 〔晋〕葛洪:《神仙传》卷一,《老子》,北京:中华书局,1991 年,第 4 页。

④ 〔清〕董诰等编:《全唐文》卷五三三,《报弟兑书》,第 5414-2 ～ 5415-1 页。

名道士许逊为祖师。尤其是三奶派陈靖姑,其身世更令人称奇,先是出生于福建古田县东地名临水处的巫觋世家,陈靖姑习得巫鬼道之术于父陈昌、母葛氏,因此亦被称为一女巫,巫相兼之习武修道,17岁时曾师于许真君门派下,习得许旌阳之秘法,又从龙虎山张天师学道,得斩妖宝剑,由巫师而为神,乡人祀之。他们都以杀蛇斩蛟为其道法之成名;在此显现出,一个道派之名称虽异,只要其信仰理念上相同或相似,对其最终于道法中并无明显差异性,且其思想信仰有相同之路径与理念,皆可为族群大众所接受,都可被归类到相同之信仰领域中。闾山教派与净明道派信仰领域中,儒、释、道混杂,可分为两个领域来探讨:

第一个领域是承袭儒道关系之忠孝美德与伦理道德。许逊思想之忠孝两全与陈靖姑表现在婚姻之贞节及守信义,都显现在儒家思想之特点上。儒家思想的核心为忠、孝、仁、义、礼、智、信,而"仁"即"爱人",是孔子思想体系的核心理论。孔子将它应用在社会政治、伦理道德上,是他主要的哲学观点,也成为他的最高理想和标准,影响后世之伦理思想甚为深远。道教教义思想与儒学等其他诸子百家比,具有特有的神圣性。这种神圣性是它吸引大批信众的魅力所在,也是它存在于世的充足理由,[①]亦是它为后世所崇拜敬仰的原因。首先,道教讲到伦理道德,皆会将自然及天道结合在一起,而以天道作为道教之伦理道德的依据,《太平经》记载:

> 元气有三名,太阳、太阴、中和。形体有三名,天、地、人。天有三名,日、月、星,北极为中也。地有三名,为山、川、平土。人有三名,父、母、子。治有三名,君、臣、民。欲太平也,此三者常

---

① 刘仲宇:《道教通向现代社会的端口》,《中国宗教》2002年第6期,第42页。

当腹心,不失铢分,使同一忧,合成一家,立致太平。[1]

在此《太平经》是把家庭与国家比喻成三炁、三才、三光、三形等父、母、子的关系及君、臣、民的关系,这种忠孝之理念建立于自然宇宙中的阴、阳与中和"三气"关系以及天、地、人三才关系的基础上。这里将天道的阴阳及三才之说建立在道教的伦理道德思想上,是净明忠孝道与闾山教派之特点。此外,在闾山教派这样的民间道教中,积淀和蕴藏着许多丰富的原始道教文化、历史民俗文化以及民间传统文化。[2] 如道教教义中,素来有关于道与术关系的论述,如《云笈七签》卷四五《秘要诀法序事第一》中说:

> 道者,虚无之至真也;术者,变化之玄伎也。道无形,因术以济人;人有灵,因修而会道。人能学道,则变化自然。道之要者,探简而易知也;术之秘者,唯符与气、药也。符者,三光之灵文,天真之信也;气者,阴阳之太和,万物之灵爽也;药者,五行之华英,天地之精液也。妙于一事,则无不应矣。[3]

此亦都在道与法领域中,远离不了对闾山教派与净明宗本质的论述,因为这两派表现于一般民众群体里,除伦理道德外,即为术数的实践,而亦唯有术数的操作,方能显现出此两派在各自领域上之特色。

第二个领域为佛道关系之灵性修持。道教之养生其实就是一种"贵人重生"的思想,认为人体生命要实现最高的存在形式,重点在于具体的保养功夫,[4]即将人之灵性经由自我修炼,达到性命双修之实

---

① 王明:《太平经合校》卷一八至卷三四,《和三气兴帝王法》,北京:中华书局,1960年,第19~20页。

② 叶明生:《道教闾山派与闽越神仙信仰考》,《世界宗教研究》2004年第3期,第76页。

③ 《云笈七签》卷四五,《秘要诀法》。

④ 郑志明:《宗教的医疗观与生命教育》,台北:台湾宗教用品公司,2004年,第57页。

践,这是道教在宗教解脱途径上主张的独特性。净明宗与闾山教派的旨意是仙道贵生,济世度人。养神炼形,形神俱妙,与道合真。唯有透过形神之提炼,达到最高的理想得道成仙,从而永久地摆脱肉体的束缚,这是对生命的积极追求,亦可说是对肉体和精神统一性的调和。道教一贯宣扬在自我鼎炉中修炼,不但是一种心性之修持,同时也是一种肉体小宇宙之升华,这种心性修持易为世俗之七情六欲所染,必须进行自我内在心性沉淀及归零,达到无我之境界与天人合一,亦即自我灵性之开发。如在《养性延命录》中提到:

> 夫禀气含灵,惟人为贵。人所贵者,盖贵于生。生者,神之本;形者,神之具。神大用则竭,形大劳则毙。若能游心虚静,息虑无为,服元气于子后,时导引于闲室,摄养无亏,兼饵良药,则百年耆寿,是常分也。[①]

在此之贵生,"生者,神之本;形者,神之具",回归到自身之"炼精化气,炼气化神,炼神还虚,与道合真"。肉体之升华是应用鼎炉内丹之提炼,在小宇宙之小周天中运行转化,运用宇宙之能量,将肉体与整个自然合为一体,最后再升华羽化成仙,这印证了许逊白昼举家拔宅升天之途径。

在整个灵性修持中,从佛教的角度来说,人之体为灵性暂存之处,万物从初生开始就有了灵性,这灵性暂驻于人体中,分别为物质体的存在和精神体的存在,或划分为肉体与灵体。佛教之因果关系,有着前世今生与轮回之观念,灵性的养成必须达到"空"之境界,肉体事物的存有必须净化纯洁,屏除贪、嗔、痴与恨、爱、恶之念头。而闾山教派之瑜伽派、普庵派,亦受到佛教之熏陶,应用了佛教之咒语与护法神,是一种佛教俗神化之教派。据明代的《三教源流搜神大全》中引述《海游记》之记载:

---

① 〔明〕《正统道藏》第 31 册,台北:新文丰出版社,第 79 页。

观音菩萨赴会归南海,忽见福州恶气冲天,乃剪一指甲化作金光一道,直透陈长者葛氏投胎,时生于大历元年甲寅岁正月十五日寅时。诞圣瑞气祥光,罩体异香,绕闾金鼓声,若有群仙护送而进者。因讳进姑。①

三奶派陈靖姑被喻为观音之化身,被尊崇为产婴之守护神,体现了佛教慈悲与爱之心,在闾山教派信仰中,是净明宗之传承,同时亦是观音之延续。闾山教派与净明道同时拥有以上佛道双修之特点,这种灵性修持是一种心性之再造,不仅丰富了伦理思想的理论依据的心性论,即自身个体之灵性修持与实践,促进了伦理思想之开发,而且提升了道教伦理思想的理论水平,奠定了净明道与闾山教派两者在道与法信仰领域之发展基础。然而对于众人所关心之议题,即对道的诠释与解析,以及对得道成仙与人际之关系的深入探讨,都是很严肃的同时超越一切现实矛盾的问题,必须以教义思想为先驱,对整个理论架构进行分门别类的阐释。闾山教派与净明道之道与法尚称结构稳固完整,在道教实践上具有高度理论水平体系。

二、在教义上之会通

闾山教派和净明道是以老子《道德经》为教义,净明宗更自有一套完整之经典,配合闾山教派源自古巫之巫法,可谓道法两全之教派。道教教义是一种顺天之法,亦是一种顺应民众之规,它的建设是要适应时代之潮流,符合信仰群众所需。首先必须意识到现代社会的特点,以及它对道教提出的期望为何,做出有效对策与因应大众之措施。两者唯一不同之处是净明道以儒家思想结构之忠孝为主轴的道德伦理为主,后来又比较重视伦理道德的建树,而闾山教派则是以符咒法术道法二门之渡人济世为主,但两者又皆以方士之"祝由"符

① 〔宋〕撰人不详:《三教源流搜神大全》卷四,上海:上海古籍出版社,1990年,第138页。

咒济世。另外闾山教派中之瑜伽派、普庵派、清水祖师等派,更有浓厚之佛教教义掺杂其中,形成了佛道双修及道法二门之民间教派。其教义之领域就以门派划分为道与法来探讨。

（一）"道"的教义

净明道经典中,大都是道教教义之组成部分。道教教义与神圣性相联系,它的另一重要特点就是超越性,在其神圣教义熏陶下,自成一个神圣之宗教领域,不容毁坏与玷污,但究其终亦有反其道而行者。《西升经》有曰:

> 道自然,行者能得,闻者能言,能得者庸讵晓焉,能言者庸讵知焉,故藏身于身而不出也,藏人于人而不见也。至若虚元恍惚,是有物之根,万物共本,是有物之元,知之者去之,欲之者离之,近之者远之,唯得之者在己不忘,故藏其狂言而默然。故今之传者,非已陈之刍狗乎,今之味者,非古之糟粕乎。①

因此,先秦道家便已有了超脱于纷扰相争之世俗,遗世独立神隐之思想,如此方可以超越凡界之心境,隔绝俗世之纷纭。运用超然物外的高尚人格超脱俗事的干扰,为古之修道之士常怀于自身意识中的自我警示,其目的即是在对道教神圣教义之坚持。因为教义理论,其终极的归宿,是要求修道者避开世俗不平之争议,步入仙境之生活,从而在人生之旅途上无所束缚,同时着重人生之修为及人格之提升,以清静无为为其主要目标,同时置名利于身后,针对这种超越性之理念,去实践对人生与世界有意义之道体。道教教义必须要适应时代进步,适时做出符合社会进步要求的阐释,去寻求解决现代社会的盲点。

道教的前身道家和方仙道有所联系,它一方面保持着自身之基

---

① 〔宋〕碧虚子(陈景元)慕集:《西升经集注序》六卷,《正统道藏》,《洞神部·玉诀类》。

本精神与基本信仰,不因外来宗教而改变其教义;另一方面又不断地吸取外来宗教之精髓,随着时代演进、教义内容变化来充实自己,亦随着社会基础条件的变化和信徒信仰需求的不同,调整教义新的面貌。但唯有真实之道,方能使自身与道合真。在《云笈七签》卷四五《秘要诀法部·性情第二》有言:

> 夫生我者道,禀我者神,而寿夭去留不由于已,何也? 以性动而为情,情反于道,故为化机所运,不能自持也。将超迹存亡之域,栖心自得之乡者,道可以为师,神可以为友。何谓其然乎? 夫道与神,无为而气自化,无虑而物自成,入于品汇之中,出于生死之表。故君子黜嗜欲,隳聪明,视无色,听无声,恬淡纯粹,体和神清,希夷忘身,乃合至真,所谓返我之宗,复与道同。与道同者,造化不能移,鬼神不能知,而况于人乎! [①]

在此"与道同者,造化不能移",这个"道"是宇宙之本,万物之根,人类之始。老子《道德经》第二十五章也说:"人法地,地法天,天法道,道法自然。"道家思想一贯贴近宇宙自然,顺乎自然,悟自然,得自自然,人无法与自然相抗,顺之则昌、逆之则亡。在此教义的阐释上,应当要保持其固有的信仰环节,其最原始之原创意义与思想,不应因某些思维之差异而变动,但是为迎合新进社会的需要,教义需要加以调整,这都是闾山教派与净明道在教义上共同之理念。然而从根本上说,道教教义由原始思想到现今实践上的演变,受到自身得天独厚之特质和价值的影响,同时也受到社会思维与文化背景等时空条件的制约,具有客观的规律性。唯有依循此规律性,去适应其后起之目标与方向,才能有生命力,同时必须设法去发现自身固有根本,再次发挥自身特点,这是闾山教派所面临努力之空间。而现代社会之民众,初入道后对于"道"的需求做出思想意向,这反映出社会需要,既为道教之发展空间,同时又是闾山等教派必须努力之方向。

---

① 《云笈七签》卷四五,《秘要诀法部一》。

(二)"法"的教义

闾山教派之"法"是一种灵性操作之定义,亦是一种似为迷茫空无之象术,但经过方士之装扮美化后,成为决定着道教活动的主要内容。唯有法的排场参与,才使整个道教仪式显得热络与生动,同时表露出另外一个空间之社会层面,正因人与神鬼之间之落差,天、地、人、鬼、神五位一体阴阳不平衡,必须经由法的调和而得到共容。这种陶铸着时代道教徒的精神、情操,是一种超乎理性逻辑及科学之求真,作为中华文化传统载体与宗教先驱的道教负载的固有传统,最主要体现在它特有的教义思想上。在"法"的教义思想中,皆以"巫"中之"祝由"来作为其普渡众生之主轴。"祝由"来源于古代方术与巫法,因其不用药方,而以符祝可治诸病,①故称"祝由科"。净明道与闾山教派中施法之术,除了古代巫法与道法之延续,尚有些参酌道教经典之《太平经》所言,如《太平经》卷一三五说:

> 古今要道,皆言守一,可长存而不老。人知守一,名为无极之道。人有一身,与精神常合并也。形者乃主死,精神者乃主生。常合即吉,去则凶。无精神则死,有精神则生。常和即为一,可以长存也。故圣人教其守一,言当守一身也。念而不休,精神自来,莫不相应,百病自除,此即长生久视之道也。②

祝由科偏重在一种精神与心灵之疗愈,亦是一种丰富的养生理论与技术,重视外养身形与内修心性,强调内外兼备的性命双修,③即可得到身心灵之健康。叶明生也认为:"祝由之科法本身不是来自

---

① 叶明生:《道教闾山派与闽越神仙信仰考》,《世界宗教研究》2004年第3期,第68页。

② 王明:《太平经合校》,《正统道藏·太平经》卷一三五,北京:中华书局,1960年,第716页。

③ 郑志明:《以人体为媒介的道教》,嘉义:南华大学宗教文化研究中心,2000年,第210页。

巫教闾山教的话,那它也是在闽越国时期由中原传至南方,而在闽北闾山教中保存下来。"①"祝由"之名最早见诸经典者为汉代人委托黄帝之名成书的《黄帝内经素问》,据该书称:

> 黄帝问曰:余闻古之治病,惟其移精变气,可祝由而已。今世治病,毒药治其内,针石治其外,或愈或不愈,何也? 岐伯对曰:往古人君禽兽之间,动作以避寒,阴居以避暑,内无眷慕之累,外无伸宦之形,此恬淡之世,邪不能深入也。故毒药不能治其内,针石不能治其外,故可移精祝由而已。②

闾山教派与净明道之法术核心,可谓为一种巫法之内涵,它的理论表现其核心常住,而又常新。巫法是一种道法,是由方士在施法中经年累月的经验累积,在基本之架构上是不变的,它的架构就是一种意念力的输出,再经由方士依实际之需要创新,在创新中主要是以达成其最终之效果为目的。如方士在斩皮蛇(神经性带状疱疹)过程中之咒术:"斩皮蛇,戴锅盖,斩斩大蛇跑入山,小蛇跑四散,吾奉太上老君,急急如律令! 敕!"③这种咒术不是一层不变的,道由人弘,术为神人共创,历代道教徒依"道之理"与"法之妙"实践探索和理论思考,寻求"理不分"、"妙善用",才使得教义思想不断丰富。这是一种文化的演进,也是一种社会良知与良能的表达方式,这种重视理论创新、提倡多方探索的方式,是道教教义实现现代建构的现实途径,④亦唯有如此之改变现状或随着时间的转化而适时适应,才能使得宗教日新月异,得到新知。在应对社会、适应时代的过程中,要想重新唤起道教教义的生命力,很重要的一点就是道教徒要关注社会,注意那些

---

① 叶明生:《道教闾山派与闽越神仙信仰考》,《世界宗教研究》2004 年第 3 期,第 69 页。

② 〔唐〕王冰次:《黄帝内经素问·移精变气论》卷四,第 13 章。

③ 新北市板桥区林道长提供手抄本,2013 年 6 月 13 日。

④ 刘仲宇:《道教通向现代社会的端口》,《中国宗教》2002 年第 6 期,第 43 页。

现代社会中让民众普遍诟病的社会问题,以及一定时期的热点问题。① 德国著名学者马克斯·韦伯(Max Weber)对道教教义亦有其自身之伦理观点,他指出:"由于这些要求尚处于萌芽状态,缺乏系统性,因而那种将来世命运与一套伦理联系起来的想法,始终是无结果的。"②一般认为,道教徒有时较有自我修持,以隐逸著称于世,以为社会问题于己较疏远没有必要加以关心,这都是以偏概全之思维。实际上,道教在渡人济世方面相较于其他宗教为积极乐观,尤其是闾山教派,因为济世渡人在教义上是神圣的,道徒对此是积极地去纳受。

(三)佛道之体用并进

闾山教派中在"法"之教义诠释上,亦具有浓厚的佛道意味存有,美国达特茅斯学院教授李福(Gil Raz)曾经讲过的③亦即道教《中华道藏》中所谈到的,即"道士道人、沙门罗漠,各自部典,随所教化"④;李福又谈到道与佛之处:"若信佛者,当以教之,而为说法。若通道者,当以教之,而为说法"⑤;"我等能属道者,无上最真,乐佛者

---

① 刘仲宇:《道教通向现代社会的端口》,《中国宗教》2002 年第 6 期,第43 页。

② 〔德〕马克斯·韦伯著,洪天富译:《儒教与道教》,南京:江苏人民出版社,2003 年,第 163 页。

③ Gil Raz, *Local Paths and the Universal Way*: *Daoism and Local Religion in Medieval China*, p. 23, International Conference on Scriptural Daoism and Local Religion,2013.

④ 《中华道藏》八册之二。

⑤ Gil Raz, *Local Paths and the Universal Way*: *Daoism and Local Religion in Medieval China*, p. 23, International Conference on Scriptural Daoism and Local Religion,2013.

亦是我身"①。可见,李福的看法与闾山教派的思想基础有诸多雷同之处。闾山教派是一种世俗化的道教和佛教相结合的生动体现,一种书有"普庵"字样的符在闾山教派流行的闽台两地得到广泛的运用。② 闾山教派符箓中,最常见且为笔者最常用之画法,是将普庵祖师之"普庵"列为符头,如"唵"亦为佛教在咒语上常用之字,可以说,闾山教派是道教下落到民间社会的产物,属于世俗化的民间符箓道派。③ 而法主公派则杂糅道法(巫法)和佛法(瑜伽法、普庵教)两种教法形态,斋醮仪式以黄箓斋仪为本,以"金山科"(乌狮,功德超亡)和"闾山科"(红狮,醮事、祈禳法事)为支柱,其法师(师公)须经"过法"(传度、授箓)方能在道法门中获得承认。④

三、在科仪式场之融通

科仪式场是一种演法之所在,有时亦代表着阴阳两界刑事案件判决场之象征,同时亦跨越着天庭、人间、地狱之境界,在此想象空间中天地人鬼神五位有实质意义。在此五位一体有着相融与相斥之处,因阴阳随着自然宇宙时空之轮转,有其生生不息之生机,发展无穷,产生天灾地变,对人亦影响到生老病死。有人认为这是上天对人的一种奖惩,因在宇宙运行中,人们触犯了天理所引起了功过承负清算与报应,造成了天地灾厄嫁祸于民。但上天有好生之德,总是慈悲于子民,人民必须透过科仪法事痛改前非,虔诚地忏悔,上疏下牒,以

---

① Gil Raz, *Local Paths and the Universal Way: Daoism and Local Religion in Medieval China*, p. 23, International Conference on Scriptural Daoism and Local Religion,2013.

② 陈进国:《安镇符咒的利用与风水信仰的辐射——以福建为中心的探讨》,《世界宗教研究》2002 年第 4 期,第 108 页。

③ 陈进国:《安镇符咒的利用与风水信仰的辐射——以福建为中心的探讨》,《世界宗教研究》2002 年第 4 期,第 107 页。

④ 叶明生:《闽台张圣君信仰之探讨》,《福建道教》2000 年第 1 期,第 32～35 页。

行善积德来祈求上苍开恩赦罪,以免被灾害所及,在整个过程中所应用之仪式,统称为闾山教派之科仪式场。道教科仪是体现道教信仰内容的行为方式,俗话称"道场"。它是道教信仰者接受道教教化、加强道教信仰、培养道教情感,以及交流思想见解的重要手段。①

闾山教派与净明道在科仪形式上约略相同,在整个仪式过程中,除服饰、法器、文简、祭祀用品外,最重要之项目为其文疏之格式必须符合文疏书写"道远何时还乡,路遥何日通达"之字句行数落在有"辶"字旁者,再者最终之法师的职衔必须于文末留信,如此方能在其执法仪式中具有法力之效用。白玉蟾《黄箓借职奏状》说:

> 今凡得道奉法之士,所有衔位,并系伪称,若在天司,别有品配。臣今以草土彭耜为父演建黄箓,令臣关启。臣既不可辞,乞时暂以"高上神霄玉清府雷霆令、统五雷将兵、提领雷霆,司鬼神公事",摄行上清黄箓使。臣俟醮筵满日,仍旧解职。若遇役使风雷,区别人鬼,只乞以从上雷衔借称。②

白玉蟾在亲自主持的斋醮中,或其弟子借其科仪式场,都要用白玉蟾雷法职衔,在此系运用"高上神霄玉清府雷霆令、统五雷将兵、提领雷霆,司鬼神公事",以示白玉蟾在此法脉之签证。一个科仪仪式之进行是一种神圣宗教盛会,代表着三度空间中,人鬼神借由法师之演出得以来往自如,同时亦代表着一个地区宗教文化水平。正确地认识它,深入地研究它,实在很有必要,因为它也是我国历史文化或民间传统文化遗产的重要组成部分。③闾山教派亦是民间宗教信仰的一个组成部分,它代表着一个区域性之宗教信仰,亦是民间区域社

---

① 张开华:《试谈道教科仪的功用》,《中国道教》2004年第2期,第51页。

② 〔宋〕白玉蟾:《海琼白真人语录》卷一,《道藏》第33册,上海:上海书店出版社等,1988年影印,第136页。

③ 叶明生:《道教闾山派与闽越神仙信仰考》,《世界宗教研究》2004年第3期,第76页。

会中内在之精神寄托与需求,或借由宗教仪式来实现精神外延,到达心灵之归宿。

美国人类音乐学家艾伦·帕·梅里亚姆(Alan P. Merriam)曾说:"一系列具有象征意义的行为集中在一定的时空场合,按照一定的程序和安排进行表演、展示的行为。人们通过仪式的表演与展示,借助于仪式的隐喻和转喻作用,来表达心理体验,述说心灵的感受。"①这更说明了道教科仪在中国各地区各有其独特之存有,亦是民间区域社会信仰在各民族部落中之典型。其实科仪之演法,即是一种自身内在之修行,它从存神变神的存思,经过咒语之唱诵,配合肢体之动作演出,无不应用到内丹之提炼、整体意念与炁息之调节。诚如《太上玄门早坛功课经·序》亦云:

> 窃以金书玉笈为入道之门墙,讽经诵咒乃修仙之径路。得入道之门可以复元始之性,获修仙之路得以晓自然之心。是故道者,住丛林焚香火,三千日里勤功,十二时中无怠,朝夕朝礼圣容,当输自己之诚,殷勤祝厘国祚,必获升仙之庆。且夫功课者,何为者也? 功课者,课功也,课自己之功,修自身之道也。修自身之道者,赖先圣之典也,诵上圣之金书玉诰,明自己之本性真心,非科教不能弘扬大道,非课诵无以保养元和。②

闾山教派之科仪常用法鼓、角鼓、摇铃、法索、刀铃等法器,配合韵律、音乐,使整个法场沉醉其中,有种忘我无我之境界,是为养心炼形及炼养修行之途径,亦是前所谈到之"炼精化炁,炼炁化神,炼神还虚,与道合真"之求道方式。至于闾山教派科仪内容,将于第四章中来探讨。

---

① 〔美〕艾伦·帕·梅里亚姆著,穆谦译:《音乐人类学》,北京:人民音乐出版社,2009 年,第 217 页。

② 〔清〕阎永和等:《太上玄门早坛功课经·序》,《重刊道藏辑要》。

第四章

道教闾山教派科仪探讨

道教闾山教派是道教后起的一支法派,主要存在及活跃于民间较草根性的基层民众中,科仪演法过程较着重于民众功利思想与生命延续之诉求上。在闽南地区和台湾有着庞大的法派信仰群众,并与人类之生老病死息息相关。关于此教派,学术界仅对张圣君(法主公)派及陈靖姑(三奶)派,有些许着墨,前辈学者们多从文献学的角度入手加以考证,或试着从思想史或道教史的面向进一步做考察,而对整个闾山教派脉络鲜少统合叙述解析。尤其在学术理论与术数科仪之综合探讨方面,更是处于蛮荒地带,因此,本章将着重在古文献之学术理论与科仪术数方面综合并行探讨,尤其透过田野调查,将民间手抄本收集统合析出,作为闾山教派道法二门之参考,以便传承。目前闾山教派之文献约略有下列几种:

陈文生编校的《法窍阐微全集》①,整体之内容有:普庵祖师正宗法度、符镇法度、诸真将法度、安龙、祭送、隔界法度、出煞退犯法度、镇宅法度、四季清禁法度、五鬼驱邪法度、妙法宝筏法度、六甲法坛一宗、万法符咒、百解符箓、治颠邪先天秘诀、法度掌诀、闾山教起土神

---

① 陈文生编校:《法窍阐微全集》,彰化:逸群图书公司,1999 年。

法度、闾山起土缚煞法窍、闾山教法坛小法（鼓）科本、闾山教法坛符咒科本、神祇开光应用法、谢土安龙全集、临水夫人收惊法、瑜伽手指200诀、瑜伽禹步斗罡诀、五营科仪、步罡传授法则、掌中运雷法诀。其内容着重术数的操作，较缺乏理论架构之论证，皆为原始手抄本之传承。

叶明生、劳格文（John Lagerwey）编著的《福建省建阳市闾山派科仪本汇编》[①]，内容皆为福建省建阳市闾山教派科仪之咒语与唱诵，为一地方性法派演法之科本，亦是一种仪式之课诵本。其内容着重在唱赞语词上。

吴先化法师撰写的《净明宗闾山派符咒》[②]，全部着重在世俗上之符箓画法与应用，并无学术理论为根据，但其在术数研究的观点，价值可观，可作为符箓或符咒研究之参考。可惜在其诸多符箓中，鲜少配合咒词的出现，或其部分符箓残缺不完整，一张符箓的画出，除了符首、符体、符胆、符脚以外，还必须衬托出咒语，方算完整。

台南道家三清道院所著的《道教玄门经典范本——道教醮事部科仪范本》[③]，共有三十几本有关闾山教派之科仪手抄本：闾山法派斗星大法科、法师修炼科、关煞制改科、兽灵运财科、收惊秘法科、调营犒赏科、奉请圣真科、补运消灾科、法师基本科、地府落狱科、派工师哩语科、道坛符箓科、启请圣真科、祝由十三科讲义、六丁六甲科、谢答大曹科、符箓妙诀科、请圣引魂科、五鬼运财科等，全部为闾山道法之演法范本，大部为民间所遗留传承之抄本。但其纯属科仪术数之演法，缺乏理论基础，略有世俗功利的思维。

本章试就闾山教派在台海两地科仪执行之状况，收集其遗留于

①　叶明生、劳格文编：《福建省建阳市闾山派科仪本汇编》，台北：新文丰出版社，2007年。

②　吴先化：《净明宗闾山派符咒》，彰化：逸群图书公司，2001年。

③　台南道家三清道院：《道教玄门经典抄本——道教醮事部科仪抄本》，台南：台南道家三清道院编，出版年不详。

民间之各种科仪本,结合古今文献做一统合之探讨。

唐玄宗在位时,推崇黄老思想学说,尤其喜好神仙玄妙之神迹,对于祭祀的礼仪以及祭拜的场所加以深思熟虑,对其所接触的神明无不恭敬礼拜。而王屿因为建议皇帝在国之东郊建设"天坛",以方便礼拜上苍,因此而得势拔擢升官至祠祭使。王屿亦特以祭祀时所得之神意来解皇帝之疑点,因此深受皇帝宠幸,更产生了道教祭祀的仪轨与祈祷的法事,同时将其应用到国家的祭典之中。

闾山教派科仪虽起创于宋时许真君之净明宗,但其大部分仪式亦都传承自中国原始道教之传统文化,还加入祭神上的一些巫术仪式。此种文化因受时空背景影响,几乎面临磨灭状态,幸存者可谓断文残章或偏意走调,唯在台湾尚保有传统之道教文化。改革开放后,虽有诸多学者从事于道教仪式之考察,如黄小石的《净明道研究》[①]等相关著作,如今有必要更进一步透过田野调查,收集民间珍藏之手抄本,整编成为有价值之非物质文化遗产。

第一节 闾山教派科仪之意义

一、科仪之定义

"科仪"最早见于南朝灵宝派道经,有区别"科"原为"科教"之意,在含义和用法上,《洞玄灵宝道学科仪》中有谈及"科"与"仪"之处,即两者是包括信仰仪式、神诰、戒律与规范等多方面的教典,是道教内部的各种教法。

---

① 黄小石:《净明道研究》,成都:巴蜀书社,1999年。该书谈及闾山派教主许逊的崇拜及其初创、发展及净明道之成熟与余绪。

（一）科仪

科仪为道教法术操作仪式的通称,其依循即为道派之"道法",道经中有云:"'法'由圣显寄人弘道,道经云:'侯王若能守,万物将自化。当知人王有道,大道兴隆,人王无道,大道废矣。'"①意味着宗教科仪演法的进行,要有唱诵的经典、疏牒关文、咒语……甚至于包含着禁忌与戒律。《销释金刚科仪会要注解》曰:

> 科仪者,科者断也。禾得斗而知其数,经得科而义自明。仪者法也,佛说此经为一切众生断妄明真之法。今科家将此经中文义事理,复取三教圣人语言,合为一体,科判以成篇章,故立科仪,以为题名。②

道场科仪着重在秩序、程序方面,又有科戒、科介、科范等内涵。"科戒"表现于斋戒、沐浴、净身、净坛等遵守坛场礼仪的相关规定,并确实依照传承道法来请神、送神;"科介",即呈现于仪式中的存神变神,配合音乐节奏、步虚、禹步,其举止优雅与韵律合节,强调威仪,庄严肃穆,使精神完全融入于整个仪式中,并且法衣穿戴要合宜。科曰:

> 道士、女冠若不备此法衣,皆不得轻动宝经。具其法衣,皆有神童侍卫。正一法衣,将军五人,力士八人侍卫。高玄法服,神童、神女各二人侍卫。洞神法衣,天男、天女各三人侍卫。洞玄法衣,玉童、玉女各八人侍卫。洞真大洞三洞法衣,玉童、玉女

---

① 〔唐〕朱法满撰,胡道镜选辑:《要修科仪戒律钞》部秩钞,《道藏要籍选刊》第一册,上海:上海古籍出版社,1989年,第393页。

② 〔宋〕宗镜述,〔明〕觉连重集:《销释金刚科仪会要注解卷第一》,《大藏新纂万字续藏经》第24册,石家庄:河北省佛教协会,2006年,第651页。

各十二人侍卫。总谓之法服。违，侍童远身，四司考魂，减算二千四百。①

所谓之"科范"则指依"科"行仪礼敬，"依格书章呈文"，除了传承传统的科法规范，表现出丰富教义教理的内涵外，还要事之以礼，以及上疏下牒，奏申关牒，祭神如神在，祭鬼如鬼在，依礼行仪。道经有云：

> 斋法之设，必有奏申关牒，悉如阳世之官府者，以事人之道，事天地神祇也，所以寓诚也。是假我之有，以感通寂然不动之无也。然后见其洋洋乎，如在其上，如在其左右，以明其不敢以上下神祇为无也。所以尽事人之道，以事天地神祇也。②

仪式进行最核心的意涵所在，在于"文疏"、"榜文"、"通文"等的制作与书写。该类文疏运用于仪式之中，随仪式结束而火化，且都为道派之内部口授秘传，因此也显得具有神秘性而不为一般人所知。如东汉末年张道陵"五斗米道"（天师道）为信众祈祷、治病的"三官手书"，即是较早的道教文疏。

（二）斋醮

斋醮是在道教中较常用之仪式之一。斋：清洁，是"戒"的另一种行持。醮：做法事或道场。③《斋醮》所指的即为道场法事之"道教科仪"。科仪者："科"，可解作动作。凡举行大大小小的宗教活动，都有一定的定规仪式，这种定规程、序仪范的经书叫作"科仪"。④《说文》："科"有程、条、本、品等义。俗话说"照本宣科"，即是本着一定程

---

① 〔唐〕朱法满撰，胡道镜选辑：《洞玄灵宝三洞奉道科戒营始》法服图仪，《道藏要籍选刊》第二册，上海：上海古籍出版社，1989年，第531页。

② 〔唐〕朱法满撰，胡道镜选辑：《灵宝玉鉴卷一》奏申关牒文字论，《道藏要籍选刊》第二册，上海：上海古籍出版社，1989年，第551页。

③ 闵智亭：《道教仪范》，台北：新文丰出版社，1995年，第3页。

④ 闵智亭：《道教仪范》，台北：新文丰出版社，1995年，第3页。

序按规范做事。"仪",为典章制度的礼节程序、法式、礼式、仪式、礼仪、规矩,如常说的"行礼如仪"①,主要是应用于道场中的礼仪规范、仪式准则,包括坛场布局、登坛次位、法具安置、作法仪轨等。因道教基本教义为"遵天法祖:法自然,存天理;扬圣德,敬祖宗",由《高唐赋》中的描述可知,祭祀的主要对象有二:一是"醮诸神",向众神祈祷;二是"礼太一",向先祖"太一"祈福。"太一"即屈原《九歌》里所祀的"东皇太一",传说楚人的先祖高阳氏为东方的太阳神,故又称"东皇"。② 刘枝万更把"醮"的解释与历史演化过程分为"四个阶段"③,如《高唐赋》④、《隋书》⑤、《正字通》⑥、《今义》⑦所言。"醮"为体,"科仪"为用,而"依科阐事"即为道士法师按式场法事的规矩程序,依不同法事订立的不同形式及法事形式准则做道场仪式。

　　科仪之执行,必须有各地之方士,可能就是大巫师,前来参加祭神和祈神活动,盛况空前,犹如"高唐"的文化底蕴丰富而深厚,因此决定了其含义的复杂性与多元性。⑧ 因此,在斋醮道场中,科仪主要是指每一项仪式的整体内容演出,包括道士的服饰、存神、变神、禹步、唱诵、音律、道白、仪轨、法节等,借以表达教义教理中所意涵之神

---

①　杨丹妮、何浩然、杨眉编:《行礼如仪》卷三,《乾龙吟(四方篇)》,北京:人民教育出版社,2005 年,第 236 页。

②　刘不朽:《三峡探奥之三十七》,北京:人民邮电出版社,2006 年;《三峡第一赋:宋玉〈高唐赋〉之文化诠释》,《中国三峡》2003 年第 9 期,第 50 页。

③　刘枝万:《中国民间信仰论集》,台北:"中央研究院"民族学研究所,1974 年,第 1 页。

④　《高唐赋》:醮诸神,礼太乙。李善注:醮,祭也。

⑤　《隋书》:夜中于星辰之下,陈设酒脯、饼饵、币物,历祀天皇、太乙,祀五星列宿,为书如上章之仪以奏之,名之为醮。

⑥　《正字通》:凡僧道设坛祈祷曰醮。

⑦　《今义》:某一地方为还愿酬神之大规模祭典。

⑧　刘不朽:《三峡探奥之三十七》,北京:人民邮电出版社,2006 年;《三峡第一赋:宋玉〈高唐赋〉之文化诠释》,《中国三峡》2003 年第 9 期,第 50 页。

境观、礼敬层次与引幽渡魂之思想,并表现出庄严有序的宗教礼仪与神圣之气氛。在科仪中,道士则作为"灵媒者"的角色,透过各道派所既有的仪轨、规范,游走于阴阳两界,进行存神、变神、礼拜、降神、皈依、献供,以及宣示神意等法节,为信众延寿植福、开恩赦罪,终而实现天官赐福、地官赦罪、水官解厄之目标。

二、科仪之范围

道教科仪施行过程分为步罡踏斗、点(捏)决、符咒、唱诵及章表、存思(存想)。法师假十尺大小的土地,铺设罡单,象征九重之天,脚穿云鞋,口念咒语或唱诵经文,手点掐法诀,两脚步罡踏斗,手持剑于空中虚书符箓及漯水,飞舞双手与双脚配合云游的道乐道曲,自我存思变神于九天,按北斗七星或二十八星宿之象、九宫八卦之图步之,以为即可神飞九天,送达章奏;禁制鬼神,破地召雷,充斥于整个法事过程中,犹民俗艺曲之演出,热闹非凡。此为道教法术科仪的主要功能,在于运用超自然的力量来改变外物,控制外物的变化。

一般而言,民众所信仰的神仙是居于天界、仙山灵洞或地府中,执法者欲临其界,必须要有超自然之法力,而踏罡步斗则是依寻法界路径,应用于法场当中,成为道法的基本科仪演出。道教科仪中,亦有符箓或符咒的产生,皆有讳字与符号,代表所要差使之鬼神,配合着手势的诀法,或称为诀目,即在手掌或手指上掐某个部位或手指之间结合成某个固定的姿势,产生感召鬼神与摧伏精邪的作用。[1] 道教仪范中共有三大类,即戒律、威仪、表章。[2] 在此"科仪"所代表的,包含着步罡、踏斗、点诀、符箓、唱诵等法事仪轨。[3]

---

① 刘仲宇:《道教内秘世界》,台北:文津出版社,1997年,第110页。
② 闵智亭:《道教仪范》,台北:新文丰出版社,1995年,第1页
③ 吕宸荣:《道教科仪讲义》,台北:中华道教学院,2002年,第1页。

（一）步罡踏斗

步罡踏斗的目的是为了神人沟通，道教的步罡踏斗源于"禹步"，是道教斋醮的常行法术，其宗教意义值得探讨。罡，原指北斗星杓尾的一颗星，又称为天纲地纪。天罡：北斗星也，[①]后来被延伸至东、南、西、北、中五方星斗及北斗七星。[②]《太上玄灵北斗本命长生妙经》云："北斗司生司杀，养物济人之都会也。凡诸有情之人，既禀天地之气，阴阳之令，为男为女，可寿可夭，皆出其北斗之政命也。"北斗七星者，日月五星之精也。[③]

步罡，又称步天纲，它是道教基本功法，也是法师基本的形体动作，象征着身临其境云游四海，飞行九天，以禁制鬼神和外物之押煞。一般认为，步罡是从古代的"禹步"发展来的，道教的禹步之法，首先，因与握固闭气、掐诀存思等法术配合，要掌握禹步之真髓并非易事，其最原始也最基本的功能是消灾祛病，祛除鬼魅。其次，禹步可以禁御毒蛇猛兽。再次，步罡踏斗的目的是为了和神沟通，禹步能够祈天祷雨。因此道教徒不论行法还是修炼，掐诀和步罡是一种基本的形体动作。所以步罡的功能就是依宇宙天地罡图步之，存神变神之存思已经上九天与下地府，遍行于天下，飞行于各个境地。

东晋时，"禹步法"已成为道教法术的大宗，《抱朴子内篇·登涉》

---

①　东方出版社编辑委员会编：《东方国语辞典》，台北：东方出版社，1961年，第577页。

②　北斗七星君是道教崇奉的七位星神，即北斗七星。其名称分别为：(1)北斗第一阳明贪狼星君（天枢）；(2)北斗第二阴精巨门星君（天璇）；(3)北斗第三真人禄存星君（天玑）；(4)北斗第四玄冥文曲星君（天权）；(5)北斗第五丹元廉贞星君（玉衡）；(6)北斗第六北极武曲星君（开阳）；(7)北斗第七天关破军星君（摇光）。

③　北斗七星护摩秘要仪轨（密教部）。

说:"凡作天下百术,皆宜知禹步。"①但天师有感世人对禹步之未精而叹之:

> 禹步之法,世皆失其真也,盖世人多能言之,不能得之,得而不行,行而不专,故多不验。今世所行豁落斗,乃三五禹步之枢要。总河图错综之数,岂可轻视为寻常,但所传差误,而不能变化通灵,余今特正其讹,以传其直。②

可谓天师对禹步之重视。因一般在行科演法之始,必行罡步或禹步,以招天神降临监坛,真正之禹步为《抱朴子内篇·仙药》中提到之"禹步法":

> 前举左,右过左,左就右。次举右,左过右,右就左。次举右,右过左,左就右。如此三步,当满二丈一尺,后有九迹。③

此第三步中"右",笔者认为有误,禹步的三步九迹,一步七尺,三大步为二十一尺,由先天之坎卦进到离卦。这是禹步最基本的步伐,此亦为道教科仪中之三步九迹星纲。后在东晋道教成为风行之禹步而应用到现实生活上,如:

> 菌芝,或生深山之中,或生大木之下,或生泉水之侧,其状或如宫室,或如马车,或如龙虎,或如人形,或如飞鸟,五色无常,亦百二十种,自有图也。皆当"禹步"往采取之,刻以骨刀,阴干末服方寸匕,令人升仙,中者数千岁,下者千岁也。④

---

① 〔晋〕葛洪撰,陈飞龙注译:《抱朴子内篇今注今译·登涉》,台北:台湾商务印书馆,2001年,第685页。

② 〔明〕朱权编:《中华道藏》第28册,《天皇至道太清玉册·干运造化章》,台北:新文丰出版社,第33页。

③ 〔晋〕葛洪撰,陈飞龙注译:《抱朴子内篇今注今译·仙药》,台北:台湾商务印书馆,2001年,第467页。

④ 〔晋〕葛洪撰,陈飞龙注译:《抱朴子内篇今注今译·仙药》,台北:台湾商务印书馆,2001年,第434页。

道教承袭禹步之法,并尊大禹为太极真人。在此之禹步罡法,运用于不同的法术,而罡步是配合各种仪式之行法,在各种不同的科仪自有不同的罡法,各罡步履迹路线亦随之不同。如在《太上表科仪》最常用的有"朝天罡":"坎双、艮单、步交干,震上双、飞兑亦然、坤双、离单立巽前,望前三步便朝天。"①而在水火炼度科仪,高功要步的是北斗玄枢罡。

(二)点(捏)诀

"点诀",亦称"罡诀"或"掐诀"。罡诀即道教的手诀,是道法的基本方术之一,运用手掌、手指上掐按某些部位或者手指相互结交成某个手势,起到感召鬼神、摧伏邪精的作用。不同的掐诀手势,在不同的符咒术中具有不同的功用。《太上助国救民总真秘要》说:"禹步罡斗掌目之诀,为道之大要,法之元纪也。步罡者,乘于正气以御物。诀目者,主于神机而运化。修仙炼真劾召制伏,莫不资之于此矣。"②《太清玉册》亦说:

> 师曰:掐诀者,所以通真制邪,役诀各不一,罡诀有七百余目,今所用者不多,四维八方,自四指根逐节数,共十二目,以按十二辰,于内又分出八卦、七星、九宫、三台,各主其所行之事,又当约而言之,惟中指中文为玉清诀,侧左为北帝诀,名大煞文,此二诀总三界万事,宜按行之。③

凡行步、问病、治邪、入庙、渡江、入山、书符并须掐诀目,是道法和行持时的基本形体动作,同时应用到各个急难场合,亦能掐指配合

---

① 闵智亭:《道教仪范》,台北:新文丰出版社,1995 年,第 207 页。
② 《太上助国救民总真秘要》卷八,《太上正法禹步斗纲掌目诀法图文》之《禁治掌目诀图》。
③ 〔明〕朱权编:《中华道藏》第 28 册,《天皇至道太清玉册·乾运造化章》,台北:新文丰出版社,第 36 页。

道术,逢凶化吉。《云笈七签》卷四六《秘要诀法·遏邪大祝第九》载:

> 大洞真经高上内章遏邪大祝上法曰:每当经危险之路、鬼庙
> 之间,意有疑难之处,心有微忌者,乃当返舌内向喉,咽液三过
> 毕,以左手第一第二指捻两鼻孔下人之本、鼻中高孔之内际也,
> 三十六过,即手急按,勿举指计数也。鼻中高之际名曰山源,一
> 名鬼井,一名神池,一名邪根,一名魂台也。捻毕,因扣齿七
> 通。……以除不祥。……所在所经,万神奉迎。①

《云笈七签》又说:

> 又叩齿三通,乃开目徐去左手。手按山源则鬼井闭门,手薄
> 神池则邪根散发……鼻下山源,是我一身之灵津,真邪之通府。
> 背真者所以生邪气,为真者所以遏万邪,在我运摄之尔,故吉凶
> 兆焉。②

闾山教派中,在任何法场或行法解困时,皆以掐诀、咒术、罡步作
为护身或驱邪之势态,其作用是可通真制邪。《太上助国救民总真秘
要》卷九:"凡行步、问病、治邪、入庙、渡江、入山、书符并须掐诀
目。"③甚或以手印师诀做攻击、押煞、驱赶、制杀等必要措施。掐诀
是施用符咒时应加以配合的一种手势,这就是说不同的掐诀手势在
不同的符咒术中具有不同的功用,其目的也是为了与神沟通。

掐诀是从古代道术的气禁之术传承下来的。道教在发展中依据
自己的师承和法术理论,做了增益、变更、简化,形成庞大的咒诀系
统。手诀的基本成分是手中诀文:诀文指在掌指上的某一固定指节

---

① 〔宋〕张君房编,李永晟点校:《云笈七签》卷七九,《秘要诀法》,北京:中
华书局,2003 年,第 1036 页。
② 〔宋〕张君房编,李永晟点校:《云笈七签》卷七九,《秘要诀法》,北京:中
华书局,2003 年,第 1036 页。
③ 〔北宋〕元妙宗编集:《太上助国救民总真秘要》卷九,收入《正统道藏》
正一部,《中华道藏》第 30 册。

与节线,象征自然宇宙中天象的运行、变化的奥秘、空间的位置和时间的转化,故通过手中诀文,在手上形成了一个浓缩的宇宙图景,如《阴符经》所说:"宇宙在乎手,万化生乎身。"依据神仙谱系的诀目,相当典型地表现了道教的特点,表现了它的法术与散布于民间的巫术的区别。道教的神谱极为庞大,诀目数量繁多,各个法派虽然不同,但其掐出之诀所代表之神明是相似或相同的。但就行法而言,经常要涉及的有尊神、祖师和神将三大类,每一类都有相应的诀目。因此主要是掐指表示对神灵启请或召唤,或者代表着天地鬼神之气,以吓阻或克制作祟的鬼神。在闾山道派中,常以上述符咒诀步,加上七星剑、五雷印、度灵幡、神灵图、铜镜和其他法器,构成行法的基本手段和方法。

（三）符箓

符咒起源于原始宗教中先民对语言魔力的崇拜,后来成为巫术的核心部件。道教继承了巫术的咒术并加以发展,这种延续了原始社会的灵感思维,不仅保留古老的神话与仪式,也传承着大量巫术与禁忌等宗教行为。[①] 在闾山教派中所执行之法事,大都偏重于民众之功利领域,也是民众对待宗教渴望的一种态度,即为祈求解决眼前的困境,求得应得之利益。

道教中之符箓,盛行于神霄雷法——道教神霄派。大约兴起于北宋,盛行于南宋金元时期,是当时极为流行的新型科范法术,其为配合道教丹鼎修炼融会贯通的一种非物质文化,是符咒术在新的历史条件下,援引内丹之术为基础而进行的有机整合,二者相互补充,使理论上得以更加完备,更能积极地承担救济解危的宗教使命。[②]对于符箓信仰,舆论界曾经有过不同之争论,大部分人对此亦有不同

---

① 郑志明:《传统宗教的文化诠释》,台北:文津出版社,2009 年,第 16 页。

② 李远国:《神霄雷法——道教神霄派沿革与思想》,成都:四川人民出版社,2003 年,第 252 页。

之观感,认为它充满着迷信思想。因此,台湾大学校长李嗣涔教授曾经邀集物理、宗教等之专家学者,透过"手指识字"实地现场操作,发现宗教中的特殊文字或符号,具有某种宗教上之代表讯息,打破过去认为符箓是迷信之观念,更引起学界对符箓研究之兴趣。

道教书画符箓之基本原则,必须要静心有神,意念运气存思,而施用符咒时,同样需要意念用气配合,使其达到符中有神,咒中有意。施用符咒是身、口、意齐全到位的一种施术行为,即以手书符文,口念咒语,意念专注,不仅要"气"与动作配合,还要配合以法器,使施用的符咒有所凭依。在此与"气"配合,画符需要存思运气,施用符咒同样需要用气配合。师曰:

> 书符者,惟要心定,不思外事,又要点纪散形,庶几下笔时神不走,炁不乱。若对本念诵,下笔成符,眼动意随,心驰笔乱,必不能感应。须心与符一,符与心俱,取炁不必回顾,吹炁不得作声,下笔书符谓之自传喜神,盖言心定而端的也。后品亦言之甚详,凡初阶先宜知此。①

因此,符咒或符箓不但为道教斋醮科仪之主要内涵之一,同时也吸纳了丹鼎派内丹术的修炼功法,以内丹为体,以符咒法术为用,即体即用与体用如一的雷法体系。② 道徒认为符咒可以增添心灵之安定力与爆发性,能将自身之潜能发挥到极致,借力使力达至上效能,如在以"三五禁法"制虎上,葛洪说:

> 三五禁法,当须口传,笔不能委曲矣。一法,直思吾身为朱鸟,令长三丈,而立于虎头上,因即闭气,虎即去。若暮宿山中者,密取头上钗,闭气以刺白虎上,则亦无所畏。又法,以左手持

---

① 〔明〕朱权编:《中华道藏》第28册,《天皇至道太清玉册·干运造化章》,台北:新文丰出版社,第37页。

② 孔令宏:《宋明道教思想研究》,北京:宗教文化出版社,2002年,第339页。

刀闭气,画地作方,祝曰:恒山之阴,太山之阳,盗贼不起,虎狼不行,城郭不完,闭以金关。因以刀横旬日中白虎上,亦无所畏也。或用大禁,吞三百六十气,左取右以叱虎,虎亦不敢起。以此法入山,亦不畏虎。①

这种"三五禁法"在葛洪认为是一种口授心传的道法,无法以笔墨书写。它的方式都是以存思意念法,假想在各种情景下如何施法对付,因而产生自卫、虎狼不侵的效果。《抱朴子》又曰:

> 服药虽为长生之本,若能兼行气者,其益甚速,若不能得药,但行气而尽其理者,亦得数百岁。然又宜知房中之术,所以尔者,不知阴阳之术,屡为劳损,则行气难得力也。夫人在气中,气在人中,自天地至于万物,无不须气以生者也。善行气者,内以养身,外以却恶,然百姓日用而不知焉。吴越有禁祝之法,甚有明验②。

在闾山教派中,道士施用咒语禁邪往往要配合存思、意念行气等法术,即在念咒时要使自己进入存神变神之深度存思状态中。符咒与步罡踏斗法术对于道术家来说,是在斋醮、画符、作法、通神时,必须学习的一项法术及通神长生之秘诀,《云笈七签》亦谈道:"人欲长生神仙,务和阴阳之气。气中有神,神验有符。符次于神,神为符本。"③而在书符念咒与气禁必须要求与体内的运气、在意念中存想相关的神灵形象做成观想,晋代葛洪《抱朴子内篇·至理》说:"吴、越有禁咒之法,甚有明验,多炁耳。知之者可以入大疫之中,与病人同

---

① 〔晋〕葛洪撰,陈飞龙注译:《抱朴子内篇今注今译·仙药》,台北:台湾商务印书馆,2001年,第722页。

② 〔晋〕葛洪撰,陈飞龙注译:《抱朴子内篇今注今译·至理》,台北:台湾商务印书馆,2001年,第207~208页。

③ 〔宋〕张君房编,李永晟点校:《云笈七签》卷七九,《符图》,北京:中华书局,2003年,第1795页。

床而已不染。又以群从行数十人，皆使无所畏，此是岂可以禳天灾也。"①《云笈七签》又曰："夫符文者，云篆明章，神灵之书字也。书有所象，故神气存焉！文字有所生，故服用朱焉！"②又依据《五岳真形神仙图记》之神仙图曰：

> 一切感到，妙应备周。或天或人，或山或水，或飞或沉，或文或质。皆是真精之信，有字总号为符。符验证感，皆由善功，功无妄应，其路莫因。因悟立功，其符必现。现而未得兼者，由功行未充。方应修戒，积精存神，常想真形，受符佩服。妙气入身，智慧通达。达士通人，懃密遵崇。消灾厌恶，精则有征。征则神降，所愿必谐。③

施用符咒，首先要静心沐浴，洗手漱口，并念"我以月洗身，以日炼真，仙人辅己，玉女佐形，二十八宿，与吾合并，千邪万秽，逐气而清"之类的净身咒。《抱朴子·登涉》就记载了带升山符前要斋戒七天的做法："凡人入山，皆当先斋洁七日，不经污秽，带升山符出门，作周身三五法。"④《五岳真形神仙图记》有曰："是以三五，传用至今。但后人善少，得之偏颇。或时遇值，指诀不明。明之者希，希故为贵。贵不可妄得，得不可妄行。"⑤

一般修习闾山教派之道法者，除了必备外在形式之道法之修为，同时内在之气息之修炼亦在所必得，如此所习得之步罡踏斗的法术

---

① 〔晋〕葛洪撰，陈飞龙注译：《抱朴子内篇今注今译·至理》，台北：台湾商务印书馆，2001年，第208页。

② 〔宋〕张君房编，李永晟点校：《云笈七签》卷五七，《符水论第四》，北京：中华书局，2003年，第1259页。

③ 〔宋〕张君房编，李永晟点校：《云笈七签》卷七九，《符图》，北京：中华书局，2003年，第1794页。

④ 〔晋〕葛洪撰，陈飞龙注译：《抱朴子内篇今注今译·登涉》，台北：台湾商务印书馆，2001年，第671页。

⑤ 〔宋〕张君房编，李永晟点校：《云笈七签》卷七九，《符图》，北京：中华书局，2003年，第1794页。

才能通神，才能运用。步罡踏斗是作法通神的要关，符咒所以能够灵验，作法所以能够通达神灵，全是仰赖其作用，如此之威灵是一般人所不能及的。而符咒代表声音、意涵、符号，配合法师的意念达到其所追寻之目标，成为一种语言的表述。日本泽田瑞穗在《中国的呪法1∶2》对符咒的观点亦为如此。① 诸葛武侯仅借东风，所设八卦阵均是必先步罡踏斗配之符咒，才得作法驱神役鬼，方得惊世骇俗的奇功。更有周初之姜太公与春秋时代的孙膑，皆有通神之法，其所运用之法则经过步罡踏斗驱役鬼神，得以助战而制胜的。

宋代以来闾山教派镇宅符咒在闽东南及闽西南地区流传，民众对闾山教派之法师画符的心态几乎是存着一种敬畏心理，心中又充满着对抗性的崇高感。基层民众普遍的趋吉避凶心态，是导致闾山教派符咒能在福建地区盛行甚久的一大主因。法师在画符时会较严格地遵照闾山教派的一些基本仪轨，一般须先上香拜闾山祖师或法主公，上奏疏文，接着步罡、踏斗、捏诀和叩齿数通，方能存思将法力注入符中。道门中对咒术的效力有极高的肯定，因此，咒语在道法中越出越多，应用范围越来越广。《太上正一咒鬼经》说：

> 吾含天地，咒毒杀鬼方，咒金金自销，咒木木自折，咒水水自竭，咒火火自灭，咒山山自崩，咒石石自裂，咒神神自缚，咒鬼鬼自杀，咒祷祷自断，咒痛痛自决，咒毒毒自散，咒诅诅自灭。②

闾山教派认为在法事进行中，操兵咒语（请五营神将咒）一出，即有百万兵将降临。念动咒语即有几万乃至几百万的天兵天将应召来服役。如请五营神将咒唱诵如下（台湾彰化李道长提供手抄本）：

> 一声法鼓闹纷纷，拜请东营军东营将，东营兵马九夷军，九

　　① 〔日〕泽田瑞穗：《呪诅·啸の源流》，《中国の呪法1∶2》，东京：株式会社平河出版社，1984年，第125页。

　　② 《道藏》第28册，《太上正一咒鬼经》正一部一卷，天津：天津古籍出版社等，1988年影印，第367页。

夷军九千九万人,人人头带大帽身穿甲,手执金枪青令旗,火炎光火炎明请到坐,军马到挑军,走马到坛来,到坛来,神兵火急如律令!

二声法鼓闹纷纷,拜请西营军西营将,西营兵马八秦军,八秦军八千八万人,人人头带大帽身穿甲,手执金枪白令旗,火炎光火炎明请到坐,军马到挑军,走马到坛来,到坛来,神兵火急如律令!

三声法鼓闹纷纷,拜请南营军南营将,南营兵马六真军,六真军,六千六万人,人人头带大帽身穿甲,手执金枪红令旗,火炎光火炎明请到坐,军马到挑军,走马到坛来,到坛来,神兵火急如律令!

四声法鼓闹纷纷,拜请北营军北营将,北营兵马五秋军,五秋军,五千五万人,人人头带大帽身穿甲,手执金枪黑令旗,火炎光火炎明请到坐,军马到挑军,走马到坛来,到坛来,神兵火急如律令!

五声法鼓闹纷纷,拜请中营军中营将,中营兵马三晋军,三晋军,三千三万人,人人头带大帽身穿甲,手执金枪黄令旗,火炎光火炎明请到坐,军马到挑军,走马到坛来,到坛来,神兵火急如律令!

咒语在道教中广泛运用,同时有法力强大的尊神,不断把密藏在法界的咒语传授下来。咒术不是道教特有的思维,在佛教或其他宗教中也充满秘语或咒语,尤其密宗更以诵咒为主。因为道教兴盛于汉代,汉代诏书和檄文中多有"如律令"字样,这种申述法律、政令权威的官方套语,先是被民间巫师所吸收。因此道教咒语的特点在于每当咒语结束时再冠以"急急如律令"或"吾奉太上老君急急如律令!敕!"其代表道教之咒术本身特有的一种驱使力量,表明咒语是对某一对象的命令与催促,此种命令是强调其必须"依法"执行。

符咒是一种信仰,是一种讯息或一种迷信,甚至于是一种巫术之思想,在不同宗教或无神论者之思维中有不同见解,它存在与否?从不同角度来看有不同之解读,有的试着从科学的立场否定灵感的精神体验,称其为人类心智发展的误区,不能称为宗教。[1] 因为灵感是一种自我心智临时之启意,存留于当事者心灵的一种记忆,此种记忆常被用在巫术实践之场合中,其真实性与当事者之主观意识成反比;再者巫术属于人类的灵感文化,通过一定的方式与神灵交感,以达到神灵保护的目的,[2]或役使鬼神遵循巫者操作之方针达到预期之效用,因此符咒在此情景下因应而生。

(四)唱诵及章表

闾山教派作法时,动作与唱调较为通俗且平易近人,因为闾山派之法较能迎合一般民众对神虔崇的习惯,这种平民精神的宗教化是闾山教派信仰的基础。唱诵通常有乐器与法器之配合,因为音乐可加深诱惑召唤鬼神,而法器则起压制或引领凶神或善神之作用,尤其在超场之殡葬礼仪中,扬旛招魂,催符念咒,更需有法器摇铃与经咒音乐之配合。日本朱家骏在《神灵の音ずれ——太鼓と钲の祭祀仪礼音乐》[3]曾经说这法器摇铃与经咒音乐是一种"召唤机能",各种宗教场所或祭祀庆典中,法师或祭典执事者必须要使用的,同时要服饰端庄,存神变神,演法中必须步罡踏斗、点诀、唱诵以达效果与目的。朱家骏说:"在祭祀礼仪,音乐是一种诅咒,而不是一个工具,乐器大部分是那种锡和钲的,和鼓。通过振铃它们,或者为了取悦上帝,这种可以说是相当普遍的现象,只有在东亚、东南亚的许多地方普遍存

---

① 詹鄞鑫:《心智的误区——巫术与中国巫术文化》,上海:上海教育出版社,2001 年,第 67 页。

② 朱存明:《灵感思维与原始文化》,上海:学林出版社,1995 年,第 97 页。

③ 〔日〕朱家骏:《神灵の音ずれ——太鼓と钲の祭祀仪礼音乐》,东京:株式会社思文阁出版社,2001 年,第 37 页。

在。"①这种祭祀礼仪音乐，鼓、铃、法器、乐器等对神灵的呼唤，在东亚、东南亚或者世界其他地方都是普遍的现象。

道徒常说："诵持万遍，妙理自明。""诵"即朗诵，"持"即行持。大皈依又说："既诵经语，当解经义，人身不易得，正法最难遇。"②闾山教派在其法会或行科仪之前，常有诵经礼忏，这是每一个道教徒在演法时应行使的最基本仪式。而课诵经忏乃修道者入道之门径与每日必行之行事，修道者在课诵期间，精神之专注是其必备之思维，此亦为其修身养性之首选，由是而入，可以炼不坏之身，可以达圣通神，是闾山教派特色之一。《道藏》云："道众凡栖琳宇，当以焚修祀事为先，宫观之住持，每日集众升殿焚香讽（诵）经，朝真礼圣，当体祀天奉教之心，以馨修真学道之志。"③玄门日诵早晚功课经之《功课经序》云："经之为经，是前圣之心宗；咒之为咒，乃古仙之妙法。诵之诚者则经明，行之笃者则法验。经明则道契于内，法验则术彰于外。经明法验而两全，内功外行而俱有。"诵持不懈，既可保养元和，且可生助道力。是故修真之士当以经忏、科仪为大要。④ 读诵品科曰：凡是道学，当知存念读诵，经宝在身，则为慈母。若道士，若女冠，勇猛精进，或舍文诵念，或执文披读，一念生解，即入慧门。⑤ 唱诵中，大都以经咒、疏文为主。

在闾山教派中常见之疏文，以作"关限"、"上疏下牒"或"制解神煞"为多。道教斋醮仪式在唐代始见使用"青词、奏章、表文、文疏、文

---

① 〔日〕朱家骏：《神灵の音ずれ——太鼓と鉦の祭祀仪礼音乐》，东京：株式会社思文阁出版社，2001年，第26页。

② 闵智亭：《道教仪范》，台北：新文丰出版社，1995年，第6页。

③ 张继禹：《中华道藏》第28册，《天皇至道太清玉册·晨昏朝修》卷上，北京：华夏出版社，1988年，第711页。

④ 闵智亭：《道教玄门日诵早晚功课经注》，北京：宗教文化出版社，2000年，第6页。

⑤ 〔明〕《正统道藏》第24册，太平部《洞玄灵宝道学科仪》卷下，台北：新文丰出版社，1988年，第772页。

检,最后扩充到有奏、启、申、诰、牒、札、关、状、榜、疏、帖、式、檄、章、表、笺"①等格式,是明代重要的科仪经典。在历代史籍、笔记、小说、文集、诗集、金石碑刻、方志文献中,保存着道教斋醮使用的青词。②唐李肇(宪宗元和年间翰林学士)《翰林志》说:"凡太清宫道现荐告词文,用青藤纸朱字,谓之青词。凡诸陵荐告上表,内道现叹道文,并用白麻纸。"③宗教文疏奏章亦有其规定之格式,必须依正确礼仪与规格行之,依《洞玄灵宝道学科仪》奏章品科曰:

> 凡是道学,当知章奏之法,或请本住神,或请虚应神,作章纸墨清净,书无草脱,又不得用残纸截片纸。辞状素直,无饰繁华,治气正一,行折纸八分。章表云:上诣三天曹以闻,去再拜。一寸三行,后安臣姓。臣姓后三行,施年月臣姓。中央安太清,长二寸半,亦三寸真正,书令可识,尾余白纸三行。无者,令纸续。祭酒上章,正避戊辰、戊戌,及计击。上章讫,即收本随身满一百通,作言功章烧之,不得秽慢,犯漏泄之罪。言功烧张如左(下)。上言谨按文书,臣某以某年从师某,受将军内外治,依法修行,宣扬道气,请召真官,救护万姓。前后章表,启告文书,不合即烧者,录缄封箱合卷,束积多法,不得散猥处用,及与他人散猥处用。又不得泄露虫鼠,何施漏湿,烂坏遗落,从来遵行,不敢违旨。即日依科,随期奏灭,自某年至今日,合若干卷,于静中火化,烟通升云,来吉除凶。谨请直使正一功曹、治中虎贲威仪铃下五百将各二人,校尉十二人,功曹主簿、干佐小吏、金光童子各五人,云中部章、督邮从事使者各二人,同时监临对事,省除尘

① 〔明〕周思得:《藏外道书》第16、17册,《上清灵宝济度大成金书》卷三四至卷三七,《文检立成门》;卷三八,《章法格式门》、《表笺规制门》。

② 张泽洪:《道教斋醮史上的青词》,《世界宗教研究》2005年第2期,第112页。

③ 〔清〕纪昀等编:《文渊阁四库全书》第595册,台北:台湾商务印书馆,1986年,第298页。

故,采纳光新,原赦臣愚短不及之愆后,乞所奏闻,悉免寒池。请诸官证明,将助有功,依都章言功,不负效信。恩惟太上云云。标臣某拜上,请官监临,断莫乞除纸章,依常仪也。①

象征"青词"等格式书章的呈文,除了表现丰富的教义与教理内涵,事之以礼,祭之以礼,以及传承久远的科法规范外,上疏下牒,奏申关牒,祭神如神在,祭鬼如鬼在,行礼如仪。道经有云:

> 斋法之设,必有奏申关牒,悉如阳世之官府者,以事人之道,事天地神祇也,所以寓诚也。是假我之有,以感通寂然不动之无也。然后见其洋洋乎,如在其上,如在其左右,以明其不敢以上下神祇为无也。所以尽事人之道,以事天地神祇也。②

如此祭祀礼拜之表现在类似人类现实生活上,犹如《高唐赋》既反映了宋玉本人的人生观、世界观,又反映了战国时代楚地楚人的宗教信仰、神灵崇拜、民间风俗、社会生活等诸多方面,具有很高的文化价值和史学价值,是一份十分珍贵的文化遗产。③ 而"疏文"与"牒文"之类的文书,大都为古时"青词"延伸发展而来,多被运用于科事仪式中,此乃执行仪式最核心的意旨所在。唯其文疏皆于仪式结束而火化送出,且多为道派内部秘传,被认为是法派中之神秘所在。

道教仪范中之文疏上奏,酷似古时下臣对帝王之上承奏文,代表着在天界与人间有着相似的阶级体系,无论在程序上还是文疏内容上,都是以人性化的科仪仪式通达天界。在《中华道藏》中亦谈道:"醮仪中修用存思诀法,并载干运造化章,其乐具仙仗见天乐仪仗章。

---

① 〔明〕《正统道藏》第24册,太平部《洞玄灵宝道学科仪》卷下,台北:新文丰出版社,1988年,第774页。

② 〔唐〕朱法满撰,胡道镜选辑:《灵宝玉鉴》卷一,《奏申关牒文字论》,《道藏要籍选刊》第二册,上海:上海古籍出版社,1989年,第551页。

③ 刘不朽:《三峡探奥之三十七》,北京:人民邮电出版社,2006年;《三峡第一赋:宋玉〈高唐赋〉之文化诠释》,《中国三峡》2003年第9期,第50页。

文字行遣,俱依玉宸玄范,行移所行,及酌参古式,检目用之,如奏帝尊前用奏状,余并用申状,神司用公牒之类。"①

(五)存思(存想)

"存思"也叫"存想"又叫"存神",或"存神变神",即默想诸神形象。无论是历史,还是现实中的发奏仪式,其核心部分就是存思变神之道,该法始于天心正法,是斋醮科仪中高功通神的重要法术。法师步罡掐诀的时候,要伴随存想的法术,将自身完全融入神境中,轻飘云游,执行神仙之职权。存想原是汉代流行的一种暗藏内视的养生术,用于自身修炼。道教也采用存想,作为修炼的法术,并成为道教法术之主要程序。《云笈七签》卷四三《存思》谈及"存思三洞法":"常以旦思洞天,日中思洞地,夜半思洞渊,亦可日中顿思三真。"②《云笈七签》存思之法:

> 入室东向,叩齿三十二通。先瞑目,思素灵宫清微府中青气、赤气相杳郁郁来,下入兆身中泥丸上宫,便咽九气。次思兰台府中赤、黄二气相杳如先来,下入兆身脐下丹田绛宫中,便咽九气。……仰祝曰:洞天上元,监御九玄……齐保天地,长享亿年。③

科仪进行后通过法师的存神变神之存想法术,就可使坛场变为神灵之圣境。这种使坛场具有灵性的法术称为"化坛",法师的存想

---

① 张继禹:《中华道藏》第 28 册,《天皇至道太清玉册·醮事宜范章》卷上,北京:华夏出版社,1988 年,第 695 页。

② 〔宋〕张君房编,李永晟点校:《云笈七签》卷四三,《存思》,北京:中华书局,2003 年,第 949 页。

③ 〔宋〕张君房编,李永晟点校:《云笈七签》卷四三,《存思》,北京:中华书局,2003 年,第 950 页。

过程称为"化……头圆像天,足方像地,目像日月,毛发肉骨像山林土石"①。这种把人体生命同天地自然等量齐观的思想虽然相当朴素,但却体现了先民在生存认识上的整体把握。唐代道士司马承祯《天隐子》释"存想"说:"存,谓存我之神;想,谓想我之身。"②经过道教的变神步罡法,法师一系列的存想过程,最后存想金光真炁,交映我身,随方应化,步罡行持。在执行"禁坛罡"时之念咒存想:"玉枢青华境,元始上帝敕,九凤真气降,合明天帝日,吾以日洗心,以月炼形,真人扶我,玉女助行,千妖万怪,随水而清,急急如律令。"③存思步罡时心、口、意三者的配合尤为重要。东晋时期,存想修炼法术已十分流行,葛洪在《抱朴子内篇·地真》中曰:

> 吾闻之于师云,道术诸经,所思存念作,可以却恶防身者,乃有数千法。如含影藏形,及守形无生、九变十二化二十四生等,思见身中诸神,而内视令见之法,不可胜计,亦各有效也。然或乃思作数千物以自卫,率多烦难,足以大劳人意。④

在法事进行中,通过法师的存想法术,可使人事地物依符咒与存思之变化,改变其目的,如存想化财、变食与化坛场为神灵之境。这种将宇宙万物透过道法之存思而变化,在道教法场尤为常见。

三、科仪之功能

由于道教法术演技的主要功能,在于运用超自然的力量来改变外物,控制外物的变化;过去学界与道士法师之见解互不兼容,甚至

---

① 《道藏》第18册,第528页,北京:文物出版社,天津:天津古籍出版社,上海:上海书店出版社,1996年影印。

② 〔英〕李约瑟:《中国科学技术史》第二卷,北京:科学出版社,上海:上海古籍出版社,1990年,第67页。

③ 闵智亭:《道教仪范》,台北:新文丰出版社,1995年,第189页。

④ 〔晋〕葛洪撰、陈飞龙注译:《抱朴子内篇今注今译·登涉》,台北:台湾商务印书馆,2001年,第738页。

于有理性与迷信之争,使得道教科仪之发展停滞不前。近年来,学界与宗教界展开对话与了解,这无疑给了双方良好的互动空间;学者得到了丰富的研究题材,而道士也在此交流过程中,更加从容自信地展现宗教实践,或因此提高知识水平。[①] 一般而言,民众所信仰的神仙是居于天界、仙山灵洞或地府中,执法者欲意临其界,必须要有超凡自然之法力,而"步罡踏斗"则是依循法界路径,应用于法场当中,成为闾山教派道法的基本科仪演出,就其常见之功能,简述如下。

（一）祈雨

有关祈雨科仪,早在道教经典中出现,例如《道教太上护国祈雨消魔经》。[②] 而后延伸到闾山教派中,较常见之科仪为信徒的祈雨活动,虽然各教派的祈雨方式各有不同,效果与灵验各异,但其最后之渴望与目的是相同的。闾山教派中之祈雨过程较为烦琐,从净坛、请神、上疏等,尤其如都天荡魔监雷御史张法主与陈靖姑祈雨之文疏中,可以看出整个法事之庄严。

就以祈雨为例:玄珠歌"玄珠鼓吹法雷霆,雨满中池变八琼。从此光明彻天上,五云行驾到蓬瀛"。[③] 闾山教派在谈及以符咒等法术作法求雨时,即以自身之肉体存想为一个宇宙体。这宇宙体被划分为东、西、南、北、中五个五行脏体,以元神意念运聚自身五脏之气,即为"五雷"。再依中医阴阳五行的生、克、乘、侮之原则,意念运己坎水之气,令肺金生水,存思坎水遍满宇宙之空间,使其降雨;运化自身内气令肺金去克肝木,便能触动东方之肝木为震雷;震雷为起心火,便

[①] 李游坤:《台湾基隆广远坛的传承与演变研究论文》,台北:天主教辅仁大学宗教学研究所,2011 年,第 2 页。

[②] 撰人不详;约出于唐宋间。假托元始天尊为月光真人说祈雨消灾法。一卷。底本出处:《正统道藏》,《洞真部·本文类》。

[③] 〔唐〕道士张果(通玄先生)撰。底本出:《道藏》第 10 册,《洞玄部·众术类》,第 679 页。

能打闪电,因闪电产生气温变化而化为巽风,因风而得雨,最终达到祈雨的目的。为使符咒的施用灵验,必须要有"意"与"气"结合,此为阴阳之炁产生雷的原因;根据天人合一的思想,以人身之炁,感应天地之炁,从而祈晴祷雨。如《道法会元》及一般道坛"祈雨家书式"(见附录"福建闾山教派'祈雨家书式'文疏")。

其实祈雨之法术,佛教《大方等大云经》[①]及《大云轮请雨经》[②]等皆说诸大龙王曾发誓愿,若众生依法唱其神咒,则降甘霖。在佛教其他文献中也有类似法事,如《大正新修大藏经》曰:

> 为玄宗皇帝,五部灌顶,是年移住净影寺。是岁也终夏愆阳,帝请大师入内祈雨,制日时不得赊,雨不得暴。大师奏大孔雀明王经坛法。未尽三日,膏泽弥洽,皇帝大悦,自持宝箱,赐大师紫袈裟,帝为披擐,并赐绢二百匹。后有大风卒起,敕令大师止风,大师请一银瓶,作加持法,须臾风止,帝殊器重。后有池鹅,误触瓶倒,风击如前,敕令再止,随止随效,帝倍加敬,恩命号为智藏,八载恩旨,许归本国,垂驿骑之五匹,到南海郡,后敕令且住。[③]

白玉蟾的雷法理论中谈及其传承陈楠祖师的法脉,得《景霄雷书》,施行五雷之法。在其著作中也有许多呼风唤雨、祈晴祷雨的文辞和雷法之类的道经,如《九天应元雷声普化天尊说玉枢宝经注》、《龙虎山祈雨早行有作》、《祈雨简便科仪》、《祈雨伏虎庵》、《祈雨歌》、《木郎祈雨咒》、《题无上九霄玉清大梵紫薇仙都雷霆玉经》、《跋上清灵枢山雷火云秘法》、《雷府奏士议勋丹章》、《表奏神霄吟三绝》、《王

---

① 周宇文氏天竺三藏阇那耶舍译:《大方等大云经请雨品第六十四》,《大正藏》第19册。

② 普明:《大云轮请雨经》,台北:普明梵语轩,2011年,第6~45页。

③ 《大正新修大藏经》第50册,《大唐故大德赠司空大辨正广智不空三藏行状》,CBETA电子佛典普及版,2009年,第2056页。

侍宸玄珠歌注》。

这些祈雨科仪是闾山道派为顺应农民心理的诉求仪式,是一种巫术的延伸法术,尤以法主公派与陈靖姑派最为盛行。日本学者朱家骏对此仪式有其见解与心得,他说:"文化人类学之咒术虽有类感呪术与感染呪术说法之分,这其中祈雨之方式,现象都是运用相同之原理,这是一种神通与神灵显灵,那种主持仪式的巫女,应用灵媒交涉超自然的灵力存在。"①日本宗教界亦对中国道教之祈雨科仪(雨乞いと雨の祈り)提出了解读,归类到《中国の呪法2:2》中来探讨,日本的泽田瑞穗认为:"久旱不雨或下雨成灾是与鬼魅作怪有关,只要将它驱除就可正常。"在"禳旱祈雨法"中有师曰:"凡遇久旱,析祷未应者,守令广为民,生发悯雨心,具状诣坛,乞致雨之意。法师备词,飞奏三天及天师门下,并申牒三界合属。然后依仪开建玄坛,步罡作法,召集龙神,以三日、五日、七日为率。才得雨沾济,别设醮谢恩。未沾足,以法催。"②相同地,在闾山教派中亦有"禳地震法",亦是对天灾等自然变故的祈禳方式,师曰:"天动地静,盖天运乎上,地静乎下,此阴阳之常理也。若地得天象而震动者,为阴阳失序也,宜用此法以禳之。行持之士,先用建坛,设后土醮,然后告坤,镇紫书玉篆。仍备镇坤玉字,然后散坛。"③能祈雨禳灾者为"巫",巫祝也,东汉许慎《说文解字·巫》:"女能事无形,以舞降神者也。"④在此之巫为巫女,而男性则以觋称之,两者皆为有形和无形的灵媒中介,是以舞蹈联络人与鬼神,以舞事神或为鬼神之代言者,而后将巫觋统称

---

① 〔日〕朱家骏:《神灵の音ずれ——太鼓と钲の祭祀仪礼音乐》,东京:株式会社思文阁出版社,2001 年,第 43 页。

② 〔宋〕路时中编:《无上玄元三天玉堂大法》卷三〇,《正统道藏》,《洞真部·方法类》。

③ 〔宋〕路时中编:《无上玄元三天玉堂大法》卷三〇,《正统道藏》,《洞真部·方法类》。

④ 〔汉〕许偵撰,〔清〕段王裁注,民国鲁实先正补:《说文解字注》第五篇上,《巫》,台北:黎明文化事业出版公司,1985 年,第 203 页。

为巫。

在巫觋文化传统的活动和仪式中，土著以敬畏的心情，肃然尊行，并服膺种种禁忌和特殊行为规则。这些活动和仪式常与超自然力量的信仰有关，特别是巫术的信仰，并涉及生命、灵魂、鬼怪、祖先或上帝的概念。① 巫术是一种神灵附体或超自然现象之思维，亦是一种情绪的表演，情绪的表演有二：一是舞蹈，二是呼号——"诗歌"。赋辞的"舞"完全应用于求雨，无一例外，而舞为巫者的特技，求雨是巫者的专业，因而说歌舞起源于巫术行为，即"求雨"，乃是颇合理的。在天旱不雨时，人的心理既是痛苦的，又希望能借歌舞来抒发这种情感，也借歌舞来表示恳请，二者相合即是"舞雩"。②

（二）身心灵调治功能

闾山道法科仪更应用了道教之祝由科于巫医医术上，"祝由医疗"是由中国医学体系和道教文化交流与激荡而成。过去张天师之"五斗米道"盛行时，道教之祝由医疗是官方认可的医疗方法，在古代亦是太医院正式疗法之一。由于它是一种带有巫医色彩的东方巫觋医疗文化行为，因此在明代一度被官方所排挤或禁用。但在民间讲求神效与灵验的背景之下，祝由医疗并未从此绝迹，反而风气更盛。因为这些符箓法术本身能使人类在无法控制的异己力量面前，保持心理平衡和生活信心的文化功能状态。

祝由即"祝说病由"，古代以祝祷方法治病，初期以存思气禁为主，后多用符咒符箓之法，亦称是一种开禁、气禁、禁术、禁方、秘方之术。此种祝祷方式亦被应用于其他宗教之中，如基督教常以集体信徒唱圣歌祝祷方式，祈求上帝之灵气加被信徒身上，只是没有像道教那样使用符箓。

---

① 〔英〕马凌诺斯基著，朱岑楼译：《巫术、科学与宗教》，台北：协志工业丛书出版社，1978年，第1页。

② 陈梦家：《商代的神话与巫术》，《燕京学报》1936年第20期，第539页。

民间道教医疗的治疗术是根据道教巫术传统及经验诊断而来，亦是民俗观念与医学相互交叉与互动的产物，是融合了生理治疗、心理治疗、精神治疗、社会治疗与宗教信仰治疗于一炉的文化产物，更从人的身心内外与自然、社会等相互关联、协调的视角出发，强调理身、治心与医疗的统一。

民俗医疗的多样化与丰富化，显示了人们对各种医疗是持开放性的态度，只要对人体健康有所帮助，都可以接纳，作为治疗的主要方法或辅助方法，甚至可以多管齐下，提供天人交感的多种可能性，有助于身心的整体调节。①

由此看来，道教的医疗观认为民俗医疗术即民俗疗法配合身、心、灵的治疗术，更可说是一种"宗教医疗"。② 从当代科学角度来说，有人认为宗教医疗是荒谬迷信，无法为人民大众接受。但从文化的角度来看，是一种意念医疗、观念治疗、精神治疗、心理治疗或宗教医疗；从宗教的角度来看，就是一种灵魂及心灵之操作，更进一步详述即为魂魄之解说，如《云笈七签》所说的"三魂七魄"：

> 一魂为胎光……二魂为爽灵……三魂为幽精……七魄……人有七魄，朝在人左目下，暮在人鼻人中下。学道者欲卧以右手爪、按左目下及人中各三七过甚佳。此制七魄之道也，而三魂在吾肝中，七魄在吾肺中。③

这种魂魄观是道教与民间信仰中对人体组成的一种思维，尤其在科仪的操作上，常运用三魂七魄的观念为民众做心理的慰藉。《东瀛识略》在记载中有云："南人尚鬼……病不信医而信巫。……往占

---

① 郑志明：《宗教与民俗医疗》，台北：曜鸿出版社，2004年，第78页。

② 萧友信：《台湾民间宗教医疗之探讨——以收惊为例》，台湾辅仁大学论文，2007年，第2页。

③ 〔宋〕张君房编，李永晟校：《云笈七签》，北京：中华书局，2003年，第1189页。

病者,曰米卦。书符行法而祷于神,鼓角宣天,竟夜而罢。病即不愈,信之弥笃。"①在此提到的过程与目前台湾间山小法中之科仪非常类似,许多病患一有病就问神明;或神明一侦查到信徒有灾祸,就开符令给信徒服用;或巫师以魂米、法器、角鼓、法索等驱邪除煞,再收魂定魄。这是巫师运用神力的操作对病患的一种心理治疗,也是一种模拟巫术在宗教行为的显现,在古部落族群中,皆由酋长所操控。《抱朴子·论仙篇》中:

> 故不见鬼神,不见仙人,不可谓世间无仙人也。人无贤愚,皆知己身之有魂魄,魂魄分去则人病,尽去则人死。故分去则术家有拘录之法,尽去则礼典有招呼之义,此之为物至近者也。②

这就是说,人是有魂魄的,魂魄如果暂时离开身体,人就会生病;如果永久离开,人就会死亡。当魂魄暂时离开身体时,修炼法术者可以拘魂召魄回身;一旦永久离开,在丧葬礼俗上就有招魂仪式。可见魂魄暂时离开身体人就会生病的观念,自古已然;而"收魂"之术,亦古即有之。《太平经》有云:

> 少年神加,年衰即神减,谓五脏精神也……静身存神,即病不加也,年寿长矣,神明佑之……故人能清静,抱精神,思虑不失,即凶邪不得入矣……此盖神游于外,病攻其内也。③

这里所讲的"神"即是精神,在道教谓为"魂",人若"神不守一"或"心邪入念",外邪占其身,此魂魄就游于外而得病。因此得知,意念的偏差也会使人的魂魄有所遗失,所以要"清静自守","心存善念"亦可达到如魂归魄返之效果。此种民俗医疗与民间信仰是互为表里

---

① 〔清〕丁绍仪:《东瀛识略》卷三,《习俗》,第35页。
② 〔晋〕葛洪撰,陈飞龙注译:《抱朴子内篇今注今译·论仙》,台北:台湾商务印书馆,2001年,第68页。
③ 王明:《太平经合校》,第722～723页。

的,是民众长期生活传承的智力展现,①亦是一种简易的医疗,是社会大众一种长期智慧与经验的累积。② 而其对于主流医学较无能为力的疾病,提供了传统文化的思维模式与对应技术,渴望从超自然的心灵安顿中,获得神圣的护持与救助。

闾山教派的身心灵调治功能,是与超自然的心灵在同一个社会领域的。其社会构造与文化背景发生急速变化时,会改变某些精神疾患之发生概率,同时显示社会文化环境之急剧变动,容易导致心理不平衡,致使心理因素为主因之精神疾患发生率上升,③如抑郁症、妄想症以及自杀等社会的反常现象。因为现代医疗过于专精,走向机械化,失去人性化而常被讥为"器官医学",忽略了患者的心理因素,④所以闾山教派在社会心灵安定功能中所占有的地位,是不容忽视的。

（三）伦理道德之教化功能

闾山法派为信众提供各项科仪仪式活动。在各科仪中,其经文的唱诵或对白,充满着人生旅途中命运起伏跌宕之感触,从经文之内容可得到心灵教养之开悟,以及德道伦理教化之觉醒,并为信众提供身心灵应有的修持方向等服务,也发挥传承信仰文化、民俗风情,及维护社会安定的作用。对于追寻本土信仰历史渊源,具有重要的价值与意义。

---

① 郑志明:《宗教与民俗医疗》,台北:曜鸿出版社,2004 年,第 81 页。

② 萧友信:《台湾民间宗教医疗之探讨——以收惊为例》,台湾辅仁大学论文,2007 年,第 11 页。

③ 曾炆煋:《社会文化与精神医学》,《"中央研究院"民族学研究所集刊》第 32 期,1971 年,第 284 页。

④ 李文瑄:《精神医疗面面观》,台北:天马文化出版公司,1999 年,第 211 页。

第二节 闾山教派科仪之经典

在科仪进行中,除了其科仪之程序外,还必须有科仪之经文,作为演法朗诵之用。科仪之经典,常充满着神秘的话语与功能。这些内容都与生老病死等现实生活有关,更带着几分巫觋奇异的色彩,期能撼动鬼神,教化凶神恶煞,使信徒趋吉避凶,以达到养生送死之目的。而它的产生与来源,亦都掺杂着神仙思想与灵异观点。在《要修科仪戒律钞》卷之一部秩钞有云:

> 夫圣人应物必资经教,不立真宝,成济何由。口吐琼文,演兹灵秘,还淳反朴,要此凭心,就学有方,现于斯矣。《生神章》曰:天尊以龙汉劫说动真经、赤明劫说洞玄经、开皇劫说说洞神经,此三洞尊经,备明奥典,随方教化,开度天人,能使六道归真,三乘体悟。行有高下,法有深浅。①

圣人更需要有经典的智识与素养,尤其道教经典深奥奇妙,在《九天生神玉章》中讲到有关的龙汉劫、赤明劫、开皇劫等三劫,也都随方教化,开度天人,能使六道归真体悟。这也都是道教经典的奥妙。

一、闾山教派科仪的经典

宗教经典是一个宗教的准绳、思想与精神,在各个宗教中都被视为具有神圣性与被崇拜性,是每个教徒必须尊崇与传承的。它的经典内涵亦代表着一个宗教或派别的思想水准;同时也作为一个教派之精神寄托所在或引导方针,在宗教教义和实践中具有领航的中心

---

① 〔唐〕朱法满撰,胡道镜选辑:《要修科仪戒律钞》部秩钞,《道藏要籍选刊》第一册,上海:上海古籍出版社,1989年,第393页。

地位。

　　一个制度性宗教,其信仰之内容必须有教义、经典、组织与崇拜神祇。因此,闾山教派并非独树一帜之宗教,因其并无自身独特之经典,大部分是沿用道教斋醮科仪之教本,加入巫术与方术所融合之术数演法咒词。不同的宗教经典在体裁、卷册、成书年代各有不同,古代文化留存下来的经籍,最初全部是经徒手抄录编写而成;因为很多经籍起初是口授心传,或通过背诵而流传,其中难免口误或遗失,再经由传抄方式流传,其后才辑录成书,这也成了各个经典之盲点与缺陷。但其能成书与流传是一种智慧之传承,亦是一种德的表征。道教经典可分为内修经书与外修经书,一般较常用者为《度人经》、《玉枢经》、《玉皇经》、《三官经》等外修经书,与《阴符经》、《道德经》、《清静经》、《周易参同契》等内修经书;还有其他实用经典,如《道藏》、《云笈七签》、《抱朴子》等。

　　闾山教派是许真君所创建,因此,大部分闾山教派之经典也传承自净明派之主要经典。净明派主要经典《净明忠孝全书》、《太上灵宝净明新修久老神印伏魔秘法》、《高上月宫太阳元君孝道仙王灵宝净明黄素书》、《灵宝净明大法万道玉章秘诀》、《灵宝净明中黄八柱经》、《灵宝净明天枢都司法院须知法文》、《灵剑子》、《太上灵宝净明飞仙渡人经法》、《太上灵宝净明秘法篇》、《太上灵宝净明洞神上品经》、《太上灵宝净明入道品经》、《太上灵宝净明法序》、《太上灵宝净明元正印经》、《太上灵宝净明九仙水经》、《太上灵宝净明天尊说御瘟经》、《太上灵宝净明玉真枢真经》、《太上灵宝净明首入净明四规明鉴经》、《许真君石函记》等皆收录于《道藏》中。

　　闾山派科仪之经典大都沿袭道教之斋醮科本,配合民间巫觋咒文,融合引用而成。如美国著名道教学者迈克尔·萨梭编,《庄林续道藏》①第四部小法——《闾山神霄小法》，全书收载道书 85 种 113 卷，系台湾北部经常使用的道经，其中多数是符箓科仪道经，不少为手抄秘本及道教古典斋醮科本。该类秘本按科仪及使用场合与对象分为四部分：一是金箓，收录记述金箓五朝斋醮的道经，57 卷；二是黄箓，收录记述灵宝、度亡、炼度、血湖等道经，21 卷；三是文检，为符咒秘诀一类道经，10 卷，其第一卷是华山道士吴景春带到台湾的咒诀录；四是闾山神霄之法，为闾山派道士赴龙虎山求符箓时，张天师将神霄派符箓授予他们。

闾山派科仪演法在台湾较常用之经典科目有：闾山法派斗星大法科、法师修炼科、关煞制改科、兽灵运财科、收惊秘法科、调营犒赏科、奉请圣真科、补运消灾科、法师基本科、地府落狱科、派工师哩语科、道坛符箓科、启请圣真科、祝由十三科讲义、六丁六甲科、赛答天曹科、符箓妙诀科、请圣引魂科、五鬼运财科等。全部为闾山道法之演法范本，大部为民间所遗留传承之抄本。

二、闾山教派经典的类型

道教经典为道教教义的主要文字记载，种类繁多，闾山教派大都沿用之。其中以刊印于明万历年间的《正统道藏》为道教较为完整之经典，收录了明代以前的三洞（洞真、洞玄、洞神）经书达上万卷，系历代高道道长经多次收集、整理完成，并公开传承。关于道教经典类型，《太平经》曾就天经、地经、人经、道经、圣经、贤经、吉经、凶经、生经、死经做过阐释，《道藏要籍选刊》亦曰：

> 然，修积真道，道者，天经也。天者好生，道亦好生，故为天经。修积德者，地经也。地者好养，德亦好养，故为地经。修积和而好施与者，为人经。和气者相通往来，人有财亦当相通往

①〔美〕迈克尔·萨梭编：《闾山神霄小法》，见《庄林续道藏》第四册，台北：成文出版社，1975 年。

来,故和为人经也。修积上古、中古、下古道辞为道经;修积上古、中古、圣文为圣经;修积上古、中古、下古贤辞为贤经。其师吉者,为吉经;其师凶者,为凶经;其师生者,为生经;其师死者,为死经。①

道教科仪众多,一般分为阳事(吉场)和阴事(超场),即祈福和超幽。而闾山教派的科仪经典,也可为分祈福和超幽两大类。祈福的经典有谢恩、却病、延寿、祈晴、求雨等,超幽的经典有摄召、度桥、破狱、炼度等。在《闾山神霄小法科仪》中有:

> 请夫人科(通灵坛记)、请夫人科仪(法应坛记)、起土开金刘关科仪、取星辰科、祈雨妙经、入房科,解连妙经(抄本),祛秽真言神咒,表铁造币科仪、俵钱造纸科仪。中文科、功德发表科仪,赏军科仪,新刻元龟会解断易神书卷下,甲状科仪,造钱一段,关圣帝君明圣真经,拜斗经、三献科、进钱科,闾山秘诀,唐山科仪、下席科、送神三献供,神霄醮用科仪,灵宝正一清晨启请玄科,灵宝早期科仪,灵宝正一午朝玉枢玄科,灵宝正一晚朝科仪,太上灵宝正一宿朝玄科,送船科,元始天尊说洞渊辟瘟妙经。②

此类科仪经典皆与人的生老病死息息相关,代表着生命操之在自我生命智慧外,尚可超乎天地自然之法则,援用道法之截弯取直,让人生有着更为美妙之生命现象。因此,在闾山派中之夫人教科仪书文,也就分为"书本"和"经文"两大类,亦即依教派演法类型与科别来区分。"书本"均系教派专用之科仪本和"检文"与"疏文","经文"分为道(武科)、释(文科)两教的通用经书。由于地域风俗不同,所使用之经典亦有所区别,可见因空间之隔离,思想与观念或经典运用上

---

①　〔唐〕朱法满撰,胡道镜选辑:《要修科仪戒律钞》部秩钞,《道藏要籍选刊》第一册,上海:上海古籍出版社,1989年,第393页。

②　〔美〕迈克尔·萨梭编:《闾山神霄小法》,见《庄林续道藏》第四册,台北:成文出版社,1975年。

就有所区别。在闽北、闽西地区的闾山派科仪书本,大略有:《太上正
一安龙部文》及其新录本《鸿灯科文》、《请神科》、《送神科》、《发表
科》、《发申科》、《早朝、午朝、晚朝科文》、《迎星奏斗科文》、《加封科》、
《搜房请神科》、《斩关科》、《开魂路科》、《除灵经》、《普度焰口正坛》
等。经籍类有《三元妙经》、《太上北斗七元真经》、《太阳室经》、《太上
大藏血盆经·极母经·水忏经》、《观音救苦经》等。此外,尚有瑜伽
派经典(袁法晟抄本)①:《禅林演净科范》、《南无普庵祖师妙经》、《六
祖大师法宝坛真经》、《符诵经完蒲完经释坛章》、《金刚般若波罗蜜
经》。如再增以前所述在台湾闾山派科仪演法所应用之经典,应不下
百余种。

三、闾山教派经典的传承

迈克尔·萨梭所编之《庄林续道藏》25 册,充满着闾山派之实践
科仪原始资料与手抄本,大部分都是流落在民间,经过数代师承所留
传下来的,这亦是道教经典在传承上之特点。道派与经典之创制及
传承必皆有其根源,如太真科曰:"太上老君以汉安元年五月一日,于
鹤鸣山授张道陵正一盟威之经九百三十卷,符图七十卷合一千卷付
受天师。大洞真经二十一卷授于已成真人。"②经典的流传,因人、
事、地、物与时空背景转化,而有所变迁。其变化也就对原有之经意
造成些许变异,尤其在师承方面,顾及对弟子之掌控,师者往往无意
全数以传,四极明科曰:"凡传上清宝经,受弟子信物三分散之一分,
投于山栖以恤穷乏之士,一分供己法服,一分以为弟子七祖立功。"③

闾山教派之道法几经闽浙传入台湾,师徒传承、时空转变,加之

---

① 瑜伽派经典(袁法晟抄本等),取自福建宁德柘荣县清云宫法会现场。
② 〔唐〕朱法满撰,胡道镜选辑:《要修科仪戒律钞》部秩钞,《道藏要籍选
刊》第一册,上海:上海古籍出版社,1989 年,第 393 页。
③ 〔唐〕朱法满撰,胡道镜选辑:《要修科仪戒律钞》部秩钞,《道藏要籍选
刊》第一册,上海:上海古籍出版社,1989 年,第 395 页。

以入乡易俗、口授心传,致使教派经典有些许走样。长期以来,中国道教学者多侧重于历史、思想、经典的研究,对于道教在中国地方社会的地位、不同的生存形态、道派传统和历史发展,尚未充分重视。[①]地方上之闾山教派基本法术科仪,是过去道士法师,或大多是乡村基层民众自组团队,随师拜学口授心传。因此对传法无翔实之文字记载,所使用的手抄本受到基层民众知识水准限制无法提高水平,加上过去亦无学者做有力的参与口述记载,最后便跟随法师羽化而锐减或消失。

一个教派之经典,首先是经由祖师传承下来,但亦必须有经年累月之教导与实践,方能使得原始法脉得到真实传承。其所传承法脉不仅仅在于实质经典之传承,最重要的是传承其经典内容之精神与思想,减少经典内在之空洞虚无,更加深了经典本身在理论根基与实践之稳固性及真实感。

第三节 闾山教派科仪实践探讨

一、科仪之历史渊源

约出于南朝宋的《正统道藏》太平部《洞玄灵宝道学科仪》[②]记载了当时的醮神科仪,科曰:"凡是道学,当知修请利益,有心有身,身既由他,未度天道,有所修救,须存醮请。法门内外,杂三教之中,此当杂教,内则起心,外则苦身。醮即一名,自有九品……当修馔时,尤须

---

① 金泽主编,吴真撰:《地方道教如何作为田野?——评广东地方道教研究:道观、道士及科仪》,见《宗教人类学》,北京:民族出版社,2009年,第420页。

② 《洞玄灵宝道学科仪》,《道藏》第24册,上海:上海书店出版社等,1988年影印,第766页。原题太极太虚真人撰。二卷。底本出处:《正统道藏》太平部。

洁净果具,并令丰新。"①现存的南北朝部分斋科书,如北周《无上秘要》②卷四八至卷五七所辑之"三皇斋"、"涂炭斋"、"盟真斋"、"三元斋"、"金箓斋"、"黄只斋"等,其所醮之神,就是存在于大自然中。道教讲求"万物有灵论",在自然宇宙中,山、川、河、海、树……万物都有"灵"的存在,此种多神论的思想是其他宗教所不能及的,即承古之"天神、地祇、人鬼"的崇拜延伸到现今之"天、地、人、鬼、神五位一体"③,在这种多神论信仰下,民众为自求多福,禳灾植福因应而生。闾山教派因此一方面沿袭道教原有之科仪,另一方面创造出更多符合民众需求之科仪。

闾山教派在生命哲学中充满着天、地、人之宇宙观,在学修有成后之空间观念,有天仙、地仙、尸解仙,亦有着天堂、地狱与人间三个位阶。道之言法,无法则万道莫寻,终将废也。在闾山教派中,对"道之法"广义概括指称为道教的经咒、诰文、戒律、规范、礼仪等,亦即宗教仪式的概括。而"道教科仪"乃是道教实务中极为重要的组成部分,也是了解道教内涵不可或缺的。与闾山教派科仪意义相提并论的名词还有科范、科戒、科教、科律、科法、仪轨、戒规等,世界各大宗教都有各自之宗教族群演绎法则与规范,此种科仪更能概括各个教派相应的教法内容,在"宗教科仪"中以道教之丰富、繁杂的仪式最具特色。

闾山派科仪范围很广,除了陈靖姑三奶派及张圣君等之法主公派神诞之祝圣科仪外,道坛仪式主要分幡科、斋科、法科三大类,亦可略分为吉场与超场。幡科是社区祠庙中举行的公众性祈禳仪式,如"填补财库"、"延年益寿"、"求取功名"、"消灾祈福"、"开光点眼"等吉场法事。斋科是以"普渡"、"渡亡"、"观落阴"、"下地府"、"打城"等渡阴方面为主要内容的仪式。法科是以"家庭"为单位的出煞、制煞、驱

---

① 《正统道藏》太平部,《洞玄灵宝道学科仪》卷下,醮请品。
② 《正统道藏》,台北:新文丰出版社,1988 年。
③ 郑志明:《传统宗教的文化诠释》,台北:文津出版社,2009 年,第 3 页。

邪、禳灾纳吉的法事仪式。

闾山教派约形成于宋,在福建流行的各种道派中,奉许真君为祖师的闾山教,无疑是目前遍布于中国东南沿海及东南亚的"道法二门"之民间教派。它并非是一个独立之教,而是一个法派。闾山教早期不被正统之道教所承认,"流行于福建与台湾的闾山教一项被当作道教,但在事实上,闾山派巫法原属于佛教密宗的瑜伽教。在历史上,闾山派从瑜伽教分离出来的,成为独立的巫法,而后成长为巫教,再后被纳入道教系统,完成'从佛入道'的变化"①。瑜伽教源出于唐代的佛教密宗,至宋、元、明时代,瑜伽教已经自成体系,明朝朱元璋信佛尤甚,遂命礼部厘清释、道二教:"今之学佛者,曰禅、曰讲、曰瑜伽;学道者曰正一、曰全真,皆不循本俗。污教败行,为害甚大。"②在文献记载中常称闾山教派为非佛非道,因此,在其科仪之演出有如正统道教之正一派、全真派,亦有如佛教之仪式,尤其科仪中的符箓是将南方信奉的宋代僧人"普庵"列为符头,是世俗化的道教和佛教相结合的生动体现。在此种两教混杂并用的过程中,其代表着教派在不同地域与民风之下,顺应民众心灵之需求而有所变迁,闾山教派在此移乡易俗情境下亦随之变化。宋白玉蟾也称:"复有闾山法者,其实一巫法也。巫法亦多窃太上之语,故彼法多用太上咒语。"因为闾山教派是由道教正一派符箓与巫结合而成。

闾山教派,也是一种道法二门之思维,亦被称为是一种巫觋之行为。许慎对巫的说文解字是"祝也。女能事无形,以舞降神者也"。日本学者朱家骏也认为:"对于字面上称为巫、祝,就是巫师。这巫女,是精于无形神舞。巫女咸……成为一个巫师,在远古时代就有

---

① 徐晓望:《论瑜伽教与台湾的闾山派法师》,《福州大学学报》2008 年第 2 期,第 5 页。

② 《明太祖实录》卷二九〇,台北:"中央研究院"影印本,第 3144 页。

了。"①巫术是早期少数民族或部落中,在部落执行医疗行为者,有巫也有觋,巫为女性而觋为男性,是以神灵降身配合神舞行之。日本学者朱家骏更认为:"巫女召唤它是对根植于普通百姓的日常生活,似乎一直保持更萨满的精髓。"②所以以巫行事的思想长存人心的社会情怀是如何产生的?余安邦在《情、欲与文化》中亦谈及巫现象的产生,首先在于创造社会情绪的氛围,将某种陪伴的情怀托出。从文化现象的追索,我们会发现,经营这种底层经验,有些非常基本的演示要素,不仅要往外扩散,并足以为社会秩序赋予情蕴的风味,而且将深植于文化人心底里的本我之魂召唤出来,③再从深根之自我思维应用于社会现象,扩大到广大基层民众中,因此巫术在早期农业社会得到兴盛。巫术掺杂道法的演出,再配之以道教音乐或部落的舞曲,即成完整的祭祀科仪。在此宗教音乐的陪衬,更加深了科仪本质之情感。因为宗教音乐皆带有神秘色彩,正如日本学者朱家骏所说:"音乐的声音与信仰、宗教,有丰富的神秘性或象征性……在许多情况下,符号及其含义都有密切关系。"④

这种祭祀科仪的演出,必须符合民众的宗教信仰,同时各种音乐之旋律能激发或达到其心灵之慰藉,可以说,"闾山教"是道教落实到地方社会的产物,属于世俗化的民间符箓道派。而斋醮仪式以黄箓斋仪为本,一般可粗略规范为"金山科",归类为"道士"之职权,是针对功德超亡,称幽场、超场,以黑色头饰为主;"闾山科"归类为"法师"之职权,是针对醮事、祈禳法事,称吉场,以红色头饰为主。其道士或

---

① 〔日〕朱家骏:《神霊の音ずれ——太鼓と钲の祭祀仪礼音乐》,东京:株式会社思文阁出版,2001年,第71页。

② 〔日〕朱家骏:《神霊の音ずれ——太鼓と钲の祭祀仪礼音乐》,东京:株式会社思文阁出版,2001年,第103页。

③ 余安邦:《情、欲与文化》,台北:"中央研究院"民族学研究所,2003年,第119页。

④ 〔日〕朱家骏:《神霊の音ずれ——太鼓と钲の祭祀仪礼音乐》,东京:株式会社思文阁出版,2001年,第25页。

法师必须经"传度"为法派之弟子,经过师门引荐至师承道长教导法术与科仪等,最终再"授箓",方能在道教法门中获得承认。

二、闾山教派科仪之功利思维

祈福、求利、功名为人之所欲,尤其是求取所谓"进钱补运",其所指的是主家向玉皇大帝焚献纸钱,为事主修补运气。此类文章在《台湾北部红头法师法场补运仪式》①,以及在《信仰、仪式与社会》②中皆有详述。

(一)祈求福、禄、财、喜、寿之功利思维

闾山教派于台湾北部红头法师的角色,大都是以一种仪式治疗方式为信众作"填补财库"、"延年益寿"、"求取功名"、"消灾祈福"等吉场法事。而其中人与神中介角色及其与彼界所订定的"神圣盟约"之观念,也是此分析的理论重点。③ 以上所述及之有关福、禄、财、喜、寿之功利思维,更谈及所谓的"欠负"观念,可以说是交换关系主要的机制与核心,④此种拖欠前世财富之观念,在道教与佛教中皆有所谈及。此种把今世生命中钱财之运作,引申到前世冥府的借贷关系,表现出宗教中有天堂、人间、地府之天、地、人之三界空间存在,更显现出人间道德思维之警示——"有债必还"。

---

① 许丽玲:《台湾北部红头法师法场补运仪式》,《民俗曲艺》第 105 期,1997 年,第 61 页。

② 林美容:《信仰、仪式与社会》,台北:"中央研究院"民族学研究所,2001 年。

③ 许丽玲、林美容主编:《疾病与厄运的转移:台湾北部红头法师大补运仪式分析》,见《信仰、仪式与社会》,台北:"中央研究院"民族学研究所,2003 年,第 339 页。

④ 许丽玲、林美容主编:《疾病与厄运的转移:台湾北部红头法师大补运仪式分析》,见《信仰、仪式与社会》,台北:"中央研究院"民族学研究所,2003 年,第 352 页。

《太上老君说五斗金章受生经》①，与佛教之《寿生经》，二者内容约略相似，皆为人前生、今世与来世钱财之借贷关系，唯其寿生钱之计算方法，以及其在地府库官单位与库官之"大夫"称谓有异，佛教寿生钱之借贷数量以六十甲子计算，而道教是以十二地支算之。仅就道教《灵宝天尊说禄库受生经》与佛教《寿生经》详述于下：

> （道教）天尊曰：十方一切众生，命属天曹，身系地府，当得人身之日，曾于地府所属冥司，借贷禄库受生钱财。方以禄簿注财，为人富贵，其有贫贱者，从劫至劫，负欠冥司夺禄，在世穷乏，皆是冥官所克阳禄填于阴债。是使贵贱贫富苦乐不同，汝当省知。②

> （佛教）南瞻部洲生下为人，先于冥司下，各借寿生钱，有注命官祗揖人道。见今库藏空闲，催南瞻部洲众生交纳寿生钱。阿难又问世尊南瞻部洲众生多有大愿不能纳得。佛言道教看金刚经寿生经，能折本命钱为祗证经力甚大。若众生不纳寿生钱，睡中惊恐眠梦颠倒，三魂杳杳，七魄幽幽，微生空中。共亡人语话相逐摄人魂魄，减人精神，为欠寿生钱，若有善男子、善女人，破旁纳得寿生钱，免得身边一十八般横灾。③

就以上综合佛教与道教前世今生冥府借贷关系显示，现世之人生与前世之前生，在功利之讲求方式是雷同的。闾山教派因此运用此类《寿生经》，在科仪仪式中，解除群众之百般灾难或求其欲得之功名利禄。如不依其中所记载之如数摊还，则会有"一十八般横灾"：

> 第一远路波陌内被恶人窥算之灾，第二远路风雹雨打之灾，第三过江度河落水之灾，第四墙倒屋塌之灾，第五火光之灾，第六血光之灾，第七劳病之灾，第八疥癞之灾，第九咽喉闭塞之灾，

---

① 底本出处：《正统道藏》，《洞神部·本文类》。
② 底本出处：《正统道藏》，《洞神部·本文类》。
③ 《寿生经》，见《新纂万字续藏经》第一册。

第十落马伤人之灾,第十一车碾之灾,第十二破伤风死之灾,第十三产难之灾,第十四横死之灾,第十五卒中风病之灾,第十六天行时气之灾,第十七投井自系之灾,第十八官事口舌之灾。若有善男子、善女人,纳得寿生钱,免了身边"一十八般横灾"。若有人不纳不折寿生钱,后世为人多注贫贱,寿命不长,丑陋不堪,多饶残疾。[①]

在此闾山教派科仪中,有"文科"与"武科"之分,"文科"仪式较接近于佛教,使用佛教之文疏;而"武科"则使用道教之文疏,如道教之《灵宝生身寄还库钱仪式》及佛教之《寿生文疏》,其文疏(见附录"道教禅和派补还受生文疏")之主要内容为,岁厌事后可凭文疏请领先前之寄库银文。更有的教派认为人之财库系储存于地府,"东岳司进钱补运"才是一般民众为了财源广进应施行之科仪,必须奏上东狱大帝前,咒曰:"直到殿前进钱银,此钱不是非凡钱,正是蚁民阖家平安钱,进钱保平安,添钱补运顺,阖家平安大兴旺。"这整套趋吉避凶、祈求"消灾植福"之功利思维,是民众透过闾山教派科仪的一种述求,亦唯有宗教能以此种仪式来达到人民安身立命之目的。

(二)求"开恩赦罪"及"达官显贵"之功利思维

"人谁无过,过而能改,善莫大焉。"这指的人生在世之所作所为之过错而已,而在道教、佛教中更谈及今世累世之过失。因此,在闾山教派中,有所谓之"开恩赦罪"之科仪,并选定于每年之六个"天赦日"[②]为之。其《天赦日忏悔消灾植福》文疏主要内容如下:

> 兹为年末,身心日游三光之下,并处五浊恶世之中,难免有无心误犯过错之时,身、口、意愿业,有冒犯神佛之处,今逢天赦

---

① 《寿生经》,见《新纂万字续藏经》第一册。

② 通书中所设立之"天赦日"(2013年)为农历二月戊寅日、四月甲午日、六月甲午日、七月戊申日、九月戊申日、十一月甲子日。

日诚心诚意,敬备疏文、香案缴纳库钱等,叩求上苍开恩赦罪,降鉴丹诚,优望天官赐福,南北斗添龄,再者南添百福,女纳千祥,所求如意大降吉祥,恭望,虚空地母至尊玉皇大天尊,暨合宫众神,慈悲鉴纳。①

在闾山教派中,依在台湾新北市泰山区所见之"天赦日忏悔消灾植福"仪式,排按桌于庙前向外,置香、花、灯、茶、果及简单供品,朝外祈求"玉皇大帝"之"开恩赦罪"。此种仪式类似古时对帝王禀报忏悔,同时祈求帝王之慈悲为怀,最终请求帝王"开恩赦罪",消除自身今世与累世之罪过,即佛道中所言之"累世业障"。

在求"达官显贵"方面,子曰:"富与贵,是人之所欲也;不以其道得之,不处也。贫与贱,是人之所恶也;不以其道得之,不去也。"②在闾山教派中有所谓"求功名"仪式,亦即求取"达官显贵",透过科仪之仪式,向"玉皇大帝"及"三清道祖"求取"黄榜挂名"或"金榜题名",这种仪式大都是为升学考试或职业考试来求取赐下功名。此种仪式演技之复杂性与身临其境想象空间之存有,依各个求取者心灵之感受,或有得到心灵之安定与慰藉,即为其正面之收获、效用及内涵;而对其后果又有相对之成效时,信仰者又有其不同因果关系之解读。

(三)"求子"功利思维

在闾山教派中常有之求子或将女胎转为男儿身之科仪,名为"栽花换斗科仪"。③ 在田野调查中发现,在科仪进行前,首先买来含苞待放之"含笑花"或"菊花",如求男为白花,求女为红花,进行时与其他科仪略同,即先设坛、请神等仪式:《栽花换斗请神咒》、《敕花清净

---

① 新北市泰山乡吴道长提供《天赦日忏悔消灾植福》文疏手抄本乙纸。
② 程树德编,程俊英校:《论语集释·里仁》,北京:中华书局,1990年,第232页。
③ 《栽花换斗科仪》,新北市三峡区李道长提供手抄本,2013年7月。

神咒》、《拜请十月怀胎苦词》、《请陈夫人（陈靖姑）神咒》、《请林水夫人神咒》、《请李夫人神咒》、《请卅六宫》、《请七十二婆奶》、《垂慈感格词咒》、《度关禳煞》。

在科仪的整个过程中，首先表示对神明的威武肃穆之遵从，接着对其歌功颂德，咒语中有引导树木之成长到开花结果，象征着胎儿灵魂的降生，得到父精母血之气而结胎。再以《拜请十月怀胎苦词》讲述怀胎过程中之苦楚，劝人应尽孝道，是一种对后世子孙孝道之机会教养。接着再敦请三奶夫人降临、三十六宫婆神、七十二苑众婆神来照顾新生之花丛。咒词如下：

> 三十六宫诸婆姐，七十二苑众婆神，百花头桥李三娘，银花小姐金小娘，出生园头张老公，出生园尾柳老婆，东园司树詹园公，西园司花李花婆，园中守井玉井公，园中顾水姜花婆，花根培土纪园公，花下刜草伍花婆，花围司油刘小姐，花前燃灯苏小娘，花间扦索教小姐，花间解结邬小娘，园中栽树魏园公，园中添花许花娘，闻吾香讯齐降格，修花收煞显威灵。

在整个过程快结束之前，还必须解除其关煞（收关煞），让胎儿成长期间避免再受到外来任何不良之关煞而不成孕。在科学昌明之时代，大家皆知生男育女由 XY 或 XX 染色体组合所决定。在闾山教派中"栽花换斗科仪"演法后所造成之人为性别变化效果，至今仍为众多医学研究者称奇之处。

（四）科仪之"消灾解厄"实务

闾山教派在"消灾解厄"之科仪，一般以宫观吉庆、制煞、斩妖除魔、祈福求寿、祝圣庆典、安龙奠土或安龙送虎、传度授职、招营调营安营、请神、安神、造桥过限较为常见，其中以传度奏职与爬刀梯升职及巫术的操练最为庄重。在道教初入门时，必须经过教育，对道教基础有所认识后，经过引荐师推荐传度，与佛教的皈依及基督宗教的洗礼相似，是一种入道门仪式。并在道门中深入教化，接受道派的道义熏陶,得到教派中基础教育与道术后,更代表着在道教中所负之职责与所受之戒律,因此,就必须举办初试与奏职,大部分得到"太上都功"之道士职衔。为求取更深层的道教智识与法力,求道者必须在道教领域中自我道法修持,最后再以爬刀梯仪式晋生法职。爬刀梯是一种仪式,也象征着一个法师在教派中的责任提升与戒律条款之森严,并不完全代表着其法力之高强。因此,日人泽田瑞穗曾对"登刀梯"①提出其见解。

间山道派,一般着重于法术的施行,被学术界归类于一种巫的现象。余安邦在《情、欲与文化》中谈到区别巫术现象的两种形态:"以巫行事"与"以事行巫"。所谓"以巫行事"是巫现象的一种常态性的行事方式,乃是在巫的存有常在的情况之下,对世界进行运作;而所谓"以事行巫",其顺序刚好反过来,乃是在有事的情况之下行巫。②二者的区别在于巫师立足点需求之主动与被动形式,前者是一种预期性的规划,以一种巫术现象长存于社会,诸如一般庙会的定期崇拜、庆典,乃至朝圣崇拜,若以部落言之,马凌诺斯基(Bronislaw Malinowski)《南海船人》(*Argonauts of the Western Pacific*)的田园巫术、独木舟巫术皆属之;后者则是指一般接受"有事相求"的乩童办事或是牵亡。③日本的泽田瑞穗曾对"道士"及"民间巫师"的"道术之神秘性"④提出其见解。

---

①　〔日〕泽田瑞穗:《登刀梯》,《中国の呪法》,东京:株式会社平河出版社,1984 年,第 319 页。

②　余安邦:《情、欲与文化》,台北:"中央研究院"民族学研究所,2003 年,第 119 页。

③　余安邦:《情、欲与文化》,台北:"中央研究院"民族学研究所,2003 年,第 119 页。

④　〔日〕泽田瑞穗:《登刀梯》,《中国の呪法》,东京:株式会社平河出版社,1984 年,第 318 页。

三、科仪之"养生"实务

孔子自述"五十而知天命"[①],表示知天命必须经过一段道德实践的功夫,才能达到契知天道、与天相知的境界。在道教的养生送死中,必须体验到生命流年之转型及天地运行之法则,再去讲求自身生命的逢凶化吉。在此种对大自然力量之抗衡中,闾山道派自有一套因应之对策,此即为闾山教派之"养生送死"科仪。

孔子又说:"志士仁人,无求生以害仁,有杀身以成仁。"[②]成:成全;仁:仁爱,指舍身为正义而牺牲生命,是儒家道德的最高标准。因着重于生死的道德性,故可称之为"道德主义的生死学"。道教闾山教派亦承袭了儒家仁爱之涵养,尊崇生命之延续,配合道教自然宇宙星球对人身生命之对应思维——南斗延生北斗注死,产生出对南北斗星君或五方斗星之崇拜,此即为俗称之"拜斗科仪"。

孔子因"重贵生"而甚为重视"生死"之关怀,但对于死亡议题则较少直接论述;然其并非逃避死亡或惧死奢生,相反地,儒家所谈"生"之哲学蕴含着"死"之概念。生是向死的生,不知道、不深究生的学问,又如何能知晓死的学问呢?季路问事鬼神,孔子曰:"未能事人,焉能事鬼?"曰:"敢问死?"曰:"未知生,焉知死?"[③]

闾山教派对生死之思想大都受到中国传统的儒、释、道文化的影响,而谈及生死所遵循的轨迹,亦脱离不出儒释道三个领域之结合。因此,闾山教派在生死观上,即是集儒释道各家各派及各区域基层百姓之习俗融合而成,是一种不成文之"生死关怀"。一般祭祀科仪可概括为吉场(生)与超场(死)两种形式,这些道教仪式在起源、发展、

---

① 程树德撰,程俊英校:《论语集释》,《为政》卷三,北京:中华书局,1990年,第73页。

② 程树德撰,程俊英校:《论语集释》,《卫灵公》上,北京:中华书局,1990年,第1073页。

③ 程树德撰,程俊英校:《论语集释》,《先进》上,北京:中华书局,1990年,第760页。

内涵、特质及结构之外,也包含具体的道教仪式内涵,经由实地田野调查、记录及观察更了解道教操作模式。在闾山道派中,其吉场为"度生",为一般民间道庙常见的闾山派红头法师所使用的"过关渡限"之科仪法事,①常以红头法师执行之。而在超场上,则以黑头法师"度死"为主要项目。

在闾山教派中之"延生观"并非全然的"道教养生观",而是一种"延年益寿之延生观"。老子思想是"道法自然",天地无所私家,任凭万物自然生灭;圣人无所偏爱,听任百姓自然生灭。这就是《道德经》第五章所说的:"天地不仁,以万物为刍狗;圣人不仁,以百姓为刍狗。"②宇宙天地皆顺应自然之运行,无所谓仁慈与偏爱,对万事万物都任凭自生自灭。在人的生死问题上,老子认为生死乃是自然变化的必然轨迹,视生死为一种宇宙的自然现象。因此,养生送死必须是顺应自然,是一种民众生命旅程遵循之规范,是先人之人生体验所建构而成的安身立命之精神体系,并深入于生命之中来发展人格,在身心的修持与力行下,得以克服逆境与超越生死。③ 所以要超越世俗的认识、超越世俗的价值与超越世俗的生活方式,人类要想走出困境,就应该返璞归真,重新回到自己的本然状态去。④ 这种无知无欲的自然本性,回归到自我之原形,必须仰赖天地自然运行之力量来养生与养气。

老庄哲学思想亦概括了道教的养生实践,提出了以"道论为本"的养生思想,时至秦汉黄老学说又向上发展扩大了这种思维,因此奠定了道家养生之基础理论。继承了黄老之学精气学说的《黄帝内经》直接以其精气作为其哲学的主要规范,树立了以养生哲学体系为主

---

① 刘文三:《台湾宗教艺术》,台北:雄狮图书出版公司,2003年,第8页。

② 王弼:《老子道德经注》,台北:世界书局,1958年,第3页。

③ 陈百希:《宗教学》,台北:光启出版社,第15页。

④ 陈战国、强昱:《道家:生死两忘,与道为一》,《超越生死——中国传统文化中的生死智慧》,郑州:河南大学出版社,2010年,第108~126页。

旨的中医理论。

《吕氏春秋》中对养生与养气的观点，首先是延续黄老养生哲学并改造道家本体论。有云："道之真，以持身；其绪余，以为国家；其土苴，以治天下。"[①]这足以体现出道教对养生教养之重视。在科仪道法执行中，又受到巫术思维与神秘主义之影响，讲求自我精神教养与灵验，因此民间科仪信仰中谈及之生死智慧，皆着重于社会功利主义与现实主义。尤其在闾山教派中，对于"延年益寿之延生观"，有着独特的一套趋吉避凶、延生祈福实务道法。科仪中针对养生送死的生死关怀，做出一连串的消灾解厄实务，如"拜斗"、"祭解十二神煞"等科仪祭解活动。

1. "拜斗"："斗"为造化之枢机，推运四时，总生成之化，以生成万物、以长养万物、以成熟万物；凡夫俗子，役其身心朝暮驱驰，焉有灾难不侵之理？知其门者则诊之于良医，亦当求醮祭于星辰及所属本命星君，解禳灾劫，祈告于斗宫，则可消灾解厄，延生益寿，可得安康，此礼斗之旨也。[②]在闾山教派仪式中，南斗为南斗星君专司注生延寿，北斗为北斗九皇星君专司注死解厄。人类为其身心健康无恙，延年益寿就必须礼斗禳灾祈福，于是就有"消灾植福"科仪，亦即俗称的"拜斗"或"礼斗"。依道教《北斗经》之经典所言，人身生命系由北斗星君所操控着，瞻星礼斗，渊源其古，历史上汉代霍光曾经礼斗，而三国的孔明也曾禳星。太上老君在汉永寿年间授张天师道陵"北斗延生秘诀"开始，人类始知"斗"为天枢，运四时，司阴阳，功沾三界普润群生，是人神的主宰。依据《太上玄灵北斗本命延生真经》所述：

> 老君曰："北辰垂象，而众星拱之，为造化之枢机，作人神之

---

① 〔汉〕高诱注：《吕氏春秋·王道·贵生篇》，台北：艺文印书馆，1969年，第50页。

② 张榁：《礼斗禳星之要义》，《道教实务》，台北：中华道教学院讲义，2003年，第3页。

主宰。宣威三界,统御万灵,判人间善恶之期,司阴府是非之目。五行共禀,七政同科。有回死注生之功,有消灾度厄之力。上至帝王,下及庶人,尊卑虽则殊途,命分俱无差别。凡夫在世迷谬者,多不知身属北斗,命由天府。有灾有患,不知解谢之门;祈福祈生,莫晓归依之路。致使魂神被系,祸患来缠。或重病不瘥,或邪妖克害。连年困笃,累岁迍遭。冢讼征呼,先亡复连,或上天谴责,或下鬼诉诬。若以此危厄,如何救解?须投告北斗,醮谢真君,及转真经,认本命真君,方获安泰,已至康荣,更有深妙不可尽述。"①

"拜斗"是道教专司为人消灾解厄、祈福延寿之科仪,"吴赤乌二年,葛仙公受之于太上。魏朝时,叶先生传之于世……魁……已上七位,用灯七碗,于道靖内明点,占其明暗,即知本位灾厄"。② 汉明帝在昆仑山蒙斗姥亲传秘法,开方便之门,说北元统章,一星吐一理,一元演一道,后世方知七元各有所掌,九星各有所拜,历代宗师由"斗"中精微之理,而阐发"拜斗"之法。③ 故古人消灾、祈福、治病、延生,遂向南北斗星君祈祭。《太上玄灵北斗本命延生真经》又说:

老君曰:"凡人性命五体,悉属本命星官之所主掌。本命神将、本宿星官……每岁六度降在人间,降日为本命限期。有南陵使者三千人,北斗真君七千神将,本命真官降驾,众真悉来拥护,可以消灾忏罪,请福延生。随力章醮,福德增崇。其有本命限期将至,自身不知,不设斋醮,不修香火,此为轻生迷本,不贵人身。天司夺禄,减算除年,多致夭丧。"

---

① 《太上玄灵北斗本命延生真经》,《正统道藏》,《洞神部·本文类》。

② 〔宋〕张君房编,李永晟校:《日月星辰部》,《云笈七签》,北京:中华书局,2003年,第561页。

③ 张柽:《礼斗禳星之要义》,《道教实务》,台北:中华道教学院讲义,2003年,第3页。

闾山教派因此沿用经典所述,依循人身生命求生之本能,运用天律与自然宇宙之天地星辰运行法则,摆脱或回避天数中应有之劫难,求取人身生命最轻微之灾难与最佳之福祉。而在《北斗消灾延寿真经》中,又从不同的角度来谈及其中生命之意涵。经曰:

> 老君告天师曰:"人身难得,中土难生,假使得生,正法难遇,多迷真道,多入邪宗,多种罪根,多肆巧诈,多恣淫杀,多好群情,多纵贪嗔,多沉地狱,多失人身。如此等缘,众生不悟,不知正道,迷惑者多。我今哀见此等众生,故垂法教,令使知道,知身性命,皆凭道生,了悟此因。长生人道,种子不绝,世世为人,不生无道之乡,不断人之根本,更能心修正道,渐入仙宗,永离轮回,超升成道,我故示汝妙法,令度天民,归真知命。"

先圣先贤将天理之自然法则告诫世人,其慈悲为怀之思维,亦即让世人经历最少与最低之磨难,与最大之生命延续优势,而将其先知显现于经典之中,配合着闾山教派之执法,广施加被于大众。正如《云笈七签》所云:

> 夫众生昏惑,长迷生死,神明蔽暝,不能悟理。圣人兴,大慈大悲,爱若赤子。随时化生,随宜救拔,欲令离苦,得无为之乐。但圣道渊邃,难可顿悟,必须阶渐,以发其蒙。未显大法,先教厨食、章书、杂法、黄赤之道。杂化浅近,以应遇情信伏。能修杂法,名为奉道。既能奉道,则能舍离魔俗之法,渐渐调伏,而后教以灵宝。①

闾山派可以说是台湾民间道教的主要流派,"祭解关煞科仪"是闾山派在台之主要仪式之一,在田野调查中,至2013年9月在大陆尚未发现,一般宫观不知有此项目。搜集坊间闾山教派科仪的"祭解

---

① 〔宋〕张君房编,李永晟点校:《云笈七签》,北京:中华书局,2003年,第58页。

十二神煞关煞"科仪本及手抄本中,以台湾"基隆广源坛"、"吴永猛澎湖小法"的"过关渡限"科仪较为完整,而且被列入教派传承之教育课程中,其中在"过限"①的仪式部分,各派别之祭解过程有部分相似,亦有甚大差别者。《浙江苍南道教闾山派度关仪式》②一文所述,与台湾之宫庙所做之祭解差别甚大。

依闾山龙玄门四代主持法玄山人林靖钦道长所述,现代文明所不能解释的是一些"神秘的力量",这种"神秘的力量"对人有益且能导之以正的,我们称之为"神",反之,则称之为"煞"或"鬼"。③ 这种神鬼划分较为粗略,科仪中又是如何划清界限,在闾山教派中并无明显阐述。

2. 小儿过关渡限:在《闾山正宗科仪宝典》④中的"小儿过关渡限"仪式是为孩童消灾祈禳之过关科仪。小儿在年满16岁前,被认为是生命中最脆弱之时,闾山教派有一整套祭解科仪来满足信众之需求,因此就有"小儿过关渡限"。其咒语及内容如下:

> 囝仔关囝仔限,天关解天厄,地关解地厄,南辰关解本命厄,北斗关解一切厄。四圣关解四时厄,四季关,四柱关,鬼门关,阎王关,取命关,撞命关,真难关,鸡飞关,落井关,无情关,百日关,千日关,断桥关,急脚关,五鬼关,金锁关,和尚关,铁蛇关,浴盆关,白虎关,天狗关,天吊关,开锁关,雷公关,夜啼关,汤火关,埋儿关,短命关,将军箭,深水关,水火关。有关有限桥顶过,无关无限过了保平安。囝仔关过了,亦有一个小儿关限,一岁起直到十六岁来,一岁关,二岁限,三岁关,四岁限……十六岁限。小儿

---

① 许丽玲:《台湾北部红头法师法场补运仪式》,《民俗曲艺》第 105 期,1997 年,第 61 页。

② 徐宏图、薛成火:《浙江苍南道教闾山派度关仪式》,《民俗曲艺》第 39 期,1998 年,第 1～242 页。

③ 法玄山人:《闾山正宗科仪宝典》,台北:进源出版社,1999 年,第 1 页。

④ 法玄山人:《闾山正宗科仪宝典》,台北:进源出版社,1999 年,第 1 页。

关限亦过了,今着来走,走得伶伶俐俐,囝仔人,会读册,会作诗,老大人来走得俐,寿元食百二。① （闽南话唱诵）

依李道长所言,以上俗称为"囝仔关"之咒语,充满着小孩生长期间所有之三十六灾厄,须经闾山教派之祭解方能逃过此劫难。在以上咒词诵完后,再做结语如下:"过关渡限,消灾解厄,火灾不侵,南蛇天狗不犯,土神土煞速离身,命中有带短命关,婆姐关,童子关,病痛关,无情关,一切关煞,随将军渡过关渡了限,保命延寿,一切灾殃化为尘。"在小儿年满16岁时向诸神、将军、婆姐、童子来答谢。在以上过程中,必须包括请神、禀告、召请兵马官将到坛等步骤。以上皆需要符箓与咒词,以及各种文疏、牒文、封函之应用,对于纸钱的些许使用。此种科仪乃巫术之另一种表达方式,亦即为众信徒消灾解厄或酬答神恩之闾山道法。科仪中亦视仪式之需求与法则,配合道坛乐器或锣鼓等演出,才能显现出其威武及完美。

3."祭解十二神煞关煞"科仪:据田野调查中发现,其在台湾各地有很大差别,台北市较频繁的有松山的"台北府城隍庙"与台北市"保安宫",虽然两庙是出自基隆正一神霄派的师兄弟,但其科仪过程略有不同。"台北府城隍庙"的祭解程序按部就班较为细致,值得大家的学习参考,其过程首先以"奉旨"②拍在案桌上"卓三清",依中(天门)、右(神门)、左(人门)拍三下(一齐开),如果是制煞科仪则为中(天门)、右(地门)、左(煞门)一齐开,导引信众法事开始,摇铃三长声礼拜,再唱圣号。程序如下:圣号、发露偈、水偈、香偈、请神偈、一阙步虚、神咒偈、净口神咒、净身神咒、安土地神咒、祭解文、祭关文、过关文、割阄、上请天官、化财咒(化财散满)。③ 在以上的祭解科仪中,

---

① 《小儿过关渡限》,新北市土城李道长提供手抄本。

② 奉旨又名静板,在法事过程中常在案桌上拍打,为的是加重语音或引发注意。

③ 李游坤:《祭解科仪》,《2006 年道士养成班教材》,基隆:广远堂手抄本,2006 年,第 1~34 页。

所唱诵的经咒文,各法派有各自的唱法与内容,没有谁对谁错,只要能达到消灾解厄的目的。所祭解的项目系依"十二关煞"①,除了太岁、太阳、丧门、太阴、五鬼、死符、岁破、白虎、天狗、病符等外,尚有刀箭关、财关、车关、水关、火关、官符关、空亡关、桃花关及婴儿婆姐关、千日关、百日关等,在祭解过程中都会一并消除。在田野访谈中发现,在此过程中,如依基隆李游坤道长之程序要求,先拿起插在小三牲之香支,对着替身与供品念着"割阄文",再将草人替身拿到病人面前给病人"哈"一下,同时配合"割阄文",拿起香支念咒文:

> 日吉时良,天地开张,不过别人关,不解别人煞,单单只改某某某阖家大小,替身仔主大人王跟你平高大,同年、同月、同日、同时生,人人魂衫一人一件来做主。②

接着拿起替身比画各部位及念咒文:"头中有灾解过头中退,心头有灾解过心头安,双手有灾双手退,双脚有灾……"最后将替身拿到病患口前并继续念咒文:"口中来哈利,哈一下!"待病患向替身用力"哈"一大口气后,继续念咒文:"千灾万厄打落江湖大海去,魂衫钻过过,寿元吃到百二岁,过利利,平安大赚钱。"③在此过程中,从"日吉时良……人人魂衫一人一件来做主",将香放在替身前似乎在呼唤草人替身;接着拿起替身,要将草人替身放在病人身上,依割阄文中所述说之部分一一装模作样地比画过去,并依割阄文念诵着,首先是头部、胸前、双手、双脚、上半部、全身,给病人"哈"一下,再将魂衫从替身关门穿过去,接着将替身与纸钱焚化,烧化纸钱时,应配合"化财咒":"法事圆满钱财献,委假火风传,一朵红霞光灿烂,千层火

---

① 依春牛图与农历上所示,十二关煞有太岁、太阳、丧门、太阴、五鬼、死符、岁破、龙德、白虎、福德、天狗、病符。

② 李游坤提供:《割阄文》,《1995年道士养成班教材》,基隆:广远堂手抄本,2006年,第29页。

③ 李游坤提供:《割阄文》,《1995年道士养成班教材》,基隆:广远堂手抄本,2006年,第29页。

起蔼山川,福寿广无边,交财使者心欢喜,交财使者心喜欢,高登宝座大天尊……延真款圣大天尊。"①

化财过程配合法师的唱词,同时配以三清铃的平稳节奏,显现出祥和乐利的圆满法事,不但使病患借此得以安心,家属的心情亦能够得到无形中的慰藉;化财结束,割阄等除煞法事也接近尾声。在其他法派中,亦有类似的法事,其过程如圣号、发箓(发炉)或发露、水偈、香偈、请神偈、安座、安坛结界、调发五营、敕令法收魂、净灵安魂、拜元辰固魂、谢神化金银财宝。在整个科仪过程,各个法派不尽相同,唯其目的都是为了信众能依循法事科仪祈福解厄;虽名称所解释有所不同,但达到身心灵之安宁的目的是相同的;在精神上无论是已经失调还是正常,皆可以按祭禳或制煞的仪式来进行,就如俗称:"有病治病,无病助平安。"在法事之证明文件,即其过程亦应配合宣读"疏文",以"上疏"或"下牒"②来区分焚化,若要验证法事之圆满必须同时以"掷筊"(卜杯)的方式,证明阴、阳两界(即神鬼)对法事的过程及所焚烧的金银财宝都接受并获得满足,以实现整个法事的完整性。此种以宇宙间所假想之天地人鬼神的空间存有,并将此空间操控在宗教信仰下,制作成一种类似有迹可循之法事规范,以迎合民众心灵之需求,这也是闾山教派特有的文化内涵。

4.过限仪式③:在前已谈及闾山教派是道教正一等道派加之以巫术法派融合而成的一种民间教派,亦可谓其为道法二门之"道教与法教"所组合而成的。而法教有一套"过关渡限"科仪以求得平安。一般民间信仰认为人之大限降临,即为人生即将难逃生死之灾难,接

---

① 李游坤提供:《割阄文》,《1995年道士养成班教材》,基隆:广远堂手抄本,2006年,第32~34页。

② "上疏"或"下牒":法事过程以文件(疏文)禀报上天及下报地府之牒文。

③ 吴永猛:《过限仪式》,《道教与法教科仪》,台北:保生道教学院教材,2006年,第1~9页。

着生命即将结束,如此之生生死死,必有轨迹可循。因此闾山教派认为度过关限及保安宁,祈求趋吉避凶,避开人生的大限,延年益寿,将是道教徒及民众在人生的一大祈求,亦即一般民间道庙常见的闾山派红头法师所使用的"过关渡限"之科仪法事。①

仪式开始时,先以象征性之木板或长板凳造好平安桥,在台湾南部"开基玉皇宫"的徐甲派,更于桥下点燃七盏灯,代表着过"七星桥"。接着演开路关,到阴府去献纸钱,要走过太岁关、白虎关、阴阳关等,并请观音菩萨做主,又走十二生宫,表示所属生肖的人,都能消除秽气与冲煞,达到过关渡限,走过这许多关限,而达成元辰光彩,延年益寿,平安吉祥。② 从一般小法的过限科仪可看到,其仪式亦因派别不同而异。吴永猛教授澎湖小法的"造桥过限"③科仪,步骤有"开坛"、"请神"、"直入花园"、"奏乐"、"布桥"、"造桥"、"开路关(过限)"、"走十二生宫"、"收桥"、"过桥—割阄"等。

此割阄的过程与其他派别大同小异,"替身"④是一种必备之"胜物",经过"替身咒"及开光点眼后,必须将替身以剑刘开,灾难消除。科仪设定的走路关,下地府,见到的大岁关、白虎关、阴阳关……都能一一走过,走一趟地府,并且过了关限。⑤ 在人生的旅途中,如佛教中所说的"无名"、"无常",无形之关限突袭每个肉身。民俗宗教于是透过仪式,把人生预期的不如意,以"造桥过限"的方式来脱离其中的冲犯关限,设定通过地府的种种关隘。在"祭禳敕替符式"⑥的法事过程,在已被冲犯的病患上使用符、咒。唯有透过法师的符咒及割阄

---

① 刘文三:《台湾宗教艺术》,台北:雄狮图书出版公司,2003 年,第 8 页。
② 吴永猛:《过限仪式》,《道教与法教科仪》,台北:保生道教学院教材,2006 年,第 1 页。
③ 吴永猛提供"造桥过限"手抄本,年代不详。
④ 替身:台北板桥林道长所做之替身即为 36 根稻草做成之稻草人。
⑤ 吴永猛:《过限仪式》,《道教与法教科仪》,台北:保生道教学院教材,2006 年,第 2 页。
⑥ 吕宸荣:《祭禳敕替符式》,台北:台北道教会科仪班教材,2004 年。

方式,才能达成整个仪式的圆满。

　　5.祭(制)星:依据《高上玉皇本行经集注》右上:"《神通品》至圣天官妙化,三教圣真皆不易及,故列第一,见传此真经神化之自。此卷首列《神咒品》,以经中秘法语。能度人录仙、制星、制魔、制水、镇五方、济法界,故曰神咒。有神通而法语秘文,若是利益,斯继神通而第二云。"①经中秘法谈及之"制星"即为九曜星君——土星、水星、金星、太阳星、火星、计都星、太阴星、木星、罗睺星,每年不同,男女也各异,每个星辰各值其职,逢之者各有吉或有凶。祭(制)星的日期以农历(每月)为主。②"此星入命喜燃灯,保汝平安福寿增,男女行年宜解祭,九星下降要虔诚。"③《保制劫运品第二十四》中有师曰:"大道生先天,先天生太极,太极生两仪。……盖有如是厄数,故太上立太平之教,有符制之。凡欲使天长存,必先保制劫运。今立斯品,将以经天纬地,保国宁家,度人出阳九之灾,跻世以太平之运,岂不休哉。"④禳彗孛法中亦有师曰:"凡有彗孛妖星垂象,当告禳星符,及诵《灵宝·十一曜经》,咒曰:天符度世,保制妖星。天躔失度,随符顺经。帝敕在手,镇静和平。回凶作吉,妖怪潜形。太平符命,星官奉承。一如告命。"⑤天生为人,恰似宇宙之星辰,或为星辰所掣肘,为求摆脱宇宙星球规律牵制,闾山教派因应而有制星之法。

　　6.安奉值年太岁星君:依据道教科仪中分出值年星君共有六十

　　①　〔明〕全真道士周玄贞撰:《玉皇心印经注》,十卷。底本出处:《万历续道藏》。
　　②　祭(制)星的日期:太阳星为二十七日,太阴星为二十六日,木星为二十五日,火星为二十九日,土星为十九日,金星为十五日,水星为二十一日,罗睺星为初八日,计都星为十八日。男命女命从11岁开始,则每年分别制解。
　　③　林有来:《万法符咒秘书》,新竹:竹林书局,1982年,第9页。
　　④　〔宋〕路时中编:《无上玄元三天玉堂大法》卷三〇,《正统道藏》,《洞真部·方法类》。
　　⑤　〔宋〕路时中编:《无上玄元三天玉堂大法》卷三〇,《正统道藏》,《洞真部·方法类》。

太岁星君。每年必须有一值年代表执行凡间事务,而太岁有其专用之太岁符,针对太岁符中所画出之南、北斗星,配合八卦、二十八星宿等常见的组合图案。而道教一向有"南斗注生,北斗注死"的说法,北斗七星可消灾解厄,南斗延生保命。而太岁符亦有其咒相衬,即"太岁星君咒":

奉请三星照令符,天上日月来拱应,南斗北斗推五行,唵佛显灵敕真令,八卦祖师其中形,玉旨奉令太岁某某年,值年某某星君到此镇,七星五雷护两边,六甲神将到宫前,六丁天兵守后营,天宫赐福神共降,招财进宝聚当明,弟子一心三磕拜,拜请太岁星君保安宁,镇宅光明人尊敬,合家平安万事兴,保命护身且镇宅,值年太岁来降临,急急如律令。①

符胆咒:天上日月有三奇,人间三奇天地人,点天上日月,点人间长生,一笔精气通灵光,二笔气降发光芒,三笔神在扫邪魔,弟子一心三拜请,拜请太岁星君推吾行,神兵火急如律令,火急如律令。②

在整个太岁符令中,从三台星之生我、养我、护我,经二十八星宿、日月、南北斗星君、五雷到六丁六甲,充满神圣性的宇宙星辰秩序,诚如世俗之行政系统秩序之积累,反映到生活及生命规范,引导着大众遵循其轨迹,再接受宇宙自然之宰制。这种太岁符所象征的,便是超自然的力量对某个生命序列中不寻常状态的宰制,所构设的是一个世俗的生命秩序乃至宇宙秩序的缩影,而必然要接受宇宙秩序的规范与驱使。

四、闾山教派"送死"实务

闾山教派在"送死"科仪中即是一种与超渡亡魂有关之"超场仪

---

① 台湾新北市板桥林道长提供手抄本。
② 台湾新北市板桥林道长提供手抄本。

式",如殡葬仪式、破狱打城、普渡、超渡等与亡魂行事有关之法事。在超场中所必备的,主要有魂旛、魂帛,法师要以魂旛在空中扬起,呼唤着亡者,招请亡灵魂归魄返,寄存在魂帛中,接受一连串超拔法事,有的需用到破狱打城、过关、施药、赦马、上疏、下牒、超拔等过程,犹如民间世俗官场行事,复杂但井然有序。因闾山教派系道教与巫术之法所融合而成,在道法执行之过程显现出深度的神秘性与威吓性。这可由其执法之动作、经咒、音乐、法器、眼神、穿着可察觉到,尤其穿衣戴冠之威猛,犹如操兵遣将,有厮杀破城之势。但在禀承章表疏奏时,又有不同之表征,举止优雅与应律合节,强调威仪庄严肃穆,部将兵马数量及法衣穿戴合宜,仪轨森严,表露出人神合一之境界,科曰:

> 道士女冠,若不备此法衣,皆不得轻动宝经。具其法服,皆有神童侍卫。正一法衣,将军五人,力士八人侍卫。高玄法衣,神童神女各二人侍卫。洞神法衣,天男天女各三人侍卫。洞玄法衣,玉童玉女各八人侍卫。洞真、大洞、三洞法衣,玉童玉女各十二人侍卫。总谓之法服。违,侍童远身,四司考魂,减等二千四百。[1]

至于"科范"或"科仪",则指依科行仪礼敬,无论式场的布置、神像的摆设、法师人数的安排,还是科仪程序的设计等都有合宜之规划。金泽在《宗教人类学导论》中论述宗教仪式中的形体动作、场地设置、偶像法器等,都蕴含着丰富的象征意义,[2]代表着道士法师身临其境。其空间与思想弥漫着神人共容之地域,同时对鬼神界空间与时间做出意想中之转化,去符合民众之需求。金泽又认为象征的物体或形象,作为具象的东西,通常比单纯的记忆与回忆有更大作用,它们往往被赋予力量、品德或灵力,从而使人们可以直接从它们

---

[1]　〔唐〕朱法满撰,胡道镜选辑:《洞玄灵宝三洞奉道科戒营始》法服图仪,《道藏要籍选刊》第二册,上海:上海古籍出版社,1989年,第531页。

[2]　金泽:《宗教人类学导论》,北京:宗教文化出版社,2001年,第260页。

身上获得那来自超自然世界的渗透力量。象征多少具有它所象征之物的力量,有时象征作为力量的传达者甚至会被视为力量本身,①更有的是象征空间之存在。

闾山教派将人生性命之负面层次及阴暗世界,象征为地狱空间之存有,致使其有了"地狱观"存在之思想,在此超场科仪,被收录记述为灵宝、度亡、炼度、血湖等道经。② 据地狱观科仪中之"打城破狱"、"观落阴"、"牵亡魂"、"探元辰宫"、"探本命树丛花丛"、"东岳司进钱补运"等内涵,似乎可推敲出人类灵魂永续之存有,同时可回观出人生性命生成之空间。

(一)闾山教派地狱观

田野调查中观察到台南狱帝庙中,闾山教派打城科仪的整个过程,象征着地府中有个专为集中枉死者之枉死城。据驻庙道长描述,"未老往生者"③必须以"打城破狱"方式才能使亡者灵魂得救,在此"打城破狱"过路关科仪——路关咒(见附录"过路关科仪")中,显现出在每一个路关关卡,有着不同之专司,岗守过关灵魂。为了求取过路关之顺利,法师将已备妥之路费与符纸一一分站送出,最后到达枉死城将其救出,并一路带回。在此过程中,路程及路关之假想,身心灵在意念中身临其境之思维,是闾山教派科仪之特色。透过这种虚空假想的行进路程,首先达到心灵的慰藉者,可谓为亡者家属,而非亡者。

(二)闾山教派观落阴与牵亡魂

闾山教派魂魄观之思想,认为人有"三魂七魄",《云笈七签》中曾

---

① 金泽:《宗教人类学导论》,北京:宗教文化出版社,2001年,第260页。
② 〔美〕迈克尔·萨梭编:《庄林续道藏·黄箓》第15—18册,台北:成文出版社,1975年。
③ "未老往生者":据魏道长称未得一甲子(60岁)者,必须送往枉死城。

谈到"三魂七魄"[1]，三魂即为胎光、爽灵、幽精；而七魄即为尸狗、伏矢、雀阴、吞贼、非毒、除秽、臭肺。而三魂中之一魂，游走于天地之间。亡者家属可透过闾山教派之科仪，至地府与亡者会面，或将亡者牵引至凡间与家属对话。在田野调查中发现，在台湾新北市三峡之陈府大元帅庙、宜兰灶王宫、台南狱帝庙，福建漳州角美的女巫，都有相似的仪式，将亡者从地府引回与家属对话。以精神层面来观察当事者，如何与往生者在生前有高相似度之举止言行？尤其在数量之表达上又是何等之准确？以科学之角度来衡量此种意识形态的表征，是巫术透过术者意识及脑中所存留之信息，表露在仪式进行中，以迎合世间求知者之需求。

（三）闾山教派生命观

"探元辰宫"与"探本命树丛花丛"，是闾山教派观落阴入宫法（三姑奶妈咒）[2]［见附录"观落阴入宫法（三姑奶妈咒）"］为民众转化运势及求取元辰光彩之科仪。台湾新北市土城区李道长认为，人之元辰光彩，即人之精神充沛，此元辰之状况系源自地府之元辰宫本命之树丛与花丛是否茂盛与是否枯委。据科仪法师称："进到十二元辰宫，看见男宫排左边，看见女宫排右边，看房子外观跟内部摆设，房间格局，厅堂香火，厨房厨俱水缸，米缸伙食，补旺元辰灯，长生火光明，添补食禄。"再者元辰宫之日常器物是否齐全，皆投射到目前人之生命状态，必须在"探元辰宫"与"探本命树丛花丛"之同时以修饰与补足后，方能得到身心灵之健康。此种以先天生命单位之假想方式，探寻人生性命之缺陷，应用了闾山道法之修补与修缮处置，以迎合信众心灵之需求，是一种心灵治疗、精神治疗与心性治疗，亦可谓是一种

---

① 〔宋〕张君房编，李永晟校：《云笈七签》，北京：中华书局，2003 年，第 1189 页。

② 灵觉禅师：《关落阴入宫法》，《闾山教符咒秘诀》，台南：正海出版社，2007 年，第 163 页。

宗教医疗或祝由疗法。

第四节 闾山教派科仪之文化价值

一、生命本元(源)之价值观

生命之本元即是道,"道者,万物之奥"①,天地万物涵养在清静无为之自然之道应运而生,道是万物生机和生命的含藏者,道之中含藏了万物产生的潜能。道之所以能成为万物生命的含藏者,其原因在于道本身就是一种取之不尽用之不竭的生命力,②唯有道的发展、道的运用,使生命至极之发挥。"渊兮,似万物之宗",③视之虚无,触之亦空,却能载物,为万物之母、主宰万物之宗,万物即道的化身,亦即道所生成。《庄子·天地》:"以道观言,而下之名正……故通以天者,道也。"④人之生命与形体亦属于万物之一,因此,闾山教派科仪运用道法,寻找生命之本元,掌控生命成长与大自然抗衡,更寻求生命最终之魂魄归路。唯有道法能屏除人生性命之障碍,延续生命之成长与规划整个人生之旅途,实现最高之人生价值。

二、宗教艺术文化之价值

在科仪进行前,坛场式场的架设是必备的,其神像与式场布置讲求美观、庄严与心灵之艺术调配。因为宗教与艺术是相辅相成的,两

---

① 任法融:《道德经释义》第 62 章,北京:白云观,年不详,第 164 页。
② 李霞:《生死智慧——道家生命研究》,北京:人民出版社,2004 年,第 74 页。
③ 任法融:《道德经释义》第 4 章,北京:白云观,年不详,第 11 页。
④ 陈鼓应注译:《庄子今注今译》,台北:台湾商务印书馆,2004 年,第 310 页。

者之间的存有有其共容与共通之处,由于宗教之神秘情操可在艺术情感上表露无遗,而艺术特色象征的显现,亦需要有宗教及心灵之感通,方能在艺术成品上呈现出有灵性之艺术佳作。在此之情感、感通与象征之联想,是宗教与艺术之会通,同时艺术思维与宗教内涵都占有同等重要的地位,这种艺术审美之灵感与宗教之感情是一样的。

闾山科仪演法过程中之禹步、罡步、舞步、手诀、剑道等,不但讲求其科仪规范之功能性,同时其优美之艺术演出,与宗教教义之启示密切联系,使得法事参与者之诸多心理因素超脱原有之情感,进而追求精神愉悦与心灵的健康,而不仅是在物质上有所满足而认知现实之存有。艺术与宗教的信仰方式都同属于一个领域,两者互通的方式是现代科学所无可比拟的。艺术与宗教的密切联系,还体现在宗教对文艺的利用或两者之体用关系。宗教具有庄严肃穆、崇高无上的地位,宗教艺术之影响遍及当时社会物质生活与精神文化生活的各个层面,直接影响着各种艺术的发展。闾山教派之科仪,通过其服饰之穿戴、法器之应用、舞步与禹步之演出、动作之雄壮威武,更增加其仪式之文化价值,就其服饰、法器、步虚等简略叙述于后。

（一）闾山派之服饰艺术

服饰之穿着,不仅可代表着一个部落或族群的文明及文化,而且可显现出其阶级之划分,在宗教中则可代表着一个教派之神职箓阶与法派。因此,法派中服饰之设计与使用,多可代表着它们的艺术修为。闾山教派之支派繁多,但其服饰穿着在同科法中大同小异,大体上可分为文科与武科。

1.文科:在文科方面,瑜伽派与清水祖师派所穿带之冠帽与衣服较接近佛教之穿着,其形式大部分以红色为底,亦有以黄色为底加龙凤装饰,可谓服饰尚艳,形制朴拙。基本上的系列多有对襟、圆领、小袖,在其上再加其他色的帔、领、襟、袖口、腰梁,而其背面用水墨法绘有五龙双凤、祥云海水图纹,表露出佛教系统中服饰红黄相间之庄严与艺术感。但在福建宁德之柘荣地区,亦有黄布镶以红色宽边,背面不施纹饰的样式。在清云宫之文科穿着略有不同的为闾山教派中的瑜伽派。龙裙、法帽是闾山教派道法的重要标志,吉场(阳事)用"五岳式",超场(阴事)用"五佛式",统称为"头冠"或"额眉"。其设计上充满着神秘色彩,代表着神灵之标志。如其左右绘以代表阴阳之日月图纹,额面彩绘临水三位夫人,虽其演法过程系为文科,但其穿戴后所代表的亦是庄严肃穆。

2.武科:穿着形式上较为复杂,较简单者是以红布法巾缠绑头面,在额头结出布髻,再披件龙裙即告完成。较复杂者是以武将之额眉,配用五色披肩垂背,腰系彩布或黑布。在脚足方面,三奶派、普庵派、法主公派依法事的层级穿一般鞋子或穿云靴;徐甲派及部分法主公派则以赤脚或赤脚着草鞋为多。一个教派在社会中所代表的阶层与地位,常在法事演法过程中,抛开其演法之效用与灵验不论,就其穿着之设计、色彩之调配、演出之技艺舞步、艺术色彩之浓厚与否,易被社会大众所评论。

(二)闾山派之型物艺术

一种宗教之法器,是用来礼拜、召唤、引领、驱赶与制煞,亦代表着法师或民众之心声,亦可象征着招请天神地祇、天地鬼神,代表着教派中执事法师之精神呼唤,唯有透过此呼唤配合经文及咒语之催驱,或经忏之朗诵,增加了法事现场的庄严与威武,达到法事之目的。在其中法器之演出,在各种音乐、唱诵与节奏,亦都显现出宗教之艺术。

在闾山派中之法器亦以教派之使用来划分文科与武科。文科略与佛教相似,而武科之法器亦较多而复杂,法器主要有令旗、朝板(即笏)、天蓬尺、角鼓、手鼓、五雷权杖、铃刀①、七星宝剑、法索、令旗、净

---

① 在宁德柘荣清云宫法事现场道士说:"环柄上串有七枚小铁环,代表铜马三娘、铁马四将。"

盂、太上老君铜印、摇铃(佛教为金刚杵)、三清铃(即三叉帝钟)、奉旨、木鱼及磬。这些法器之功能各有所长,充斥着各种与神鬼交往目的之艺术。

(三)闾山派在法事步虚之演技艺术

闾山教派在科仪执行中着重法术演技与步罡踏斗的演出,它是一种法技,亦是一种歌舞,使人在存神变神中完全地融入整个天地神境与坛场中,此种以宗教活动来做艺术的表现,是宗教对艺术的影响。由于宗教常常利用艺术的特点来形象地宣传教义,同时为艺术家提供了艺术实践的空间和舞台,更在地方上促进了宗教与艺术之繁荣。

闾山教派是一种巫觋文化相当浓厚之教派,常常出现于一个部落民族或族群之宗教庆典。其宗教庆典都以图腾绘画与歌舞欢唱来呈现,在客观上起了推动艺术发展的实际促进作用,宗教因此间接影响了艺术的命运。尤其远古的图腾歌舞本身,即是一种狂热的巫术礼仪活动,加上这种原始部落族群,对于活动之进行往往狂热,为祭祀仪式铆足全力。闾山教派承袭了古巫术之文化,配合了道教经咒之唱诵与乐器之敲打吹奏,不但有古时部落巫舞演出之意味,同时具有现代文明宗教音乐的支配衬托,发展出不同空间与时间的综合宗教艺术。

三、伦理道德之教化价值

在闾山教派科仪中,常常夹杂着家庭伦理的教化功能,如丧葬仪式中之"孝女白琴"[①]、"祭血湖"[②]、"挑经"、"目莲救母之孝道"等科仪时,显现出亡者养育之艰辛、长辈恩惠之大,充满着孝道启示及其

---

① "孝女白琴":在殡葬仪式中,代哭之孝女。
② "祭血湖":在殡葬仪式中,对母往生所做,代表生子之艰辛与生产所流之血。

推崇孝道之情。常在仪式中帮亲人亡魂开路,请神兵法将保护,过路关,亡魂能冥路平安,相关的还有"劝孝诗","十王劝亡",报父母恩,做功德给亡者,引渡生方等,意义深远。

闾山教派之科仪近乎民间宗教信仰之仪式,它产生的社会基础是小农经济,其教义所反映的是社会底层百姓的思想信仰,在一定程度上代表着下层百姓的利益诉求,[1]是一种精神教养体系与文化内涵,亦是生死循序的轨迹,使生命无法脱离或超越精神形态与宇宙万物。在此百姓所求的是通达生命实情与命运实况,不但要保有生命的永存,亦要形体的永续与生命共存。因此《庄子·达生篇》有云:

> 达生之情者,不务生之所无以为;达命之情者,不务命之所无奈何。养形必先之以物,物有余而形不养者有之矣;有生必先无离形,形不离而生亡者有之矣。生之来不能却,其去不能止。悲夫!世之人以为养形足以存生;而养形果不足以存生,则世奚足为哉![2]

在道教教义中即有"过积罪满,执杀者自罚之"、"恶人过积结罪,罪满作病,病成至死"、"过积罪死"、"祸小者罪身,罪多者殃及子孙"[3]之观点(《正一法文天师教戒科经》)。然此论调仍然持续被保留使用,诚如《太平经》所述之"承负说"及《老子想尔注》:"任煞不应度,其殃祸反还人身及子孙。"[4]《赤松子章历》中亦有诸多对生死之

① 林国平:《民间宗教复兴与当代中国社会——以福建为中心》,陈支平主编:《一统多元文化的宗教学阐释:闽台民间信仰论丛》,厦门:厦门大学出版社,2011年,第2页。

② 陈鼓应注译:《庄子外篇·达生篇》,台北:台湾商务印书馆,1999年,第484页。

③ 张继愈主编:《中华道藏》第8册,北京:华夏出版社,2004年,第317～321页。

④ 饶宗颐:《老子想尔注校证》,上海:上海古籍出版社,1991年,第38页。

教养之论点,如:"小过止其身,大同流子孙。"①"仰恐亡人在生之日,所向多违,招延不利,凶被亡人,遂尔终亡。"②"肉人生长末俗,不能勤修,建立功德,上报恩泽,百行多违,罪过山积,招延考罚,家门衰顿,丧祸不绝。亡过某前得疾病,不蒙原赦,以某年月日命谢三官。"③

此有过必罚之承负观,叩醒民间宗教信仰者自我警惕,时刻保持"举头三尺,决有神明;趋吉避凶,断然由我。须使我存心制行,毫不得罪于天地鬼神,而虚心屈己,使天地鬼神,时时怜我,方有受福之基"(袁了凡:《了凡四训·谦德之效》)之戒慎恐惧念头,加之以"功过格"的论调,更能促使民众行善去恶。《易经》有云:"积善之家,必有余庆;积不善之家,必有余殃。"④这种人之为善为恶自有报应的思想,早在先秦时期就已形成。道教"三尸神"与"守庚申"也说明天地神灵监督人间善恶行为。《太平经》对行善作恶致生死之论点称:

> 俗人之所长须臾耳,不念久生可上及。知士有心,念索生,故不作恶耳。天见其善,使可安为,更求富有子孙,虽不尽得,尚有所望,何为作恶久灭亡?自以当可竟年,不知天遣神往记之,过无大小,天皆知之。簿疏善恶之籍,岁日月拘校,前后除算减年。其恶不止,便见鬼门。⑤

由此可知,言谈举止、行事坐卧,天神监之。尤其行道者欲修仙必先行善与修德,亦缺少不了忠孝仁信和顺的基本思想,行善作恶都

① 白云霁明主编:《正统道藏》第18册卷二,台北:新文丰出版社,1988年,第31页。
② 白云霁明主编:《正统道藏》第18册卷六,台北:新文丰出版社,1988年,第1页。
③ 白云霁明主编:《正统道藏》第18册卷六,台北:新文丰出版社,1988年,第18页。
④ 王弼:《周易正义》,台北:广文书局,1972年,第10页。
⑤ 王明编:《周易正义》,北京:中华书局,1997年,第526页。

与其性命有所关联,不因善小而不为,也不因恶小而为之。《抱朴子内篇·对俗》也称:

> 或问曰:"为道者当先立功德,审然否?"《抱朴子》答曰:"有之。按《玉钤经》中篇云,立功为上,除过次之。为道者以救人危使免祸,护人疾病,令不枉死,为上功也。欲求仙者,要当以忠孝和顺仁信为本。若德行不修,而但务方术,皆不得长生也。行恶事大者,司命夺纪,小过夺算,随所犯轻重,故所夺有多少也。凡人之受命得寿,自有本数,数本多者,则纪算难尽而迟死,若所禀本少,而所犯者多,则纪算速尽而早死。又云:人欲地仙,当立三百善;欲天仙,立千二百善。若有千一百九十九善,忽复中行一恶,则尽失前善,乃当复更起善数耳。故善不在大,恶不在小也……"①

闾山教派是围绕儒释道的思想,而成为类似民间信仰的教派。其生死教养所实践之范畴,亦以《警世功过格》认为儒正心、道存心、佛明心,会通三教,修心为本,此儒、释、道的本质核心,即为闾山教派信仰的中心思想。宗教是人类自古即在部落中产生的精神寄养所在,建构出社会成员共同信奉与遵行的宇宙观、社会观、价值观、人生观等观念体系,形成了人们的精神支柱与行动指南,支配了民众的社会活动与精神活动。② 而闾山教派是一种基层或地域民众寄托心灵的宗教模式,亦是一种抽象的哲学思维,都是在共同自我意识下所构筑而成的精神智慧。但闾山教派有其独特之思想,即着重于生命主体与超越精神实体的特殊感受与直接体验。③

---

① 〔晋〕葛洪撰,陈飞龙注译:《抱朴子内篇今注今译·对俗》,台北:台湾商务印书馆,2001年,第113~114页。

② 冯天策:《信仰导论》,南宁:广西人民出版社,1992年,第1页。

③ 吕大吉:《宗教学通论新编》,北京:中国社会科学出版社,1998年,第259页。

闾山教派科仪中,对于神鬼之处置,亦有宽阔的胸襟,将鬼神做适得其所之遣送。犹如《庄子·齐物论》之精神,以寓言文学的体裁,借由各种物行的巨大,以衬托人心的宽广;借大鹏之高举,写出开放心灵所开启的新视域;并借神人"旁礴万物"的广大格局,写至人游心于无穷的精神境界,①对应了《高唐赋》宋玉本人的人生观、世界观,也折射了战国时代楚地楚人的宗教信仰、神灵崇拜、民间风俗、社会生活等诸多方面,具有很高的文化和史学价值,是一份十分珍贵的文化遗产,②显现出闾山教派科仪的道德情操与道德使命。

总而言之,道教闾山教派一般被视为一种"巫"与"道"的综合教派,是沿袭道教精华,参酌古部落民族之巫法而成,后为净明道许真君创立,并发扬为净明宗闾山教派,后传到张圣君的三法主公派、陈靖姑的三奶派、徐甲真人派、瑜伽派、普庵派……一般被列为"道法二门"类,虽然派别称呼不同,其道法科仪之执行都大同小异,简称为"闾山教派科仪",此种科仪几乎是与民间信仰相依附而存活着。闾山教派在早期的宗教文化传播中,是以信奉道教神祇为主,且特别注重其灵验性③及功利性,故其与民众的生活是息息相关的。在经济充裕的同时,民众更转趋于身心灵之教养,闾山教派科仪之发扬更显其重要性与急迫性。在此发扬过程中,教派的正当性与正确性,必须从其原始道法科仪文献与道法传承中寻找。这种有争议性的文化,更须仰赖台海两岸之宗教人士来共同拟议与促成。

---

① 陈鼓应:《道家文化研究》第 25 册,北京:三联书店,2010 年,第 13 页。

② 刘不朽:《三峡探奥之三十七》,北京:人民邮电出版社,2006 年;《三峡第一赋:宋玉〈高唐赋〉之文化诠释》,《中国三峡》2003 年第 9 期,第 50 页。

③ 赖贤宗:《台湾道教源流》,台北:中华道统出版社,1999 年,第 17 页。

第五章

闾山教派在台之变迁

第一节　闾山教派在台之历史背景

移民到台湾初期,因应新环境及生活之艰困,求神拜佛、禳灾植福之念想与行为时有所闻,因此我们可以说一部台湾宗教史就是一部台湾史。在各个不同的统治时期,由于政治实体之变化,宗教政策随之不同,引发宗教信仰产生莫大的差异性,闾山教派亦在此种环境下有所变迁。现将台湾宗教史划分为明清时期、日据时期及台湾光复至今来探讨,而在此早期移民的宗教文化中,是以信奉道教神祇为主,且特别注重其灵验性。① 因此,探讨之重点在于闾山教派传承及其科仪法事之变迁,同时对道教道法二门之发展、对灵性之修持以及对巫医昌盛的整个过程做一论述或比较。

---

① 赖贤宗:《台湾道教源流》,台北:中华道统出版社,1999 年,第 17 页。

一、明清时期

明清统治以前的台湾,有关宗教方面的记载,大体只能在志书上搜集,但大都是断简残篇,缺乏系统性的调查与研究。但可确认闾山教派传入台湾之时期,詹石窗、林安梧合著的《闽南宗教》上谈道:"民间符箓之派,产生于东南沿海,该教派以虚无缥缈的闾山为圣地,崇拜三奶夫人,即福建闽县的陈靖姑、连江李三娘和罗源林九娘。明万历十八年(1590年)闾山派传入台湾,至今仍流行于台湾,俗称红头道士或红头司公。"[①]

其他尚可考的是1624—1662年台湾受荷兰东印度公司之殖民统治期间。荷兰人统治时期的施政重点,在于将台湾宗教文化做出改造,首先将先住民原有之部落祖先崇拜改为基督教信仰。当时先住民的西拉雅人部落的社会风俗与基督教义并不兼容。西拉雅人的宗教信仰系属多神论信仰,并由其巫师(尪姨)为祭司,同时尪姨也会借由巫术为人占卜与预言,此等方式影响西拉雅人整个社会风俗,尪姨也负责为妇女堕胎,宣教士因此将尪姨视为最大的传教阻力。[②]这种尪姨为祭司的信仰,是一种巫的表征,代表着整个部落族群生老病死之重心,影响着西拉雅人宗教统治。因此,荷兰宣教士认为要推动基督教信仰,必须铲除或分化尪姨之操作,减弱尪姨的影响力,1641年荷兰人便把250名尪姨流放到西拉雅部落北方的诸罗山[③],并进行基督教思想教育与改造,欲使其原有之宗教思想遭受空前破

---

① 詹石窗、林安梧:《闽南宗教》,福州:福建人民出版社,2007年,第44页。

② 林昌华:《殖民背影下的宣教——17世纪荷兰改革宗教会的宣教师与西拉雅族》,台北:"中央研究院"民族学研究所,2013年4月12日检阅,无页码。

③ "诸罗山"(Tsu-lô-san),系源自平埔族先住民洪雅族社名译音,为现今之"台湾嘉义市"。

坏。直到1652年,历经十年的隔离存活下来的48名尪姨返回原有部落,①这是首次台湾宗教被有组织的政治实体所摧毁,也是外来政权对台宗教之干预。至于当时中国之情境,在明朝末年政治、经济皆为恶劣情况下,统治者甚至压迫民间秘密宗教之信仰。群众在统治者压迫下,更借由秘密宗教组织反抗统治者。

一个宗教的传播不在于传道人数之多寡,而是在于该地区是否有民众能接受其教义,开创传教之种源再加以扩充。荷兰统治时期,有南台湾的基督新教与北台湾的西班牙天主教传教,但在明郑执政时期几乎已断绝,1683—1859年,台湾的宗教除了道教、佛教之外,亦有为数不少的人融合佛、道形成民间信仰。1859年菲律宾的多明我会派遣神父来台,1861年后重启天主教的传教活动,1865年英国长老会以南台湾为中心,1872年加拿大长老会以北台湾为中心,开始传布新教。19世纪后半期重新开始的天主教及基督新教,其传教活动直到今天仍然继续着,信徒人数虽少,无法与佛教或道教相比,但洋人宗教思想与经济文化直接对台湾社会带来多元化之影响。

宗教传播最直接之方法即为扩充移民之版图,移民筚路蓝缕移居他乡,心灵之空虚与思乡情怀,唯有以宗教之心灵慰藉与关怀,方能使其物质与精神得到暂时之安顿。明清时期是民间宗教从大陆闽、粤两地随汉人移民的足迹,移植到台湾的萌芽时期,经由分香、割香等仪式的不断进行,台湾民间宗教和闽、粤祖籍地保持着极密切的关系,也可以说就是闽、粤民间宗教的翻版。② 一部台湾史,即是中华民族在台湾拓展的历史,台湾与中国大陆的脐带相连关系充分表现在"三缘"(地缘、血缘、神缘)问题上。③

信仰群众之家族观念与信仰神明信念的结合,产生了相互之间

---

① 康培德:《台湾"原住民"史·政策篇一》,南投:台湾文献馆,2005年。
② 余光弘:《台湾地区民间宗教的发展——寺庙调查资料之分析》,见《台湾宗教研究》,台北:"中央研究院"民族学研究所,1981年,第371页。
③ 赖宗贤:《台湾道教源流》,台北:中华道统出版社,1999年,第1页。

的利益关系和生死与共之观念,在不同理念及不同信仰群众中往往产生排斥或对抗。明清时期是汉人移民大量迁入台湾之时,清朝中叶以后的械斗,不同的祖籍神也变成不同祖籍人群相对抗的号召象征。除了保生大帝及三山国王之外,祖籍神明尚有多种,例如漳州人拜的开漳圣王、泉州人拜的广泽尊王、永春人拜的法主公、惠安人拜的灵安尊王、汀州人拜的定公古佛等。[①] 这些移民因家乡农耕利益有限,唯有远渡重洋求取更大的利益。清代郭起元说:"闽田既去七、八,所种稻、菽、麦,亦寥寥耳,由是仰食江浙、台湾。"[②]由于当时台湾的宗教信仰、仪式、组织等同于闽粤祖籍地,虽然曾有若干台湾地域性的宗教现象产生,借着分香、分灵以及刘香、进香等宗教仪式的联络沟通,闽粤与台湾的民间宗教一直保持着一种类似亲子的从属关系。[③] 闽俗尚巫信鬼神之信仰其来有自,这是闽台各地所保有之信仰习俗,所以《宋史·地理志》总括福建的民风:"其俗信鬼尚祀。"这一评语与《汉书·地理志》说南方"信巫鬼,重淫祀"的评价一脉相承。[④] 因此在闽台移民过程中,除了神明信仰的分香、分神外,基本之道法亦随之迁移,其中最具代表性之法派,应非闾山教派莫属。

二、日据时期

宗教信仰是一个地方或族群部落之凝聚中心,可使整个信仰族群产生该族群之统一思想并以之对抗外来族群,日本当权者意识到台湾民间宗教信仰为影响统治之障碍。台湾首次作为日本帝国新强

---

① 余光弘:《台湾地区民间宗教的发展——寺庙调查资料之分析》,见《台湾宗教研究》,台北:"中央研究院"民族学研究所,1981 年,第 401 页。

② 郭起元:《论闽省务本节用书》,《皇朝经世文编》卷三六。

③ 余光弘:《台湾地区民间宗教的发展——寺庙调查资料之分析》,见《台湾宗教研究》,台北:"中央研究院"民族学研究所,1981 年,第 408 页。

④ 徐晓望:《福建民间信仰源流》,福州:福建教育出版社,1993 年,第 179 页。

权的殖民地，就殖民者或被殖民者两方来说，皆充满着各种复杂且几乎无法面对之崭新经验问题，于是台湾总督儿玉源太郎所任命的行政长官——后藤新平分析日本在台的殖民政策时，认为："台湾殖民地的领有，是趁日清战胜之威，偶然获得的，所以毫无海外的殖民经验，必须借鉴欧美诸国的海外殖民经验，以为台湾殖民统治的参考。"①要完全统治台湾，必先从台湾民众宗教信仰下手。因此，在日本占领台湾期间(1895—1945年)，首要任务就是政治力对宗教的干涉，它的对策有两种：一方面切断台湾民间宗教与闽粤连接的脐带，从此开始自立发展成其特有的体系；另一方面在民间宗教中注入更多的佛教成分，重新融铸成一个独特的宗教传统。② 依据台湾总督府初期实际经办的原始手稿资料发现，③在政策上，首先实施"皇民政策"，④要求放弃台湾民间信仰，改信日本神道教并参拜神社，同时也要每日向日本天皇的居所膜拜。日据时期台湾的宗教法律规定，必须区别"神道"和"非神道"之分，或"佛教"与"非佛教"之分，而非"台湾佛教"或"日本佛教"之分。⑤

　　一个宗教实体之存在与否，取决于执政者在当时之政策，如宋景德二年(1005年)，古田县令李堪之毁淫祀三百一十五，撤佛宫四十

① 〔日〕后藤新平：《日本植民政策一斑》，东京：拓植新报社，1921年，第10～12页。
② 余光弘：《台湾地区民间宗教的发展——寺庙调查资料之分析》，见《台湾宗教研究》，台北："中央研究院"民族学研究所，1981年，第408页。
③ 江灿腾：《日本帝国在台殖民统治初期的宗教政策与法制化的确立》，《中华佛学学报》2001年第14期，第91页。
④ 张炎宪：《五十年政治血泪》，1994年；周婉窈：《从比较的观点看台湾与韩国的皇民化运动(1937—1945年)》，1996年。
⑤ 江灿腾：《日本帝国在台殖民统治初期的宗教政策与法制化的确立》，《中华佛学学报》2001年第14期，第94页。

九,取其材植为县庙学,①日据时期的台湾亦有类似命运。在此期间,因日本殖民政府的政治干涉,切断台湾和闽、粤的联系,民间宗教开始走上自立发展之路,在日本人导入许多纯粹佛教的元素后,台湾民间宗教逐渐陶融成一个独特的宗教体系。② 日本殖民政府更实施"神明升天"、"庙宇烧毁或它用"、"禁道士或巫",众多神像圣物在"神明归天"之口号下,集中庙前火化升天。瞬时台湾道教或民间信仰毁于一旦,原有之闾山教派信仰亦销声匿迹。此情况导致日据时期佛教寺庙数量的突增、释迦牟尼及观音菩萨祀庙的大幅增长,以及祖籍神明重要性的下降等。日据中末期,台湾民间宗教已摆脱闽粤原籍地的影响,逐渐陶融成一个属于台湾本土的宗教体系。③

第四任台湾总督儿玉源太郎的宗教政策,因正统的"国家神道"④崇拜与日本皇室的神圣性渊源有关,全力进行所谓皇民化运动,大倡台人全面日本化,并全面动员台人参加其战时工作,直到1945年二战结束,日本投降,此即为"皇民化时期"。明治二十八年(1895年)11月北白川宫上书首任台湾总督桦山资纪(1895—1896年在任)提到:

> 夫台湾者,为征清战捷优先获得之新版图也。……是故使亲王成为台湾总镇守之神,置总社于台南,设支社于台北,按月举行小祭,春秋举行大祭,由海陆军人、文官及本国人民率先敬奉之,以启佑新领民,且使神职人员奉事不怠,从旁善加教导,则庶民自当仰慕本邦国风之善美,风教自然流行,我大日本国学之

---

① 〔宋〕梁克家著,陈叔侗校:《三山志》卷九,《公廨类三·诸县庙学》,北京:方志出版社,2003年,第153页。
② 余光弘:《台湾地区民间宗教的发展——寺庙调查资料之分析》,见《台湾宗教研究》,台北:"中央研究院"民族学研究所,1981年,第371页。
③ 余光弘:《台湾地区民间宗教的发展——寺庙调查资料之分析》,见《台湾宗教研究》,台北:"中央研究院"民族学研究所,1981年,第405页。
④ 〔日〕村上重良著,张大柘译:《宗教与日本现代化》,高雄:佛光出版社,1993年,第49~70页。

渊源若存于此,则吾人以为于精神教育上之裨益实大矣。又,将国家经纶之要——人心归向亦集中于此点上,亦即订立忠君爱国之方针于此,则此于施政上之裨益实亦多矣。[1]

日本殖民政府为巩固其统治力,自然不愿台湾汉人与中国本土有太多的接触,尤其是中日战争爆发后,更视中国为敌国,在其控制下的台湾汉人移民自此与闽粤祖籍地的联系几乎完全阻断。[2] 在此种皇民化运动摧残下,包括道教文化在内的台湾宗教文化受到禁绝,甚至已体无完肤,[3]以上一部台湾宗教史形同是一部台湾对日抗争史。道教闾山教派信仰在日据时期表面上似乎停滞,其实不然,出版于民国初年的《台湾通史·宗教志》记载,巫觋信仰在日据时期暗中普遍存于民间信仰中:

> 台湾巫觋凡有数种,一曰瞽师,卖卜为生,所祀之神为鬼谷子,师弟相承,秘不授人,造蛊厌胜,以售其奸。二曰法师,不人不道,红帕白裳,禹步作法,口念真言,手持蛇索,沸油于鼎,谓可驱邪。三曰红姨,是走无常,能摄鬼魂,与人对语,九天玄女,据之以言,出入闺房,刺人隐事。四曰乩童,裸体散发,距离曲踊,状若中风,割舌刺背,鲜血淋漓,神所凭依,创而不痛。五曰王禄,是有魔术,剪纸为人,驱之往来,业兼医卜,亦能念咒,诅人死病,以遂其生。[4]

其中之"法师,不人不道,红帕白裳,禹步作法,口念真言,手持蛇

---

[1]　温国良编译:《台湾总督府公文类纂宗教史料汇编——明治二十八年10月至三十五年4月》,南投:台湾省文献委员会,1999年,第520~521页。

[2]　余光弘:《台湾地区民间宗教的发展——寺庙调查资料之分析》,见《台湾宗教研究》,台北:"中央研究院"民族学研究所,1981年,第408页。

[3]　叶明生:《闽台张圣君信仰文化》,福州:海潮摄影艺术出版社,2007年,第100页。

[4]　连横:《台湾通史》卷二二,《宗教志》,台北:台湾通史社,1920年,第652页。

索,沸油于鼎,谓可驱邪",皆为闾山教派之法师、法器与仪式,充分表现出当时闾山教派之存有,亦即在日本政策下,宗教信仰的力量不为时势所屈服。到了日据后期,日本才展开大规模且符合近代学术性的调查研究,台总督府真正着手研究台湾的宗教和进行大规模的调查,是在 1915 年西来庵事件发生之后。台湾宗教研究的领航者——丸井圭治郎、增田福太郎首先登台研究在台之宗教现况。增田福太郎于 1935—1942 年所写的《台湾本岛人の宗教》、《台湾的宗教——农村を中心とする宗教研究》以及《东亚法秩序序说——民族信仰を中心として》等著作,①开启台湾宗教研究之先锋,引导台湾学者对民间信仰探讨之兴趣。

　　道教及闾山教派信仰变迁有着历史性和社会性的多种因素。从历史的角度看,宋室南渡,为笼络南人,只要地方有所请者即可封神,形成一个重要的造神时代,张圣君与许多福建民间信仰人物之产生即在这一历史时期。② 而后法主公与陈靖姑信仰亦随着移民潮东渡到台湾,与其他神明信仰共同建立起台湾现有宗教信仰的基础。

三、二战以后

　　战后的台湾国民党政权,因秉持着中华民族主义史观,欲重新树立台湾民众思想观念,针对日本皇民化运动加以批判和贬诋。而 1946—1950 年间为黄金时期,民间各种祭典、绕境迎神赛会完全恢复,人们本可尽情地发挥,不受政治干扰,可是碍于主政者为留日与留美归国学子,他们反对迷信,民间各种宗教活动再次被压抑。但是

---

　　① 〔日〕增田福太郎:《台湾本岛人の宗教》,东京:财团法人明治圣德纪念学会,1935 年;《台湾的宗教——农村を中心とする宗教研究》,东京:养贤堂,1939 年;《东亚法秩序序说——民族信仰を中心として》,东京:ダイヤモンド社,1942 年。
　　② 叶明生:《试论瑜伽教之衍变及其世俗化事象》,《佛学研究》1999 年第 8 期,第 256～265 页。

基层农民百姓依然对神明深信不疑,神明圣诞活动、巫医占卜治病比比皆是,巫术文化在台湾重新活跃。追溯其因,是由于基层百姓文化素质之低下与贫乏,加以信仰群众功利思想之驱使,社会竞争下自身未能获得应有之满足所产生之心态不平,不得不去寻求神灵相助或求取心灵之安顿。闾山教派之教义与巫法,最能满足民众精神寄托之需求,这正是闾山教派在极度困顿之时尚能活存于民间,甚至于吸引更多信仰民众的根由。

台湾解严后,随着社会经济的起飞,多元化意识和台湾本土意识的兴起,道教或民间宗教之灵性修持与精神教养逐渐被重新检视和评价,其虽对台湾社会进步有着正负面影响之争论,但时势所趋,民间宗教有快速增长之趋势。值此台湾地区遭逢激烈社会文化变迁的冲击之际,民间宗教受到世俗环境的影响,也产生某些变迁的现象。①祭祀祖籍神明与关圣帝君、玄天上帝之间有相对的消长现象,唯有闾山教派别具一格,除了原有之法主公派与三奶派外,尚有徐甲派、普庵派等法教派类;由于台湾人保有"祀鬼尚巫"之习俗,加上在台湾"功利运用"与"秘言之符"的符咒术、灵验性思考,使得台湾的诸多宗教陷溺在"权力名位"的争夺上;②且受功利思维之影响,庙宇数量不断增多、规模相继扩大,这都与台湾某些社会文化条件具有相关性。从整体来看,台湾近年经济及教育水平的提高,并未使民间宗教的发展受到不利的影响,民间宗教仍有相当的发展潜力。③

台湾学者林安梧也感叹:"台湾之道教信仰,广布各处,有狭义之

---

① 余光弘:《台湾地区民间宗教的发展——寺庙调查资料之分析》,见《台湾宗教研究》,台北:"中央研究院"民族学研究所,1981年,第410页。

② 林安梧:《海峡两岸传统宗教在21世纪发展的相关省思》,见陈支平主编:《一统多元文化的宗教学阐释:闽台民间信仰论丛》,厦门:厦门大学出版社,2011年,第315页。

③ 余光弘:《台湾地区民间宗教的发展——寺庙调查资料之分析》,见《台湾宗教研究》,台北:"中央研究院"民族学研究所,1981年,第410页。

道教,即体制化之道教;亦有广义之道教,即民间宗教者。或有慨叹'有庙无数'者,或有慨叹'有棍无乩,有乩无教,有教无学,有学无道'者。"①由于闾山教派中较多信众是基层百姓或农民,是"执行者(不知不觉为实行家)"擅长于宗教实践,但缺乏"创建者(先知先觉为发明家)"与"教育者(后知后觉为宣传家)"②之思想与知识。在缺乏后两者情况下,闾山教派较难依循正轨来发展。

尤其在战后随着经济的繁荣、社会的进步、生活步调的改变,对宗教的依赖与诠释均发生改变,③究其具体原因,巫者可运用巫术解说人们为什么会生病、遭劫难、受折磨等,诸如鬼神作恶、子孙承受等命运注定说。④ 在此种状态下,透过闾山教派之道法二门或巫医之操作,人们的灵性得到升华,心中之阴霾得以驱除。这反映在法主公或闾山教派信仰所应用的巫法及符咒,以迎合民众的求生、祈福之需求,神与人的关系合一乃至同格,此即所谓的"神人同格论",于此达到人神共振,求取最大之功利。⑤ 此种巫法及符咒现象之"神秘性"与"灵验性",主要是从宗教的非理性主义之论调来界定的,同时"神秘"、"灵验"之事,亦宜提到学问层次探索之,使知何者为可思议处,

---

① 林安梧:《海峡两岸传统宗教在 21 世纪发展的相关省思》,见陈支平主编:《一统多元文化的宗教学阐释:闽台民间信仰论丛》,厦门:厦门大学出版社,2011 年,第 315 页。

② 孙中山之"民权主义"第三讲:"先知先觉发明家,后知后觉为宣传家,不知不觉实行家。"

③ 〔日〕增田福太郎:《台湾の宗教,农村を中心とする宗教研究 1939》,东京:佐野书房,1976 年,第 193～196 页。

④ 赖宗贤:《台湾道教源流》,台北:中华道统出版社,1999 年,第 200 页。

⑤ 〔日〕增田福太郎:《台湾の宗教——农村を中心とする宗教研究 1939》,东京:佐野书房,1976 年,第 193～196 页。

何者为不可思议处,知一般理性与宗教理性之异同。① 其实"神秘"与"灵验"几乎是互为体用关系,必须在神秘之体上适度地提出问题点,寻求路径找出其结果来验证即为灵验,这是一种超能力与超自然之存有,唯有在宗教现象中才能找到解答。吕大吉在《宗教学通论新编》中提出:"宗教是关于超人间、超自然力的一种社会意识,以及因此而对之表示信仰和崇拜的行为,是综合这种意识和行为并使之规范化、体制化的社会文化体系。"②战后的台湾宗教尤其是闾山教派,由于受到统治阶层相继的压制,各派传承上在缺乏领导统御者情况下,流离失散或各立山头,形成了日后众多的派别,在宗教情感与宗教神秘性体验上产生了差异。

威廉·詹姆士(William James)针对宗教感情与体验中的神秘性,在其《宗教经验之种种》中,将神秘主义宗教经验中的神秘性界定为一种"意识的神秘状态",涵盖着不可言喻性、心智直观性、易逝性与被动性。③ 战后在台有关法主公与闾山教派之论述为数不少:

1. 铃木清一郎之《台湾旧惯冠婚葬祭と年中行事》亦谈及法主公诞生日为七月二十三日,④各地为其举办盛大祝寿,供奉法主公之救命"红龟糕";唯独"台北法主宫"不在该日庆祝,而是选在农历九月二十三日,避开在七月份之神鬼争食。

2. 刘昌博提到"法主公是台湾各地茶商的保护神,并非法主公对茶商有什么贡献,或用法力帮助茶商赚过大钱,他与茶商唯一的渊

---

① 林安梧:《海峡两岸传统宗教在 21 世纪发展的相关省思》,见陈支平主编:《一统多元文化的宗教学阐释:闽台民间信仰论丛》,厦门:厦门大学出版社,2011 年,第 317 页。

② 吕大吉:《宗教学通论新编》,北京:中国社会科学出版社,2010 年,第 63 页。

③ 胡景钟、张庆熊:《西方宗教哲学文选》,上海:上海人民出版社,2002 年,第 227 页。

④ 〔日〕铃木清一郎:《台湾旧惯冠婚葬祭と年中行事》,台北:古亭书局,1975 年,第 457 页。

源,是清光绪年间,福建安溪县有茶商携带当地'碧灵宫'法主公的香火来到台北",①亦即现今的台北法主公庙,坐落于台北市南京西路上。

3. 李亦园在《台湾民间宗教的现代趋势》中提到,20 世纪 60 年代后期是台湾宗教信仰激烈变化的时期。② 因有天主教、佛教、道教争食台湾市场,天主教传教方式系以物质之配给(如面粉、麦片等)吸引民众入教,在先住民地区尤甚,在 1963 年达到天主教信仰之高涨。《台湾民间宗教发展的趋势》指出:"功利主义的泛滥,显示台湾民间宗教功利主义趋势的重要现象之一,使宗教的社群意义较为减弱,而满足个人种种现实需要的意义则相对增强。"③

4. 叶明生认为:"福建地处亚热带海洋性季风气候区,是自然灾害多发的地区,与此相适应,各地出现了许多农业保护神,主要职能是保佑风调雨顺、五谷丰登、六畜兴旺。"④此种信仰被传播到台湾后,相同的族群亦都保留着家乡传统的气息。

5. 王见川在总结法主公文献后认为,关于法主公生平的主流说法是:"他姓张,宋代人,兄弟三人到福建永春州龙泽石牛洞除蛇妖,殉难成神。"⑤这虽仅为对法主公之论述,但所代表的是针对整个闾山教派之初步探讨。

---

① 刘昌博:《台湾搜神记》,台北:黎明文化事业公司,1981 年,第 219 页。

② 李亦园:《台湾民间宗教的现代趋势》,《田野图像:我的人类学生涯》,台北:立绪出版社,1999 年,第 10 页。

③ 李亦园:《信仰与文化》,台北:巨流图书公司,1978 年,第 46~48 页。

④ 叶明生:《闽台张圣君信仰文化》,福州:海潮摄影艺术出版社,2007 年,第 2 页。

⑤ 王见川:《法主公信仰及其传说考察》,《从僧侣到神明——定光古佛、法主公、普庵之研究》,圆光佛学研究所丛书(2),桃园:圆光佛学研究所,2007 年,第 26 页。

第二节　台湾道法二门概况

每一个宗教的传承与延续皆有其组成之因素或特色，尤其是道教。台湾道教源自大陆沿海，最主要是来自福建、广东地区。明末郑成功驱走荷兰人收复台湾，大陆的道教与台湾道教的往来日益频繁；移民潮涌入台湾，同时在台湾建立宫观寺庙，奠定了日后台湾道教发展的基础。在前文已提到刘枝万的著作《台湾の道教と民间信仰》中"老君传下七十二教，教教不相同"①之说法，在第六章第一节的"道教派别之渊源"中，也会详加说明。但无论最终教派探讨结果如何，皆脱离不了道教之"多神论观念"与"崇尚道法自然"之本质。因此，可将其划分为"道派"与"法派"两个领域来解析。

一、台湾道派之解析

道教门派的分辨，初步可以依学理、地区、修行、道门、历史、宗派来区分。元代以来，道教逐渐汇归为正一、全真两大派，明朝以后更加尊崇正一派，原来上清、灵宝诸派传统尽皆归于正一。明清时期，道教亦主要分为正一道和全真道两大派别。在台湾现行道教领域中，由于功利形势驱使，为维持宫观之续存，亦为顺应时势之所需而跳脱出这两大宗派，另立之教派比比皆是。虽然尚有许多未形成气候之宗派，但最后亦都被归类到正一派之下。日本学者窪德忠在其《道教史》中曾提过，台湾"唯独没有传入全真教，其原因也许可以从台湾所处的地理位置来解释，因台湾与福建、广东等地交往密切……现在台湾也有自称全真教系统的道士，但只要仔细查考一下，就

---

①　刘枝万：《台湾の道教と民间信仰》，东京：风响社株式会社，1994年，第177页。

会发现他们与全真教怎么也联系不上"。① 实质上,可将台湾在道派
上粗略划分为正统道派(道士)与非正统道派(法师),即成为"道法二
门"之闾山教派。

(一)正统道教——正一道

宗教之传承其来有自,不但在其教义经典上得以传承,最主要的
是在其宗教精神上能得到正传。唐宋时期朝廷崇道,正一道因此被
视为正统宗教,为此,江南各道派逐渐被汇并到正一道道统中,受正
一道之统领,正一道则为各派的总称。但在元代以后,道教分宗,正
一道与全真道又被划分为道教的南北两大派系。在台湾部分,明万
历十八年(1590 年)闾山教派之三奶夫人派传入台湾南部后,茅山、
正一等派相继由大陆福州等地取道台北传入,再传至台中及台南。
清时正一道诸派广播于台中,据《台湾府志》所载最早于 1789 年在台
中的神冈乡建立了天师庙。而从六十三代天师张恩溥随国民党迁徙
到台湾后,才以台北为正一道的发展根据地。因此,由日本后藤新平
一手主导的有关台湾传统社会惯习及土地的大规模调查,深入民间
基层与农庄搜寻台湾新旧住民宗教信仰,我们可以约略地看到正一
道在台湾传播态势走向。在道教传承方面,自张恩溥等来台,鉴于台
湾之道教停滞不前,意识到有必要积极推动道教之教义与经典知识
普及。因此,成立中国嗣汉天师府和中华道教会,根据教义义埋增加
了许多道教派别,如积善派、经典派、丹鼎派、符箓派、占验派等。同
时亦增加了许多道教人士,如萧天石、龚群等,台湾道教因此方能在
稳定中求发展。

1. 道派:台湾道教为龙虎山张天师派,此派之统一名称为正乙派
或称正一道,是六十三代天师张恩溥随国民党来台,续嫡传给六十四
代天师张源先,但无再嫡传而世代绝,传说中之六十五代因无正传且
争议不少,正待厘清中。天师张恩溥在 1949 年至台湾后,认为欲振

---

① 〔日〕窪德忠:《道教史》,东京:山川出版社,1977 年,第 294 页。

兴传统道教,必须在整体结构上有所调整,但碍于当时政经低迷且杂乱,尤其主政者大都为留日、留美海归学子,反对迷信,使得整个道教改革起步不前。张天师唯有发动具有地域优势之在台正一道士,启动道教会的组织系统,更应用行政系统积极传播道教的正统教义与思想,发展了传统的正一天师道之命脉。正一天师道在天师的整饬下,组成了正统之正一道派,一枝独秀,成为台湾道教的主流。张恩溥也以其天师之职,站稳在台之脚跟,不但使道教在台湾得以传承,而且发展到港澳及东南亚各国各地区。因此,自 1949 年以后,台湾道教则全为正宗的正一道所涵盖,"台湾道教,非黄老之教也,微不足道。而其流衍人间者,则为张道陵之教"①。至于符箓行事风格与龙虎山正一宗坛相近的"三山符箓派"②,即在《上清灵宝大法》卷二七曾言的:"金陵之三茅山,大洞宗坛也;临江之合皂山,灵宝宗坛也;信州之龙虎山,正一宗坛也。"③南宋道士金允中《上清灵宝大法》卷一〇亦为同样说法。④ 龙虎山的正一宗坛即成为主掌三山符箓之祖庭、江南符箓诸派之祖传者。

正统之道派必有正统之传承,尤其在道统辈分上,皆有其既定之轨迹可依循,如《藏外道书》之《诸真宗派总簿》中有"第三七天师张真人正乙派"诗曰:"守道明仁德,全真复太和,志诚宣玉典,忠正演金科,冲汉通玄蕴,高宏鼎大罗,三山扬妙法,四海涌洪波。"⑤即为龙虎山正一道授箓的道号辈分系统,亦即台湾正一派所传承的道脉谱系。

---

① 连横:《台湾通史》卷二二,《宗教志》,台北:台湾通史社,1920 年,第651 页。

② "三山符箓派"之"三山"即指金陵之三茅山、临江之合皂山、信州之龙虎山。

③ 〔宋〕宁全真授,王契真编纂:《正统道藏》第 52 册,《上清灵宝大法》卷二七,第 161 页。

④ 〔宋〕道士金允中:《道藏》第 31 册,《上清灵宝大法》卷一〇,第 400 页。

⑤ 〔明〕《藏外道书》第二十册,《白云观志》,《诸真宗派总簿》,成都:巴蜀书社,1992 年,第 578 页。

因台湾早期自大陆移民，以闽、粤二省为多，故台湾正一派之道脉谱系，实属龙虎山正一宗坛之传承者。目前在台所授箓之辈分已达"鼎大罗三"中，实为一有力之佐证。

2. 道士：道士之起源可追溯到黄帝时"黄冠道士"之称，明万历之《中华道藏》中《黄帝内传》有曰："凡奉天道者，曰道士。周穆王于尹真人草楼之观，召幽逸人祀其香火，以奉天帝，谓之道士。此道士于宫观祀天帝，自此始。盖道士之衣冠皆黄帝之衣冠，故名黄冠。所行者黄帝之事，所言者老子之道，故名道士。"[①]而道派科仪主事者在道教中有道士之称，连横在《台湾通史·宗教志》说："道陵既以符书役鬼卒，孙鲁又吹煽之，从者日多。朝廷士夫亦信其术，封为真人，尊曰天师，奕世相承，主持剑玺，悍然而据一方，故其徒皆号道士。"[②]其有出家道士与在家道士之分，宋代以后，道士神职的界定与道士法师的产生形式比较多样，如何界定道士传度与授职身份实际上也是一个重要的问题。如东华派宁全真一系散布在浙江一带的多为在家之人，《夷坚志》之戊卷六中记载的天心派道士亦并非都是居观的道士，其中"王法师"记载："临安涌金门里王法师者，平日奉行天心法，为人主行章醮，戴星冠，披法衣，而非道士也。民俗以其比真黄冠，费谢已减三之一，故多用之。"[③]此说有世俗化之道士、居观之道士、隐居山林之道士，如《无上黄箓大斋立成仪》的作者蒋叔也是一个官员，是世俗化之道士。宋元以后，除了居宫观的出家道士之外，一般道士较无制度或戒规之约束，似乎只要拜师学法之后就能为百姓执行科仪。

300 年前道教随着移民传入台湾，除了因应自然、地域、人文、环境等影响而形成在地化的特色外，仍然传承古来闽、粤正一派的火居

---

① 〔明〕《中华道藏》第 28 册，涵芬楼《天心玄秘章》，台北：新文丰出版社，第 697 页。

② 连横：《台湾通史·宗教志》卷二二，台北：台湾通史社，1920 年，第 651 页。

③ 洪迈撰：《夷坚志》第三册，北京：中华书局，1997 年，第 1101 页。

道法传统。明末清初,台湾道教之道士已有相当之规模,其中正一派道士,不出家、不住道观,是入台后几经在地化、俗世化之道士。台湾之道士以家传或师授成立道坛,并与信众结伙而居的方式,为族群信众从事道教专门礼仪,故也称"道坛道士"。台湾的道士多系居家修行的道士,大致又可分为乌头道士和红头道士两种,亦即执行"吉场"与"超场"法事之分。起初其道士为乌头道士,一般以拔度斋事等超场为主,"灵宝道坛"俗称"灵宝派",乌头道士分茅山派系(玉京道士)、清微派系(天枢道士)、武当道系(北极道士)、正一教系(玉府道士)。

3.道场仪式:一个道场之设施,由于其摆设之差别,所代表之意义也不同,当然其所掌司之神职人员亦随之而异。在"超场"中则为专司敛、殡、葬、祭等丧事之超荐式场,专司法事者为乌头道士,如天师派(正一派)、老君派、灵宝派为乌头道士。常在斋醮时戴黑网帽或金冠,所采用之唱诵及演法之经典源自于《道藏》之斋醮科仪本,即其科仪源流来自于《正统道藏》,亦有参酌迈克尔·萨梭编《庄林续道藏》[①],其中之第一部分金箓、第二部分黄箓、第三部分文检和秘诀,是乌头道士斋醮使用的经典与科本。

(二)非正统道教——闾山教派

非正统道教并非完全传承正统之道教,已非原始传统道教,而是从民间信仰中的圣与俗中分离出其圣之领域而来的,因民间信仰随着移民迁移而来,其中杂糅着儒、释、道。这是台湾道教正一道与巫、佛发展走向的一个显著特点,同时也是神佛混合、神巫相混的一个教

---

① 〔美〕迈克尔·萨梭编:《庄林续道藏》,台北:台北成文出版社有限公司,1975年。全书收载道书104种113卷,多数是符箓科仪及手抄秘本,分为四部分:金箓、黄箓、文检、闾山神霄之法。

派。正如连横所说:"台湾之宗教杂糅而不可一者也,故论次其得失。"①

1. 法派:台湾道教的传法先后次序,皆按其由大陆传入的顺序,先有闾山教派中陈靖姑之三奶派传到台南。由于闾山教派之信仰者以基层百姓与农民为多数,在台湾西南部一带深入民间,成为台湾道教"法派"的主流派。闾山教派"一般以"吉场"之度生、吉庆道法为主轴,因而被称为"法教";或有认为其法全来自巫法,由是被称为"巫教"。关于"法教"传统,刘枝万曾做过相关研究:"民间相传,此教始祖是闾山许真人,故谓之'闾山派',后由其徒徐甲真人予以推广,故亦称'徐甲派',惟此派原来不应穿鞋,而以赤足为其标识云。"②其中所言"此教始祖是闾山许真人,故谓之'闾山派',后由其徒徐甲真人予以推广",经笔者查核历史文献,晋朝《神仙传》卷一《老子》:"徐甲真人应是周朝道家之祖老子李耳的随身书童。"《云笈七签·道教相承次第录》中说:"第一代老君,老君火山大丹治法,传授三百人,唯三人系代:王方平、尹喜、徐甲。"③在此得知徐甲真人是出生在老子李耳(约前571—前471)生活时期,而《云笈七签》又说:"第三十六代许逊。"④《净明忠孝全书》六卷许逊生活于239—374年,⑤若闾山派是许逊所创,徐甲真人发扬光大,在其出生之时间点上,徐甲真人比许真君早约800年恐难成立,值得商榷。

---

① 连横:《台湾通史》卷二二,《宗教志》,台北:台湾通史社,1920年,第649页。

② 刘枝万:《台湾の道教と民间信仰》,东京:风响社株式会社,1994年,第34～35页。

③ 〔宋〕张君房编,李永晟校:《云笈七签》,北京:中华书局,2003年,第58页。

④ 〔宋〕张君房编,李永晟校:《云笈七签》,北京:中华书局,2003年,第61页。

⑤ 〔元〕黄元吉等编撰,胡化俗述:《净明忠孝全书》六卷,《净明大道说》,《正统道藏》太平部。

据笔者于 2013 年 3—4 月之田野调查,台南兴泉府林道长认为:
"'闾山十八教,教教不相同',台湾民间常见号称'闾山派'之流派有:
三奶派(主神是陈靖姑)、法主公派(主神是张圣君)、徐甲真人派、姜
太公派、王禅老祖派、澎湖小法派、普庵派、瑜伽派、清水祖师……"

笔者又于 2013 年 12 月 8 日在金门"一炁紫天宫"访谈台湾南投
县竹山的"闾山灵真法门"大法师叶万春先生,其所演法过程为闾山
教派中之徐甲派。在田野调查数处闾山法门后发现,台湾已将所有
之法教归类到闾山教派中,其中较常见之法教有许逊所创之闾山派、
法主公派、三奶夫人派、徐甲派、普庵派、瑜伽派等。刘枝万先生早年
已在台湾进行众多有关宗教之相关调查,他说:

> 法教包括信奉许真君的闾山教、徐甲真人的徐甲教以及姜
> 太公的客仔教等各派,但除闾山教外,其他实态不甚明了。闾山
> 教再分为信奉临水夫人即陈靖姑的三奶教,与张圣君的法主公
> 教两小派。也有自称信奉普庵佛的普庵教与嘛呢佛的嘛呢教,
> 至若此教之最突出者,称"三奶派"。此派供奉福建福州陈昌女
> 靖姑(临水夫人)及其结拜姊妹林九娘(或作林纱娘)、李三姐(或
> 作李三娘)等三神,当皆为往时女巫而被奉为神者。因系女性,
> 故其徒得以穿鞋;其业务与前两派相同,专行"度生"中驱邪压煞
> 之法术。相传,陈靖姑曾由闾山许真人传授法术,神通广大,法
> 力高强,斩魔除妖,庇护人民,传说脍炙人口,深入民间。故闾
> 山、徐甲、三奶等派别,名称虽异,实质几同,统称为"红头法";又
> 以"三奶派"独盛,故有时竟被视同法教。①

根据刘枝万这段话,我们亦可无疑地综合推论:"闾山教派"即为
"道教法派"领域中之"法教";其所执行科仪者为"道教法师",其在道
士领域内为"红头道士",亦即"闾山派红头道士"。

---

① 刘枝万:《台湾の道教と民间信仰》,东京:风响社株式会社,1994 年,第
34~35 页。

2.法师——闾山派红头道士:闾山教派包括法主公派、三奶派、徐甲派、瑜伽派、普庵派等,虽其亦来自道教的正一道之法门,但其思想带有着强烈的巫法意味,其派下之演法者则被喻为红头道士。刘枝万在《道教》卷三中曾把闽台系统的道教分为三支:(1)道士——道教;(2)法师——法教;(3)灵媒。他还指出,法师——法教一类中包含闾山教,而闾山教又分为以临水夫人为主的福州三奶教系和以法主公为主的泉州法主公教。① 由此可知,刘枝万在当时所调查之闾山派,是以较兴盛之三奶夫人派、法主公派、徐甲派为代表,而未提及瑜伽派、普庵派等。刘枝万谈到"法教与法师"时说:"台湾民间信仰从事者有道士、法师、灵媒三类之分。"②显然在台湾道教或民间信仰上之划分已无明显之界线,这种世俗化之道士使得台湾之道教与道士亦随之改观,"台湾道士,非能修炼也,凭借神道,以赡其身,其贱乃不与齐民齿"③。这些道士并非着重在修炼与养生,而是着力于解决民间群众功利诉求,以神为其工具达到民众之所需。因此,这些道士被界定为道教之"法师",成为专靠红头法术,为人催符念咒,驱邪治病的巫师,自称为"法教"或"闾山教派"之"法师"与"红头道士"。连横之《台湾通史·宗教志》曰:

> 唯三官堂之道士,来自江西,蓄发方衣,悬壶卖药,谓之海上方,颇守道家之律。若市上道士,则仅为人家作事尔。坊里之中,建庙造像,陈牲设醴,宰割白鸡,以血点睛,谓之开光。天灾火害,惧而修省,设坛以禳,谓之建醮。旱魃为虐,祷告龙宫,朝夕诵经,谓之祈雨。亲丧未除,三旬卒哭,表神礼忏,谓之报恩。

---

① 刘枝万、福井康川监修:《道教》卷三,上海:上海古籍出版社,1992年,第117~126页。
② 刘枝万:《台湾の道教と民间信仰·法教と法师》,东京:风响社株式会社,1994年,第180页。
③ 连横:《台湾通史·宗教志》卷二二,台北:台湾通史社,1920年,第651页。

又或妇孺出门，忽逢不若，画符吹角，谓之收煞。病人勿药，合家有喜，上牒焚楮，谓之补运。中妇不孕，乞灵于神，换斗栽花，谓之求子。凡此皆所以用道士也。而道士每张大其辞，以欺罔愚顽，巾帼之中，尤多迷信，顾此犹未甚害也。其足惑世诬民者，莫如巫觋。[1]

在此之悬壶卖药、建庙、造像、开光、祈雨、报恩、收煞、补运、求子等，皆为闾山法门之所专，亦为红头道士之所长，皆为巫法。红头道士平常在自家设坛或依附于庙宇为信众服务，主要依赖小型道门科事与三奶派小法营生。一个道派之道士皆有其专司之领域，亦代表着该道派之精神所在，不论其道派自身之精神内涵为何，主要是其背后所隐含着如何去迎合信仰群众身心灵之调适。至于其是否为愚昧无知或迷信诬民，不同宗教以其所立足位阶之不同而看法各异。

3. 非正统道教仪式道场：前述闾山教派之法师或红头道士所执行之法事，以斋醮时头系齐眉红巾或彩眉为其主要特色，在田野调查时，台南"开基玉皇宫"正在执行"十二神煞"[2]祭解科事，林法师认为"最原始闾山派之穿戴，是头绑红巾"。而李丰楙认为：

> 由于红头司的"红"字在颜色的象征上，自是与闾山派、三奶派的巫法、女巫传统有关，在作法时的仪式打扮及动作，除了是头绑"红巾"作为其形象特征及宗教意义外，还比较深刻地指陈它乃具有一种"度生"的吉祥、吉庆性质，也就是与寺庙、祠堂的祭祀活动有关，这是民间或行内所说"红白大事"的"红事"。因此红头司除进钱补运等小法的法术本领外，如有能力或有机会

---

① 连横：《台湾通史·宗教志》卷二二，台北：台湾通史社，1920年，第651页。

② 〔清〕允禄、梅毂成、何国栋等著，王玉德主编，刘道超译注：《协纪辩方书》卷三，《神枢经》影印本，南宁：广西人民出版社，年份不详，第94～125页。"十二神煞"：太岁、太阳、白虎、天狗、五鬼、丧门、太阴、死符、岁破、龙德、病符、福德。

的话,通常还会学习道教正一派的科仪,乃得以成为具有"道士"身份的神人中介者,民间即俗称为"师公"或"司公"。①

颜色之配对与服饰之穿戴,在宗教领域中是一种象征,唯有透过这种隐喻之表征才能对信仰群体显现其内涵。《庄林续道藏》之第四部分《闾山神霄小法》②,是红头道士在道坛作法事时使用的经典,红头道士演法科仪亦皆以此为参考。在闾山教派作法时,动作与唱调较为通俗且平易近人,这种平民精神的宗教化是闾山教派信仰的基础,而将张圣君造化为教派之法主,更是平民为其生存需求和目的而争取社会地位的一种象征。③ 田野调查发现,在台南市"狱帝庙"天天都有"红头法师"做着超度亡灵之法事,可见"道士"这类专业性法事也被他们取代了。论及"红头法师"对民间善信之影响,与正一派道士一样,不外乎鬼神观念与天师道"功利主义",这也同样影响他们独善其身的心态。④

二、台湾道法二门之解析

在前文已谈到在台湾之道教亦可称为"道法二门"之道教,尤其台湾北部对道教所谓的"道法二门",即指道教正一派道坛中,许多道士都是兼习闾山教派,具有道教与法教的双重传承者身份。吴永猛、谢聪辉合著之《台湾民间信仰仪式》⑤对于道法二门之介绍,亦极详备可观,但其中法的部分是以澎湖小法(普庵派)为主轴,其他闾山教派之内涵则较少论述。在道士与法师之职司上,无论是红头道士还

① 李丰楙:《台湾中部红头司与客属聚落的醮仪行事》,《民俗曲艺》第116期,1998年,第146页。

② 〔美〕迈克尔·萨梭编:《庄林续道藏》,台北:成文出版社,1975年。

③ 张二文:《客家〈圣君爷〉信仰及其传说流变调查研究——以圣君、法主公、五营信仰之关系》,台北:台湾客家委员会,2008年,第13页。

④ 董芳苑:《台湾宗教论集》,台北:红蚂蚁图书公司,2008年,第256页。

⑤ 吴永猛、谢聪辉:《台湾民间信仰仪式》,台北:空中大学出版中心,2005年。

是乌头道士,都是以符箓、斋醮、传道、作法为其职司领域。追溯其道法之本源,闾山教派实质上与正一道是同出一宗,只是闾山教派掺杂着巫觋之法,并受地区演化和宗派世俗化之影响,而改变其原始宗派之意味,堪称同道而不同门。

台湾之红头道士法脉大都源自于福建的道教派别,有天师派、神霄派、灵宝派、净明派、闾山派等,传入台湾的道派可谓从属于正一道,台湾的道教文化亦应是传承于正一道。早期的台湾民间信仰在道士上应有较明显的划分,如有红头与黑头之分,但由于在教派上已混杂应用,以符合信仰群众之所求,致使在划分上颇多异议,未被大众所认同。如闾山教派亦分为两支,即为"红头法师"与"乌头法师",闽南语俗谓"死归法主,生派夫人",一支将法主公奉为祖师,并以黑头巾作为派系之标记,以丧礼法事、超渡驱邪等见长,但亦有不行丧礼法事者,人称"法主公派",台湾人称之为"乌头法师",俗称"乌头派";另一支较明显之派别以临水夫人(三奶夫人)等为祖师,行法时以红头巾作为标记,称作"三奶派",又称"红头法师",专作节庆、庙宇做醮等法事,但在附加行事上亦行超场法事科仪。此种教派之间的交流与对接,具有宗教包容之情怀,彼此之间产生一种"合缘共振"之现象,尔后各教派相互融合。

据台南兴泉府林俊辉道长口述:"最简单的区别方式就是'道士是黑头'(度生与度死),'法师是红头'(度生)。"这是一种较原始概略之划分。田野调查后发现,大场面之法事科仪大都由道士执行(如斋醮、拜斗、三朝、五朝等),但因环境与世俗之所需亦兼行乌、红斋醮科仪,而平日则以家族拔度为主。一般小场面(如小法)则由法师所做(如祭解、制煞等),这仅是概略说法,并非绝对性之论证。

日本学者丸井圭治郎又将"巫觋"中之"法师"与"符法师"做一界定区分。1919年日据时期,丸井圭治郎所编撰之《台湾宗教调查报告书》将台湾之道士、法师(巫觋)、术士及红头、黑(乌)头做了归纳比较,见附录"道士、巫觋、术士关系图"。①

(一)红头道士(或红头司公)

台湾红头道士亦称红头司公,为生者举行消灾、解厄、祈福等法事。"红头司公之中戴红头巾专行驱邪押煞的人(或者行此科仪之场合),将这些视为巫觋(法师)。"②因此台湾南部闾山教派大都是相同之格调,对陈靖姑派与法主公派就较少有所区隔。而红头司公之职司仅进行度生仪式,度生俗称求平安、驱邪、制煞等,主要为了消灾解厄与求财。总之,道教闾山教派的祭解神煞过程,应用道与法为信徒解除病痛,其目的是为人求取平安、幸福与富贵,是一种延年益寿的利他行为。李丰楙在《台湾中部红头司与客属聚落的醮仪行事》中谈道:

> 道法的传统,通常在行内即自称为"道法二门",其职能在平常多从事小法事,诸如小改运性质的动土、出煞、安神位等,就如所设道坛的广告板或所使用的名片上,常见他们特别强调是"专门吉事",以之表示与另一派乌头司公所从事的丧葬超荐者有所不同。他们所专门的工作项目凡有礼斗三献、酬神消灾、煮油净宅、祭关押煞、收魂安胎;而较少做却是较能显现其道法修为的,则是规模大小不等的"祈安建醮",是为道士行业中被认为较有本事的专业表现。③

"道法二门"的行事风格,皆着重在民间世俗生活中,追求功利及贴近于民生需求上之法事,是一种度生之吉场科事。其所做成果有

---

① 〔日〕丸井圭治郎:《巫觋》,《台湾宗教调查报告书》第一卷第十二章,台湾总督府,1919年;台北:捷幼出版社重刊,1993年,第95页。

② 〔日〕丸井圭治郎:《巫觋》,《台湾宗教调查报告书》第一卷第十二章,台湾总督府,1919年;台北:捷幼出版社重刊,1993年,第98页。

③ 李丰楙:《台湾中部红头司与客属聚落的醮仪行事》,《民俗曲艺》第116期,1998年,第146页。

否应验很难去衡量与断定,但在最终心灵慰藉上,由于符合信众心理之欠缺所做之弥补,因而能在法事进行中,引导心灵意象而达到满足之目的,间接上去除心理之阴霾,这是红头道士或法事之本能。

(二)乌头道士(或乌头司公)

社会观念认为黑色为一种黯淡之色且带有凶煞之忿,执事者在丧事过程中,周遭充满着秽气与不安之思维,由是必须以更凶悍之威灵克制仪式现场,在此情境下唯有乌头道士能扬威制伏。台湾乌头道士(乌头司公)在宗教职司上是为亡者举行超渡等超拔亡魂科仪,但亦为顺应世俗之需求,且受到群众亦信仰佛教之思维影响,并行度死仪式,一般度死俗称"做功德",是一种为死者在其"中阴生"时期或"做七与做旬"时所做的科仪。

在台湾北部正一道派所延伸出之"道法二门"的职业特质,原则上主行吉庆醮事,而不行使新亡者(生亡灵)超荐性功德之丧祭斋事,仅做公众性普渡,如中元普渡、建醮最末之日的普渡时。因其领域性质与乌头道士之职有所重叠,也被归类到乌头道士行列中。台湾北部道法二门道士由于不处理丧事,[①]所选择之科事亦随之减少。但一个道派能长期续传,必有其后起之道徒,不仅需依循其道派之内在本有之传承领域,而且需寻求更广阔之空间,扩大自身之存活机运。因此,其正一派道士多在各乡镇设"道士坛",不住寺庙,不作法事时与一般乡民无异。[②] 所以台湾的道士:(1)终日为人祈安植福、消灾解厄,无暇顾及自身修炼;(2)道士一如百姓,着重世俗需求,久之遂成为子孙世袭相继之职业,致使台湾之道士仅是为了安身立命而非修行;(3)道士系属在家执教而非出家常住道观,亦可拥妻传子,这种

---

① 李游坤:《台湾基隆广远坛的传承与演变研究论文》,台北:天主教辅仁大学宗教学研究所,2011 年,第 112 页。

② 〔宋〕欧阳修、宋祈撰,杨家骆主编:《新校本新唐书·列传第三十四》卷一〇九,台北:鼎文书局,1978 年,第 4107 页。

身兼道士与乡民双职之趋向与大陆相较,台湾表现得相当突出,因大陆之道士大部为专职道士。究其原因,在台主要体现在儒释道思维,使得道教信仰与民间信仰融合而自成一体。首先在台移民拓展时期,仅自大陆携来信仰之神佛,并无正规或明确之道教教义与教派教义;其次道教崇尚道法自然与多神论信仰,产生道教信仰与民间信仰本体相通,最终道教以其道体之存有,兼民间巫法之掺杂,形成台湾独有的"道法二门"门派,但这都被归类到闾山教派中。

第三节　闾山教派在台之概况

宗教教派信仰的传播,皆与其信仰群众之宗族息息相关,早期台湾人民大都来自福建之漳州、泉州,其移民之初所夹带的家乡信仰,奠定了台湾宗教信仰之基石。因此,可依其族群之分布概括出地区之信仰,闾山教派就在这种情况下不同派别有不同分布之地盘。依据连横之说法:

> 宗教之事,各地俱有,所处不同,即所祀之神亦异。是故山居者祀虎,水居者祀龙,陆居者祀牛,泽居者祀蛇,则不得以祀虎者为是,祀龙者为非。迹其所以崇奉之者,莫不出于介福禳祸之心,而以此为神也。夫台湾之人,闽、粤之人也,而又有漳、泉之分也。粤人所至之地,多祀三山国王,而漳人则祀开漳圣王,泉人则祀保生大帝,是皆其乡之神,所以介福禳祸也。若夫士子之祀文昌,商人之祀关帝,农家之祀社公,药铺之祀神农,木工之祀鲁班,日者之祀鬼谷,所业不同,即所祀亦异,是皆有追远报本之意,而不敢忘其先德也。①

---

① 连横:《台湾通史》卷二二,《宗教志》,台北:群生出版社,1973 年,第655 页。

闾山教派除了因陈靖姑在古田、法主公在德化石牛山以除妖斩蛇名盛一时外,祈雨也是闾山教派之所长。因此,张圣君属于农业保护神的范畴,而且是福建影响最大的农业神,①而在台湾垦荒亦大都以农业为主轴。台湾移民亦大部分来自福建漳州、泉州等地;张圣君在台湾的信徒分布,士、农、工、商各阶层都有,祈求"风调雨顺、五谷丰登、六畜兴旺、生意兴隆、财源广进,等等"。闾山教派是基层百姓与农民之信仰,其神祇也因此成为信仰群众之守护神,由农业神转为渡人济世之神明。在台湾的民间信仰中,法主公不但是茶叶商人的守护神,同时也是一般民众求治疑难杂症的赤脚医生,最为突出者为透过道教法师,执行各种济世法事。据《台湾府志》称:

> 俗尚巫,疾病辄令禳之。……有法师与乩童相结,欲神附乩,必请法师催咒。每赛神建醮,则乩童披发仗剑,跳跃而出,血流被面。或竖长梯,横排刀剑,法师猱而上,乩童随之。乡人有胆力者,亦随而上下。或堆柴蓺火炽甚,跃而过之,妇女皆膜拜致敬焉。②

在南人崇尚鬼神与祈求鬼神的功利思维下,士农工商各个行业皆有其各异之崇拜神祇,并将行业经营优劣的功过归属在其信仰鬼神上。无论其对神祇之评价为何,最终皆加深对鬼神之崇拜,甚而忘却宗教信仰之宗旨。连横又说:

> 凡此皆道教之末流,而变本加厉者也。夫道家以玄默为主,尚真一,任自然。乃一变而为炼汞烧丹,长生久视;再变而为书符作法,役鬼求神;三变而为惑世诬民,如蛇如蝎,此其所以衰

---

① 叶明生:《闽台张圣君信仰文化》,福州:海潮摄影艺术出版社,2007年,第2页。

② 〔清〕林豪:《澎湖厅志》卷九,《风俗·风尚》,第326~327页。

也。而台湾之道教更不振。①

闾山教派之所司为书符作法、驱役鬼神,迎合民众之所需,在台广为信仰群众所青睐,配合不同地区之来台移民,产生了在台闾山教派不同神系之分布。

一、闾山教派在台之信仰分布

由于信仰群众对自身"至上神"之崇拜,为尊崇其神格,将其法派之主祀神自封为"法主",如封许真君为"许法主"、陈靖姑为"陈法主"、张圣君为"张法主"等,均标榜其为教祖或法主。但有些教派却无明确法统传承可循,如徐甲真人派,其仅在台宗族数代之传承有据。至于张圣君之法派在台皆称为"法主公派",甚或言之为"闾山法主",而将许真君派回归到"净明派",在文献中虽谈到闾山教派为许真君所创,但在台之闾山教派中并未将许真君列入该派神系中,唯在三奶派宫庙中,有将其供奉为教主或法师公。论及闾山教派与三奶派、法主公派之关系,在台已仅鉴于传说。田野调查中发现"三奶派"仍属闾山教派,北部是其地盘,法主公派、徐甲派盛行于台湾中南部,普庵派则独处于澎湖。

(一)在台三奶派之信仰分布

在前文已论及台湾闾山教派诸神祇皆传自大陆,由于在宋时之神迹显现与造神运动,闾山教派诸神成为后人所崇拜之神祇。三奶派传入台湾时间点众说纷纭,但可确认者为其皆随早先移民传台,数量最多及较早的是在明末清初的郑成功开台期间。② 田野调查中又发现,有几座较早期之陈靖姑庙宇,可考者为:

---

① 连横:《台湾通史》卷二二,《宗教志》,台北:群生出版社,1973 年,第652 页。

② 叶明生:《闽台张圣君信仰文化》,福州:海潮摄影艺术出版社,2008 年,第211 页。

1. 明万历十八年(1590年),出身福建漳州的闾山三奶派道士首先抵达台南。①

2. 明代宣宗宣德年间(1426—1435年),高雄县大社乡修建碧云宫。现任庙祝高宪一口述:"该宫保有距今已有500多年之'三界公炉'为证,可能是台湾目前留有古文物最早的临水夫人宫庙。"②

3. 顺治十八年(1661年)台南白河镇的南台临水宫,号称台湾开基之庙。

4. 高雄市旗津临水宫常务监事黄庆堂说:"清康熙三十二年(1693年)自福建古田祖庙恭迎来台。"

5. 乾隆元年(1736年)的台南市临水夫人妈庙。

6. 嘉义县竹崎乡义仁村的三水宫。

7. 嘉庆年间(1796—1820年)的高雄县阿莲乡石安村三奶宫。

8. 碑记系清光绪十九年(1893年)临水宫所立,台南县白河镇临水宫主祀临水夫人(又称助国夫人)。

9. 光绪年间(1875—1908年)的嘉义县新港乡南港村的巡安宫、屏东县枋寮乡的慈天宫。③

台湾光复后众多三奶派庙宇陆续创建,如1959年的宜兰罗东炉源寺罗东炉源寺、1969年的宜兰苏澳镇新城里武荖坑妙光寺等。依"据台湾顺天圣母协会"许钟铭秘书长2014年1月25日口述:"全台有主祀临水夫人的庙宇约300座,参加协会的有37座庙。"④

---

① 詹石窗、林安梧:《闽南宗教》,福州:福建人民出版社,2007年,第44页。

② 金清海:《临水夫人信仰在台湾的文化意涵》及高雄县大社乡碧云宫庙祝高宪一先生口述记录。

③ 杨济襄:《台湾民间礼俗中的"孕母守护"图像群与仪》,见《第二届宗教生命关怀学术研讨会专辑》,高雄:正修科技大学,2008年,第26页。

④ 设址宜兰县罗东镇"台湾顺天圣母协会",许钟铭秘书长(2014年1月25日)口述。

（二）在台法主公派之信仰分布

在田野调查中发现法主公派入台时间点较三奶派为晚，约在清末较为多数，又受五营兵将信仰系统混淆，考证更显不确定性，较早的几座可考者如下：

1. 北部

台湾北部因三面环海，移民登陆有先天地理环境优势，除淡水、基隆、宜兰等地区港口海岸外，亦有多处可供渔船登陆。因此，渔民之登陆点亦即闽粤宗教信仰传台之入口点。

（1）台北市法主宫：该宫庙内供奉着泉州人的守护神——张法主圣君，该神像是清光绪十九年（1893 年）茶商陈书楚从泉州安溪带来大稻埕安奉的。① 此宫演法科仪未有固定专司之领域（有天师正一派、闾山派、佛教诵经）。这与 1894 年林豪《澎湖县志》记载澎湖客仔师演法之过程，包含了道士、法师、乩童、僧侣综合性的法事，不谋而合。

（2）宜兰晋安宫张公圣君祠：供奉镇殿主神为法主公。开拓宜兰苏澳之先民为对抗蛮荒瘴疠，由苏士尾、张光明等先贤于清道光七年（1827 年）将安溪一带乡土守护神恭请来台，在宜兰苏澳建祠奉祀，是苏澳地区最古老的寺庙。宫内祀大法主（张）、二法主（萧）、三法主（章），演法科仪以法主公派为主。

（3）宜兰再兴宫：系于清朝咸丰年间，福建永泰县张家庄先贤背着张公祖神像开兰垦荒，移民至宜兰县三星乡兴建兰兴宫。宫的内殿有一座先民垦拓的先贤牌位，上写着："泉郡堂室开辟浮州庄先贤之神座。"对员山乡的历史传承与先民奋斗的史迹，有着不可磨灭的贡献。建于溪洲堡泉州大湖（今有楹联"身化九龙潭遍逐蛮荒辟兰

---

① 台北市法主宫管理委员会：《台北法主宫沿革》，台北：法主宫管理委员会内部印刷，时间不详。

境,法施三宝塔直驱鬼牛走桃源"),后因大水冲毁,在附近搭草寮奉祀,结果再次遇大水,又迁移至宜兰市南桥里与七贤交界处,建物仍是草寮。后浮州庄民集资于今七贤村第二邻处建庙,称再兴宫。

(4)新北市玄雅堂:在访谈中发现该宫观为"中华闾山派道教会",理事长谢锦盘道长出生于道教家庭,其父谢雅颂人称"仙人",在彰化鹿港一带的道教界颇具知名度。该家族承袭于闾山法派,谢锦盘道长属来台第六代传人(第一代谢妈赐→第二传三房谢宝乞→第三传五房谢乌鸡→第四代传大房谢火荣→第五代传三房谢雅颂→第六代传大房谢锦盘)。以每代30年计,该法脉已在台传承180年之久,演法科仪以法主公派为主。

2.中部

(1)彰化埔盐闾山总道院:蔡氏家族为执事者,其法脉传承系来自新北市玄雅堂在彰化县鹿港一带之法脉。院内亦以三位法主公为主,演法科仪以法主公派为主,可惜该道院将法主公喻为"五营兵将系统"中之东营军守将。

(2)云林县赤法宫:云林县二仑乡来惠村顶庄赤脚法主公,是在郑成功迁台后,由该村廖姓村民之祖先从福建"碧云宫"分灵到台湾供奉。据廖姓后代子孙口述:这尊法主公系其十二代祖先,从大陆请到台湾,现在子孙都到二十四代了,供奉神尊已历经十二代。以每代30岁计算,法主公来台已约有360年历史。这与该庙法主公降乩所言"到台已300余年"相近。演法科仪以法主公降灵乩身行事,以法主公派之仪式为主,如过火、爬刀梯等降乩行事的情形。

3.南部

(1)台南开基玉皇宫:此宫主神为玉皇大帝与三官大帝,配祀着三清、天师、玄天上帝等,未见有法主公与陈靖姑神像,但其宫内长期都有3~5组法师驻扎,执行法主公法派之科仪,为信众祭解五鬼、白虎、病符等十二神煞以及祝圣、安神、开光点眼、斩桃花、过七星桥等。据驻宫林法师称:法派科仪家传,在他是第三代,虽然在玉皇宫内无法主公神像,但科仪演法,还是以法主公法派为主。

（2）台南兴泉府：住持林俊辉道长，1956年生，12岁开始学习道法，曾经驻"夫人庙"20年之久，有南部"黑头林"之称，亦擅长于法主公法门、三奶夫人派、正一灵宝派。据林道长口述之"夫人"及"黑头林"，可了解到陈靖姑派与黑头法师之关系。在林道长"破狱打城"行法中观察到，前半段之请神招兵、下地狱之过关等，系以闾山派红头法师（法主公派与三奶派）混合行使，在"破狱打城"、"招魂"时再以"正一派"科仪行之。

（3）台南狱帝殿：该宫庙以东狱大帝为主，俗称阴庙，可是每天车水马龙，人潮络绎不绝，为的是求神拔救地狱的亲人。因此，"破狱打城"、"超渡亡魂"、"渡化婴灵"等法事热闹非凡，庙内亦有法场3～5处，各拥法师，以红头法师为主，有法主公派、三奶派、徐甲派、正一派等。在此亦可了解到，台湾红头法师亦有行使超渡亡魂等阴间之法事。

（三）在台其他闾山各派之信仰分布

在台其他闾山各派之来台时间与分布，显得较为松散与凌乱，无法梳耙一有系统之闽台宫庙传承联结，尤其徐甲派信仰有断层之感，唯有依田野调查中庙宇之沿革记载与口述历史得知一二。而一个法脉之传承，必有其根源之存有，尤其在其科仪与思想之实践上，道教教义之内涵渊博难测，必得其师之引导与教化，方能得其精髓。在台之田野调查发现，徐甲派所敬奉之神祇，有"徐甲真人"与"七祖仙师"，但其原始创立之初并无自大陆分香来台者，唯有其祖先因习得一身闾山法在台招徒传法授道而得闾山派之数代传承，其分布以台湾中南部为数较多，起先亦以"乌头小法"为主。后人依台南市"下太子和意堂"七祖仙师扶乩降灵于手轿鸾文所言，方得七祖仙师之来历：

> 七祖仙师，生于商汤、太甲年间，是四川省松潘县人。父黄吉，母汤氏。仙师名曰仲仁，七岁时家乡大水泛水溢，延至松潘县，仙师被大水冲走。幸有老师（铁真人），有人称为铁脚大仙或

赤脚大仙经过,救度至峨眉山修炼,于十五岁那年的正月十五日登道,后遵师训,不要下山以便封神。后名列大罗天仙,后仙师便至嵩山修行,参悟玄微先天大法,元神收圆归位,名列三清天九真真人,法号曰虚渺飞天仙九真黄真人。以后化降为九宫真人,便本着赤子心云游四海,大开方便之门,展扬法教指玄破迷,救苦救难,普渡众生。①

信仰神迹之产生或神灵之所言可信度如何?众说纷纭,或因有人为之因素存在值得商榷。在田野调查中发现花莲新城乡嘉新村之"仁意宫"宫中记载:"该宫于1993年奉七祖仙师圣谕,'因七祖仙师信仰在大陆早已被废祀,必须前往四川省松潘县黄龙寺,迎回七祖仙师原始开基金身'。现今已由该宫迎回并分灵至全台二十几处七祖仙师之庙宇。"以上台南"和意堂"之鸾文与花莲"仁意宫"之圣谕"四川省松潘县"不谋而合,今唯有约略依其法派之师承分析如下:

1. 徐甲派之七祖仙师派:"七祖仙师"又称七祖仙师公或简称七祖,仙师乃四川省松潘县人氏,姓黄名仲仁,生于汤朝太甲丙戌年,七祖仙师的千秋是以成道时的正月十五日为主。

(1)台湾南部:台南市"下太子和意堂"沿革中称:"台湾早期七祖仙师庙最有名者为'和意堂',该堂乌头小法也是台湾最著名的七祖仙师庙。"其法派是徐甲派,亦归属于闾山教派。台湾七祖仙师信仰起源自府城,其法脉之分支约略分为三个:首先就于台南市西区"下太子和意堂"落脚开基,其分灵之宫观皆以"和"字为首命名,如"和玄堂"、"和敬堂"等;其次为分灵至高雄市的盐埕区"济华宫",其分灵之庙宇则以"齐"字来区分,有如"齐皇宫"、"广齐堂"等;最后为旗津区"旗和堂",而其分灵之庙宇则多以"玄"字为首命名,如"玄圣堂"、"玄

---

① 庙宇坐落于台南市中西区西门圆环之"和意堂",又称"下太子和意堂"。宫中沿革之鸾文记载:台湾七祖仙师信仰的起源地,主祀神佛为七祖仙师、金禅祖师、普庵祖师等。

武堂"等。

(2)台湾东部:据"慈惠石壁部堂"记载,花莲市之"慈惠石壁部堂"为台湾东部最早供奉七祖仙师的庙宇,但该庙堂尊称"七祖仙师"为"七祖大天尊"。另有花莲新城乡嘉新村"仁意宫",成为台湾"七祖仙师"香火最盛的庙宇,因该宫曾于1993年奉仙师圣谕,前往大陆"四川省松潘县黄龙寺"迎回七祖仙师开基原始金身。该宫以"乌头小法"之小法团为主要科仪,依"仁意宫"沿革亦称其为东部"乌头法仔"之开基庙宇。

"七祖仙师"虽非普及于闽台各地,但其在某些行法科仪中却常被召唤应用,由许多的法咒中可见其真章,尤其澎湖的三坛法师或道士常在斗法中咒请"七祖"圣号,以花莲"仁意宫"之"七祖仙师小法神咒"为例:

> 拜请七祖黄仙师,真身显现在坛前。头上道法耀乾坤,脚踏毫光五彩云。手执佛藤毫光现,身穿八卦万寿衣。吾今威镇斗宫门,献济丙丁火神门。宫有二十八宿君,吾行星君召神轮。两仪变化作八卦,太极变化道花家。阴阳二气生天地,日月推来瑞双庭。金木水火土生人,百万天兵随吾行。腾云致雨占世界,驱邪押煞保平安。吾发北方壬癸水,押去南方火神明。弟子一心专拜请,七祖仙师降临来。神兵火急如律令!

在此咒语中,显现出"七祖仙师"在道法上极具法门变化,操兵遣将、驱邪押煞,甚为法师所喜用。另一值得考证者为张君房在《云笈七签》云:

> 凡道士受经以后,常晨夕存祝太一帝君之名字,先叩齿三通,微祝曰:凌梵履昌,七灵丈人,太一务猷,五神黄宁,上升九天,与帝共并。乞愿飞仙,七祖胎婴,解愆释罪,上登玉清。毕,又啄齿七通,咽液三过,此为存神释罪,请帝求仙也。行之七年,则神明感会,帝君喜欢,玄母注生,五神常存,七祖罪释,受胎南

仙,长生不死,白日升晨。①

在此谈到道士于行法科仪时对"七祖"之祈求,此"七祖"是否为"七祖仙师",众说纷纭。

2.徐甲派之徐甲真人:以徐甲真人为主轴之徐甲派,其分布状态以台湾中南部为多。

(1)台湾中部:2014年1月28日与以叶万春道长为首之南投竹山"灵真道院"(闾山小法团)进行访谈,从中得知其法派亦非由徐甲真人神尊直接从大陆传入台湾,而是由其曾祖父系传之于师(牛母仙),再往前推则无据可考。但可略知其派别之传承系于明郑时期传入台湾,至今已300余年,历经牛母仙—曾祖父—祖父—父亲—叶万春道长,可谓中部徐甲派较为扎实之法团。

(2)台湾南部:田野调查中发现,台湾南部为闾山教派分布较为稠密之地区,尤以徐甲派为数不少。以其为首之台南地区红头小法的发源地——协敬坛——南厂保安宫的小法团,为苏朝成(土仙)首创于丙子年(1936年),祖师爷为徐甲真人。其师承系统至今已达第五代:①苏朝成(土仙)、苏宽→②吴天赐、吴波连、吴地瓜→③协敬坛之康云南、辛若、柯兴→④协灵坛、协诚坛、吴生传、吴钟南(北厂金胜宫)、蔡登勇、辛若传协成坛(水门宫小法团)、神佛坛、柯兴传协生坛(中洲玄王殿小法团)、顺天坛(顺天宫小法团)→⑤吴生传敬心坛(为兴宫小法团)、吴章南传仙草协玄坛、蔡登勇传协合坛。

3.普庵派之分布:由于普庵禅师②之法被称为"普庵法",盛行于澎湖地区与高雄地区,因此也认为"普庵法"即澎湖小法,其行法风格亦为巫法演绎,被归类到闾山教派中。

---

① 〔宋〕张君房编,李永晟点校:《云笈七签》卷四六,《秘要诀法部二·祝太一帝君法第六》。
② 〔宋〕撰人不详:《三教搜神大全》第二卷之23,长沙:中国古书刊印社汇印本,总第27页。

4. 清水祖师派之分布：在台之清水祖师，以台湾北部较为广泛，新北市较多数，有淡水、泰山、三峡及桃园龟山，大部分以清水岩称之。在台湾新北市三峡之清水祖师庙则每年举办神猪赛会，还有"落鼻祖师"的神话传说，因清水祖师在民间亦有以巫法为信仰群众治病。《台湾通史·宗教志》记载："祖师庙，在厅治东三里许，祀清水岩祖师。厅志云，康熙间有僧自泉州清水岩至此，不言其名，为人治病，有神效，不取药资，以钱米亦不受，去后里人思之，立庙以祀。"①使得清水祖师在台湾北部地区之庆典充满着道教色彩。

5. 客仔教（潮州姜太公）及瑜伽教，在台湾较少，客仔教虽亦有巫法之特色，但其将法主公系统误为五营系统；而瑜伽教在台湾北部因以佛教经典为科仪之主轴，与台湾之龙华派相混杂。

（四）法主公在台之信仰畸形变化与组合

闾山教派在台信仰圈之形成是在福建移民到台湾初期，通常以地缘关系整合，形成了各地的村落，这种以相同祖籍为对象，撮合家乡乡民之团结，产生了"地缘性"村落，通常以供奉家乡地方神的寺庙为信仰中心。② 金清海认为张圣君信仰文化有一个很突出的现象，即其信仰不仅限于一人一事，随着不同地域、方言、小区的变化，各地都将张圣君信仰与本地同类型的信仰人物相组合，形成了由张圣君为核心的，并加入不同信仰人物的许许多多的信仰圈，③法主公信仰就在这种情况下孕育而生。社庙文化以信仰为主，以社会为表，是民间文化中最为核心的力量，从此切入始能掌握"小区总体

---

①　连横：《台湾通史》卷二二，《宗教志》，台北：群生出版社，1973 年，第658 页。

②　周宗贤：《清代台湾民间的地缘组织》，《台湾文献》1983 年第 2 期，第5 页。

③　金清海、叶明生编：《闽台张圣君信仰文化》，福州：海潮摄影艺术出版社，2008 年，第 4～5 页。

营造"的精髓。① 不同族群、不同移民对崇拜之神祇亦有不同之思维,这可归类到以下几个分岭点。

1.法脉传说之口误:法主公之成员有几人,出生年代与羽化时间点、神职为何? 来台至今,其法脉及其法派科仪在台本土化后,已产生了各种不同的变化,因此,就其历史背景叙述于后,方能了解其整个过程之脉络。法主公在台之神仙传说人物中,法脉传承虽亦以张法主为首,但其不仅代表着张圣君一人,而是有其师兄弟及法脉中其他传奇人物,同时其在道教科仪中的神职代表,在文献记载中出现众多版本,加上其后传承之口误,已众说纷纭。

2.三公之传说:三个结义金兰师兄弟,首先以"石壶洞三真人:张、萧、章,张公最著……"②刘昌博在《台湾搜神记》中称:"住九龙潭附近有三个结义兄弟,一姓张、一姓萧、一姓'洪',欲为民除害,就相继跳入潭中。"③此记载中是以姓"洪"者作为法主三公之一;在台战后钟华操之《台湾地区神明的由来》中谈及"在宋时有三个结义金兰的兄弟,一姓张,一姓萧,一姓洪";④在台法主公之宫庙中所供奉的法主公,许多庙宇就以张法主、萧法主及章(洪)法主称之。⑤ 显然在台之传说有一法主公姓洪(一姓张,一姓萧,一姓洪),然在田野调查中发现诸多说法:有的认为"张"与"章"音相同而误传有姓章者,亦有人认为因法主二公为"红脸","红"与"洪"音同而误传有姓"洪"者。

有关记载较齐全者有"石壶洞三真人:张、萧、章……初与闽清章

---

① 谢宗荣:《台湾传统宗教文化》,台中:晨星出版社,2003 年。李丰楙序言:《满载文化关怀的社庙之旅》。
② 〔清〕陈池养:《慎余书屋文集》卷四,《张公传》。
③ 刘昌博:《台湾搜神记》,台北:黎明文化事业公司,1981 年,第 220 页。
④ 钟华操:《台湾地区神明的由来》,台北:台湾省文献委员会,1988 年,第 217~219 页。
⑤ 曾金赐:《金教岩法主公庙》,新竹:金教岩管理委员会,2004 年,第 4 页。

公、菴溪萧公善。将化,谓章公曰:'后十二年有难,啮指血呼我,岁丙辰……'"①《德化石壶祖殿管理委员会所编文献》记载:"孝宗乾道四年戊子(1168年),张、萧、章三道人到石牛山伏妖,镇住五通鬼后,定为福地,三道人誓言来日显在石壶。"②而在台田野调查中也发现,为了避免称呼错误,法主三公为张、萧、章(洪)三道人,章(洪)为同一尊神。

3.五公之传说:张、萧、刘、连、邵。③ 在"嘉熙赐敕"中记载"宋嘉熙二年(1238年),宋理宗赐额'德云殿'将张、萧、刘、连、邵五位道人封为'五大圣君、五位真人'",④在台亦有将法主公等误为张、萧、刘、连、李之东、西、南、北、中五营兵将将头。

（五）在台法主公误认之职司（五营守将、小南门守将、三十六官将）

在台湾法主公系统中,在执行法事时,根据其所穿着服饰之法服,可以看出此乃闾山法之法主公派传至台湾后之变异现象,自有其迎合信徒衍变发展的理由及依据,从而被民众所接受。刘枝万撰文如下:

> 法主公教法师之服装,亦具有其特色。据云,往昔举行隆重仪式,必穿正式服装。其制服头戴一种皮革制之冠,谓之"眉",并插上"五营头"……身上披甲,背插"五营旗",穿靴,打扮雄威,宛然戏台上之武将,亦颇古怪。……惟此形法裙,广被各派法师备至童乩所穿用,质地以白布居多,黄布次之,亦有用红色者,但

---

① 〔清〕陈池养:《慎余书屋文集》卷四,《张公传》。
② 福建省道教协会研究室、德化石壶祖殿管理委员会编:《道教圣地石牛山——张公法主祖庭》,福州:福建省道教协会研究室,1998年,第1页。
③ 陈建生等:《溪源萧公文化》,福州:海风出版社,2010年,第2页。
④ 南平市政协学习文史委员会:《南平宗教史略》,内部刊物,2003年,第86页。

皆素面无故。然而此一教派却别出心裁,质地按五方色,用青、红、白、黑、黄等色布料,并在每件左脚之一片上彩画(或绣)一条龙,右腿一只虎,谓之"龙虎裙",与"眉"冠双管齐下,显示法主公教之独用标识。①

由于以上之特有穿着,接近五营兵将、三十六官将或其他官将,法主公易被学者误认为是该类之官将或兵将,其区别如下。

1. 五营守将。在日据时期铃木清一郎所著之《台旧惯冠婚葬祭と年中行事》一书中提到:

> 所谓神军,就是指负有军事或警察任务的神将兵卒。天上有三十六天罡的天兵凶神,地下有七十二地煞的地兵恶煞,两者都被称为"神将",而前者则称为三十六军将。此外还有相当于杂兵的神兵,通通附属于王爷或城隍爷等主神,全军分成东、西、南、北及中央(五方)五营(五部队),各营都有神将负责指挥;中央部队的中营,有大将军中坛元帅坐镇,但居其他四营的统帅地位;各营都有神将,称为"五营神将",其神像是之枪身入首。②

五营神将是专司五营统兵卫戍之职,宋龙飞在《民俗艺术探源》中的《澎湖的开发史与移民的风俗民情》一文中提到澎湖地区有关"五营神将"信仰之操作,其与铃木清一郎之"神军"说法略为相似:

> 按照澎湖人的说法,所谓"神将"就是指在地方上,负有军事警戒与警察纠察任务的将士。他们认为在天上有三十六天罡的天兵凶神,在地下有七十二地煞的地兵恶煞,两者都被称为"神将",而前者则又称为三十六"将军"。除此以外还有很多神兵,由地方上之"王爷"、"城隍"等神明所统帅。五营神将全军分成

---

① 刘枝万:《中国民间信仰论集》,台北:"中央研究院"民族学研究所,1974年,第219页。

② 〔日〕铃木清一郎:《台湾旧惯冠婚葬祭年中行事》,台北:南天书局,1934年,第25~26页。

东、西、南、北、中央等五营，各营都有一神将负责调度与指挥。①

有关五营神军与法主公信仰之混淆，在田野调查中发现为数不少，在莆田平海地区村庙亦有附属于城隍爷等主神之下的相关说法，增田福太郎在《民族信仰を中心として——东亚法秩序说》一书中也提及，只是其将所论述之五营神军列为城隍爷及东岳大帝的从属辅助神。增田福太郎有关"神将神兵"说明如下：

> 一般来说，神有无数部下率隶属于它，如同王侯拥有军队一样。但神将神兵因无神像之故，常为外来者忽视而未见。造诣庙宇时，可见主神左右具有花瓶样的圆筒，圈筒内立有黄、绿、绀、黑五彩的令旗及刀剑。此乃神明的部下神将所司，以表示有神将神兵驻屯，除了庄严神威，还表示着保护人类安全。②

在台之客家庄亦有众多法主公信仰者，客家人认为法主公被玉帝敕封为"监雷张公法主"，宋敕封为法主圣君，俗称法主公、闾山法主、都天法主、嘉惠普济真人、监雷张圣君，全称为"都天荡魔监雷御史张圣法主真君"。"自闽清泽地于兴化飞云洞，由是香火传闻四方，大为乡民因立庙于村落之中，凡有灾厄、旱魃，祷之无不立应。"③又能祈雨，避免农业之损害，被喻为农业神，能保佑农产，更能防备生番（台湾先住民）斩首，由以宜兰之再兴宫附近为最。但是客家人多半祭祀"张、萧、刘、连"四法主，此四法主也被认为是五营神将的其中四位。五营即为东营、南营、西营、北营、中营，代表着五方之兵将，插有

① 宋龙飞：《澎湖的开发史与移民的风俗民情》，见《民俗艺术探源》，台北：艺术家出版社，1982年，第352～354页。
② 〔日〕增田福太郎：《民族信仰を中心として——东亚法秩序说》，东京：ダイヤモンド社发行，1942年，第142～143页。
③ 〔明〕周华：《兴化县志》，《游洋志》卷二，《庙志》。明修，1936年蔡金耀点校本，1999年再版。

大签和竹符,象征张、萧、刘、连、李这五大将军把守村落安全的地点。① 有时亦以五色旗(绿、红、白、黑、黄)来代表五营系统。但五营其所供奉之之神像,依各方位之颜色为"东方绿色、南方红色、西方白色、北方黑色、中方黄色"。值得怀疑之处是,张法主公真正之颜色为黑脸,而在东营之神将为绿色,显然将法主公定位为五营之东营神将,值得商榷。

在访谈"中华闾山派道教会"谢锦盘理事长②时,他认为有部分道坛将五营之张、萧、刘、连四营头疑为法主公。而在台客家族群的圣君信仰,以及流传于闽南族群里的法主公、五营信仰都是经过时间淬炼后的精彩传说故事。③ 刘枝万调查后发现:"法主公在台湾民间信仰上的地位,虽然不如三奶教之突出而显著,然在乡村,乃自成一股势力,不容忽视。最近在彰化县埔盐乡设闾山道院……却以五营天兵之东营主帅张圣君为其守护神,疑之为闾山法主,俗称法主公。"④

在田野调查中发现各宫庙五营之营头名称,五营又分为"内五营"与"外五营","内五营"为掌管该庙内围之神军兵将,而"外五营"为掌管该庙外围之神军兵将。田野调查后将五营重新组织整理如下:

(1)将帅:张(基清)、萧(其明)、刘(武秀)、连(忠宫)、李哪吒。

(2)温、康、马、赵、李哪吒。

(3)康、张、赵、马、李哪吒。

(4)辛、池、蒋、洪、李哪吒。

---

① 吴永猛:《台湾民间信仰仪式》,台北:空中大学出版中心,2005 年,第211 页。

② 谢锦盘道长属来台法主公派,为第六代传人。

③ 张二文:《客家〈圣君爷〉信仰及其传说流变调查研究——以圣君、法主公、五营信仰之关系》,台北:台湾客家委员会,2008 年,第 13 页。

④ 刘枝万:《中国民间信仰论集》,台北:"中央研究院"民族学研究所,1974 年,第 207 页。

（5）罗昆、文良、罗灿、招贤、李哪吒。

（6）林、徐、马、庞、石。

但不可否认的是中营李哪吒，俗称中坛元帅，是异中求同之处。张（基清）、萧（其明）两位之名不同于张法主（慈观）与萧法主，[①]或不同记载："萧法明，宋嘉熙间，头陀卓锡剑津里溪源庵⋯宋敕封溪源显迹德云灵应萧公大师。"[②]显然"张法主（张慈观）"及"萧法主（萧法明）"与五营之"东营张基清"及"南营萧其明"并不相同，由此即可厘清法主公系统与五营神将系统之差异性。

2.小南门守将。在田野调查中亦发现，莆田平海村的主要城隍庙系统中，张圣君为未持剑之小南门的主要守将。[③] 在此之张圣君与法主公之法像几乎相同，皆为身上有蛇张口吐信，在台各城隍庙中未发现有张圣君或萧法当守将者，在此是否意味着在民间信仰上法主公系统又与五营系统相混淆？

3.三十六官将。台湾宫庙三十六官将名称大同小异，都与《北游记》中的三十六天官将的名称有关，但也因各宫庙需求不同有所增减与变动，现列举如下：

（1）三十六神将雷部诸神[④]：刘吉、张元伯、李青天⋯⋯

（2）玄天上帝三十六神将[⑤]：张健、李伏龙⋯⋯

---

①　福建省道教协会研究室、德化石壶祖殿管理委员会编：《道教圣地石牛山——张公法主祖庭》，福州：福建省道教协会研究室，1998年，第1页。

②　〔清〕康熙《南平县志·仙释》，文国绣修关"自序"，康熙五十八年（1719年）刊本。

③　据莆田平海村城隍庙委员告知，传说镇守在小南门之张圣君本持七星剑，曾有儿童到此参拜后，仿张圣君持剑，持刀杀死人，此后庙方将张圣君之持剑拔除。（2012年10月4日访谈录）

④　吕宋力、栾保群：《中国民间诸神》（上），台北：学生书局，1991年，第182～183页。

⑤　马书田：《中国民间诸神·道教卷》，台北：云龙出版社，1993年，第189～191页。

（3）保安宫三十六神将①：张圣者、萧圣者、刘圣者、连圣者……

（4）澎湖宫庙三十六官将②：张圣者、萧圣者、刘圣者、连圣者……

（5）台南良皇宫三十六神将③：张圣者、萧圣者、刘圣者、连圣者……

（6）福建白礁志三十六神将④：在田野调查中也发现，在海沧龟山殿中龙虎两侧所供奉的三十六官将神像中有张圣者、萧圣者、刘圣者、连圣者，其身上亦都有其护法神（法索）的存在，与法主公神像极为相似，但其是否为法主公系统，仍值得商榷。

二、闾山教派在台之概况

教派之传播与实践需"体用合一"，方能得到传教之效用，闾山教派"体"之传播有其教义与精神，而在"用"的实践上唯有以科仪行法去展现其教义与精神。其科仪领域之分布可归纳为科仪传播之地域与执行科仪之范围。闾山教派是一种具有活力与行动之信仰组织，亦唯有以其活力与行动，方能展现出其法力之高强与肃杀冲动性，去抑制凶神恶煞之侵扰，使信仰民众得到身心灵之快慰。因此，在存有闾山教派庙宇或法师驻扎之处，即有闾山教派之宗教现象存在，在前文"闾山教派在台之信仰分布"已详述其各派地域之分布。

在台闾山教派科仪实践之领域上，经田野调查发现，在台湾中南部显得较为活跃，主要有神尊开光点眼、祝圣庆典、开庙门、神明安座、制星煞、打城救渡等中小型之仪式。此种仪式之背后才是科仪之真正精神，因是以仪式之进行去引导民心对厄运与疾病思维之转移，

① 《全国佛刹道观总览·保生大帝卷》，第99页。
② 吴永猛：《台湾民间信仰仪式》，台北：空中大学出版中心，2005年，第211页。
③ 〔日〕片冈岩著，陈金田译：《台南市良皇官三十六将》，见《台湾风俗志》，台北：大立出版社，1981年，第600～651页。
④ 白礁慈济祖宫管理委员会编：《白礁慈济祖宫史略》，2006年，第3页。

摆脱消极意念环境,对人身之未来再次充满希望,亦是闾山教派在科仪仪式上最主要功能之一。

在台之闾山教派也是渐次世俗化,这种世俗化的趋势会对教义不成完整体系的民间信仰产生负面冲击,也因此促成民间信仰者的大量减少。① 但通过近几年来之观察,台湾在儒、释、道所综合的民间信仰教派上,在灵修群众"三期末劫"与"复古修圆"口号下,老祖与五母信仰急速增长,使得沉寂一时的佛、道寺庙更加热络,闾山教派信仰相对冷却许多,这种宗教信仰消长现象在台湾时常有之。如流传到台湾的正一道,从其原始之兴盛时期起,其常表态出极为显著的与民间信仰的紧密结合,试图融合为一道教发展体系,使得道教信仰的道体之中涵盖着民间信仰之素养。但在几百年来受到民风变迁的影响,台湾的民间信仰已转向世俗化,使得道教之思想亦随之渗入现实生活而被共振融合,使得整个道教台湾化。

第四节 闾山教派在台之情势变迁

在第三章第三节中曾提到,道教于万历十八年(1590 年)传入台湾,传教者是出身福建漳州的闾山三奶派道士,当时传到了台南。后来在乾隆五年(1740 年),茅山、正一派道教传入台湾北部,道光三年(1823 年)清微派道教又传入台湾。② 根据洼德忠的文献记载可发现,闾山教派中之三奶派巫法,比其他道教法派还早先传入台湾,奠定了台湾南部道教之基础,后来虽有茅山派与正一道派的传入,但其是散布在台湾北部,这也是现今闾山教派较兴盛于台湾南部地区之

---

① 瞿海源:《宗教、术数与社会变迁》,台北:桂冠图书股份有限公司,2006 年,第 34 页。

② 〔日〕洼德忠:《道教史》,东京,山川出版社,1977 年,第 294 页。〔日〕洼德忠著,萧坤华译:《道教史》,上海:上海译文出版社,1987 年,第 294 页。

原因。洼德忠又说："唯独没有传入全真教,其原因也许可以从台湾所处的地理位置来解释。因台湾与福建、广东等地交往密切,与华北联系甚少。现在台湾亦有自称全真系统的道士……他们与全真教怎么也联系不上。"[①]这种称自身系何种教派之言论,在台比比皆是,一个教派之称谓必须有其宗派之渊源与师承关系,方能称其为该教派道统之道派,否则就是变迁后之虚拟教派。

　　台湾民间信仰是综合儒、释、道而成,荷据时期就有汉人将家乡的民俗信仰由大陆迁移带入台湾,早期只是以一种拓荒者之心理,携带家乡之信仰神佛远渡重洋,求取平安渡海与垦荒顺利,并获得在异乡暂时之心灵安顿。由于早年垦荒生活的困苦以及未来之不定性,在工作之余或农闲之时,就召集同乡亲族或志同道合者共同组成一种寻求精神慰藉之宗教团体。这种团体虽部分未为国家所认同,如神明会、祖公会、祭祀公业等,但此种家乡传统之宗教活动与环境之转移及变迁,奠定了日后在台宗教信仰的基础。

一、道、法、教、派之混淆不清

　　一个完整之宗教必须有完美之教义经典与实践方式,此为教派传播思想最有利之方式,两者之间互为体用之关系,有教义经典之体但无实践执行之用,实无表征出其教义经典之内涵与背后教派存有之意象;有教派之实践而无教义经典为其执行之准绳,显得怪乱无章。因此,教义经典与实践除了互为体用关系外,更富含着一种表里关系。闾山教派主要信仰在福建、台湾和东南亚地区,流传了800多年,是闽台两地民间重要的道教信仰之一,影响闽台道教,有着重要的地位。该神系之信仰最先流传于福建福州、泉州等地,约在17世纪由移民传到台湾之台北、台南、宜兰、新竹等地,影响后人至巨。

---

① 〔日〕洼德忠:《道教史》,东京:山川出版社,1977年,第294页。

（一）有"教、庙"无"法"

台湾民间常见之"闾山教派"流派有三奶派、法主派、徐甲真人派、姜太公派和王禅老祖派，其中以"三奶派（主神是陈靖姑）"与"法主公派（主神是张圣君）"信众最多。一般在台谈及闾山教派，人们就联想到闾山法主，虽有众多称呼，在福建以张圣君称之为多，而在台都以法主公为主，全称为"都天荡魔监雷御史张圣法主真君"，简称为法主圣君、都天圣君等，俗称法主公，客家人称圣君爷。徐甲派虽在中南部亦为数不少，但鲜为道派所知。在台因法师行法大都以法主公为主神，在此行法之师，专行"红头法"，自称崇奉"法教"，[①]在台称为"小法仔"，法主公为其所供或所祭祀的主要神祇，亦有人将其归类于"道教闾山派"。

由此可知，道士或法师等法事演法者大都供奉法主公；"台湾社寺宗教刊行会"亦谈到"法主公生于宋……人民追慕其德，怀其功，于洞内建庙而祀，公之法力广大，道士等多祀之"[②]。相反地，在田野调查中发现，许多供奉法主公之宫庙，并无法主公派之科仪道法或所演之法，不一定属于闾山道法。

（二）有"法"无"教、庙"

经田野调查发现，在台较常见之法派法事的进行亦都是法脉错综复杂，不属于何种法派法师，做何种法事都是迎合民众心理之需求，每位执行法师除了学有自立法门之专长外，亦同时涉猎其他法派，尤以闾山派为最。在台之北、中、南访谈中发现，台南狱帝庙为外来众多闾山教派法师借用庙宇空间执法之现象，以其为该庙神司特

---

① 刘枝万：《中国民间信仰论集》，台北："中央研究院"民族学研究所，1974 年，第 207 页。

② 台湾社寺宗教刊行会编撰：《台北州下に于ける社寺教会要览》，台北：台湾社寺宗教刊行会，1933 年。

殊。谈及现今法主公派即被认为是闾山法派,其执事者被称为法师,所应用的范围已非单纯的法事科仪,最主要行法方向着重在小法或称闾山法门,因为"闾山派之法是较能迎合一般民众对神虔崇的习惯,普通的祭煞、驱鬼、收惊、开乩童都是闾山派法师所做的"①。董芳苑认为:

> 在台湾民间所谓"红头法师"者,即"闾山派"之祭司。他们在作法时往往与民间的"童乩"搭配,所以和民间信仰最为接近。因为"红头法师"所学习的法事比不上"道士",所以只做一些助人延生之小法。诸如:调五营、观童乩、做法事、画符、派药、祭解。②

闾山派作法时,动作与唱调较为通俗且平易近人。这种平民精神的宗教化是法主公信仰的基础,而将张圣君造化为教派之法主,更是平民为生存需求和目的而争取社会地位的一种象征。③

(三)有"道"亦有"佛"

田野调查发现,澎湖小法、普庵派、瑜伽派亦属于在台法事科仪之行列中,亦被归类到闾山教派,因其法派之类型与法主公派有诸多雷同,这可能与法主公之法脉及其修炼过程中之佛道融合有关。宋天圣二年(1024 年),宋仁宗禁江南师巫后,南方佛教之瑜伽教骤兴,江南原始闾山法脉道坛多与瑜伽教融合以求自保,张圣君的改道就佛即是这种历史佛道融合的产物。④ 因此,法主公派在法事科仪中,常见有穿着方面夹杂着佛道服饰,使信众难以辨识;李玉昆称他"亦

---

① 〔法〕施博尔:《道教与台湾》,《台南文化》1966 年第 2 期,第 119 页。

② 董芳苑:《台湾宗教论集》,台北:红蚂蚁图书公司,2008 年,第 255 页。

③ 张二文:《客家〈圣君爷〉信仰及其传说流变调查研究——以圣君、法主公、五营信仰之关系》,台北:台湾客家委员会,2008 年,第 13 页。

④ 叶明生:《试论"瑜伽教"之衍变及其世俗化事象》,《佛学研究》1999 年第 8 期,第 256~265 页。

佛亦道的法主公"。① 诚如在 2012 年 9 月 22 日福建柘荣县马仙文化节祭祀活动中,演法过程有文科与武科混合,文科所代表的属于瑜伽派,武科代表着闾山派,亦即法主公法脉掺杂着佛道思想。

二、"道"与"法"二门并用

台湾早期宗教皆随闽越移民而来,故台湾正一派之道脉谱系(鼎、大、罗、参……),实则为龙虎山(万法宗坛)正一派之传承者。明郑时期道教随着移民传入台湾,为因应自然环境、人文变革而渐渐形成本土化的特色,但其正一派火居道法之传承仍然或多或少保有原始之面貌。而其中之"道法二门"皆以"吉场渡阳"之庆典、祝圣、度生道法为主轴,对"超场渡阴"之家族拔度斋事,则较少或不参与;相较之下"灵宝道坛"则行乌、红两相宜之斋醮科仪,而平日以家族拔度为主。

台湾北部道士之所谓的"道法二门",则是指正一派道士兼习道教"正一派"之"道"与"闾山法教"之"法",具有道教、法教双重之传承。与台湾南部专精于"正一派"或"闾山法教"的道士相较,在北部的道士多强调"道法二门"之道与法之源流,道法二教相传并行,对传承之祖师有师承脉络可循。由此可知台湾北部道法二门乃是源于道教正一派,并结合闾山法教三奶法,以道、法兼修为特色的道法传承。② 这种传承也成为台湾道教变迁之特色。

台南兴泉府在狱帝庙行法时所应用的法派众多,因时、地及应用的不同,施展的法派也不同。据林俊辉道长所言:"闾山十八派,演法各异。"董芳苑也说过:"台湾民间的'闾山派'教门,是天师道的通俗化(因含天师道之部分符箓),此派所衍生而出的流派为数不少,因而

---

① 李玉昆:《亦佛亦道的法主公》,《泉州民间信仰》1996 年第 11 期,第 42~47 页。

② 林振源:《闽南客家地区的道教仪式·三朝醮个案》,《民俗曲艺》第 158 期,2007 年。

有'闾山十八教,教教不相同'的说法。"

吴永猛谈道:"主行吉庆红事的正一派'道法二门道坛',渊源于广东及漳州的诏安、平和等县发展而成,即指修行道教'正一派'及法教'三奶派'道法的道坛道士……而其三奶派法师身份的行法事迹,早在初期台湾方志《诸罗县志》上,既已叙及有'客仔师'(客家之红头法师)、'红头司'的称号。"①

田野调查时发现,在台南狱帝庙天天都有红头法师在那里做着超渡亡灵之法事,可见从事这类专业性法事的道士也被他们取代了。论及红头法师对民间善信之影响,与正一派道士一样,不外乎充满着"鬼神"观念与天师道"功利主义",也同样影响他们独善其身的心态。② 这种被称为"道法二门道坛"与福建省福安市范坑乡之已传十七代之"法师"相类似,其请符之主神亦为闾山祖师,然而所念之咒却是真武咒(玄天上帝)、哪吒咒,手结则是盘古结、真武结和哪吒结,从其所催念的符咒可以看出,各种神灵信仰在民间有"道法二门"之结合。刘枝万又指出:

> 台湾北部的红头师公尤其强调"道法二门",在作醮时,必于道士房内搭设小桌,安置宗师灵位。此位用白布黑字,中有一行大字,作"道法二门前传后教历代祖本宗师座前"字样,正如其所标示,是传承道与法二门之历代宗师灵位,供奉道士的守护神。而在醮坛的布置上,会分别在左右两旁悬挂张天师(道)与玄天上帝(法)的画像,天师与北帝为道士之"师圣",是道法二门的守护神。③

① 吴永猛:《台湾民间信仰仪式》,台北:"国立"空中大学出版中心,2005黏,第10页。
② 董芳苑:《台湾宗教论集》,台北:红蚂蚁图书公司,2008年,第256页
③ 刘枝万口述,林美容、丁世杰、林承毅记录:《学海悠游·刘枝万先生访谈录》,台北:"国史馆",2008年,第173页。

关于在演法坛场"安置宗师灵位",经田野调查发现,由祖籍南靖迁来新北市淡水区之刘法师法统,在"宿朝"科仪中,其所祈请的祖师有李洞阳、刘古泉、刘守心、刘玉玄等。这种结合天师道与闾山法之系统,以及道、法二门迁台后的演变过程,刘枝万博士在关于"松山醮典"一文中,论述了"刘厝派与林厝派"之北部两大道法二门道士系列;林振源在《闽南客家地区的道教仪式:三朝醮个案》①,法国学者劳格文在《台湾北部正一派道士谱系》②及《台湾北部正一派道士谱系(续篇)》③等著作中皆对此有过深入探讨。至于台湾北部的道法二门道士、法师之特色,除了上述有关本质之"火居道士"外,尚有"道法兼修"并行各种道坛中,但由于在台地域狭小关系,产生了现实之窘境。

三、闾山教派在台法脉之变异

道教科仪④为了解决信众生、老、病、死、苦的困境,建构了一套"养生送死"的科仪,以顺应时宜及民众之需求。闾山教派对生死科事之划分在台有明显之变异,尤其在民间,道士大略分为红头及黑头两种。在访谈台南兴泉府林道长后了解到台湾有下列之情境。

红头是红头师公(司公)的简称,从事的是与神相关的法事,如做醮、开庙门、拜天公、做三献等祀神的法事;黑头是黑头师公的简称,从事的则是偏阴灵方面的法事。有人亦把"三奶(陈靖姑)派",列为黑头或列为红头,"法主公派"亦有同样的说法,在台湾中北部较有红

---

① 林振源:《闽南客家地区的道教仪式:三朝醮个案》,《民俗曲艺》第158期,2007年,第205页。

② 〔法〕劳格文撰,许丽玲译:《台湾北部正一派道士谱系》,《民俗曲艺》103期,1996年,第31~48页。

③ 〔法〕劳格文撰,许丽玲译:《台湾北部正一派道士谱系(续篇)》,《民俗曲艺》第114期,1998年,第83~98页。

④ 中华道教会编:《禅和派科仪教材讲义》,台北:中华道教学院,2001年,序言。其原文:道教科仪包括步罡、踏斗、点诀、符箓、唱诵。

黑之分,在南部大都视法事状况而定,几乎是混合成一综合派别。

据调查,陈靖姑派与法主公派都是来自"闾山教派"。许真君是净明道教的创始人,亦是闾山派之始祖,号称为"净明宗闾山派",因其在江西各地治理洪水,深受江西人的崇拜和敬仰。在万寿宫,江西人把许真君当作降妖除魔的神仙奉祀,尊其为"忠孝神仙",[1]最后传到张圣君与陈靖姑。

这种红头与黑头之分,在早期的台湾民间信仰上应较明显,尔后被各教派相互融合。从台湾红头道士度生——为生者举行消灾、解厄、祈福等法事,黑头道士度死——为亡者举行超渡等科仪,可了解到两者之区别。

日据时期,丸井圭治郎所编撰之《台湾宗教调查报告书》将台湾之道士、法师(巫觋)、术士及红头、黑(乌)头进行对照,又将"巫觋"中之"法师"与"符法师"做一界定区分:"红头司公之中戴红头巾专行驱邪押煞的人(或者行此科仪之场合),将这些视为巫觋(法师)。"[2]因此在台湾南部闾山教派大都是相同之格调,对陈靖姑派与法主公派就较少有所区隔。

台南林俊辉道长口述:"最简单的区别方式就是'道士是黑头','法师是红头'。"田野调查综合发现,大场面之法事科仪大都由道士在执行(如斋醮、拜斗、三朝、五朝等),一般小场面(如小法)则由法师所做(如祭解、制煞等)。台湾以其信仰圈,固属于张天师为教祖的天师派教区,但也有以信奉太上老君为道祖而自称老君教者,两者皆以"司掌祭祀"为主,但需求者为数不多,且其他诸如三奶派、法主公派、徐甲派、普庵派或民间术数者众多分食,若道士仅靠自身之领域,为人祭祀实难以糊口,于是不得不兼修"红头法"的法术,故此派俗称

---

① 李星:《论许真君对农业生产的影响》,《农业考古》2008年第3期,第56页。

② 〔日〕丸井圭治郎:《巫觋》,《台湾宗教调查报告书》第一卷第十二章,台湾总督府,1919年;台北:捷幼出版社重刊,1993年,第98页。

"红头道士",导致"道法二门"之特质起了变化。

在台之道教闾山教派之演变,类似唐朝之道教兴盛一时,但至中晚唐以后,国家逐渐以皇帝为中心建立起一个信仰体系,道教也因宗教社会生活化而逐渐世俗化,儒释道与民间祠祀信仰有融合的趋势,导致道教民间信仰化。这种道教与民间祠祀趋同的情况意味着道教宫观也日益介入百姓日常活动之中,道教的世俗性、社会性日益增强。① 台湾闾山教派也由于民间信仰世俗化之驱使,入乡随俗而使得法主公教的信仰热潮及文化现象似有所淡化,其或法主公(张圣君)的地位比其发祥地的福建泉州、德化、永春、安溪等一带似有减弱;加之于信仰上之混淆,将"五营神将"或前文所述"东营张基清"及"南营萧其明"误为"张法主(张慈观)"及"萧法主(萧法明)",这种种负面现象影响到闾山教派在台湾的信仰地位,甚至使其衰微。李丰楙对此提出"道士行业圈"的概念:

> 由于台湾正一派道坛的设置与传授,乃是以家族、家庭为核心,而不像大陆全真派、茅山派等十方丛林制的道观内,主要住的是众多的出家道众。因此其斋醮、法事的进行:平常较小型的法事仪式犹可由家族内部自行承担,一旦面对较大型的建醮时需多方聘请其他素有交往的同道前来协助。②

在台闾山教派随各地宗教族群之形成,而有各自之宗教信仰特色,同时随着思想教育的普及与理性主义观念的增长,理智与情感之间产生消长现象,对于虚无观感与实证科学亦产生两极化之对立;加之于基层民众受教育程度的提升,促成了无宗教信仰者的增加。都市化亦有类似的效果,教育程度较高者在皈依佛教与基督教这两大

---

① 陈文龙:《"法"与宋元道教的变革——评"道教天心正法研究"》,《世界宗教研究》2012 年第 4 期,第 183 页。

② 李丰楙:《台湾中部红头司与客属聚落的醮仪行事》,《民俗曲艺》第 116 期,1998 年,第 146 页。

类制度性宗教的人口比例上,也比教育程度低者高一些,这些远因与近因导致闾山教派在台之变迁。自东汉末叶以来,道派与道派之间虽属同一教派的同道关系,但在争取奉道者皈依本派时,也常有相互竞争或攻讦现象,甚或以功利相诱惑,这是不争之事实,因而产生非正途之传教方式与教派优劣失衡,最终唯有依信众之信仰实践与智慧,寻求教派之神圣显现者为其归属。李丰楙亦指出:

> 千百年来也就在中国社会的农村组织中,自会形成一种自然的文化生态式的均衡分布状态,彼此之间既互相合作也互相竞争,也就自然形成道坛分别在各自的聚落内活动,因而出现一种拟似教区的性质;而适当距离内的道坛间又会基于师承关系或合作需要,相互配合组成道士行业圈内的关系网络,成为一种道士团体联络网,这是道教教区或道士行业圈的组织形态。[①]

唯有透过此种网络或组织,方能做一有系统之宗教教育。在台之闾山教派道士法师之传承,除了正规之"中华道教学院"长期涉略至此领域之教育外,其他招徒授道者仅停留在其术数或科仪实践层面上,未能形成一完整之教义与实践之教派教育体系。现今台湾各地区的道士行业圈分布图,也就是在与各籍移民分布图重叠的情况下,形成一种自由组合或固定组合的"道士行业圈",这就是民间社会里道坛、道士与聚落间所形成的文化生态环境,[②]导致在台道士或法师,不出家、不住道观,以家传法或师授成立道坛或道场,并与信众共处而居的方式,为信仰群众传授道教专门科仪或礼仪,故也称"道坛道士"或"驻坛法师"。

① 李丰楙:《台湾中部红头司与客属聚落的醮仪行事》,《民俗曲艺》第116期,1998年,第149~150页。
② 李丰楙:《台湾中部红头司与客属聚落的醮仪行事》,《民俗曲艺》第116期,1998年,第149~150页。

第五节　闾山教派在台信仰之变异

　　田野调查发现,闾山教派在台海两岸最大之差异,可能是宗教文化随着时间、空间、政策之分隔所导致之变化,尤其是宗教政策在广大民众中施展开来后,对道教之信仰更是最大之打击,使两岸在宗教思想研究基础上有着南辕北辙、背道而驰之现象。就道教本身的结构而言,教理、教义、仪式、组织、经典等构成道教的整个体系,大陆学界对组织、经典、教义等研究较多,但对涉及科仪道法之实践这部分内容往往较少论述。道法是道教研究中很细微的方面,内容庞杂,对研究者而言往往容易陷入只见树木不见森林的境地,较难反映道教研究的整体意义。[①] 台湾则是根据民间流传之收藏抄本及道教文献,学理与术数兼而研究,只可惜在台湾只限于一小地区之地域表现,无法代表整个闽南区域之文化。李丰楙亦针对此领域分析道坛的社会、经济情况,对道士社会生活与社会地位进行考察,兼具贯时性与共时性之双重研究面向,[②]皆有深入探讨。因此,要了解闾山教派在台海两岸信仰之异同,必须从宗教文化、经典、科仪仪式、信仰方式、神意传达之异同去分析比较,方能得其精髓。

一、闾山教派文化之变异

　　一个宗教的变革因素众多,除了时间与空间外,同时要意识到影

---

　　① 陈文龙:《"法"与宋元道教的变革——评"道教天心正法研究"》,《世界宗教研究》2012 年第 4 期,第 180 页。

　　② 李游坤:《台湾基隆广远坛的传承与演变研究论文》,台北:天主教辅仁大学宗教学研究所,2011 年,第 5 页。(此处之"贯时性"又可称"历时性",主要着重在历史上正一派道士的传承制度研究;而在"共时性"研究面向上,李先生则特别关注道士在小区中之活动及其与小区互动之关系的考察。)

响两岸间山教派之组成因素,归纳起来,主要可分为移民之迁徙、自然地理环境及政权的变动三个领域。明郑大陆移民来台之初,首先面临的就是航海冒险、瘟疫肆虐和番民(先住民)猎首三个问题,移民们唯有以宗教之力量克服心理障碍,最具代表性的是海神妈祖之护航,瘟神王爷及神医保生大帝之防瘟与除疫,玄天上帝及间山教派法神之防番防天灾,经营与垦荒之武财神关圣帝君等家乡神祇之祭祀相继盛行。

(一)间山教派神系功能之变异

在移民之初,家乡这些神明自身有其本有之职司,在迁台后由于以下三项因素,产生神系功能之变异。

1.破除乡土色彩:乡土情感是族群构成力量之一,宗教信仰又是群体思维凝聚最有效的动力之一。因此,家乡之宗教信仰所融合之团体,几乎形成一个强有力之部落。为了解决因三籍(泉州、漳州、广东)移民族群不同之主神崇拜产生的械斗问题,官方引领民众破除移民乡土信仰,导致族群宗教信仰走向通俗化之道路,对普遍性的神明不分地域皆统一立庙崇拜,甚至于各地域之神明皆被统合,共同供奉于同一庙宇中,使得本有之神系功能随之改变。

2.神司转化:神格之职司界定皆有其神职之划分,如先天无极界之大罗天、开天太极界、后天真圣[①]等皆有其所司;在迁移入台后随着时空之转变,先是转化为一种有专司功能性之信仰崇拜,如关公从战神而成商业财神,妈祖从海神变为一般多功能的保护神祇,间山教派各神明亦有不同职司转化等。这种宗教之演化是由于宗教信仰之灵验性,使其对所崇拜神系显现出信仰之情感,摈弃原有的对家乡地缘的执着,开展出神系之新思维。

---

① 台湾中华道教总会编校:《中华道教神明溯源系统表》,台北市道教会印,年代不详。

3.宗教之包容:宗教本有一种慈悲为怀、海纳百川之胸怀,而道教自古对其他宗教即有包容性,甚至于能容许其教友兼有其他宗教之信仰,道教对信仰者之信仰自由不加干预,是其他宗教所不及者。随着台湾的经济变迁与需求变化,三籍移民亦因相同的利益形成生命共同体,因宗教之融合而组织宗教之团体,经过移民的数代传承后更是渐失原乡意识。此时许多神明的职司,因为社会功能之重构而产生变异,闾山教派就在此过程中偏离了原有乡土信仰之轨迹。

(二)闾山教派在台宫观机能变异

宗教可谓为安定社会秩序与心灵教养不可忽视的力量,而宗教场所则为宗教宣化最为理想之所在。宗教行为最易贴近人性之弱点,每在人生遇有灾难或困境时,心灵存在着空虚与无助,迷失在人生旅途之中,宗教往往是其避难或求助最佳之处所,亦是宗教召集徒众最适当之时机,同时亦是闾山教派之"消灾解厄"科仪发挥之最佳场合,其机能之变异涵盖范围如下所述。

1.从宗教信仰走入"社会关怀":在台之闾山教派寺庙,平日的信徒聚会习法炼罡、制煞解祭外,皆有整年之宫庙定期行事历,如迎神赛会、祝圣庆典以及大规模的祈安植福法会等活动,促进乡里团结,充分发挥宗教入世的精神;更发挥大爱投入社会工作,灾难抢救、急难救助、辅助伤残、资助贫病、奖助清寒学生等社会慈善工作,使得原有之宗教信仰走入慈善领域之"社会关怀"。

2.从宗教信仰走入"生命关怀":在台经济起飞及人口老龄化后,民众最主要的并非物质生活之需求,而是精神之安顿;此时,寺庙的创建与存在,重构出生命思考之空间,立足于精神生活的具体需求上,随着现实社会所衍生出来的精神寄养与生命旅程观念,以实践行动达成果位。在整个发展过程中,其本质是以集体智慧之结晶,在不自觉中由杂乱无章渐进到制度化与系统化。因此,"寺庙"是民众生死与共、相依为命之生命共同体。

3.从政治企图走入宗教宫庙信仰:台湾各地的信仰群众之组成,

有以族群或家族组成为基础,或居民彼此间多无血缘关系,需要在乡绅或有力领导者引领下,规划为一健全之宫庙组织;而领导者以其本身之社会地位、操控能力与官场关系资源相助外,扩大其政治势力还需要以寺庙作为辅助,才容易收到显著的效果。首先"走入人群"是台湾政治人物选举得票当务之急,宫庙是人群组织结构最结实与情感散播最快之处,亦是兵家必争之地,因为宫庙之中充满着相同之信仰理念所导致之宗教情操,使信仰群众有着一致之意向而操控着整个人群之选票。其次"祈求神迹相助",地方领袖常借神明的力量,除凝聚地方百姓心力之外,一般信仰群众认为神明有着超乎常人之法力,以宫庙之解祭方式,可使一个政治人物从逆境中排除一切障碍脱颖而出,达到政治之目的,如此之情况是以宫庙作为政治官场之工具,亦是在台闾山教派常有之变异现象。

(三)闾山教派鬼神观之变异

鬼神信仰系源自于古部落之族群对萨满文化之信仰;人类最早的宗教,已公认是"萨满教"。[1] 古部落族群认为鬼神可以控制人之命运,神灵决定论成为其世界观的基础,自然界的各种神灵具有绝对的支配地位,是人间和世界的主宰。[2] 清代以来,因台海两地地理相近,大量的闽南人及客家人迁移台湾,也带来故土的风俗信仰。先民来台垦荒,带来大陆家乡之神祇,其信仰上有着原始家乡味,神系尚存大陆之原始性。从大陆移民流传迁台湾的闾山教派因有着正一道符箓与巫术之内涵,随着台湾文化的嬗变,流露出明显倾向之在地化趋势,与大陆闾山教派因此分道扬镳。在台闾山道法是闾山教派发展的前身,除了三奶夫人派与法主公派号称闾山两道派外,其他的徐

① 孟慧英:《中国北方民族萨满教》,北京:社会科学文献出版社,2000年,第33页。
② 孟慧英:《中国北方民族萨满教》,北京:社会科学文献出版社,2000年,第167页。

甲派、普庵派、瑜伽派、清水祖师派等亦因兼行"道法二门"之精神,被归在闾山教派中。

二、闾山教派经典之变异

大陆近几年来道教文化复兴,其施展之力度不仅赶上台湾,而且有超前之趋势。中国道教协会从 1982 年开始举办道教知识教育,除了从事道教经典、教义、历史等解说外,同时培养道教名山宫观之管理人才,培养道教学术专门人才对道教开展深入研究,是台湾道教在教学上可学习之地方,今后两岸应积极加强道教学界交流,以达到相辅相成的目标。

(一)教化经典差异

宗教主旨在于普度众生,引导人心向善,其布道施教的基础皆以经典教义为准绳,同时为使宗教信仰深植于民心道德思维中,必须要厘出人民处事治世的准则与态度,加强道德宣化及礼仪伦常之规范,使其内心充满着宗教因果善恶报应之观念。经典教义是宗教教化最有效之工具,其方式有宗教场所之讲座、善书之传播、民俗艺曲之演出等,以实质之教化功能实践,导正社会风气。

道教之教化经典积累 4700 多年之精华,经过历史演化、道士分析、精研传承至今,有《道藏》《藏外道书》《云笈七签》《老子》《庄子》等。两岸学术界因信仰思维上之些微差异,对《道藏》之版本有某些认定上之不同,但对其大部分之经典内涵,皆有相互之认同与丰硕之研究成果。

(二)术数经典差异

1.五术经典:术数之畅行与宗教信仰之发展有着直接关系,因五术信仰大都是以宇宙阴阳与五行运行之生克乘侮等生克制化为前提,此种术数之实践,显然是闾山教派之主轴。五术即山、医、命、卜、相之易理风水、道教医学(含祝由科)、流年批命、易经卜卦、相术推论等,带有极度之迷信,由于台湾地区民众有崇神尚巫之习俗,在术数经典之钻研方面远胜于大陆。闾山教派之术数经典有传自民间手抄本,有传承自祖上先贤与师承关系,亦有因神意扶鸾传真所汇集而成,如《庄林续道藏》①、《闾山祭送白虎天狗煞神科仪(闾山派师门秘传)》手抄本②、《法窍阐微全集》③、《道教玄门经典抄本——道教醮事部科仪抄本》④等被称为迷信书籍,在台湾民间尤为盛传与应用;而大陆民众则较着重于理性之宗教信仰或无神论之思想,此类术数之经典籍册相对减少。

2.符咒经典:在研究比对许绍龙之《符咒施法全书》⑤及吴先化之《净明宗闾山派符咒》⑥后发现,该类之符箓内容有不少近似杨公之符,无论其符箓形式为何,不可否认其大部分皆为大陆当时之移民传至台湾,少部分为台湾信仰群众所用之"巫符"⑦,是一般民众经神明指示后所开出的,虽其所占数量不多,但此种使用率较高之巫符,为大陆所少有。

三、闾山教派科仪仪式之异同

科仪仪式之进行是宗教的一种体验核心,体验是所有宗教信仰中不可或缺的项目,因为此为宗教显现其表征与内涵之实践。闾山教派的宗教体验尤为显著,是其他宗教所不及的。道教魂魄观认为

---

① 〔美〕迈克尔·萨梭编:《闾山神霄小法》,《庄林续道藏》第四册,台北:成文出版社,1975年。

② 黄福全编:《闾山祭送白虎天狗煞神科仪(闾山派师门秘传)》手抄本(年代不详),见《道教科仪集成四十六》,彰化:彰化逸群图书公司,2010年。

③ 陈文生编校:《法窍阐微全集》,彰化:逸群图书公司,1999年。

④ 台南道家三清道院:《道教玄门经典抄本——道教醮事部科仪抄本》,台南:道家三清道院编,出版年不详。

⑤ 许绍龙:《符咒施法全书》,台北:满庭芳出版社,2007年。

⑥ 吴先化:《净明宗闾山派符咒》,彰化:逸群图书公司,2001年。

⑦ "巫符"之来源为台湾神坛降神时,由乩童所施绘之符纸。

人体是由精神之灵体与实质之肉体所构成。因此,在科仪仪式之宗教体验中,它一方面表现为单纯的宗教情感或精神之感受,另一方面能实质性地体验到肉身本质的改善和心灵境界的提升。这种体验在台海两岸之闾山教派皆有其信仰,唯其在实践上略有差异性。

(一)科仪观念之差异

闾山教派之法坛仪式即是一种"宗教体验",为宗教信仰者对他信奉的神圣对象的特殊感受与直接经验的灵性接触。所有宗教都有一个体验的维度,其范围包括了从日常生活中体会神的临在,到与神合一的神秘意识;任何一种宗教的真正核心处都活跃着这种东西(即 the Holy),没有这种东西,宗教就不再为宗教。[①] 如从宗教体验的角度对闾山教派科仪行法的几种道教主要仪式考察后发现,"科仪之实践"乃是道教宗教体验有别于西方宗教的最显著特征。

在台闾山教派较着重于科仪实践,这被称为是"封建迷信"且有巫术内涵之信仰,在台尤为普及但少见于大陆。"巫术"是幻想依靠"超自然力"对客体施加影响或控制的活动,是原始社会的信仰。数术即术数,亦称法术,是幻想特定动作来影响或控制客观对象的宗教现象,[②]是萨满信仰文化显现在部落或族群庆典之法事中,自古延绵至今,未尝断层。这种行为之表征亦是对道法的体证,是道教作为中国本土宗教其宗教性的最终所在。

(二)科仪实践之差异

田野调查发现在闾山教派科仪之宗教现象中,常见之"巫舞"等"存神变神"之行为,亦为台湾在科仪或法会进行中首要之过程,先撇开其真实性、功能性与否,从道士法师之身着绛衣戴冠,步罡踏斗掐

---

① 〔美〕麦克·彼得森著,孙毅、游斌译:《理性与宗教信念:宗教哲学导论》,北京:中国人民大学出版社,2005年,第8页。
② 陶磊:《从巫术到数术》,济南:山东人民出版社,2008年,第1页。

诀唱诵,环绕整个坛场,庄严肃穆,充满着道教文化艺术之气息,显现出宗教之美感面向;在大陆,道士尤为分工细致,一般不将道场整个过程全盘演出,唱诵者恒唱诵,动态之演出则较少。

在台之闾山教派充满着萨满文化内涵,行法实践中一般以强硬且充满着威吓性的凶悍法术为主,本着"顺我则昌,逆我则亡"的驱邪除煞思想,不管是针对鬼魂还是对手,都是一种极具杀伤力的方式,其强硬程度与其他道派相较,有过之而无不及,而这种宗教行为当可迎合求助者之心灵。在台湾的道场上,经常会见到闾山教派法师带血下坛的状况,血洒法坛者也为数不少,但在大陆田野调查中则少见。

(三)科仪活动之差异

1.仪式活动之定位:有地方庙会、主神祝圣、时节庆典等,大都是代表着该宫庙例行之公事;两岸闾山教派科仪在此活动之特征为官与民之差异。在台之宗教放任开放,以信仰群众自行举办为原则,其活动所得归为庙方"取之于十方信众,用之于信众"之自行操作,参与活动者虽有官方代表,但仅出于信仰活动之关怀与自身政治仕途选举考虑走入人群。主轴在于庙方之各种祭祀活动,尤其在闾山教派之祭祀方式,是一种剧烈动态的行罡禹步,配合龙角吹奏、摇铃杀声、令旗追赶、法索之驱使等法器,呈现在宗教之艺术上。反观大陆宫观祭祀活动,官方代表较多,主体皆在于官方语言,使整体活动皆在于制式上按表操课,未将宫观活动之宗教内涵表露开来。

2.仪式活动之性质:在福建宁德柘荣清云宫田野调查时发现,闾山教派科仪中,分为文科与武科掺杂运用,文科则较着重于佛教经典之唱诵,而武科则在于陈靖姑派或法主公派之动态演出。在整个科仪过程中显现出"非佛非道"或"亦佛亦道"之闾山教派,经证实为瑜伽派。这种科事与另一派在闽西火居道士的仪式传统与正一派和闾山教派、香花和尚仪式传统融合的结晶①相吻合，此种场景为台湾闾山教派所罕见。

在田野调查中也发现，在大陆懂得祭解"十二神煞"之宫庙属极其少数。能执行之少数几个宫观，其中在"过限"的仪式部分，各派别之祭解过程有部分相似，亦有甚大差别者。如《浙江苍南道教闾山派度关仪式》②，与台湾之宫庙所做之祭解极为相似，其对象并不只局限在孩童，在浙江的农村，从 16 岁的孩童到 60 岁的老人才可以来参加；而在台湾就没有年龄限定，因从初生婴儿到年老之老人都有其必经之关卡，须经过祭解仪式来消除。从其仪式的象征体系中，可看出大陆与台湾两地之地理与时间隔阂，现在台湾闾山教派所举行的过关仪式已与大陆的仪式明显不同了，不过这也是台湾民间道教随着历史变迁所形成的本土文化。因此不管是台湾的民间过关仪式还是大陆的过关仪式科仪本，都必须要过百日关、千日关、铁蛇关等人生三十六关，除度关外，还有"藏关"③、"开关"④、"收关煞"⑤等仪式。

3.仪式活动派别之变异：台海两地闾山教派下之"普庵派"也有其差异性，随着两岸地理环境、历史时间、地域文化、民间风俗等影响的转移，许多信仰仪式产生衍变，并向各自有力之方向寻求开展，诚如澎湖普庵派与福建祖地普庵派，即是在原本相同文化派别之下因

---

① 魏德毓：《道教仪式传统的演变——以闽西正一派火居道士为例》，《福建省社会主义学院学报》2010年第 6 期，第 66 页。

② 徐宏图、薛成火：《浙江苍南道教闾山派度关仪式》，《民俗曲艺》第 39 期，1998 年，第 1～242 页。

③ "藏关"指婴儿出生落地时辰确定有否关煞，如犯关煞，需请师公为其举行藏关仪式以避关煞，祈保平安。

④ "开关"指凡藏关者，到 10 岁则要为其开关。开关仪式有简繁之分：若藏关者平安无恙，则由父母将所藏之关击破并将三角布袋以火焚之，瓦罐击碎弃之，开关仪式就算完毕。若藏关者有病缠身或常有不吉之事，则需请师公举行开关仪式。

⑤ "收关煞"是指为犯关煞孩童举行退煞仪式。

地域产生差异性。

在田野调查中更发现,就地域相差无几之闽西北的普庵教,在各县不同地域环境条件下亦产生不同之结合成果:一如泰宁、宁化等地之普庵派(佛)与道教清微派(道)结合,成为佛、道相间共存状态;另一如是普庵教(佛)与闾山教派(巫、道)成为佛、巫、道相结合状态。虽有错综复杂之结合,其所演法科仪特性之主轴皆无法远离闾山教派之思维。

4.仪式活动之意义治疗:宗教灵验之体验构建了道教信仰的依据,并成为其信徒信仰得以确立的真正核心。在台湾盛行之十二神煞祭解科仪,其特征为正一道与闾山教派相结合,以迎合民众的心理需求。因此,在台湾之宗教与民俗活动中,随处可见闾山教派的踪影。因为闾山教派之信仰民众多为基层农民,他们对宗教的心理投入是一种天真无邪与真诚无二之参与;因为信奉宗教的目的在于得到应验,对于信仰的神祇灵验与应验是他们的最终目的与满足。在此逻辑思维下,宗教活动的目的除了表现为科仪仪式之宗教教育外,对信仰群众普遍心理之接纳,潜意识中屏除了心灵之障碍以达到心理之意义治疗,这与民俗活动中举办祭典需要讲究仪式是相合的。在台湾尤以中元祭典最为有此种感受之气氛及最能获得心理的满足,因为中元祭典是以祖先之超拔为主轴,在慎终追远与尽孝之两相宜情境下,最能抚平对先人之思念或对祖上之愧疚。这个在台湾祭祀之特点,在大陆则较少,此为台海两岸目前在祭祀实践上最大之差异。

四、闾山教派信仰方式之变异

随着科学进步及高度普及发展,物质与精神面向严重失衡,同时信仰又受到功利思维之驱使而变质。因此,民间宗教成为台湾社会生活最重要之主流部分,因为宗教可使得信仰群众内在产生觉悟,而在社会道德观上产生良知,同时改变社会生存与人生生死之智慧。闾山教派是道教教派之分支,原则上道教信仰与闾山教派许多基本观念,几千年来与中国传统习俗密不可分,大陆与台湾在信仰上的差异性值得探讨。

(一)信仰方向

闾山教派可谓为一种"亦佛亦道"之民间宗教,多少受到佛教思想之影响。但佛教不讲"神奇"与不探讨"灵魂观",因这些都是一种虚无抽象之问题;佛教更讲到"空",是指世俗为一种不实在之存有,人死后仅将一臭皮囊腐化殆尽无存,必须远离现实生活,这与道家所谈之"无"并不相容。大陆之道教思想与台湾比较起来,亦受到佛教思想与宗教哲学等逻辑思维的影响,避谈鬼神与魂魄观,是一种理性内涵之道教;而台湾有众多道教仪式及信仰,较着重于萨满与巫觋成分,大力崇尚"万物有灵论"之"鬼神观"与"灵魂观",是一种感性之道教信仰。在两岸道教信仰两极化之同时,亟须研究出一套可供作参考的最佳模式,使两岸道教合作,振兴中国道教。

(二)信仰实践

道教之宇宙观是以天、地、人为三才或天、地、人、鬼、神五位一体为基础,将宇宙分为天界、凡界及幽冥界。道教思维中天界与幽冥界的行政组织系统犹如古代君权政体,玉皇大帝是宇宙主宰之至尊,统御三界。闾山教派虽是道教之一环,但其组成因素则较接近于民间信仰所谈到的儒、释、道三教所融合而成之思想。道教主张万物有灵论及多神论,古代祭祀神祇没有实质之神像,一般最简易之方式为"朱纸墨字",书有"□□之神位"或只有画像,直到东汉佛教雕像输入后,方有神像之兴起。虽然台湾神像有随移民来自大陆,亦有在台所制作,但在田野调查中发现,目前台海两岸神像有其明显之差异性:大陆神像制作上较为抽象,制作之材料多为土质且中空;而台湾常见古人实像且实心木雕,较可显现出其细节,与早期来自大陆不同祖籍、不同风格之泉州、福州、漳州三派师承皆有不同。

大陆与台湾闾山教派信仰实践上最大之差异性,在于大陆与台湾由于时空与人为之转化上的不同,导致虽然同是渊源于中国道教体系,但产生或大或小的明显差异,而最明显的观念差异就在于对宗教实践上所抱持的思维态度。大陆道教非常注重史籍文献及学术探讨等,在宗教实践上以香火之鼎盛、庙会活动、旅游观光为道观整建、维续的经济来源;反观台湾道教在举行宗教的活动及仪式上非常热络与繁复,而对道教的史料文献、真义探讨却有所浅疏。

(三)道士位格

宫观出家道士与民间火居道士如何区分、界定的问题也依据道法在民间应用之多寡来区分。宋元乃至现今民间存在的各种传承道派,从道法演绎的角度更能确定其存在传承之情况。王秋桂《中国传统科仪本汇编》中谈道:"如徐宏图于浙江,毛礼镁在赣东收集的大量科本表明地方道士大量存在,而且比较好地保存了道教科仪,这对道士身份的界定提出一个挑战。"[①]这些地方道士大都有自己的传承,依靠世世代代对道法的沿袭而形成地方道派,他们没有官方或宫观的背景。[②] 这种对内自身道派的传承方式,是一种较为封闭之思维,使得一些正统道教之道法无法扩展开来,甚或随着老道长之羽化而失传。

道士法师是道教之执行者,亦是神人之代言者,一个法会之运行必须透过道士之召请、沟通、行事、送神等过程来完成。因此,道士在道教中占有极其重要之地位。大陆道士都隶属于国家宗教单位,其职司属于专业性质,并以官方政令为依循,其道教学术机构所学之专

---

① 王秋桂:《中国传统科仪本汇编》,台北:新文丰出版社;陈文龙:《"法"与宋元道教的变革——评"道教天心正法研究"》,《世界宗教研究》2012年第4期,第183页。

② 陈文龙:《"法"与宋元道教的变革——评"道教天心正法研究"》,《世界宗教研究》2012年第4期,第183页。

业涵盖着"思想政治理论课、文化课、专业课";①至于台湾之道士大都是师承关系或半路出师,各自发挥宗教之主张特色,有着迥然不同于大陆之风貌,而与官方并无隶属关系,亦无政令可依循,其专业性质有赖其师徒之传承深度为何,其道教学术机构所学之专业涵盖着道教专业(道学、儒学、道经等)与术数(科仪、五术、符咒等),②但无政治课程。

(四)教派之取向

教派之特质常因时间与空间之演变,顺时势而变异。台湾之道教自迁台之初历经明、清、日治等政治实体皆有所变调,巧遇六十三代天师随国民党迁台,重新建立与导正道教思想与系统,让中国南方天师道之传统正一派有了回春趋势,唯过去数百年来正一派在台受到巫觋文化之融合,与天师之传统正一派已有不同之信仰取向。前者大部分被归类到闾山教派,而后者是正统之道教正一派,也因此正一派的法事仪式较为正统,以文言文作法,主要法事为做醮法和斋法,③在台湾闾山教派的红头法师被认为是主流。其实闾山教派红头法师之下的分派又分为三奶派、法主公派、姜太公派、徐甲真人派、王禅老祖派等。

一个教派之兴起或兴盛,皆有其萌芽之因果关系,又因闾山教派系由道教正一派演化而来,在台湾道教系统中因法派之兴盛而独树一帜,更有超越正一派之趋势,导致有人认为它应被列为新兴宗教,因新兴宗教在战后于台湾由于过去日本之压抑顿时纾解,形成传播的热潮。闾山教派的兴起和社会文化、政治变迁有着互为因果之

---

① 中国道教学院招生简章根据《中国道教学院章程》(2002年12月修订)要求,课程设置:思想政治理论课、文化课、专业课,其比例原则上为1:2:7,总计2000个课时。

② 坐落于台北市的指南宫之《中华道教学院2013年招生简章》。

③ 刘文三:《台湾宗教艺术》,台北:雄狮图书,2003年,第8页。

关系。

在前文已论述到闾山教派属于一种实践动态之法派，加以新兴宗教兴起之前因后果，皆在于强调宗教之自由、自主与自我的实现。同时台湾后起之新兴宗教向往着宗教的神秘性和巫术医疗之效用性，对宗教现象讲求灵验，更倡导"万教归宗"等，其宗教特色之宣扬适时发挥之潜力实时放放，亦正符合年轻新生代之意向。这种"万教归宗"之思维，更能吸引"游宗"民众之归顺与认同，壮大了闾山教派之信仰体系。

五、闾山教派神意传达之异同

人际之沟通有语言与肢体之传达，动物彼此间之表达亦有其信息或动作之传输，物质文化没有知识之传播如同虚无之存有，道教神人之沟通自有其自立之信息传达体系。在古文明社会中，对人神之言语沟通非议较少，因在未有科学求真与逻辑思维状况下，其神人之间应用工具或沟通桥梁产生一些神秘神迹与语言，皆鲜少为人所怀疑。甚至于如今可以科学数据论证当时之创建遗迹，如易理象数之被引用，或从实用的技术方面来研究文化，我们就能见到原始人民在一切普遍的生产活动上，都有精确观察、正当结论及逻辑认知的能力。[①] 道教语言中之咒术或术数，就在此情境下产生并得到后人之详加应用。

在闾山教派科仪之神意传达等宗教现象中，常见之"巫舞"亦为台湾在科仪或法会进行中最为普遍之特色，这种"巫舞"、"降神"、"降灵"、"降乩"、"扶鸾"与"卜筶"等通神变神之行为，为闾山教派通神办事最基本的方法之一。此种类似神圣亲临接近信仰群众之方式，最能满足信徒心理之慰藉，亦是最吸引群众皈道之布道方式。在田野

---

① 〔英〕马凌诺斯基著，费孝通译：《文化论》，北京：中国民间文艺出版社，1987年，第46页。

调查中发现,在台各个宫庙里普遍皆有其专属之神职人员,其神人交感与沟通等传达方式以"降神"、"降乩"、"扶鸾"及"卜筊"为普遍,但在大陆唯有少数以"扶鸾"及"卜筊"行之,此为两岸在神意传达上最大之差异。

闾山教派"法派"之历史文献记载,有其原始之传统代表意义,同时法脉保持着其固有的脉络与仪式,可谓为传统宗教文化之非物质遗产,有其参考价值。但亦需一些新史料与新观点的注入,以迎合新时代民众之需求。

在田野调查后可明确了解到,在台之闾山教派中诸多法派神圣代表,多由僧侣转变成民间信仰神祇,或修炼过程中亦有参酌佛教思想。大多数普通之基层民众经过学法修炼得其道法,不但为农民祈雨,为百姓除魔制煞,还能为民众驱邪治病、画符济世等,最后仙逝羽化,再在各地显灵,制造奇迹,得到百姓之敬仰,设立宫观祭祀之。尔后又流传其法脉科仪给后世崇道者,让大众继续运用其法派。

在研究闾山教派之文献及田野调查后,与大陆诸多道场之整个结构与经营模式相互比较,了解到更多法派科仪在台已有所变迁,将此结论作为印证,比对坊间不同的传说。以法主公信仰为例,法主公信仰是农耕社会与基层百姓中一种传统宗教文化现象,具有强烈的民俗性和浓厚的基层农民意识,是一种平民社会中流行的信仰文化。法主公并未像一些佛、道世俗神,为上层所看重而被列于官祀,登上大雅之堂;他那艰难的人生与习道法之精神,传于后世的神奇传说,以及被广大信众狂热尊崇的现实,使许多传统文化为之惊奇,为之震撼,从而受到关注。然因交通、地域、民族种性之不同,亦会衍生出不同的思想与观点,更因各地习俗的差异,张圣君(法主公)的信仰传说也就有许多不同的解读、不同的记载。[①] 我们在推动传统文化的同时,对于闽台宗教信仰理念,既应追寻前人所遗留下来的精华,执行固有的法脉与传统,又更应运用理智去判断,不为信仰所驱使。

---

① 金清海、叶明生:《闽台张圣君信仰文化》,福州:海潮摄影艺术出版社,2008年,第224页。

第六章

闾山教派法脉之探讨与分析

第一节 道教道派之分岭

　　道教之起源除了道家及儒家思想外,亦有巫觋之思维。道家思想是道教基础之组成部分,亦可谓为道教之体;而巫术是一套科仪运用之部分,借由巫术达到目的,具有实用的价值,亦可谓为道教之用。因为宗教之目的是要创造宗教之价值,以直接达到其信仰之目的。现今宗教活动中有许多仪式皆讲求灵验,在灵验过程中其实都运用了巫术,可在宗教仪式中静观其运用经典内涵与操作之意象。巫术不仅遗留在日常的迷信中,而且在宗教的仪式中,凡是有危险或常有意外事件的现代事业中,同样常有巫术发生,[①]因巫术是一个宗教之执行者,与宗教信仰群众密不可分。在深入探讨下,巫术和宗教立场虽是有分别的,但在上古时代,巫术之运用在人类生活中占有重要的

---

　　① 〔英〕马凌诺斯基著,费孝通译:《文化论》,北京:中国民间文艺出版社,1987年,第51页。

地位,甚至胜于宗教,几乎所有事物皆受到巫术思维影响,而宗教并非是必要的。这种巫术之影响可分为精神与物质两大领域,同时亦有其他正、负面之后果显现,但群众皆以宗教现象来论述。若从正面来看,巫术的最大功绩大概就在于它造就出丰富多彩的文化艺术生活,①因它有巫舞的演出,充满着音乐、舞蹈、美术等艺术文化之内涵。

一、道教派别之渊源

中国古代多种族与多部落融合,当时宗教信仰大都着重于泛神论及多神论的思维。山、川、河、海等大自然的每一事或物都被认为是有神有灵的存在;而道教是中国的国教,敬奉太上老君为道祖,以张道陵(张天师)为道教"教祖"。道教的鬼神信仰除了多神论及崇尚自然外,尚认为一切自然物都有神的存在,同时先圣先贤也都被列为供奉敬拜的对象。其实道教是把成仙当作修炼的最高目标,一切的努力都是希望能够羽化成仙。② 因此,神仙思想可说是道教的中心教义,因为其他教义及修炼方式都是围绕着这个核心而展开的。这种神仙思想及其修炼成果,亦是一般修道者常设定之目标,道教闾山教派诸多修道者,在羽化前后因功绩显著为后人所敬仰,闾山教派就是在这些大德总结下因应而生,根据修真与神迹显现之方向不同而产生不同之道教派别。

(一)思想之信仰产生派别

一个宗派之创立定有其组成之因素,这组成因素亦脱离不开其思想之信仰核心。因为每一种成熟的宗教都有自己的核心思想,并

---

① 詹谨鑫:《心智的误区——巫术与中国巫术文化》,上海:上海教育出版社,2001 年,第 369 页。

② 杨琇惠:《太平经之神仙思想探微》,《成大宗教与文化学报》2002 年第 2 期,第 211 页。

且用这一核心思想发展其哲学体系,指导其生活实践,解释世间现象的存在及性质。[①] 闾山教派之信仰核心非单独来自于道教思想,而以庞杂之道家、儒家与佛教教义思想为信仰基础。

1.道家思想的核心:道家和道教之不同如同数理单位,是无法相互比拟的。道教被归类在宗教上,而道家则是学者以自身专研道之哲理而具有某种程度上的境界高度,道家的核心思想是"人和自然",表面上"自然"所占之成分似乎高于人,但是在实践上反而是以人为本,道家有着"道法自然"之理念而尊重人的本性,也尊敬自然的法则。《老子》二十五章曰:

> 有物混成,先天地生。寂兮寥兮,独立而不改,周行而不殆,可以为天地母。吾不知其名,强字之曰道,强为之名曰大。大曰逝,逝曰远,远曰反。故道大,天大,地大,人亦大。域中有四大,而人居其一焉。人法地,地法天,天法道,道法自然。[②]

唯有人方能为行动之源,无人为之驱动乃置于死地之象,因而人在学习道家文化时,首先应当考虑寻求自然之位向,再去学习如何运用宇宙自然之力。道教信仰的核心在于"道","道"是宇宙之本、万物之根、人类之始,道教的教义思想和神仙方术无不发端于此。闾山教派教义思想,最主要是以整体之道教教义为依归,道法之精华传承自许逊之净明忠孝道,同时参酌古部落之巫觋义化及萨满思维。

2.儒家思想的核心:儒家思想之重心亦是以人为本,讲求人伦道德,虽因时空之不同其思想有所转化,但其思想之基石内涵无法脱离开"仁、义、礼、智、信、恕、忠、孝、悌"等十德之范围。其轨迹可分为四个阶段:(1)先秦儒学是以"仁"及"礼"为核心;(2)汉代的新儒学是融合阴阳家、黄老之学、法家思想的新思想体系,基础是天人感应;

---

① 冉云华:《论中国佛教核心思想的建立》,《中华佛学学报》2000年第13期,第420页。

② 任法融:《道德经释文》,北京:白云观,年份不详,第65页。

（3）宋明理学核心是理；（4）明清之际的新儒学核心有工商皆本、经世致用等。闾山教派之传承来自净明等十德之思维，形成了日后闾山教派渡人济世之胸怀。

3.佛教思想的核心：原始佛教产生于印度而后于汉代传入中国，在印度的发展中有"中道、中观、唯识"等核心思想，中国的高僧和学者在佛经的翻译、理解、分析、诠释及实践上，大多是有所选择、有所发展、有所创造，有自己独特的思维模式，[①]在发展过程中产生了众多不同之山头与核心思想。如有：（1）四圣谛论：苦、集、灭、道；（2）菩提心论：发心为利他，求正等菩提；（3）十二缘起论与缘起论：无明、行、识、名色、六处、触、受、爱、取、有、生、老死等十二支与一切因缘生，一切因缘灭；（4）空性见论：所谓般若性空，在大乘佛教教义中，认为世界上一切事物，都是因缘和合而成，虚而不实的。

宗教的本质与一切事物是相同的，无一为永久保有原型不变的，事物的本质都具自我自得的本性而无它，在此所谈之事物虽是自觉性空，但其所存本有之事物基因依然存在；闾山教派中之代表派别，如法主公派、瑜伽派、普庵派、清水祖师派等皆是在此种保有佛教因缘下所组成之派别。

（二）神迹与神话所产生之派别

神迹之由来，分为实质人物所遗留下之痕迹与一种虚幻传说所产生之神化迹象。信仰群众因它是一种宗教之灵验与神奇而认为它是神迹显像；《云笈七签·道教灵验记》中谈到"真宗皇帝御制叙"：

> 夫妙道本于混成，至神彰于不测。经诰所以宣契象，宫观所以宅咸灵，符箓所以备真科，斋词所以达精恳。验征应之非一，明胚蠁之无差，诚觉悟于苍黔，而彰亶于善恶也。朕顾惟寡昧，

---

① 〔日〕中村元：《东洋人の思维方法》，1961年；拙著有关论文，收于《中国禅学研究论集》，台北：东初出版社，1990年，第108~160页。

获篡隆平，荷祉福之咸臻，务斋盟而匪懈。思扬妙理，普示群生。①

在道教实践中，神祇、宫观、经典、符箓、斋词等皆为其道法贴身演出之项目。这些常常代表着整个科仪之重点，亦是影响信仰群众最直接之事物，使得信徒在参与过程中有着自身之灵感体验，甚而对该信仰思想产生了灵验存有。道教亦以"孝"、"善"为要，二者是宗教、哲学、伦理学等范畴中的基本概念，例如"善，德之建也"、"举头三尺有神明"之理念，都是一种道对为善之忠告。《云笈七签》说：

> 道之为用也，无言无为；道之为体也，有情有信。无为则任物自化，有信则应用随机。自化则冥乎至真，随机则彰乎立教。……为恶于明显者，人得而诛之；为恶于幽暗者，鬼得而诛之。又曰：为善者善气至；为恶者恶气至。此太上垂惩劝之旨也。②

中国古代有着丰富的神话传说，对这种神话传说人物的继承和改造，在道教神仙信仰中流传着，有些神话中之人物最后变成教派所崇拜的神灵，像《西游记》中的人物。道教或教派继承了其中的一些信仰，有的甚至全盘承袭；有的在承袭基础上加以改造神化，使之成为富有道教神仙色彩的神灵，如民间信仰中之鸿钧老祖、黄帝、东王公、五母系统等。

另外，在将古代神话人物之神迹与圣神进行神圣化的同时，又制造了许多神话，如两汉纬书神化儒家圣人及儒家经典，其代表人物主要有伏羲、黄帝、尧、舜、西王母、九天玄女等。道教崇尚自然，信仰万

---

① 〔宋〕张君房编，李永晟点校：《云笈七签》卷一一七，《道教灵验记》，北京：中华书局，2003年，第2572页。

② 〔宋〕张君房编；李永成校：《云笈七签》卷一一七，《道教灵验记》，北京：中华书局，2003年，第2573页。

物有灵论,将宇宙万物取名后,再将其神圣化,如日、月、星及二十八星宿。① 在此对宇宙自然的体验,常存有着这种像是神话又是神迹之忠告,表现在道之体与用兼备上,诚如以善恶因果关系产生了宗教道德观,使民心为善的向心力融合,最终此族群自然形成了一种教派。而在闾山教派中之神迹,亦都应用在闾山道法或巫法上,使民众得到有求必应之宗教情感,引发信仰群众对教派之神祇崇拜。宋代的张圣君、陈靖姑即属其列,他们为民除害,奠定了乡里安居乐业的基础,就是明显的善人与贤人典范。

(三)造构神仙与编制神仙谱系产生道派

在早期人类社会活动中,对自然界的灵验事物产生了神秘感,也因此出现了对此神秘现象造构而成神的崇拜。因为神比人更有超凡之广大能力,亦有着超自然之精神,因而该神圣人物有着被编于神仙谱系之价值。在中国的古传统文化中,产生了诸多古圣与贤人,这些圣贤也成为日后造构神仙与编制神仙谱系的独特产物。尤其汉魏两晋是道教神仙谱系的草创时期,在此阶段中,根据早期之经典《太平经》,将神仙谱系确定为神、真、仙、道人及儒家的圣人、贤人六等。《太平经》说:

> 神人言:"然,六人生各自有命,一为神人,二为真人,三为仙人,四为道人,五为圣人,六为贤人。"谓:"此皆助天治也。神人主天,真人主地,仙人主风雨,道人主教化吉凶,圣人主治百姓,贤人辅助圣人,理万民录也,给助六合之不足也。"②

草创时期的神仙谱系是一种呈现原始状态之粗浅概括,似乎是

---

① 二十八星宿:东方苍龙七宿(角、亢、氐、房、心、尾、箕),北方玄武七宿(斗、牛、女、虚、危、室、壁),西方白虎七宿(奎、娄、胃、昴、毕、觜、参、七宿),南方朱雀七宿(井、鬼、柳、星、张、翼、轸)。

② 王明编:《太平经合校》卷七一,《致善除邪令人受道戒文第一百八》,北京:中华书局,1979年,第289页。

以人品之位阶与先天之职司来划分。到了南北朝,是道教大量造构神仙和进行初步整理的时期,将道教神谱分为最高者无极至尊,次曰大至真尊,次天覆地载阴阳真尊,次洪正真尊……由于南北朝所造神仙既多且杂,且系统庞然,信众无所适从,不利于道教传播与发扬。更有借太上老君之名,自立"天师之位",表示仍尊太上老君为该教教主;同时统治者为了达到自身政治目的,亦利用政治的力量来造神及产生道派。闾山教派诸神之产生时间点较为集中于晋与宋之后,其神职之特点较为接近,但在造构上有明显差异。

二、道教宗派之划分

　　欲了解道教派别之真相,必先将道教之简史做一剖析。道教是中国主要宗教之一,可谓为一种土生土长的非物质文化,它也代表着整个中华族群部落历史的轨迹,它的存在可追溯到战国时期的方术,以及更古老的萨满巫术等宗教信仰,真正的宗教雏形形成于东汉。所以道教是我国传统文化结构之一部分,同时也可作为我国人民的一种依存方式与神仙思想,尤其对古代科学之发掘与技术之发展,都有功不可没之作用,影响了整个中国的社会、经济与政治。

　　一个宗派之划分定有其派别之所宗,亦即每一教派有其造构神仙谱系的教理依据和基本原则,虽其依据与原则是一种人为之定论,但都参酌道教经典之记载与科仪之实践所融合而成;同时道教神仙谱系虽然表现出继承传统的明显特色,但在信仰过程中随着时空与理念之转化,为满足自身之信仰位阶之提升,皆会对选取的神灵信仰进行必要的神圣化与加工创造,最终与最初之神灵信仰有所差异。

　　（一）宗派之产生

　　在研究一个特定教派的历史前,先立足于该教派最可观望之处,再找出其最为成熟的阶段,以及举足轻重之发展点,厘清该教派之信仰方向与组成因素,如经典、教义、人物与信仰,同时划清每一阶段之历史发展过程,尤其对其发展过程中之分支与融合,考究其促成与影响之主因,并对该教派进行全面研究,以了解其特性。亦可对教派采用"逻辑"与"实证"方式研究,找出教派与其他宗教之对应关系,做出两者之比对,即可总结各自原有之文化特色与背景。对教派史的研究,应该综合以上几种方法。首先要按照历史与逻辑统一的方法,这是最基本的,适合各种历史研究。[1] 实证科学运用上是不可或缺的,在此领域上最贴切的莫过于田野调查。田野调查除了可以增加考证之力度,亦可将其真实性做出横向考虑,以符合教派历史演进的具体资料作为研究的依据。另外,还要兼用"文化大背景"的方法,将教派的发展历史放到广阔的社会历史背景之中,以揭示教派与历史时代的横向联系。只有这样,才有可能真实地、全面地、科学地反映教派的历史发展。[2] 这些方法都是大部分学术界历史研究者最常用的方法,亦是最为科学的方法之一。

道教是多元化之宗教,内部产生众多门派,因分派之性质与理念之不同而名称各异,刘枝万的《台湾の道教と民间信仰》谈道:"老君传下七十二教,教教不相同。"[3]道教认为宗教包容、宗教对谈、宗教融合,能够吸收、同化来自不同的宗教思维。《道藏》除了汇集道家思想及著作,也收编了道教之思想。中国道家思想之宗派分支、演化及其论述,必须专注潜心研究方能辨出,其内涵从原始的道家祖师老子之道学,到在汉朝被立为天师之道教的张天师派,以及一些世俗性与区域性之宗派,或演变成闽南之民间信仰之类,这些思想和实务,历代以来都在我们生活中占有重要的一席之地。其门派的分辨,初步可以依学理、地区、修行、道门、历史、宗派来区分。[4] 一般认为道教的正式分派开始于宋、元,而道教历史上比较有影响的有如下几个

---

[1]　黄小石:《净明道研究·导言》,成都:巴蜀书社,1999 年,第 2 页。

[2]　黄小石:《净明道研究·导言》,成都:巴蜀书社,1999 年,第 2～3 页。

[3]　刘枝万:《台湾の道教と民间信仰》,东京:风响社株式会社,1994 年,第177 页。

[4]　北京白云观道士编:《诸真宗派总薄》,北京:白云观,1926 年。

大派。

1.依据学理划分:道教长远存活,历尽沧桑而不衰,有其理论与实践之根据。其理论与实践之成果,翔实记载于《道藏》或各种道教经典与藏书中,形成了道教之区别分派,如符箓派、丹鼎派(金丹派)等,同时符箓科教派则又分为"龙虎(即天师道)、阁皂、茅山"三宗。①符箓派主张以符咒等方术治病驱鬼,在闾山教派中,画符常是一个维持生计之重要来源,因此必须掺杂其他教派之法,更增加了闾山教派符箓之领域。这亦体现了道教与闾山教派有宽容与融合之道性,同时亦产生了许多不同之闾山教派。丹鼎派主张炼金丹求仙,可分为外丹与内丹二脉。

2.依据地域划分:唐朝诗人刘禹锡《陋室铭》有云:"山不在高,有仙则名;水不在深,有龙则灵。"这是中国各个名山中都有神仙存在之写照。名山清净无杂,是修身养性最适宜之所在。因此,在各名山中充满着神仙气息,也吸引了众多有道之士,修炼有成。同时形成了诸山各门派,如龙门派、武当派等十派。

3.依据修行划分:道教着重长生不老的神仙思想,为达到最终之羽化成仙,必须有修炼道成肉身之思维与实践。因修身途径不同,产生了各种派别,如少阳派(王玄甫)、三丰派(张三丰)、纯阳派(吕洞宾)等十二派。

4.依据道门划分:道教常因其执行道法之方式不同,或因其所应用之经典、科仪、符箓之不同,而产生了许多不同之道门派别,如混元派(太上老君)、清静派(孙不二)、清微派(马丹阳)、灵宝派(周祖)等二十四派。

5.依据历史与朝代划分宗派:由于历史与朝代、时间与空间之隔离,牵动民众信仰之差异及传道之教义不同,有些受信徒功利主义思想影响,宗派内部产生不同之喜好与向往,凝聚众人之力量,而后

---

① 陈国符:《道藏源流考》增订版序,北京:中华书局,1949年,第2页。

产生了各个派别。如正一宗(张道陵)等五大宗和道派之分:天师道等四大派,还有法派之分:道德、先天等八派的说法。正一道下面又分有灵宝派、天师道、阁皂宗等。

6.依道派划分:(1)全真道:又有南宗和北宗之分。支派很多,如龙门派、遇仙派、净明派等八派。(2)金朝时创立的真大道教,元朝以后逐渐衰微。(3)金朝时由卫州人萧抱珍创立的太一道,元末以后逐渐衰微。(4)许逊创立的净明道,明朝以后逐渐归入正一道与分支闾山教派。(5)上清派及其支派茅山宗。(6)明代张三丰于湖北均县武当山创立的武当派,供奉玄天大帝(真武大帝)为主神。

明朝以后,道教主要分为南方正一道和北方全真道两大派系,其他教派皆全部归纳到这两个道派之下,但在现行道教领域中,顺应时势之潮流而跳脱出这两大派别之教派比比皆是。依据《诸真宗派总簿》,现存于北京白云观中之藏书所列的道派谱系共有八十七派,实际上有些只是系谱的续字,不是独立一派。尤其在今天,经历史及统治政策之变革,引发许多教派传承渐次凋零,较为著名的教派尚有正一道、全真教、茅山派、净明忠孝道、武当派、闾山教派及香港、台湾的民间道教派。至于闾山教派之渊源,必须先从净明谈起,净明道的形成和发展成熟过程较长,从晋代一直到近代,其中历史的演变错综复杂:晋代许逊崇拜发端,唐代发展,南宋正式创立,最后演化出净明道与闾山教派之分支。

三、闾山教派之特质及教主

净明宗闾山教派又分法主公(张圣君)派、陈靖姑(三奶)派、徐甲真人派、姜太公派、王禅老祖派、澎湖小法派(普庵派)、瑜伽派……道教内部门派众多,因分派标准不同而名称各异,依道教功能的区分,2013年3—4月在田野调查中,台南兴泉府林道长对闾山教派法派传承之分类的观点为:"闾山十八教,教教不相同,台湾民间常见之'闾山派'流派有:三奶派(主神是陈靖姑)、法主公派(主神是张圣者)、徐甲真人派、姜太公派、王禅老祖派、澎湖小法派、普庵派、瑜伽派、清水祖师……"

（一）闾山教派特质

宗教或教派之组成因素中，皆有该教派中最具代表性之特质存在，而该特质常显现于该教派最为突出之时刻与场所。科仪仪式是一种最为直接亦是最有效之传播方式，使得信仰群众亲临其境，得到身心灵之体验。此种宗教现象之演出或许是一种宗教文化之象征，但无论其立足点为何，它代表着一个教派之生命特质。如以文化学理论分析，无论是作为观念形态的民间宗教信仰、民间外在制度化的民间宗教组织，还是以运动方式出现的各种民间宗教活动，都属于这种文化的不同表现形式。① 闾山各派散布于闽南、台湾及南洋各地，各地闾山教派之思想特质皆大同小异，其内涵皆脱离不开"正一道与巫"之组成，行事风格亦以"道法二门"方式为演法机制。

（二）闾山教派主要传承

正统之教派传承是有其根源可循的，传承之范围包含着思想、教义、信仰与法派。闾山教派下各个派别之传承，并非完全都有正确传统祖师脉络之传承，有的是有师承之师徒传代方式，有的是因其所信仰或道法科仪之兼容，无实质之师承关系，而被归为闾山教派。此种法派归类之形式，在道教宗派中时有所闻，尤以闾山教派最为可观，只要其最终以许真君、正一道、巫术之内涵为信仰中心者，皆被归为闾山教派，以台湾为甚。因民间有些施画闾山符咒者之法术主要靠祖师、祖先或神授流传得来，有时也私自口授师传于弟子，因闾山巫法符咒之术在民间有多种传承途径，甚至并未经过正规的师承或道坛传度受箓。闾山教派之各法派渊源依《三教源流搜神大全》之记载

---

① 林国平：《民间宗教的复兴与当代中国社会——以福建为中心》，见陈支平主编：《一统多元文化的宗教学阐释：闽台民间信仰论丛》，厦门：厦门大学出版社，2011年，第16页。

分为：许真君祖师，派下有三奶夫人（陈靖姑等）、法主公派（张圣君等）、普庵禅师派①、徐甲派（许甲真人）、瑜伽派等。

中国道教之道与法的传承，大部分都有其道派之师承关系，虽然有教派之自行创立现象，但它的道法与经典大部分皆有其原始之来源依据。美国学者默林宝对巫法之传承有其一套"见解"，②当然他亦是参考《道藏·海琼白真人语录》之有关记载：

> 元长问曰：巫法有之乎其正邪莫之辩也？答曰：巫者之法始于娑坦王，传之盘古王，再传于阿修罗王，复传于维陀始王、长沙王、头陀王、闾山九郎、蒙山七郎、横山十郎、赵侯三郎、张赵二郎，此后不知其几。昔者巫人之法，有曰盘古法者，又有曰灵山法者，复有闾山法者，其实一巫法也。③

其中之闾山九郎就是闾山教派之创始人许逊（许真君），也证明了净明宗闾山教派亦是巫法之传承。

（三）教主崇拜

教派之形成必有其组织之领导者或从事规划之创始者，此领军

---

① 〔宋〕撰人不详：《三教源流搜神大全》卷二，《郋园先生全书》，长沙：中国古书刊印社，1935 年，第 27 页。

② *DZ 1307, Haiqiong Bo zhenren yulu.*《道藏》，《海琼白真人语录》，1.8b. Let us first look at the tradition as it is described in the words of Bo Yuchan, written down by his disciples during the thirteenth century in the Recorded Sayings of the Perfected Bo of Haiqiong. The rituals of the shamans began with King Shadan, were transmitted to King Pan Gu, then again transmitted to King Asura, King Weituoshi, King Changsha, King Toutuo, to Ninth Lad of Mt. Lü, Seventh Lad of Mt. Meng, Tenth Lad of Mt. Heng, Third Lad Zhao-Hou, Second Lad Zhang-Zhao, and I don't know how many more after that.

③ 〔宋〕白玉蟾：《海琼白真人语录》卷一，《道藏》第 33 册，上海：上海书店出版社等，1988 年影印，第 133～134 页。

者即常被教派称为"教主",也因此产生了教主崇拜。崇拜思维是人类自我意识对一种意象的产生,并非唯独对神或宗教圣物之崇拜,是每一个人之天性都具有的心理向往因素,这种崇拜驱使着人类对自我心理内在之慕思,同时寻求对环境的理解和体验。这种崇拜是一种非理性的表征,也是从心理机制上具体地表现出情感对灵验之失控与情绪狂热,缺乏正常理智操控的独立自主情操。对于神圣化之对象片面强调崇拜意念,导致对于某种偶像进行极致之美化造构与无我之崇拜,同时也引导信仰群众一致之无条件奉行。闾山教派以许真君为首,他不仅在净明道有深厚之教派基础,而且将其原有之道法思想引领到闾山教派中,奠定了闾山教派正确之发展空间,因此以他为教主之崇拜亦不为过,其详情已在本书第三章中谈过。

1.闾山教派教主——许真君崇拜:道教之教派,皆有首创山头之概念,各教派之创始者对其领航面向,必须提出理论根据与思想方向,方能教导其传人如何去发扬师承之法脉。闾山派的创始人——许真人,名逊,字敬之,父肃,世为许昌人,后人称为许真君。汉末避地于豫章之南昌,因母梦金凤衔珠,坠于掌中,玩而吞之,乃感有孕,宋徽宗敕封其为"至道玄应神功妙济真君",证位为天枢使相,为天府四相之一,称为西山净明派祖师,俗称旌阳真君,[①]为净明道派法祖,亦为闾山派开山始祖或闾山教派教主。

2.文献中之许真君记载:谈及闾山教派之来源,必先了解许逊,《胥太尊给募缘簿》中记载:"切照许旌阳福主者,净明教主忠孝神仙,福列江西,官民并赖。本都玉隆万寿宫原系历朝敕封宫观,载在国书,承垂祀典,自红巾坟毁之后,一望荒丘。"[②]由此记载显现出净明道派之教主为许逊。许真君在宋元净明道中,曾奉天师张道陵为"监

---

① 〔宋〕撰人不详:《三教源流搜神大全》卷二,《郎园先生全书》,长沙:中国古书刊印社,1935年,第21页。

② 《胥太尊给募缘簿》,《逍遥山万寿宫志》卷二〇,《杂记》,第21页。

度师",并使用过天师道的"正一五雷法"。① 因此,早期的学术界在谈论净明道时,多主张其与天师道派有所关联,如窪德忠著《道教史》②、李养正著《道教概说》③。在第二章已谈过依据《云笈七签·道教相承次第录》:"老君传第三十六代许逊;逊授一百人,而无人可授,系代又绝。"在前文已谈过北宋《云笈七签·许真人传》载许逊:"闻豫章有孝道之士吴猛学道,能通灵达圣。叹我缘薄,未得识之。于是旦夕遥礼拜猛,久而弥勤。已鉴其心。猛升仙去时,语其子云:'吾去后,东南方有人姓许名逊,应来吊汝,汝当重看之,可以真符授也。'至时逊果来吊,其子以父命,将真符传逊。奉修真感,有愈于猛。"④又依杜光庭《墉城集仙录》中所载:"世云昔为逊师,今玉皇玄谱之中,猛为御史,而逊为高明大使总领仙籍,位品已迁;又所主十二辰,配十二国之分。逊领玄枵之野,于辰为子,猛统星记之邦,于辰为丑,许当居吴之上,以从仙阶之等降也。"⑤许逊师事吴猛为真,而许逊后又为吴猛之师,则是以后神化许逊,抬高许逊地位所致。可以认为,吴猛是净明思想的首创者,许逊在创教过程中是处于次要地位的。在许逊被推为教主之后,吴猛的净明思想及灵异之事,渐渐地转移到了许逊的身上。⑥

　　3. 许真君在道法二门之位阶:在第三章中已详述有关许真君之

---

　　① 《道藏》本《灵宝净明院行遣式》、《太上灵宝飞仙度人经法》俱载张道陵为净明道"监度师",《灵宝净明黄素书释义秘诀》则载周真公以为"太上五雷神法"不及"正一五雷法"。

　　② 〔日〕窪德忠:《道教史》,东京:山川出版社,1977年。

　　③ 李养正:《道教概说》,北京:中华书局,1989年。

　　④ 〔宋〕张君房编,李永晟点校:《云笈七签》卷一〇六,北京:中华书局,2003年,第2311页。

　　⑤ 〔唐〕杜光庭集:《道藏》,《墉城集仙录》,《正统道藏》,《洞神部·谱录类》。

　　⑥ 宁俊伟:《由谱录考许逊与吴猛之关系》,《山西大学学报(哲学社会科学版)》1999年第1期,第43页。

身世及其法脉之创始与传承,在此不再赘述。在台湾,以张天师为教祖的天师教教区之"正一道士",亦称许真君为天师教祖之"闾山法师",但也有信奉太上老君而自称老君教者。执行者有称道士与法师者,不过道士仅靠为人司掌祭祀,实在难以糊口,于是不得不兼修红头法师之法术,故此派俗称红头道士。除此之外,尚有兼做丧事的一派,谓乌头道士,专施超场阴事。前者主要分布于北部以及中部,南部则悉系后者。一般而言,净明派法师本质是专靠红头法术,为人催符念咒、驱邪治病,自称法教。

4.许逊与闾山教派之关联:净明道是许逊所创,系由东晋的许逊崇拜发展而成,但许逊在飞升仙化前虽有神迹,似乎未被大家所注重。许逊飞升后至宋时净明道之创立,方使得许逊崇拜蓬勃发展。宋元间兴盛于江西西山之该道团,在发展成道教宗派的过程中,更与道教以外之儒、佛、摩尼教等的思想融合而成分支的闾山教派。

整个净明道表面看来与闾山教派毫无牵连,但为何许逊被称为"闾山教主"?净明道是道教早期之派别,是闾山教派之源头;因净明道发迹与发展皆在江西,在该区域拥有众多的信众,尤其在许逊白日拔宅飞升之家乡有着更多教徒,除江西外,更遍及闽、浙与台湾等省外区域。在台湾的闾山教派尊称许逊为"法师公",证明闾山教派实际上是净明道派的分支派。

5.闾山教派之形成:闾山教派是一个世俗化之道教教派,发迹于福建,是一种古部落巫术之发展,重祭祀科仪与法术,传承道教净明道、正一道等派之精髓,加入密宗瑜伽派、佛教禅宗、净土宗、儒家忠孝等三教的理论与思想,同时广纳神佛思维,可谓为儒、道、释三教之综合体。其主要之行使科仪项目离不开各种法事,如禳灾植福、消灾除厄、祭祀庆典……其法脉传承遍及闽台与东南亚各地。

第二节　法主公派传承

法主公派,是道教闾山派下与陈靖姑三奶派、徐甲派等相提并论之法派,在台"法主三公"代表着法主公派,传承了闾山教派之法脉,此信仰与其在德化石牛山"石壶祖殿"完全相同。虽然在福建地区出现众多与张圣君相似之信仰组合,或与五营兵将相混杂之信仰,在第五章已将其厘清不再论述。而过去对张圣君信仰之学术理论有较多学者探讨,但对整个法主公(张圣君)派之学术与实践则较少论及。

法主公的信仰研究中,对于文献的梳理,目前有众多学者做过深入探讨,如叶明生、林国平、王见川、王铭铭、金清海等对于张圣君的历史脉络以及流传区域和演变做了翔实调查和分析,其中叶明生对张圣君信仰所做的调查叙述较为齐全,并于 2008 年出版《闽台张圣君信仰文化》[①];另王见川教授所著《法主公信仰及其传说考察》[②]谈及其历史渊源;俞黎媛《张圣君信仰与两宋福建民间造神运动》[③]针对古文献中有关张圣君神迹进行探讨与比对。在各界所做过的各项文献研究中,皆以"张圣君"为名带入研究,但"法主公法脉"所代表的尚有萧公法主及章(洪)公法主师兄弟,并牵涉整个闾山法脉之关系,所以在法主公派研究领域中,如能再加入法主公法脉之传承及其科仪演法等实务,将是更为丰富。本书试就针对法主公派之传承及其科仪法事,做一概略之探讨。

---

①　叶明生:《闽台张圣君信仰文化》,福州:海潮摄影艺术书版社,2008 年。
②　王见川:《法主公信仰及其传说考察》,《从僧侣到神明——定光古佛、法主公、普庵之研究》,圆光佛学研究所丛书(2),桃园:圆光佛学研究所,2007 年,第 23～50 页。
③　俞黎媛:《张圣君信仰与两宋福建民间造神运动》,《福建师范大学学报》2005 年第 1 期,第 108～113 页。

一、法主公派法脉概览

在张圣君等法主公信仰圈形成的传说中,其如何成为一个很凸显的信仰文化现象及其信仰如何随同地方风俗变化? 各地如何将张圣君信仰方式与本地同型的信仰人物相契合,而以张圣君信仰为核心,并加入其他至上神组成许许多多的信仰圈? 其原先之思维的来源与驱使是如何产生的? 这些是必须厘清的。传奇人物法主公,在闽台地区与东南亚地区以何种神迹来传播及其在法脉传承上究竟是如何? 要解决这些问题,必须探讨法主公派信仰之历史轨迹。

宗教信仰之法脉流传,一定有其历史轨迹可循,除了各地方县志、史书文献外,通过田野调查做宫观访谈,索取宫观沿革研究材料,皆可得其一二。法主公宫庙分布在台海两岸、东南亚地区及国外其他地区,因历史时间之长远与移民传播散布甚广,如以其历史事迹及神话传说,约略可化零为整,梳耙整个脉络。

法主公为宋时之真实人物,羽化后在闽台地区,不但为民众所敬仰,同时亦为道、法二门法师奉祀为主要神祇,其代表的并非张圣君一人,而是包括其法派门下之师兄弟。道门之结拜先决条件为"志同道合",法主公由于三公之出生年龄相差无几,信仰思想相同,志同道合而结识拜师,绍兴二十六年丙子 (1156 年),张慈观、萧明、章敏三道人同到闾山拜周佐为师学法,五年后回闽。[①] 在修炼一身道法后,渡人济世,功绩显赫,受民间敬仰、帝王敕封。法主公法派中,传承记载较为翔实有序,代表着法派传承的正宗性与其科仪的传统性,同时出自法主公石壶寺主殿之道士,皆为张、萧、章三圣君门下。

(一)张圣君张法主

黑面,名慈观,称张圣君,俗称张法主(法主公),在各古文献中有

---

① 福建省道教协会研究室、德化石壶祖殿管理委员会编:《道教圣地石牛山——张公法主祖庭》,福州:福建省道教协会研究室,1998 年,第 1 页。

翔实之记载。

1. "福州人"：法主公为"福州一农家子张生"；①又有一说"张道人，福州福清人"；②《盘洲文集》亦提到"提举福建常平茶事福州民张圆觉自言遇钟离先生……煽哄然神之谓之张圣君"；③《夷坚志》也有类似说法："张圣君，福州人。"④这些都谈及其为福州人。

2. 张公出生时间点："以宋绍兴己未七月廿三日午时生……将化，神告宜在演溪金沙九龙堂往化桥下，为淳熙癸卯三月十八午时，年四十有五。"⑤因此，现今大都以农历七月二十三日为法主公生日。

3. 张公事迹：因其法力高强，神迹显现为民间所赞扬，得道成仙后，民间广为其建庙祭祀，后受玉帝敕封为"监雷张公法主"。宋敕封为法主圣君，俗称法主公、闾山法主、都天法主、嘉惠普济真人、监雷张圣君，全称为"都天荡魔监雷御史张圣法主真君"。"自闽清泽地于兴化飞云洞，由是香火传闻四方，大所乡民因立庙于村落之中，凡有灾厄、旱魃，祷之无不立应。"⑥依据清乾隆年间所著的《德化县志》记载：

> 张自观，闽清人，宋南渡后炼性于蕉溪山石鼓岩，见石牛山夜火晶荧，知有魈魅，因往其处。魅方于人家迎姤，舆徒甚盛。观出掌，令人从指缝窥之，魅悉现形，乃幻为女妆坐舆中，群魅升之入石壶洞与斗，悬崖上下趾踵入石辗转数十处，发尻鞭剑之

---

① 〔宋〕方勺撰：《泊宅编》卷九，北京：中华书局，1997年，第51~52页。

② 〔宋〕何薳：《杂记·张道人异事》，《春渚纪闻》卷三，北京：中华书局，1983年。

③ 〔宋〕洪适：《叔父常平墓志铭》，《盘洲文集》卷七五，《摛藻堂四库全书荟要》集部，第6页。

④ 〔宋〕洪迈撰，何卓校：《夷坚志》支丁卷第十及三册《张圣者》，北京：中华书局，1981年，第1050页。

⑤ 〔清〕陈池养：《慎余书屋文集》卷四，《张公传》。

⑥ 〔明〕周华：《兴化县志》，《游洋志》卷二，《庙志》，明修，蔡金耀点校本，1925年，1999年再版。

迹……又有铁杖长三尺七寸,不假锤炼,以手摄成指痕可数。①

据此记载可确认张法主为宋时闽清人,他曾经于德化石牛山仗义迎战鬼魅。在笔者实地田野调查中发现,该地充满着奇石怪厷,地势险恶,寸步难行,野兽充斥其间,众多神迹与足迹犹存,显见当时法主公于此演法战胜五通鬼之艰辛。文献亦记载:

> 石壶张道人曾用铁杖,以伏魔杖长三尺七寸,大盈指状若联珠,其凹凸处计四十五凹,乃道人四十五岁得道时,指力紧握而成者。清初杖断屡经铁匠接而不胶,后道人扶乩握之乃如故,至今南埕社黄姓珍藏之。②

(二)萧公法主

红面,俗称萧法主(萧法明),名"明",在各古文献中亦皆有记载。

1.出生地:众说纷纭,仙游人说"仙游东乡龙波社八姓庄",③大田人说"南平",尤溪人说"尤溪"。④

2.萧公出生时间点:其出生传说有四种版本。一说为南宋绍兴十一年辛酉(1141年)六月三十日亥子时;⑤二说为绍定戊子年(1228年)夏季二十九日;三说是嘉熙己亥年(1239年);四说为绍兴

---

① 康熙《德化县志》卷一五,《人物·释道八》,上海:上海书店出版社,2000年,第339页。

② 康熙《德化县志》卷一九,《佚四》,上海:上海书店出版社,2000年,第399页。

③ 《道教圣地石牛山——张公法主祖庭》,福州:福建省道教协会研究室,1998年,第64页。

④ 叶明生:《闽台张圣君信仰文化》,福州:海潮摄影艺术出版社,2008年,第45页。

⑤ 兰宗荣:《浅论萧公的生平及影响》,郑金华编《溪源峡谷与萧公文化》,内部资料,2001年,第61页。

己巳年(1149 年)。①

根据《萧氏族谱》及张公出生时机推算,应以北宋大观二年戊子(1108 年)为准。② 这与法主三公出生对照表比较又有所出入,但《张公法主祖庭》记载"十一年辛酉(1141 年),萧明(朗瑞)诞生于仙游县东乡龙坡社八姓庄"③,又与前文所述之出生时期有冲突。

3.萧公事迹:萧公受其父影响,通览了《白云符书》《净明法》等书,精通武艺及三十六天罡、七十二地煞之法,学得除妖降魔之术等,诸如此类之说法其实就是将"神性"内容加到萧公的生活历程中。④

(三)章(洪)公法主

青面,章公圣君,名"敏",古文献记载显得稀少。

1.出生地:福建省闽清县九都。⑤

2.章公出生时间点:生于南宋绍兴元年辛亥(1131 年)十月十六日未时。⑥

3.章公事迹:南宋绍兴二十六年丙子(1156 年),与萧、张结为兄弟……前往江西闾山问道学法,拜周佐道长为师,章敏取道名为"郎庆"。⑦ 此记载是以"章"姓显示,在台部分宫观认为是姓"洪",显然有差异。

---

① 陈建生等:《溪源萧公文化》,福州:海风出版社,2010 年,第 9 页。

② 陈建生等:《溪源萧公文化》,福州:海风出版社,2010 年,第 11 页。

③ 《道教圣地石牛山——张公法主祖庭》,福州:福建省道教协会研究室,1998 年,第 1 页。

④ 陈建生等:《溪源萧公文化》,福州:海风出版社,2010 年,第 11 页。

⑤ 《道教圣地石牛山——张公法主祖庭》,福州:福建省道教协会研究室,1998 年,第 6 页。

⑥ 《道教圣地石牛山——张公法主祖庭》,福州:福建省道教协会研究室,1998 年,第 6 页。

⑦ 《道教圣地石牛山——张公法主祖庭》,福州:福建省道教协会研究室,1998 年,第 67 页。

二、法主公法脉之争议厘清

1.在法主公称谓中,尚有诸多神祇,有后起之神圣或五营兵将等信仰并入,在第五章已谈过,在此仅以法主公石壶祖殿之三公为主要探讨领域。

2.在"章"法主姓氏上,是否有"张"而误认为"章",是否因为有萧公红面而被影射为"红"之"洪",在古文献中并无可考之处。在田野调查中发现,有部分宫观为避免信徒的一再询问,在称谓上就同时以"章"("洪")称之。

3.在萧公出生时间记载上,如上所述有四种版本,如以当时三师兄弟在世之年代比较,同时在其得道羽化时间点对照下,可得如下之表:

法主三公出生对照表

1108 年	戊	子	北宋大观	二年	1.萧公	
					与张公差 31 岁	(更不可能)
1131 年	辛	亥	南宋绍兴	一年	章公	
					差 8 岁	(较有可能)
1139 年	己	未	南宋绍兴	九年	张公	
					差 2 岁	(较有可能)
1141 年	辛	酉	南宋绍兴	十一年	2.萧公	
					与张公差 10 岁	(较不可能)
1149 年	己	巳	南宋绍兴	十九年	3.萧公	
					与张公差 29 岁	(更不可能)
1168 年	戊	子	南宋乾道四年		4.萧公	

资料来源:笔者依据六十甲子推算法主三公出生年,得到该表。

在此比较表中,萧公出生年代,在诸多文献相互抄袭下,错误点经收集比对有下列之结果:(1)北宋大观二年(1108年);(2)南宋绍兴十一年(1141年);(3)南宋绍兴十九年(1149年);(4)南宋乾道四年(1168年)。在此四个时间点比对,章公南宋绍兴十一年(1131年)与张公南宋绍兴九年(1139年),较符合当时三个师兄弟一同拜师于周佐道长及一道施法斩妖除煞,也因此萧公出生时间较有可能应为南宋绍兴十一年(1141年),其他三个出生应有误传。

三、法主公派信仰之文献轨迹探讨

文献之历史轨迹是对过往之事实、传说及口述历史逐一的记载,先撇开其真实性不谈,对历史学、人类学研究者有着莫大之帮助。在法主公派中,文献上皆以张法主为主轴,也因此三公中唯有张公之记载最为翔实。近代文献专著《闽台张圣君信仰文化》①记载着所有圣君信仰,其中亦包括五营兵将"张、萧、刘、连、李"等神班;《道教圣地石牛山——张公法主祖庭》②中专为法主公祖殿之"张、萧、章"做出详尽之探讨;《闽台圣君信仰——溪源萧公文化》③中则专为萧公做出历史论述,其中亦谈到与张公及章公之关系。

(一)文献探讨

在古文献上有较多之神迹,如在宗教上、社会上、医药上之神迹显现,但许多文献记载还是以张法主为主。首先有《游宦纪闻》中的记载:

> 永福下乡有农家子,姓张,以采薪鬻锄柄为业,乡人曰为张锄柄。状貌丑怪,口能容拳。一日入山,遇仙人对弈。投之以

① 叶明生:《闽台张圣君信仰文化》,福州:海潮摄影艺术书出版社,2008年。

② 《道教圣地石牛山——张公法主祖庭》,福州:福建省道教协会研究室,1998年。

③ 陈建生等:《闽台圣君信仰——溪源萧公文化》,福州:海风出版社,2010年。

桃,苦不可食。张心知为仙,冀有所遇,忍苦啜咽。且及半,苦将
蛰舌,遂弃其余而归。因忽忽若狂,绝粒,食草木实。时言人隐
恶,能道未来祸福。素不谙书,忽奋笔作字,得义献体。口占颂
偈,立成如宿构。传闻四散,士夫多往赴之。因度为僧人,号为
张圣者。①

其中谈到张法主为农家子及其遇仙成仙之经过,至后来为僧,不
食人间烟火,且能断人之未来吉凶,表现出张法主之道法中掺杂着佛
教与巫术之思想内涵。而萧公部分,在叶明生转录自明代释明河撰
之《补续高僧传》中谈道:

> 萧公祖师,蜀人。生于残唐,师雪峰存和尚,行头陀行。久
> 之,得悟而发通,于闽服,大着神异。闽人莫之其名,因称萧公祖
> 师。古田有蛇肆害,师驱之。溪源有毒龙为雄,师降之。至于封
> 山打洞,无妖不剪,无怪不除。合四境之内,地方千余里,魔氛不
> 作。月皎清光,人无恶梦。有偈曰:"剃发还留发,居尘不染尘。
> 人称三教主,了义一归真。"又曰:"一相元无相,如来如不来。道
> 全归四果,显法就三灾。"观师偈意,是盖大菩萨,示迹度生,非专
> 羊鹿位中人也。师至宋嘉熙间,始入灭,住世三百余岁。火化于
> 凤冠岩,祥光烛天,异香普闻。火尽,乡民刻木肖师形,盛骨于
> 内,请有司立庵奉之。锡胤弶宪,随祷而应,尤效于雨,虔礼则需
> 焉,随踵而至。②

在此将萧公祖师再做一比对后发现,引述到法主三公中,有下列
几点似乎值得商榷:

1. 出生地:在此谈到萧公祖师为"蜀人",与前文所述显然是不相

---

① 〔宋〕张世南:《宦游纪闻》卷四,北京:中华书局,1981年,第30页。
② 叶明生:《闽台张圣君信仰文化》,福州:海潮摄影艺术书版社,2008年,
第47页。系叶明生转录自〔明〕释明河撰之《补续高僧传》卷一九,上海:上海古
籍出版社,1991年,第267~269页。

同的。

2. 出生时间点：上文谈及"生于残唐"，"残唐"为五代十国（907—960 年），显然与前文所述不同，与张法主公宋绍兴己未年（1139 年）及章法主公南宋绍兴元年辛亥（1131 年）之年代差距太大。

3. 阳寿：《闽台圣君信仰——溪源萧公文化》记载"萧公卒年为淳熙十五年（1188 年），及萧公寿 48 岁"[①]，同时在《道教圣地石牛山—张公法主祖庭》中亦谈到"南宋淳熙十五年戊申（1188 年）萧公寿 48 岁"[②]。

综合以上之三项再加入张公、章公之生卒年代，同舟前往拜师周佐道长，羽化年代相近："章公南宋淳熙九年（1182 年）、张公（1183 年）、萧公（1188 年）……"羽化后是为三圣君，后人有诗赞曰："石壶三圣久传名，正一长存鬼蜮惊。济世利民安各地，除妖镇恶荫群生。"[③]在《补续高僧传》所述萧公祖师"至宋嘉熙间始入灭，住世三百余岁"及在此所言之萧公祖师，是否另有其人值得考证。

（二）神迹探讨

文献记载着三公之传奇，从其出世到拜师学法，经过修炼到得道、济世到羽化，再从神化到对他的崇拜，每个阶段都有其神迹之显化，足以证明他们之传神与可敬。

---

① 陈建生等：《闽台圣君信仰——溪源萧公文化》，福州：海风出版社，2010 年，第 9 页。

② 《道教圣地石牛山——张公法主祖庭》，福州：福建省道教协会研究室，1998 年，第 66 页。

③ 《道教圣地石牛山——张公法主祖庭》，福州：福建省道教协会研究室，1998 年，第 68 页。

张圣君被玉封为"监雷真圣君"①，即"监雷御史"，掌管五雷②官将（雷公、雨神等），专司祈雨（亦是闾山教派道法之一），羽化前多次引水化解旱情或治水患，又闾山教派较接近于基层百姓，因而被奉为农业神，羽化后又有诸多灵验在祈雨。《闽书》记载："演水溪，源出尤溪，流入梅溪。溪中有仙人坐化石，旧传张圣君卒其上。石傍有穴最深，曰九龙潭，岁旱祷雨多应，潭中游鱼群聚，虽洪潦涨不散。"③信仰群众认为法主公羽化于九龙潭，在此祈雨能得验应无疑。另《闽书》又记载："圣者岩，岩最胜处，有灵泉，祷雨多应。"④诸如此类之法主公神迹，在生前亦引起当时之王文卿试法陷害。洪迈《夷坚支丁志·工侍臣》记载：

> 王文卿侍晨，已再书于前志，绍兴初入闽，不为人所敬。尝寓福州庆成寺，群僧见其所为，疑涉迂诞。使仆夜掷瓦砾于窗外，欲其怖也，王殊自如。已而击瓦再至，王叱曰："人耶？鬼耶？一例行遣。"仆应声仆起竟不复生。是时张和尚圆觉正以道术擅名，闽人呼之圣者。王与之往还，闻张为人主醮事。语所善曰："当作哄这秃一场。"未几，张入城，四顾若有所访，曰："风子在东街茶店中坐。"遂往揖之曰："狂态复作耶？"王笑曰："只顷刻耳。"及暮，张醮家洁坛席，灯火如昼。俄风从西北来，扑灭无余，才食久，焕然复明，道众与之不协。因府治设醮祈雨，命为高功，王请于府前立棚，令道众行为绕其上，已独仗剑禹步于下。方宣词之

---

①　《道教圣地石牛山——张公法主祖庭》，福州：福建省道教协会研究室，1998年，第55页。

②　《太平广记》卷三九四中，有关五雷之法曰"雷法"，道教术数。谓得雷公墨篆，依法行之，可致雷雨，祛疾苦，立功救人。因雷公有兄弟五人镇守五方，故以"五雷"称之。

③　〔明〕何乔远：《闽书》册一，卷四，《方域志·闽清·演水溪》，福州：福建人民出版社，1994年。

④　〔明〕何乔远：《闽书》册一，卷一八，《方域志·延平俯·将乐县圣者岩》，福州：福建人民出版社，1994年。

次，星斗满天，已而暴风驾云，亦从西北。烛尽灭，雷霆一声甘雨如注。其徒惧而下，王已去矣。自是道俗始加尊事。王之术盖习五雷法，然用以为戏及妄害平人，恐非神天所容。①

此段落描述王文卿欲加害张法主，先装神弄鬼恐吓他，继之于设醮祈雨时，以五雷法妄害平人而嫁祸于张法主，但法主公之道行神奇众所皆知，他皆能——克服。《古田县志》中也谈到圣君堂之张法主：

在水口，圣君姓张，宋代永福人。得仙术修道于永阳方壶山，明曹观察学佺题曰"方壶别峤"。徐勃诗："石磴蹑崔嵬，真君庙宇开。鼎中亨日月，掌上御风雷。仙术通幽秘，神功御大灾。廿年前寄宿，此日喜重来。"②

法主公除了渡人济世外，亦利用仙游四海群山之便，传法说教。淳熙九年壬寅（1182 年），慈观 44 岁，是年六月，慈观到闽清渡世人说因果，宣扬道教主旨。③

第三节　三奶(陈靖姑等)派崇拜

一、三奶派法脉导览

道教信仰是一个多神论思维，不但有原有崇拜之神祇，对于后天形成之仙人、圣贤、自然物，亦都列为主要祭祀范围，以至于在古闽越地区，道教或民间宗教有着道、儒、释、巫混合而成之道派。尤其是巫

---

① 〔宋〕张世南：《宦游纪闻》卷四，北京：中华书局，1981 年，第 31 页。

② 〔清〕知县辛竟可总修：《古田县志》卷八，《古迹》，乾隆辛未版，古田县地方志编纂委员会，1987 年。

③ 《道教圣地石牛山——张公法主祖庭》，福州：福建省道教协会研究室，1998 年，第 57 页。

术信仰自古以来流行于东方亚细亚一带,从精灵崇拜开始,发展为占星术、卜筮等信仰,中国受其影响极深。① 闽人尚巫思想已奠定了稳固之基础,任何创立之道派皆能经得起考验,晋宋以后在福建因此形成了诸多信仰教派。闾山教派也因此在闽台地区兴盛一时,与此同时妈祖、陈靖姑、马仙被称为福建省三大女神,其信仰是古老农耕社会具有影响力的民间信俗。② 女神信仰在我国素有久远之传统,尤其台海两岸将此信仰表现得如火如荼热闹非凡,其中三奶派信仰可谓为与妈祖信仰并驾齐驱。

(一)史料纪实

一个被信仰崇拜之神仙,其背后皆有辉煌之神迹与历经辛酸之一面,此经历之轨迹皆被历史从事者记录下来,临水夫人陈靖姑便是其中重要代表,亦是在道教中表现得尤为突出之神祇。在探讨有关临水夫人的生平事迹时,可根据以下几个面向来寻找古籍史册记载。

1.道教科仪经典。科仪实践在道教经典系统中占有重要地位,尤其三奶派在闾山教派科仪中是不可或缺的。如庞绍元编《广西柳州市师公文武坛科仪本汇编》③、叶明生编著《中国传统科仪本汇编》,叶明生、劳格文编著《福建省建阳市闾山派科仪本汇编》,王秋桂主编《中国传统科仪本汇编》、《三教源流搜神大全》,苏海涵主编《庄林续道藏》等都有众多与三奶派或陈靖姑有关之记载。

2.神话传说本及记册等古籍。诸如《闽书》、《闽都别记》、《庙记》、《临水平妖记》、《陈十四》等,但其记载系以神话传说为主,其中

---

① 渡边照宏氏:《思想の历史4——佛教的东渐与道教》卷四,东京:平凡社,1965年,第61页。

② 林琴玉:《探究闽东马仙信俗的宗教特征》,《宁德师范学院学报》2012年第4期,第8页。

③ 庞绍元编:《广西柳州市师公文武坛科仪本汇编》,台北:新文丰出版社,1980年。

有诸多抄袭或部分未证实笔误之处。

3.史志文献。以地方志为多数,诸如《大明一统志》、《古田县志》、《八闽通志》、《晋安逸志》、《福建通志》等,各地皆有三奶派或陈靖姑的历史记载。

4.期刊与论文。此类文章除了综合前三项外,还增加了各地的田野调查,代表着近代有关该教派之变迁记录。

(二)陈靖姑生平

"凡是走过的路,总是会留下痕迹。"陈靖姑短短的 24 年人生路,留下极为坎坷之历史。明代的《三教源流搜神大全》一书,其中有关"大奶夫人"陈靖姑的记载,大致上是《海游记》的缩写,今引录如下:

> 昔陈四夫人,祖居福州府罗源县下渡人也。父谏议,拜户部郎中,母葛氏,兄陈二相,义兄陈海清。嘉兴元年,蛇母兴灾吃人,占古田县灵气穴洞于临水村中,乡人已立庙祀,以安其灵,递年重阳,买童男童女二人以赛其私愿耳。遂不为害。时观音菩萨赴会归南海,忽见福州恶气冲天,乃剪一指甲化作金光一道,直透陈长者葛氏投胎,时生于大历元年甲寅,岁正月十五日寅时诞圣,瑞气祥光,罩体异香,绕闾金鼓声,若有群仙护送而进者。因讳进姑。[①]

陈靖姑之诞生是在极其神圣之时空,也因此造构了她日后呼风唤雨的本领、济世渡人之天职。宋代以后,陈靖姑因为地方斩蛇除害及祈雨除旱有功,受到朝廷敕封,后又神迹显化助民间除难,历代统治者均为其加封,因此陈靖姑被尊称为临水夫人、大奶夫人、顺懿夫人、南台助国夫人、护国夫人、陈夫人、陈神娘、陈圣驾、陈太后、顺天圣母、通天圣母、天佩圣母、碧霞圣母及王母等。而在三奶派流行地

---

① 〔宋〕撰人不详:《三教源流搜神大全》,长沙:中国古书刊印社,1935 年,总第 48 页。

区的福建,因其常常救助婴儿、助产、护幼,民间便挂以"奶娘"名号,强调她护赤保幼之功能;而在台湾则以其法派灵验,法师或崇拜者称其为"师母",以尊其传法之正当性与传统性;另浙南、闽北地区之信仰群众则以其收妖神效称之"神娘"。虽各地之称呼不同,但陈靖姑施展之神迹与神奇之灵验是相同的。

在陈靖姑人生最重要之转折点,她走出另一条始料未及、更为艰险之路,意念坚定,对于爹娘之说服亦无所动摇,一心赴闾山学法,甚至弃婚学道。其内心之坚强,显现在《夫人经》中:

> 不论爹娘家豪富,一心闾山学法门。年登十五去学法,双手堂上拜爹娘。爹娘说与女人听,孩儿汝且听分明。男人勤耕女勤织,女人学法不周全。奶娘不听爹娘说,收拾行李便登程。明旦打办离家去,打算学法沉毛江。有福过江去学法,无福便见海龙王。太白金星云头现,荷叶化作一龙船。夫人座在龙船内,载入闾山宝殿门。九郎便知四娘到,就差玉女来开门。四娘直到闾山殿,参拜法主许真人。夫人进前就下拜,从头细致说分明。家住福建福州府,台江下渡陈姓人。父是陈家陈长者,母是葛家葛夫人。两家结发为夫妇,大历元年生我身。①

此段《夫人经》说明了陈靖姑在出发前往闾山到拜见许真人之整个过程,但其中所说"年登十五去学法"与《三教源流搜神大全》所说"进姑年方十七,哭念同气……俑往闾山学法,洞主九郎法师传度驱雷破庙罡法,打破蛇洞取兄,斩妖为三"②有所差异,还有另外的说法:

> 但靖姑却一心要去学法,十五岁(一说十七岁)往闾山学法,

---

① 古田县前山村拓主殿:《夫人经》,古田县前山村民历代口传唱本,收录在古田《临水宫志·文献志》,第389页。
② 〔宋〕撰人不详:《三教源流搜神大全》,长沙:中国古书刊印社,1935年,总第48页。

拜许真君为师,学得召雷驱电、呼风唤雨、缩地腾云、移山倒海、斩妖除魔、捉鬼驱邪、退病驱瘟等法术,唯不学扶胎救产、保赤佑童之法。真人问她:"为何不学?"靖姑曰:"未嫁之人怎便入人秽室,故不学也。"三年后(一说一年后),拜别师父。①

陈靖姑学得一身道法,能与天地相抗衡,与邪魔恶道相斗法,一念未顾全局,拥有再万能之道法与再尖锐之法器,亦无法阻止断送整个未料之人生,败在此未学之道法,此为命运或天意,早为许真君所料。文献记载:

> 真人送宝剑与符,并遣王、杨二太保护送,要她出了门只管直直走不可回头。但靖姑心里舍不得师父,才走了二十四步就回转头再看师父一下。这一下师父知道事情不好了,料定靖姑二十四岁有难,只好再三交代她二十四岁那年千万莫行法事,才可保平安。②

临水夫人因其诸多灵异与传奇而闻名于世,除了在生育与护幼上,在民间之祭解科仪、消灾解厄上,也广为道士或法师所应用,因此受到了民众的崇拜。学术界对于这位闽越地区闾山教派中的传奇女神深感兴趣,并进行各种学术研究,但都仅就理论文献进行探讨,较少对其科仪实践及深层思想做出研究,因此尚有研究之空间。

(三)三奶派解析

派别名称之形成皆为其意义之组成,在此不仅代表着组成之成分,而且也代表着性别之存有。三奶派实质上代表三位女性之融合,一般认为其发源于福建福州一带,而流传于闽东福州语系的道坛,信

---

① 石奕龙:《临水夫人信仰及其对民俗活动的影响与解释》,《民俗研究》1996 年第 3 期,第 63 页。
② 石奕龙:《临水夫人信仰及其对民俗活动的影响与解释》,《民俗研究》1996 年第 3 期,第 63 页。

仰的对象为临水夫人、林九娘、李三娘,此道派的形态乃是道佛巫三教合流。[①]亦即陈靖姑的信仰不单只是祠祀,而是成了一个民间教派——三奶派。《仙溪志》记载:"慈感庙,即县西庙神也。三神灵迹各异,惟此邑合而祠之,有巫自言神降,欲合三庙为一,邑人信之,多捐金乐施,殿宇之盛为诸庙冠,俗名'三宫'。"[②]该宫庙中所供奉的就是以陈靖姑为首之三奶夫人,但三奶夫人究竟为何人?因此必须将三奶派之三奶夫人及其信仰情形做一论述,方能对三奶派的信仰做完整之探讨。陈靖姑部分前已论及,唯林九娘、李三娘解析如下。

1. 林九娘

神话与传说常引起正反两面思考方向,各有其优劣点存在。尤其林九娘之地位如何?她是何许人物?在前文已提及福建三女神"妈祖、陈靖姑、马仙",但马仙是闽、浙地区之地方信仰,其与陈靖姑之搭档似乎很少被着墨。有较多记载的是妈祖与陈靖姑,这可追溯到宋代闽、粤地区之三圣妃信仰崇拜,她们的组成是妈祖(林默娘)、陈靖姑(临水夫人)与李三娘的统一信仰体系,其中林默娘是否为"三奶夫人"之一?细查《仙游县志》可见端倪,县志说:"天后庙。条称:后林姓,字九娘。"[③]仙游地区传说就称妈祖为"林九娘"。通过对宋福建《仙溪志》与《仙游县志》等记载的对比,隐约可以确定"三圣妃"之称谓即为"三奶夫人"、"妈祖、临水夫人及其圣妹李三娘"。另在南宋的《仙溪志》卷三"祠庙"条又有记载:

> 三妃庙,在县东北二百步。一顺济庙,本湄州林氏女,为巫,能知人祸福,殁而人祠之,航海者有祷必应,宣和间赐庙额,累封

---

① 陈芳伶:《陈靖姑信仰的内容、教派及仪式探讨》,台南:台南师范学院乡土文化研究所,2003 年,第 97 页。

② 〔宋〕黄岩孙撰,仙游县文史学会点校:《仙溪志》,福州:福建人民出版社,1989 年。

③ 〔清〕胡启植:《仙游县志》卷一二,《坛庙》,乾隆三十六年(1771 年),分页第 3 页。

灵惠显卫助顺英烈妃,宋封嘉应慈济协正善庆妃,沿海郡县皆立祠焉。一昭惠庙,本兴化县有女巫,自尤溪来,善禁咒术,殁为立祠,淳熙七年赐庙额,绍兴二年封顺应夫人。①

考证以上多则历史文献后,较可确定三奶夫人为何人。在此三奶夫人信仰既自成体系各自发展又统一于三圣妃信仰,两信仰之间常常相伴相随、难分难解,两种神明的神功、神性常常互相叠加。这些记载体现了这些信仰在福建、广东传播的情况,②而今三奶夫人信仰在闽台等地区则广泛流行。

2. 李三娘

在三奶派中李三娘之成分就显得较为薄弱,造成她的名望低落之主因,可能是其神迹传说稀少,而前两位相对传奇,影响李三娘之显现。在《三教源流搜神大全》之《大奶夫人》有"圣妹海口破庙李三夫人,八月十五日生"③。但在《夫人经》中又有不同之记载:"云头破洞李三娘,蒲田海口镇坛场。大历三年清明节,巳时生下李三身。姊妹三人行正法,一同去到幽州村。"④两则记载虽在时间上有所不同,但约略可推测到的就是三奶夫人中有李三娘一人。

《海游记》有陈靖姑闾山学法时巧遇李三娘的记载:"行不数里,又见一妇人来。相见毕,姑问其来故,妇答曰:'妾乃邵武府光泽县清凉桥头李富之女李三娘便是。为母生产而亡,思无可报,欲往闾山学

---

① 〔宋〕黄岩孙撰,仙游县文史学会点校:《仙溪志》,福州:福建人民出版社,1989 年。

② 谢重光、邹文清:《三圣妃信仰与三奶夫人信仰关系试析》,《文化遗产》2011 第 4 期,第 114 页。

③ 〔宋〕撰人不详:《三教源流搜神大全》,长沙:中国古书刊印社,1935 年,总第 48 页。

④ 古田县前山村拓主殿:《夫人经》,古田县前山村民历代口传唱本,收录在古田《临水宫志·文献志》,第 388 页。

法,渡母救人.'问姑来故,亦一一言之,二人大喜同行."①在此谈到李三娘为"邵武府光泽县清凉桥头人",我们无法确定李三娘确为该地人,因与前之"蒲田海口"互不相称.

由以上针对三奶夫人文献之梳理,约略可得知三女神之关系与组成之轮廓.三奶派之成员,文献中所记载之出生时空,有诸多版本.因其是一种神话,亦是一种传说,无法以科学或逻辑理论来论证.

二、三奶派之历史轨迹

(一) 文献剖析与厘清

前文已对三奶派中之三奶夫人做过生平论述,谈及三位夫人为妈祖、陈靖姑、李三娘,以及到闾山拜师许真君等.但诸多文献在年代上与事实上似乎有所出入.

1.陈靖姑:"唐大历元年甲寅岁次(766 年),正月十五日寅时……圣姐威灵林九夫人,九月初九日生,圣妹海口破庙李三夫人,八月十五日生."②又王秋桂、李丰楙主编之《中国民间信仰资料汇编》中有:"匍往闾山学法,洞主九郎法师,传度驱雷破庙罡法……圣姐威灵林九夫人,九月初九日生."③陈靖姑"生于大历二年,嫁刘杞,午二十四而卒".④

---

① 〔明〕无根子集,叶明升点校:《海游记》上卷,《靖姑学法救法通》,见《民俗曲艺丛书》,台北:施合郑民俗文化基金会,2000 年,第 70 页.

② 〔宋〕撰人不详:《三教源流搜神大全》,长沙:中国古书刊印社,1935 年,总第 48 页.

③ 〔明〕无名氏:《三教源流圣地佛祖搜神大全》,王秋桂、李丰楙主编之《中国民间信仰资料汇编》第一辑第三册,台北:学生书局,1989 年,第 178~180 页.

④ 〔明〕黄仲昭:《八闽通志》卷一九,《地理》,福州:福建人民出版社,1996年,第 375 页.

2.妈祖:诞生于"宋太祖建隆元年庚申岁次(960 年)三月二十三日"。①

3.许真君:《净明忠孝全书》六卷记载许逊出生于 239—374 年。②

综合以上,逐一做比对并提出问题:

第一,陈靖姑:"唐大历元年"是 766 年,但并非"甲寅"年而是"丙午"年,如文献记载陈靖姑是甲寅岁次,那应是 774 年。

第二,陈靖姑与妈祖:"圣姐威灵林九夫人,九月初九日生",而妈祖生于三月二十三日,而且陈靖姑生于 766 年,仅在世 24 年,与妈祖生于 960 年,两者之间诞生年代相差较大,如何共称"三奶夫人"收妖?陈靖姑年代较早如何称妈祖为"圣姐威灵林九夫人"?因此,妈祖应不是三奶夫人之一。

第三,陈靖姑与许真君:许真君(许九郎)在世为 239—374 年与陈靖姑的 766—790 年,年代相差 400 多年。因此在"匍往闾山学法,洞主九郎(洞王女即)法师,传度驱雷破庙罡法"中之原有记载为"洞王女即(娘)",被改为"洞主九郎"值得商榷,或许是许真君降灵透过灵媒来传度授法及为陈靖姑送行。

神话与传说文献之记载,尤其在神仙信仰上,大都以口述历史之记录为主,史料之获得多数来自民间基层信仰群众,也因此失去记载之正确性,研究者亦常被误导。就以上交叉比对后,便可厘清古文献记载中某些论点。

(二)信仰之争议

宗教信仰之争议分成宗教之争、教派之争、神与神之争,无论何

---

① 〔清〕《勒封天后志》卷上,乾隆戊戌年(1778 年)版,第 9~10 页。妈祖出生地贤良港藏书。

② 〔元〕黄元吉等编撰,胡化俗述:《净明忠孝全书》六卷,《净明大道说》。底本出处:《正统道藏》太平部。

种争议都是人为之思维争议,因为人是假借由神意或某些神人之意,操控整个信仰体系的。此种争议由局部之庙内争议,扩展到两庙之间,再延伸到两教之间,甚或到国际宗教战争。因此,在处理宗教争议时,在信仰群众之立场上必须要有适当之调配,方能化解两者之思绪差异。

1.神格之争:在较早之元明间有张以宁者,他的《临水顺懿庙记》谈道:"以宁唯吾闽之有神,光耀宇内,若莆之顺济,漕海之人,恃以为命,有功于国家甚大,纶音荐降,褒崇备至。今顺懿夫人,御灾捍患,应若影响,于民有德,岂浅浅哉?"①神之于人或神之于国,无境界与大小之分,妈祖与陈靖姑之于民于国皆相同,二者之社会地位是平等的。

民间信仰中妈祖的组成有大妈、二妈、三妈至六妈,在各种祭祀场合上,皆以妈祖称之,其代表着整个妈祖信仰系统;同理在三奶派成员中有陈靖姑、林九娘、李三娘,其所代表的亦多以陈靖姑称之,在国家祭典中亦不例外。清代福州人郭柏苍在其《竹间十日话》就提到:"闽多女神,国朝祀典,女神仅二:莆田天上圣母,古田临水夫人。"②可见在三奶派中,唯有以陈靖姑为信仰之主轴。

2.庙格之争:在信仰崇拜中,祖庙或最原始之庙宇,往往是分灵庙宇认祖朝贡进香之对象。受人为功利思维之影响,篡改庙志或沿革之事时有所闻,失去原有庙志之意义。临水夫人生于唐大历年间,死后对三奶夫人之信仰延续到五代,发展至今更为兴盛。陈靖姑祖庙——临水宫,坐落于今福建古田县大桥乡临水村,这祖庙之称是不争之事实,有关三奶派及陈靖姑信仰之研究文献,最早之《顺懿庙记》记载:"古田东,去邑卅里,其地曰临川,庙曰顺懿。其神陈氏,肇基于

① 〔明〕张以宁:《临水顺懿庙记》,载明万历三十四年(1606年)刘日旸主修,王继祀重修《古田县志》卷之十二。
② 〔清〕郭柏苍:《竹间十日话》卷五,福州市地方志编纂委员会,据光绪十三年(1886年)刊本整理,福州:海风出版社,2001年7月,第83页。

唐,赐敕额于宋,封顺懿夫人,英灵著于八闽,施及于朔南。事始末,具宋知县洪天锡所树碑。"①此处所谈到的"临川"即"临水",为今之古田县大桥乡临水村。② 有争议之宫庙,如《上杭县志》记载:"夫人宫建于昭阳门,其神有三。旧志有伍吉在家祀之,祷辄应,遂盖庵于此门。永乐十三年,林参等拓为宫,雀不敢巢。景泰间以筑城废。成化二年孔文昌等重建,一在所东北,呼临水仙宫。"③由以上得知,"临水宫"与"临水仙宫"应为两个系统之陈靖姑庙宇,其所谈到的不应为同一事件。

3.信仰之定位:在大陆由于对陈靖姑信仰崇拜至极,产生了犹如师徒与母子之情,称陈靖姑为"王母",也因此有所谓之"王母信仰",但此"王母信仰"并非台湾的以"王母"或"西王母"为主祀之信仰。台湾之"王母信仰"宫观庙宇,如花莲"王母"祖庙"胜安宫"、"慈惠堂总庙"、"台北松山慈惠堂"等,大小王母庙不下 1000 家,是大陆地区所未及的。"王母"在道教诸神系统中为"无极界"与"三清道祖"相提并论,与《道藏》或《云笈七签》所谈及之"王母"或"西王母"不谋而合。在台湾"五母"信仰之风气尤为兴盛,民众对"五母"之崇拜充满在心灵餐宴中,自称本身为"无极天灵"之"灵子"或"龙儿与凤女",是来自无极界之灵体,尊"五母"为心灵之母亲——"灵母",专司心灵之修持而与福建省建阳市闾山教派中所言之"王母"信仰有所差异。

(三)法脉之传播

1.传播区域

宗教信仰之传播,必须有其自成之传播方式,以迎合当地百姓之

---

① 〔元〕张以宁:《顺懿庙记》,中共古田县委宣传部、古田临水宫管委会编《第三届闽台陈靖姑文化学术研讨会论文集》,2004 年,第 110 页。

② 谢重光、邹文清:《三圣妃信仰与三奶夫人信仰关系试析》,《文化遗产》2011 年第 4 期,第 114～115 页。

③ 张汉修,丘复纂:《上杭县志》卷二三,上杭启文书局铅印本,1938 年。

需求。道教闾山教派之传播特色即为其道法之演绎及渡人济世。至于闾山教派或三奶派,何时传入闽西,无法从史料中查证。但是从陈靖姑信仰在闽西的发展历程,还是可以窥出端倪。"昔陈四夫人祖居福州府罗源县下渡人……靖姑年方十七,哭念同气一系,匍往闾山学法洞王女即法师,传度驱雷破庙罡法,打破蛇洞取兄,斩妖……助娘破庙张、萧、刘、连四大圣者。"[1]陈靖姑出生于福州,经由闽西前往闾山学法,学成后再经由原路返回,在返程所经之处亦同时为各地百姓驱邪除妖,使当地百姓产生了对陈靖姑信仰之崇拜。

在此所谈到之"闾山"究竟是在何处?"医巫闾山"古称于微闾、无虑山,今简称闾山,位于辽宁雀北镇市境内,依据《全辽志》载:"按辽境内,山以医巫闾为灵秀之最,而千山次之。"[2]因此,可以了解到陈靖姑所学之"闾山道法"之"闾山"并非《全辽志》所言之"闾山"(在辽宁)。在闾山派中传说已久之闾山可能是江西闾山(庐山),因口音相似,成为神仙世界中的闾山。一般对闾山之传说是被描述成沉于波浪滔天的大江或大海之中,起初言及三十(或三百)年为一周期闾山将突出水面,而这大江或大海被称为"沉毛江"或"沉毛海"中。依《夫人经》记载:

> 奶娘不听爹娘说,收拾行李便登程。明旦打办离家去,打算学法沉毛江。有福过江去学法,无福便见海龙王。太白金星云头现,荷叶化作一龙船。大人座在龙船内,载入闾山宝殿门。……庙前化作沉毛海,庙后化作沉毛江。三声鸣角连天响,破天石洞收妖精。[3]

---

① 〔宋〕撰人不详:《三教源流搜神大全》卷四,《郋园先生全书》,长沙:中国古书刊印社,1935年,第15页。

② 〔明〕撰人不详:《辽海丛书·全辽志》卷一,《沿革·山川》,影印本,第533页。

③ 古田县前山村拓主殿:《夫人经》,古田县前山村民历代口传唱本,收录在古田《临水宫志·文献志》,第388～389页。

　　陈靖姑学法之闾山,是一个假想沉在水底之闾山,加上南朝道士陆修静在庐山开创道教南天师派,又有许真君发祥地为江西之西山,可确定闾山教派发迹在此。因众仙学法得道皆于此闾山仙境,其不仅成为众仙成仙的归宿,而且还成为闾山教派大本营,同时闾山教派成为道教在台湾、福建、浙江、江西、广东及东南亚等地流行的一个重要道派。

　　陈靖姑是闽人,生前死后其神迹皆在福建,也因此奠定了陈靖姑信仰在福建之根基,再以福建省为中心辐射四周地区,传播扩散。往北传播到浙江各地,往西则到江西等地,往东到台湾及东南亚,往南为粤、港、澳。自从明清起几大移民潮将三奶派之信仰迁传至台湾,最早是在明万历年间及明郑时期,陈靖姑信仰遍布台湾,成为台湾地区的主要三奶信仰。在大陆遍及闽浙地区,构成该地区民俗、文化的一个重要组成部分。由于陈靖姑是以道法救产护婴为主,同时又有林、李二夫人相助而形成闾山"三奶派"、"夫人教"。

2.科仪之领域

　　在分析过古籍史册、地方志及民间文学后,可将陈靖姑及三奶派之神话传说划分为唐宋之初创期、元明清传播期与民国至今三个阶段。在这些传奇中最能作为其代表突出者,应离不开其学法后之神奇表现,亦即陈靖姑信仰中脱胎祈雨、斩蛇护产及其被神化后之奇迹显化,能说明其有功于国于民。而陈靖姑的信仰并非单一女神造化,而是包含着李三娘、林九娘所组成之三奶派体系与三十六婆姐的信仰。这些不同职司与功能,融合女神信仰成一妇幼保护系统。

　　台湾道教受到福建道教的影响,最主要道场科仪基本上的表现在两地道士法师操作是一致的,在闽台地区,道教主要教派更有密切关系。如三奶教曾为台湾道教主要教派之一,在台湾有很大影响,一些其他派别,尤其是台湾南部的道士,不但模仿闾山派的生动科仪,而且在执行科仪时头上也绑红布。在现今发展后之陈靖姑信仰与其仪式,皆从陈靖姑之神化传说演变出许多与闾山教派科仪有关之民俗活动。这些活动除了与陈靖姑护产、祈子(求<u>花</u>丛)、护幼、换花丛或脱胎换骨等职司有关,现更进化到祭解科仪中之制煞与过关等仪式。因此,在两岸田野调查中发现,两岸之过关仪式与民俗活动已有明显之差异性。

3.科仪之实践

在宗教信仰中,最能显现出教派之精神所在即为教派之科仪实践。科仪之实践必须以其原有之经典内涵为基础,再依教派科仪之仪式演出,使得信仰群众得到内在与外在之身心调适,以达到宗教宣化之目的。教派科仪之实践已在第四章中详谈过,就以在台之"过桥、收桥"仪式,同时配合"陈夫人咒"做一论述。相较于烧香祈求行为,在实践之祭解(俗称制改)上,更具有积极性与行动性,一般认为法式中之"辟邪"与"植福"乃一体之两面,是趋吉避凶之意。

在三奶派中,科仪现场要有净坛、请神、诵经、施法、缴经、送圣、化财等过程,方能算是完成整个仪式,在此所诵之经典,大都是以三奶派信仰之"至上神"为主体。如三奶派之"请神咒"如下:

> 行罡正法陈夫人,步领天兵万万将。百花桥头分男女,法鼓吹来临水宫。父是陈家陈长者,母是西宫葛夫人。甲寅年中正月半,亥时生下娘妈身。地下金盆来底水,香汤沐浴洗娘身。南海观音来渡法,老君渡法救男女。莲灯十二法流传,莲灯十五学法转。十八莲灯团团转,法到南江吾庙前。救得庙内三皇君,大德元年入庙门。当天发愿救产难,双生太子甚分明。左右管班来亲迎,皇君救赐谢娘恩。弟子一心专拜请,陈氏夫人降临来。神兵火急如律令![1]

一般神咒之特色,脱离不了对主神之歌功颂德、身世叙述、显现神迹、功绩述说,最后再以拜请降临结尾,同时祈求其快速降临,送上一句"急急如律令"之类。这类科仪仪式被归为是一种巫术之表征,

---

[1]　吴永猛:《过限仪式》,见《道教与法教科仪》,台北:保生道教学院教材,2006年,第9页。

英国人类学者弗雷泽(James George Frazer)就将巫术分类为模拟巫术(顺势巫术 homeopathic magic)与接触巫术(contagious magic)。在实际参与及实践闾山教派下之科仪后,亲身之体验产生了众多宗教情感,获取自身之身心灵安适,这即为一种"接触巫术"之效应。

三、三奶派之信仰精神

中国民间信仰之信仰群众,对于其所信仰之至上神,皆以其神奇与灵验而将其想象为万能之守护者,认为唯有此至上神方能解决其困境或疑惑。在信仰传播中,常借由灵迹与灵验促使信仰群众对其产生信赖与崇拜。三奶夫人陈靖姑就在此背景下,受到广大信徒之崇敬,并将其法派远播至中国东南沿海及东南亚诸国。三奶派之定位于道教或民间信仰皆有可称之处,但依其精神及收录之所在,有助于分析其归属问题。明万历《道藏》之《搜神记》卷六中有云:

> 唐大历中,闽古田县有陈氏女者,生而颖异,能先事言,有无辄验。嬉戏,每剪鸢蝶之类,噀之以水,即飞舞上下。啮木为尺许牛马,呼呵以令其行止,一如其令。饮食遇喜,升斗辄尽。或辟谷数日自若也。人咸异之。父母亦不能禁,未字而殁,附童子言事。乡人以水旱祸福叩之言无不验,遂立庙祀焉。宋封顺懿夫人,代多灵迹。今八闽人多寺之。[1]

此神迹显现过程类似于一种接触巫术与模拟巫术之综合,她是利用巫术之行为操控着某种形与像,达成思维之目的。在现代科学中部分虽已被重新界定过,甚至于应用魔术解析。此类所谓"神迹"与"灵验",从不同的角度观看,就可以得到不同的观感和解读方式。但无论如何,这种宗教情感的传播与宣扬在宗教体系中是不可避免的,同时更在社会群体上造成至上神崇拜心理,陈靖姑当时能有此番

---

[1]　〔元〕无名氏:《搜神记》,明万历道藏本,万历二十一年(1593年)金陵富春堂重刻本,上海:上海古籍出版社,1990年,第435页。

能力是不可否定的,这也是三奶派信仰之所以能够长远传播流传之重要因素之一。

总体而言,从上述陈靖姑或三奶派之传奇可知,其最初之组成部分乃为闾山教派所涵盖,经千百年来之信仰流传与加工,表面上三奶派像是自成一信仰体系,但实质上其学法闾山,方能造成今日之果位,是不争之事实。

第四节　徐甲派崇拜

法派在一个道体中能独树一帜,自成一体系,皆有其独特之组成因素。但无论其主要因素为何,都脱不开道法之融合,因为都是以道为核心,创立人都具有与道相融合之本能,因为道是宇宙之本源,是人生命最终之所归。《道德经》老子有言:"人法地,地法天,天法道,道法自然。"[1]与道合一,而人居其一。徐甲真人之道派——徐甲派之自成一独特之法派,在道教之法界仍然依存之最主要因素,除了其遵道思想之稳固外,一般认为和徐甲早年与老子相处,道法直接得自老子有关。

一、徐甲法脉概览

徐甲派因其道法之内涵,与法主公派及三奶派几乎相融,因而被归类到闾山教派中。田野调查中发现,台南狱帝庙执法之法师与竹山闾山法团叶道长皆言其为徐甲派,属于闾山教派。唯其派内之历史文献较为稀少,其法派只在台湾部分宫观或道坛有所应用。因此,在做此研究时必须有田野调查来辅助论述。

---

[1] 任法融:《道德经》第25章,北京:白云观,年份不详,第66页。

(一)徐甲派史料纪实

在闾山教派草创时期之唐宋,教派正当起步时受到宋之禁巫政策影响,因闾山教派有着深厚之巫术思想,而遭到空前之浩劫。为了求生之闾山教派,唯有取道于道教行列而隐居避难,从而得到道教之护持。其中多投靠于南方道教各派,如中国南方当时较为成型之正一道、灵宝派、清微派等,使日后南方各教派中皆隐藏着道与巫之思维,成为道、法二门之道教教派的基础。徐甲派也因此散布在南方各地,尤其在台湾中南部。

(二)徐甲派为红头法派

闾山教派一向被归类在有"法师"专执之"红头司"派,一般称之为"红头司公"派或"红头师公"派,也被归称为"法教",相关记载如下。

1. 丸井圭治郎:日据时期台湾总督府之丸井圭治郎,曾经在其《台湾宗教调查报告书》中谈到了有关巫信仰在台之分布情形,同时他将"法教"之"法师"归类到"巫觋"中。他认为法师为:"红头司公之中带红头巾专行驱邪压煞之人(或行此科仪之场所),将这些视为巫觋(法师)。"[①]又提到"红头司公"是专做建醮、谢神、三献之类,行使科仪时,皆穿道服戴冠,而做起土、补运等仪式时皆穿常服、戴红巾。

2. 片冈岩:在《台湾风俗志》中,他将执行科仪法事的"法师"依民俗称为"法官",再定位"法官"为巫觋,"法官一名红头,法官就是和乩童一起办神明事的人"[②]。

3. 江家锦:他在《台南县志稿》中谈道:"红头,因头包红巾,带额

---

① 〔日〕丸井圭治郎:《台湾宗教调查报告书》,台北:台湾总督府,1919 年;重刊版,台北:捷幼出版社,1993 年。

② 〔日〕片冈岩:《台湾风俗志》,《台湾日日新报》,1921 年。

眉,身穿普通衣,腰围白裙,赤足。"①在田野调查中发现台南狱帝庙中之徐甲派法师,就有头包红巾或带额眉、白裙、赤足、普通衣穿着。

4. 刘枝万:在《台湾的道教》中他将法师定义为:"头缠红布施行巫术,以治病、驱魔、加持祈祷为专业的一种行者。"②同时刘枝万也在其日文著作《台湾の道教と民间信仰》中针对红头法(法教)做表归类,③但他不将徐甲派(徐甲教)列入闾山教派中,只是归在红头法。

在田野调查中发现,台南狱帝庙在执法"破狱打城"科事之徐甲派法师,就以头包红巾或带额眉、白裙、赤足、普通衣穿着。台南开基玉皇宫,为民众做"祭解"之"过七星桥"及"割阄解煞"的徐甲派法师,亦头绑红巾。综上可知,"红头司公"或"红头法师",专为信仰群众做消灾解厄、驱邪压煞、祭解科仪等,对于较大型之斋醮科事则较少参与。此种红头法领域被归类到法师之巫觋之类。

(三)徐甲生平

人神之生平记事皆可以用各种追溯方式考证,虽其为神话或传说,亦可运用口述历史之记载来补充,但如生平中有了断层,失去原有之联结,就将造成考究之困难。《道藏》中虽有记载徐甲之文献,但在文献中几乎找不到徐甲出生时间与地点记载,因徐甲在被太上老君救回,白骨复生后,才因老君而得名。因此,徐甲之前半生是无人知晓的。

1. 徐甲身世

首先在田野调查中发现,可从台湾中南部之徐甲科仪法事中皆使用的《徐甲真人咒》觅其端倪。依据《徐甲真人咒》("新开闾山宗

---

① 江家锦:《台南县志稿》卷二,《人民志·宗教篇》,台南:台南县文献委员会编,1957年。

② 刘枝万:《台湾的道教》,见朱越利、徐远和等译《道教》第三卷,上海:上海古籍出版社,1992年。

③ 刘枝万:《台湾の道教と民间信仰》,东京:风响社株式会社,1994年,第174页。

祖")唱诗：

> 说起洞主有原因,十磨九难受苦心。家住北番江州城,父亲
> 姓徐给石人。朝中工作三年满,却被邪鬼害他身。太上老君城
> 下过,仙舟度起此人身。老君便问交名姓,江州姓徐名甲城。老
> 君当时随带去,教他罡法救良民。獭乡楚县有一洞,鬼神出入好
> 惊人。你在洞中为洞主,传教天下第九流。周末六年壬午岁,九
> 月十一启闾山。便将水碗并宝剑,镇断东路百邪精。闾山上有
> 乙大洞,外分三十六支宫。……九郎洞主为第一,秽迹金刚第二
> 名。连公师父第三位,雪兰仙娣第四名。张赵二郎第五位,龙树
> 神王第六名。真武大将排第七,哪吒太子第八名。汤王天子第
> 九位,犹罗元帅第十名,大奶夫人七娣妹,陈二相公及海青……
> 祖本先师常拥护,驱邪治病效无穷。此是闾山真宗祖,从头逐一
> 说原因。①

依据前文已提过之《云笈七签·道教相承次第录》中谈到的:"第
一代老君,老君火山大丹法,传授三百人,唯三人系代:王方平、尹喜、
徐甲……许真君为四十一代相承。"②再依据《云台治中内录》言:"太
上老君传授《云台正治官图》、《治山灶鼎》等得四十一代相承。具人
名代数如后:第一代老君,老君火山大丹治法传授三百人。唯三人系
代:王方平、尹喜、徐甲。"另在《三山志》提到"三茅山去洞宫四里,徐
真人炼茅根之所,后于永福高盖山上升"③。由以上诸项可了解到徐
甲派及徐甲诸多身世,但亦产生了许多问题,值得提出探讨:

(1)"九郎洞主为第一",亦即徐甲为闾山洞主为第一或唯一,显

---

① 叶明生、李秋桂:《闾山派科仪本汇编》,台北:新文丰出版社,2007年,
第365页。录自江法煜:《少谢本》,1932年抄本,第29页。

② 〔宋〕张君房编,李永晟校:《云笈七签》卷四,《道教相承次第录》,北京:
中华书局,2003年,第61页。

③ 〔宋〕梁克家纂:《三山志》,北京:方志出版社,2003年,第768页。

见在此之徐九郎非前文所论及之许九郎或闾山九郎,是否因为历代闾山有十八洞主传承?

（2）其中所指徐甲为老子第一代传承弟子,那后来老君再传到许真君三十六代之时,许真君是否再接手洞主?

（3）"家住北番江州城",是否为徐甲生前所住或出生地?徐甲何时何地归仙?以上问题皆为将来研究之重点。

2. 徐甲与老子关系

道教之崇拜,有着至上神或至高无上之天尊及大帝,这些由人格转化成的神格,是一种精神之寄托所在,亦是一种宇宙中道之转化,促使人类依循着此宇宙之转化而产生内在之崇拜心理。老君即为道之化身,元气之祖宗,天地之根本。因此,老子在道教体系中便被神格化为道徒信奉之天尊,被众人所尊崇,唯有徐甲之心一时未坚被老君试命,最终为老子所摈弃。以下数则为老子与徐甲之相关文献:

（1）《太平御览·关乏内传》中记载徐甲与老子如下:

> 关令尹喜,周大夫也。善于天文,登楼四望,见东极有紫气,喜曰应有圣人经过。果有老子过,喜设坐,行弟子之礼。老子时贫,谓徐甲曰:"雇钱一百。"与约,须达安息国,以黄金顿备钱还。甲既见老子方欲远游,遂疑不还,乃作辞诣关令就老子求直。关令以辞呈老子,老子与甲曰:"前与汝曰,至安息国顿以黄金相还,云何不能忍辱,便兴辞讼乎!汝随我以三百余岁,汝命早应死,赖我太玄清生符在汝身耳!"言毕,见符从甲口出,甲已成一具白骨矣!尹喜为请,老子以符投之,甲立更生。喜即以见钱二百万与甲,遣之。①

（2）《神仙传》中记载徐甲生于老子时期,公元前571—前471年,属于春秋时代,是当代被崇拜之神仙人物。其传说唯葛洪有载于

---

① 〔宋〕李昉等:《太平御览》卷八三六,《资产部十六·钱下》,台北:台湾商务印书馆,1968年,第3865-2页。

《神仙传》，据该书所述：

> 老子有客徐甲，少赁于老子，约日雇百钱。计欠甲七百二十万钱。甲见老子出关游行，速索偿，不可得，乃请人作辞，诣关令尹喜，以言老子。老子问甲曰：汝久应死，吾以太玄清生符与汝。乃令甲张口向地，符立出，甲成一具枯骨矣！喜为甲叩头请命，老子复以符投之，甲立更生。喜以钱二万与甲，遣之而去。①

以上两则内容约略相同，仅在所欠钱数不同。在记载中关令尹喜得老子至，"喜设坐，行弟子之礼"，而徐甲却"雇钱……与约……遂疑不还，乃作辞……见符从甲口出，甲已成一具白骨……"

(3)《老君历世应化图说》描述有关老子雇甲，并以吉祥草化一美女以言戏甲，使甲惑之，方知甲不忠而遣之，显现出老子之智慧：

> 老子以康王五年西去大秦，开化胡俗，至康王十八年还于西周之南亳旧居。初，以徐甲治茸其居，故未荒芜。至周昭王十二年壬子岁，老子遂谓徐甲曰："吾今又欲往西海天竺诸国，结白净梵王之善果。汝为吾御，乃约'日顾百钱'，今计欠甲七百二十万钱。俟诸国还时，当以安息之黄金顿偿。"甲如其约。老子试之，乃令甲牧牛于野，以吉祥草化一美女，至牧牛之所，辄以言戏甲。彼惑之，欲留盘桓，以老子欲远适流沙必不返，将误我终年矣。遂废约，矫词诣有司，以讼老子。士师不知，即见老子，言甲告钱。老子召甲谓曰："汝应死久矣，吾昔请汝，为吾官卑家贫，无有使役，故以太玄生符与汝，所以至今日。汝何以讼吾而不忍也？"乃使甲张口向地，而太玄生符立出于地，丹书文字如新。甲成一枯骨矣。后请乃还之，听其自去也。②

---

① 〔晋〕葛洪：《神仙传》引自李叔还《道教大辞典》，杭州：浙江古籍出版社，1987年，第307页。

② 王伏阳：《老君历世应化图说》，彰化：逸群图书公司，2001年。

　　（4）其他多种不同文献所载约略相同，如《神仙传》卷一《老子》①、《神仙传》②、宋代李昉等编《太平广记》卷第一《神仙一·老子》③、《大正新修大藏经》④、《大正新修大藏经》之《辩正论》⑤等众多类似记载。

　　在老子与徐甲之师徒传承中，老子传法于甲，亦必将道之理与思想传于甲。因在道教传承中，所注重之要件为师徒之间道与法的传承，单传不足以构成道与法之精髓，因为道是宇宙之本源，亦是人类生命之本源，必有道之根基，经由道的修持使人达到道之最高境界，即成为神仙之制高点；传法仅为修道、学道、行道之一个过程，非修道之最终目的，而是为求取修道过程中之平衡。《道法会元下》卷一之"求师第二"中谈到学道者应有之认识：

　　　　学道之士，须是得遇作家，方可明真悟道；得遇真师，方可皈向传道受法。须是日前揣度其师，委有妙理；源流清切，然后亲近；日积月深，恭敬信向。次宜具状赍香，盟天誓地，歃血饮丹，传授道书、隐诀、秘法、玄文，佩奉修持。虽得其传，不可便弃。常侍师门，参随左右，求请口诀玄奥，庶无疑难，自然行之有灵。尝闻高古祖师，徒弟皈向者纷纷然甚众。师按察徒弟之心，中有心行不中者，不与之；不尽诚者，不与之；无骨相者，不与之；五逆者，不与之；及有疾者，不与之。吏曹狱卒，始勤终怠者，亦不与之。中有徒弟，若与师心契合，气味相投，随机应化得度者，常以

---

①　〔晋〕葛洪：《神仙传》卷一，《老子》，北京：中华书局，1991年，第4页。

②　〔宋〕陈葆光撰：《三洞群仙录卷六》，《正统道藏》第54册，台北：新文丰出版社，1977年，第310页。

③　〔宋〕李昉等编：《太平广记》卷一，《神仙一·老子》，台北：文史哲出版社，1987年，第4页。

④　〔日〕小野玄妙等校：《大正新修大藏经》，《卷第二十二辨伪录九之十四·周文王时为柱下史为第九》，台北：新文丰出版社，1983年，第715-3页。

⑤　〔日〕小野玄妙等校：《大正新修大藏经》，《辩正论·十喻篇上·内十喻答外十异·德位有高卑三》，台北：新文丰出版，1983年，第178-3页。

愧心对之。忽遇师门试探,弟子难以难事相付勾干,或中间不从所求,弟子切莫私起怒心。若生怨恨,以贻咎师之愆,阴过阳报,毫分无失,所得法中,神明将吏,亦不辅助。……若求师者,当究是理。道法之师,始终心意如一,弟子始终亦如一。进道自然无魔。所谓弟子求师易,师求弟子难,诚哉是言也。①

拜师求道者,须于自身内在存尊师重道之心,为求真悟道必得真师,方可传正法。同时亦必恭敬信向,盟天誓地。其中为师者暗察徒弟之心,不中(忠)者、不尽诚者、无骨相者、五逆者及有疾者、吏曹狱卒、始勤终怠者,皆不与之。老子暗察徐甲后发现,徐甲为不中(忠)者,故遣之。

二、徐甲派之历史轨迹

人之起始立足皆为平等的,环境与际遇促使人之生命轨迹产生变异,在此变异中群体成员面向各异。徐甲诗中曰:"朝中工作三年满,却被邪鬼害他身。太上老君城下过,仙舟度起此人身。"②说明徐甲在人生前段之工作中,为邪鬼所害成一堆白骨,但老君过城渡他回魂,徐甲始能继续人生之旅途。

文献记载皆为徐甲复活为人身之后,受雇于太上老君充牛童度函关,此传说为何? 在田野调查中发现,台北之"圣惠宫"降神办事中,常有"乩童"神语"吾为独角青神君代表老君降驾",接着就趴在地上以手握拳写字办事,并以头用力撞桌子代表着他是牛身。以上正对应《全唐文》中之记载:"历藏史以同尘,弃柱下而隐迹。东离魏阙,

---

① 〔明〕撰人不详:底本出处《正统道藏》正一部。张继禹再编:《中华道藏》第36册,《道法会元下》卷一,北京:华夏出版社,无年代,第9~10页。

② 叶明生、李秋桂:《闾山派科仪本汇编》,台北:新文丰出版社,2007年,第365页。录自江法煜:《少谢本》,1932年抄本,第29页。

西度函关。乘青牛宛转之车,驾白凤逍遥之辇。徐甲执御,从仙帝以爰来。"①在此代表着徐甲为老君之牛童,该牛为青牛。

前文已提及徐甲派为红头司,另在第三章也曾经提到在"超场"阴事中,有关"十殿明王"之来源。但另一得自闾山教派之徐甲真人传说:徐甲离开老子后,依照阴符经的法门,做起超度死亡者的丧葬科仪,徐甲的丧葬科仪后来成为中国道教闾山派、梅山派、衡山派、茅山派的送丧法门,并奉徐甲为法主。② 其中谈到的"徐甲的丧葬科仪"、"送丧法门"等,直指徐甲为闾山教派中专司度亡的法主,在田野调查中发现,徐甲派大部分是做红头法师之"吉场"。在闾山教派中,历经时空之变革及顺应时代之所需,原有之闾山教派改变原始之宗派精神。建阳道坛中更将徐甲称为"闾山宗祖"或"九郎法主",将徐甲置于闾山教派创始人许真君之上。刘枝万《台湾の道教と民间信仰》中说道:"据漳州系统道士现在所使用的抄本记载,(徐甲)他虽然当了老子的弟子,但因不识字,无法学习,所以顶多只能接受其符咒,想来所以特意把徐甲拉来当法教的祖师。"③在田野调查中发现在台湾中南部,诸多闾山教派之主祀至上神为徐甲真人,这种信仰多在闾山教派道坛中,应该说这是较早传入闽越巫法系统,而在个别地区保存下来的文化现象。④ 又有台湾南部狱帝庙徐甲派行使之"徐甲真人咒":"拜请闾山大教主,化身十方救万民。……凶邪粉碎不留停。伽罗弟子身通力,步罡踏斗到坛前。弟子一心专拜请,徐甲真人降临来!"此咒中可发现"徐甲真人"被称为"闾山大教主",显现出徐甲派已在传统之闾山教派中另立门户成一信仰体系。但诸多自称徐甲派

---

① 〔清〕董诰等编:《全唐文》卷八一四,《乐朋龟·西川青羊宫碑铭》,北京:中华书局,1983 年,第 8570-2 页。

② 沈平山:《中国神明概论》,台北:新文丰出版社,1987 年。

③ 刘枝万:《台湾の道教と民间信仰》,东京:风响社株式会社,1994 年,第 184 页。

④ 叶明生:《道教闾山派与闽越神仙信仰考》,《世界宗教研究》2004 年第 3 期,第 72 页。

之法师,未必供奉着徐甲真人,究其因,以其法门之传承是人为师承之口授心传,而非经由门派信仰之传承。

三、法脉之科仪

道教教派的形成或组成,必须有共同之经典、共同之思想、共同之信仰与信仰群众,在相同之理念下凝聚成一体,应用教派之天人互动关系,预知人之未来,从而趋吉避凶。而天地是整个自然宇宙之主宰,人的生命亦受到天地所操控,必须寻求宇宙自然法则之道的危机点,再以道制其道。道教中有术数,或以术制其道。《抱朴子》曰:

> 若夫仙人,以药物养身,以术数延命,使内疾不生,外患不入,虽久视不死,而旧身不改。苟有其道,无以为难也。而浅识之徒,拘俗守常,咸曰世间不见仙人,便云天下必无此事。夫目之所曾见,当何足言哉? 天地之间,无外之大,其中殊奇,岂逢有限,诣老载天,而无之其上,终身履地,而莫识其下。①

闾山教派中有"以术数延命,使内疾不生,外患不入,虽久视不死,而旧身不改"。亦即徐甲派中,有"拘录之法",运用"祭解"、"制改"等方式于道坛中,在此过程中离不开"十二神煞"之祭解、过桥、割阄等项目。这是一种心灵之安顿,透过法师于道坛中,以法器声音之迷惑操作、咒语之催化思绪,以达到精神之意义治疗。闾山教派中科仪仪式之演出效用如何? 不信者不信,信者恒信之。《抱朴子》又曰:"魂魄分去则人病,尽去则人死。故分去则术家有拘录之法。"②这种拘录法式在徐甲派中为"收魂"、"收惊"、"盖魂"与"藏魂"。台湾民众一向好巫,生、老、病、死离不开巫的操作,甚至于在求取福、禄、财、

---

① 〔晋〕葛洪撰,陈飞龙注译:《抱朴子内篇今注今译》,台北:台湾商务印书馆,2001年,第32页。
② 〔晋〕葛洪撰,陈飞龙注译:《抱朴子内篇今注今译》,台北:台湾商务印书馆,2001年,第68页。

喜、寿上,更有非适度之祈求。这种巫的思想已在台湾民间根深蒂固,尤其以红头法师所牵涉之层面较为广泛,早期道坛中之红头师在台湾民间尤为普及。文献里最早出现红头师的有《彰化县志》:

> 俗素尚巫,凡疾病辄令僧道禳之,曰:"进钱补运。"又有非僧非道,以红布包头,名"红头司",多潮人为之。携一撮米,往占病者,名占米卦。称神说鬼,乡人为其所愚,请贴符行法,而祷于神,鼓角喧天,竟夜而罢。病未愈而费已十数金矣。[①]

这证明了古巫术思想已在民间信仰上占有一席之地,基层百姓信巫不信医之劣习已成为一种医疗文化。日据初期民间对道教法师之称谓亦为"法官"。台南《安平县杂记》中提到:

> 法官者,自谓能召神遣将,为人驱邪治病,作一切禳解诸法(其派有红头师、青头师之分,其弟子均名曰"法仔")。神佛出境、净油及踏火必用之,以请神焉(铺柴炭于庙前旷地,炽火极盛,执旗帜、锣钞及扛绅轿者,一一从炭上行过三次,名曰"踏火")。为人治病,亦有时应验。谢资亦多少不一。余若男巫、女巫,作种种幻法,亦近于师公者流,合附录焉。[②]

在田野调查中,台北"天师宫"正值过火仪式,笔者为求证宗教灵验之存有,亲自体验宗教仪式,在一遍哗然声中,慢(漫)步加禹步踏上木炭火堆。在此体验中,认识到这是一种接触巫术(contagious magic),领悟到巫术之仪式能够在文明社会里,长存于民间而不灭,自有其宗教语言之解说,同时了解到宗教与巫术之信仰力量。因此,1918年连横在《台湾通史》中,把法师归类在巫觋上:

> 台湾巫觋凡有数种:"一曰瞽师,卖卜为生,所祀之神为鬼谷子,师弟相承,秘不授人,造蛊压胜,以售其奸。二曰法师,不人

---

① 周玺编:《彰化县志》卷九,《风俗·汉俗·杂俗》,第156页。
② 撰人不详:《安平县杂记》,《僧侣并道士》,第52页。

不道，红帕白裳，禹步作法，口念真言，手持蛇索，沸油于鼎，谓可驱邪。"①

在此谈到的"造蛊压胜"是一种"模拟巫术"，使人在不同之空间里引发宗教之现象，从而自身获得某种宗教之灵验与目的。其中也说到"法师"即被列为"巫觋"，因他亦是运用巫术，去使信仰群众获取自身之身心灵需求与安适。

四、徐甲派之信仰精神

至于徐甲身世之神话传说，先撇开其传法之功力与教派科仪之传承，主要重点是在于一种启示，亦是一种教诫，尤其在拜师求道上，后学之徒深诚于心，《道法会元》云：

> 诸子缘深宿有因，得知怡然自痴笑。一点朱符本是灵，窍中妙用体全真。以道行道也，遂矣。后学之人，不能一心而用焉。盖天不言而默运，地不言而发生，道不言而包罗，法不言而随应。天以炁而降，地以炁而升，道以炁而生，法以炁而化。天之将，地之神，道之符，法之印，入道从法，先明天地之源，次究神炁之用。天之默运，则雷雨春夏生煞存焉；地之发生，则果核根苗随微而长；道之包罗，上而天，下而地，中而人，无所不包；天将守律，地神卫身，元辰用事，可以驱邪，可以达帝。初不枝蔓，惟正一字，无所不达。当以道为门，法为户。无生诸障，毋为邪役。真人审此，以为戒行云。②

老子之精神唯道是从，以道治其道或以道行其道，人、地、天、道、自然宇宙之运行自成一法则。在科仪形式中亦应入道从法，法之随应，以正为念，以神炁为主也，"惟正一字，无所不达"。徐甲为后学之

---

① 连横：《台湾通史》卷二二，《宗教志》，第28页。
② 〔明〕撰人不详：底本出处《正统道藏》正一部。《道法会元》卷一〇九，《混沌玄书·一窍通灵，万里可往》。

徒，"当以道为门，法为户。无生诸障，毋为邪役。真人审此，以为戒行云"，顺则昌逆为亡，不应以色为怀，此为徐甲之大忌。学道之徒，更不应失去原有之道派本色，而仅思以快捷方式通达道法，喜弄玄虚，所学未精，与师、道背道而驰另起门派，导致教派之精神混淆。《中华道藏》第 38 册《道法会元下》又云：

> 谈道者多曲学旁门，乱真者众，后之学者无所参究。非缘后生福浅，亦由恩情爱欲，一念恋著，心境不清，是非之胶扰，亦不知千经万论以求道要安在，则其去道愈远矣。或有苦心学行持而不见功者，非道负人，皆奉道之士不从明师，而所受非法。或依法行持而不见功者，皆奉道之士不遵戒律，而学法不验。有志于此者，苟能清心寡欲，以明道要，以悟玄机，犹当广求师资，勤行修炼，依法行持，何患法之不验哉。①

道教之主要精神在于"无为而治"，这也是道家主要的治世思想及其形体修行的基本方法。老子是道的化身，认为天地万物皆由道所化生，所以宇宙自然的运动变化也遵循道的规律，千经万论以求道之目的安在，必须依法行持及奉道遵戒。一般道教徒相信命运，关令尹喜与徐甲之命运终成两极化，徐甲因不忠被老子所遗，而关令尹喜却得老君授法。因徐甲在老子正欲渡西关，如"胡曾云：七雄戈戟乱如麻，四海无人得坐家。老氏却思天竺住，便将徐甲过流沙"②；《神仙传》："老子，关令尹喜知其非常人，从之问道……乃使甲张口向地，而太玄符立出于地，丹书文字如新，甲成一具枯骨矣。"③此两则文献刻画出两者之命运，关令尹喜巧遇老子，崇拜之，得老子授之道法；而

① 〔明〕撰人不详：底本出处《正统道藏》正一部。张继禹再编：《中华道藏》第 38 册，《道法会元下》卷七六，北京：华夏出版社，第 463 页。

② 〔日〕小野玄妙等校：《大正新修大藏经》，《卷第二十二辨伪录九之十四·前后老君降生不同伪第十》，台北：新文丰出版社，1983 年，第 716-2 页。

③ 〔宋〕陈葆光撰：《三洞群仙录》卷六，《正统道藏》第 54 册，台北：新文丰出版社，1977 年，第 310 页。

徐甲却成枯骨,改变了徐甲往后人生。

第五节 闾山其他各派

法脉之归类,各个学者研究之角度与立场不同,就有不同之界定,因而产生理论派与实践派之争论。闾山教派之法派,应以何种标准为依据众说纷纭,最简单而粗略之方式:首先即其所信奉的为道教神祇;其次为其所习之法为闾山之法。其他半佛半道,祖师为佛教或非全然以道与法之闾山教派特质为基础者,在此暂归为"类似闾山其他各派",其中尚包括普庵派、瑜伽派、清水祖师派、梅山教、淮南教、仙娘教、长汀夫人教、梨园教、梅山教、三一教等与"三五禁咒"有关之法派,将分别叙述于后。

一、普庵派崇拜法脉导览

普庵派之归类不定,崇拜佛教者称它为佛教,因它有佛教背景,但其所作法事充满着道教意味。因此,在谈及普庵派之前,必先对其祖师信仰做出探讨。

(一)普庵祖师之生平

禅师生于北宋徽宗政和五年(1115 年)十一月二十七日,南宋乾道五年(1169 年)七月二十一日圆寂。袁州宜春人(江西省袁州府),姓余氏。南宋绍兴四年(1134 年)八月,①年二十七依寿隆院贤公出家受戒于袁州开元寺。《三教源流搜神大全》记载:

> 普庵禅师,名印肃,袁州宜春县余氏子也。当宋徽宗政和五

---

① 〔宋〕撰人不详:《三教源流搜神大全》卷二,《郋园先生全书》,长沙:中国古书刊印社,1935 年,第 27 页。

年十一月二十七日辰时生。年六岁,梦一僧点其心曰:汝他日当
自省。既觉,以意白母,视之,当心有一点红莹,大如世之璎珠。
父母因是许从寿隆院贤和尚出家,年二十七岁落发,越明年受
戒。师容貌魁奇,智性巧慧。贤师器之,勉令诵经。师曰:尝闻
佛祖元旨,必贵了悟于心,数墨巡行无益于事。遂辞师,游湖湘,
谒牧庵忠公。因问万法归一,一归何处……修建佛殿,师辞不
获,竟从请至,则慕道向风者众。师乃随宜为说,或书颂与之。
有病患者,折草为药,与之即愈……享年五十五。①

从普庵祖师出家、落发、受戒、为和尚至修佛殿,整个过程大部分
秉持着佛教之思想。最后慕道、画符、折草行医,由佛而道,表示出他
保有先天佛教之思想基础,行菩萨道,拥有佛教之身。

(二)普庵教派之争议

普庵祖师圆寂之前,有些与道教及佛教相关之文献,如《三教源
流搜神大全》记载:"示众曰'诸佛不出世亦无有涅盘,入吾室者,必能
元契矣'。善自护持无令退失,索裕更衣跏趺而寂,时则乾道五年者
七月二十一日。敕封普庵寂感妙济真觉昭既禅师。"②在此亦充分显
现出普庵祖师为佛教僧侣。普庵禅师与道教之关系,在《道法会元》
和《普庵密旨》等文献中虽有记载,如记载着普庵禅师与地司派之牵
连等,但其论证仅是对传说进行推论,可靠性较薄弱。

普庵教在台湾研究宗教之学者心目中,为民间道教系统中的"法
教"阶层,是介于道教和巫术之间的一种法派或教派形态。台湾普庵
教的情况,据刘枝万《台湾的道教》所言:

---

① 〔宋〕撰人不详:《三教源流搜神大全》卷二,《郎园先生全书》,长沙:中
国古书刊印社,1935年,第23页。

② 〔宋〕撰人不详:《三教源流搜神大全》卷二,《郎园先生全书》,长沙:中
国古书刊印社,1935年,第23页。

法教的祖师都是道教神或富有避邪性的民间神,这是通例,但性质不同的佛教系统也挤了进来。普庵佛就是如此。宋代临济宗的高僧普庵即慧庆禅师,生前从事布教,死后屡次显灵,特别在禅宗中常被奉祀崇拜。不仅如此,在民间信仰中也作为一方的首领受到崇拜,因其符咒驱魔力量强,所以常被使用。信奉普庵教的一派,在澎湖很突出,像是中心地带,从其地理位里来说,是早期开发的地区,参照这一历史事实,可以认为早就从其居民原籍的泉州同安传来。①

刘枝万所谈到的法教,系由泉州传来台湾,原形是佛教临济宗高僧普庵即慧庆禅师。这一法门,实际以佛教之禅宗为背景,因其符咒驱魔力量强,亦即夹杂着巫术思想,被归类到法教领域,因闾山教派被归类等同“道法二门”,而普庵教是属于佛与法之组成。刘枝万又在《台湾の道教と民间信仰》谈到类似之词,特别强调这是于台湾南部闾山教派祭祀佛像的现象,②更加印证普庵教为佛教。黄有兴所著的《澎湖的民间信仰》一书中有更多不同之解读,据该书称:

> 澎湖法师的派别,据笔者访问调查,有“普庵派”(以普庵真人为宗祖)、“闾山派”(以闾山真人为宗祖)、“三奶派”(以临水陈三奶夫人为宗祖)、“九天玄女派”等,“普庵派”最多,“闾山派”次之。③

由上可知,普庵教派在澎湖已颇为广泛与兴盛,但在澎湖普庵派信仰并未被统合在闾山教派内。因为在澎湖又增加一摩呢祖师的传说,传说中有:“所谓三坛法系由太清宫太上老君传于摩呢祖师,然后

---

① 刘枝万:《台湾的道教》,载〔日〕福井康顺等编:《道教》卷三,上海:上海古籍出版社,1992年,第128页。

② 刘枝万:《台湾の道教と民间信仰》,东京:风响社株式会社,1994年,第185～186页。

③ 黄有兴:《澎湖的民间信仰》,台北:台原出版社,1992年,第84页。

再传与三山法主,三山法主则是闾山法主、凤山法主、邪金山法主,称之为三坛法。"①

(三)普庵派科仪解析

普庵派在澎湖较为广泛,它既有佛教之内涵,又有道教之基本科仪成分,是原始瑜伽教与道教清微派之结合,同时掺杂闾山派的部分科仪形式。因此,有人将其归类到"法派",尤其目前澎湖普庵派已渐失去佛教之思想,取而代之的为巫与道之特色,有些学者认为应将其归类到"道法二门"或以"澎湖小法称之"。在余光弘的《续修澎湖县志》中谈到"摩呢祖师生于汉代,江姓摩呢为其名……江摩呢在昆仑山与老君学法……下山乃将道祖所授之法与三宝一一传于闾山,其后闾山之仆姓风名普庵习得闾山法自成一教门,流传至今,称为闾山大教主及普庵大教主"②,其科仪行使中,所运用之法器、唱诵、步罡与闾山教派约略相似。

一个教派若无法界定其法派,皆被称为"民间信仰",但其最基本之特征为非佛非道。《清流县志》谈道:"若夫本县现时一般人所称之宗教,毫无纯正理论,以及其他似僧非僧、似道非道之派别。"③普庵教的诸多科仪仪式与普庵信仰有密切之关系。如其普庵教道师挂图、道坛器物、法器、法服等现在都以道教的居多,只是唱诵经典独树一帜,该派有"普庵咒"、"普庵符"、"普庵诀"等。如"请普庵大教主咒":

　　　　奉请普庵大教主,神通变化不须疑。随慈发愿渡众生,作大

---

① 余光弘:《续修澎湖县志》卷一二,《宗教志》,澎湖:澎湖县政府,2005年,第32～33页。

② 余光弘:《续修澎湖县志》卷一二,《宗教志》,澎湖:澎湖县政府,2005年,第32页。

③ 林庆善:《清流县志》卷一九,《宗教志》,福州:福建地图出版社,1988年,第445页。

医王救诸苦。致慈云,助法雨,当朝社极光万里。修造动土任兴工,不问风雾并禁忌。回光会法妙如云,万亿诸天常守护,百万百首金刚将,梵王帝泽常佐助,布祥光洗沾甘落,一切众生皆得度。惟愿古佛降临来,神兵火急如律令。①

从此咒中可看出,普庵祖师以行医、祈雨、祈安植福为主轴。科仪上之穿着,依吴永猛行使普庵(澎湖小法)科仪时所穿戴及法器,几乎与徐甲派、法主公派、陈靖姑派等相近,皆带有古代巫师的遗迹。据刘枝万介绍:

> 法师不能穿道士的服装,法师原则上穿便衣,即平素穿的衣服,但闾山派和普庵派则有人戴冠——称为眉,更有人穿戏剧中武将穿的那种战裙,打扮得很华丽。但他们都用红布缝头或包头,少不了头上的红色标记,所以他们被俗称为红头仔(头红者),其法术被称为红头法。②

各古文献与近代学术著作表面上称它为普庵派,但以这新时代之普庵派实质而言,它已完全符合闾山教派之要件。宗教信仰之宗旨在于人们对所信仰的神圣,由崇拜认同而产生对其之坚强信念及身心的皈依。是以人身本体之考虑,达到身心灵之调适,派别之界定与有无,仅是一种凡间人类之我执,对信仰群体应无直接之影响。

二、瑜伽派崇拜法脉概览

(一)中国瑜伽派的输入与发展

在研究瑜伽教以前,必先对瑜伽信仰之起源有所了解。追其本源,在 6—7 世纪印度教在社会上占有利之地位,对梵天、湿婆、毗湿

---

① 黄有兴:《澎湖的民间信仰》,台北:台原出版社,1992 年,第 105 页。
② 刘枝万:《台湾的道教》,载〔日〕福井康顺等编:《道教》第三卷,上海:上海古籍出版社,1992 年,第 129 页。

奴的崇拜盛行。在印度佛教兴起前,印度的主要宗教为婆罗门教,佛教为求自身之发展,开始吸收印度教和民间信仰教派,同时将印度瑜伽行派和显教中观派融合为密教之派系,约在 7 世纪,密教之思想因玄奘将佛教传入中国而盛行。因此,可推测瑜伽教之组成因素为印度佛教密教。同时密宗起源于印度的婆罗门,婆罗门皆为雅利安人,是印度后起之一游牧民族,在印度占有统治地位,在此部落民族中,自有一套族群治身之法——巫术,即为瑜伽法。

佛教与瑜伽教在中国之发展,由唐代玄奘输入,正式启动教派之传播。而中国之瑜伽教,即随着佛教之输入成为唐代的佛教密宗,尤其在唐玄宗李隆基在位(712—756 年)时,"西天三藏金刚智,循南海至广州,来京师召见。敕居慈恩寺。智传龙树瑜伽密教,所至必结坛灌顶度人,祷雨攘灾尤彰感验"①。显见当时朝野瑜伽信仰之风潮,对瑜伽教深信无疑。唐宋时期,瑜伽派信仰的传播屡创高峰,直到宋、元、明时期,瑜伽教虽自身发展成一教派体系,但在明代受到了官方的注意,被认定为"异教"。也因此在明洪武二十四年(1391 年)岁次辛未六月,朱元璋鉴于宗教乱象为害社会动摇国体,清理异教。《明太祖实录》和《清异教之训》记载:

> 洪武二十四年(1391 年)命礼部清理释道二教,"今之学佛者,曰禅、曰讲、曰瑜伽;学道者曰正一、曰全真,皆不循本俗。污教败行,为害甚大"。②

> 道士设醮亦不许拜奏青词。为孝子慈孙,演诵经典,报祖父母者,各遵颁降科仪,毋妄立条单,多索民财。及民有效瑜珈

---

①　〔日〕小野玄妙等校:《大正新修大藏经》卷四〇,《法运通塞志》第十七之七,唐玄宗,第 373 页。

②　〔明〕史馆臣合撰:《明太祖实录》卷一〇九,台湾"中央研究院"影印本,第 3109 页。

教,称为善友,假张真人名,私造符箓者,皆治以重罪。①

从日据时期至今之台湾,宗教上虽有兴衰起伏,但瑜伽派之名在台湾宗教发展史上较为少见,被与其同性质之龙华派取而代之。但在大陆,尤其福建地区则有众多瑜伽派存在,遍布各地区,但皆以佛教形式存活着。

(二)瑜伽派科仪形式

一个教派在科仪仪式之演出,常在仪式过程中,以其派系之精华与思想显现在整个坛场上,不外乎其经忏之唱诵、经忏之内容、经曲之音调、法器之运用以及各种坛场动作等,必须将其教派之重要组成要件全表于上。瑜伽之名表示出其有佛教精神之意味,在田野调查中发现名副其实之瑜伽显像,但瑜伽派之存在却是以闾山教派之文科来现形。在柘荣清云宫马仙迎仙仪式中科仪分为文、武两派;武科以三奶派之演法科仪行之,过程中之步罡、踏斗、点诀、符箓、喫水、唱诵皆行使;而在文科则以瑜伽派行之,所唱诵瑜伽派之经典大部分以佛教经典为主,亦无武科所行之仪式动作,显现出瑜伽派还是以佛教之身影存在着。

在瑜伽派中,做瑜伽即为做法事,该派在科仪形式中,纯以诵经方式为信仰群众消灾解厄。瑜伽派一般认为他们诵经方式有两种面向,以达到驱邪除妖的效果。一为以经忏唱诵之结果回向给凶神恶煞,望其能得到此功德转化脱离病者;另一为唱诵各咒语,唤使诸佛菩萨下凡驱邪除妖,佛密一如往常以慈悲为怀为口号,又能以何法驱离法界诸众生?宋代道教道士白玉蟾给学生讲解瑜伽教时有如下之记载:

耜问曰:"今之瑜伽之为教者何如"? 答曰:"彼之教中谓释

---

① 〔明〕《礼部志稿》卷一,《清异教之训》;《礼部志稿》卷三四,《僧道禁例》,1620年修。

迦之遗教也,释迦化为秽迹金刚,以降螺髻梵王,是故流传此教,降伏诸魔,制诸外道,不过只三十三字,金轮秽迹咒也。然其教中有龙树医王以佐之焉,外此则有香山、雪山二大圣,猪头、象鼻二大圣,雄威、华光二大圣,与夫哪吒太子、顶轮圣王及深沙神、揭谛神以相其法,故有诸金刚力士以为之佐使,所谓将吏惟有虎伽罗、马伽罗、牛头罗、金头罗四将而已。其他则无也。今之邪师杂诸道法之辞,而又步罡捻诀,高声大叫,胡跳汉舞,摇铃撼铎,鞭麻蛇打桃棒,而于古教甚失其真。似非释迦之所为矣。然瑜伽亦是佛家伏魔之一法。"①

瑜伽密教拥有自身之本能,又有着诸金刚力士及伏魔等大圣之相助,方能伏魔除妖,相助于民。瑜伽密教有着莫大之佛法本能,促使瑜伽输入中国之时产生宗教之情感诱惑。尤其其时密宗之兴盛,诱导僧人参学瑜伽法,如后唐法门寺之志通和尚,曾以"遇日啰三藏行瑜伽教法,通礼事之"②来行之。

(三)教派争议之提出

在探究佛、道杂糅之瑜伽教教派形态,以及闽台地区瑜伽信仰与闾山教派的民间文化现象,诸多争议之问题必须厘清。首先在徐晓望的《论瑜珈教与台湾的闾山派法师》③中谈道:"流行于福建与台湾的闾山教一向被当作道教,但在事实上,闾山派巫法原属于佛教密宗的瑜伽派。在历史上,闾山派从瑜伽教分离出来,成为独立的巫法,

---

① 〔宋〕白玉蟾:《海琼白真人语录》卷一,《道藏》第33册,上海:上海书店出版社,1988年影印,第114页。

② 〔日〕小野玄妙等校:《大正新修大藏经》,《凤翔府法门寺志通传》,第858页。

③ 徐晓望:《论瑜伽教与台湾的闾山派法师》,《福州大学学报》2008年第2期,第5～11页。

而后成长为巫教,再后被纳入道教系统,完成了从佛入道的变化。"①
另外徐晓望又提到《三教源流搜神大全》所说"张、萧、刘、连"四大圣者。② 迄今为止,台湾、澎湖的闾山派法师在作法时,都要请"张、萧、刘、连"四大圣者出场,澎湖"小法"操营仪式中所唱的"点军咒":"吾是东营九夷军,领军马九千九万人……"证明了"张、萧、刘、连"四大圣者是属于闾山教的,但是,据《三教源流搜神大全》,四大圣者又是属于瑜伽教的,这就证明闾山教源出于瑜伽教。③

由以上之结论提出探讨:首先,闾山教是否源出于瑜伽教?其次,张、萧、刘、连四大圣者是否属于闾山教?在谈到闾山教派时,必先由净明忠孝道许真君谈起,因闾山教派为许真君所创,他也被称为闾山教主,相关文献如下:

1.依据《云笈七签》中之《道教经法传授部》谈到老君传法"第三十六代许逊。逊授一百人"④,得知许逊之法为老君所传。

2.在第四章已谈过《三教源流搜神大全》言:"真君弱冠师大洞真君,吴猛传青法。"⑤在此亦得知部分之法由吴猛所传。

3.《云笈七签》中又记载说:"许逊闻豫章有效道之士吴猛学道……未得事之……其子以父命,将真符传逊。"⑥

4.第三章中更谈到闾山教派,《海琼白真人语录》卷一中说道:

① 徐晓望:《论瑜伽教与台湾的闾山派法师》,《福州大学学报》2008 年第 2 期,第 5 页。

② 〔宋〕撰人不详:《三教源流搜神大全》卷二,《郋园先生全书》,长沙:中国古书刊印社,1935 年,第 183 页。

③ 徐晓望:《论瑜伽教与台湾的闾山派法师》,《福州大学学报》2008 年第 2 期,第 8 页。

④ 〔宋〕张君房编,李永晟点校:《云笈七签》卷四,《道教经法传授部》,北京:中华书局,2003 年,第 61 页。

⑤ 〔宋〕撰人不详:《三教源流搜神大全》卷二,《郋园先生全书》,长沙:中国古书刊印社,1935 年,第 10 页。

⑥ 〔宋〕张君房编,李永晟点校:《云笈七签》卷一〇六,《许真人传》,北京:中华书局,2003 年,第 2310 页。

"巫法有之乎？其正邪莫之辨也。……闾山九郎、蒙山七郎。复有
'闾山法者'，其实一'巫法'也。巫法亦多窃太上之语。"①在此之闾
山九郎为许九郎（许真君）。

5."闾山教主咒"中所述"老君传授亲敕令"等系言许逊之道法传
自太上老君，咒曰："谨请闾山大教主，老君传授亲敕令……降下闾山
传法人……门法传了归天去，闾山门人来相请……闾山渺渺何处是，
摇旗打鼓来相迎，闾山教主亲降临，神兵火急如律令！"②得知闾山之
法由老君亲自传授。

6.至于"张、萧、刘、连"四大圣者在第四章与第五章中皆谈过，此
四大圣者系由"张、萧、刘、连、李"之五营兵将或三十六官将之将头所
组成。四大圣者中张圣者（基清）、萧圣者（其明）两位之名不同于张
法主（慈观）与萧法主（法明），③由此即可厘清法主公系统与四大圣
者系统之差异性。

由以上诸多问题之解说可知，许逊从净明道至闾山教派之创立，
皆与太上老君有关，而四大圣者既然属于瑜伽教的五营兵将头，闾山
教派源出于瑜伽教或闾山派从瑜伽教分离出来之问题就值得商榷
了。佛教密宗之演化、政治之因素及民间信仰造神运动盛行，从而影
响了传统道教的发展。在诸多因素影响下，道教因世俗化而变迁。
道法中的符咒、形持方式与密教、地方巫术结合形成不同的道法体
系。④ 总之，在此诸多法脉派别对闾山教派的关系各说各话，有所关

---

① 〔宋〕白玉蟾：《海琼白真人语录》卷一，《道藏》第33册，上海：上海书店
出版社，1988年影印，第113～114页。
② 黄福全编：《闾山祭送白虎天狗煞神科仪（闾山派师门秘传）》手抄本
（年代不详），《道教科仪集成四十六》，彰化：逸群图书公司，2010年，第17～
18页。
③ 福建省道教协会研究室、德化石壶祖殿管理委员会编：《道教圣地石牛
山——张公法主祖庭》，福州：福建省道教协会研究室，1998年，第1页
④ 陈文龙：《"法"与宋元道教的变革——评"道教天心正法研究"》，《世界
宗教研究》2012年第4期，第183页。

联之处及最后目的,都有斩妖、祈福、制煞等诸多巫觋法术掺杂应用。在各教派研究当中,几乎尚无将整个闾山教派之法脉统合的研究,尤其是对其思想、科仪、法脉传承做出融合比较。以上侧重于找出各派别之起源及与闾山教派之关系与发展后之变迁,做一梳理。

三、其他各法派概览

在宗教发展中,宗派各有不同之产生方式,有以造神而产生,有以地方传说或神话而产生。由于教派性质思想与精神不同,在归类上亦产生诸多困难,甚至于某些教派仅有部分相似,而无法将其划归为何教派。"闽人尚鬼神",逢庙必拜,逢神必敬,但敬鬼神而远之,因神之起源来历有吉凶之分:有施法于民者、有功于国之神,是信仰群众崇拜之对象;但凶神恶煞之瘟神,亦为民众所拜,因拜他敬他,制造友善之宗教情感,减少瘟神之侵害。这种崇拜鬼神之风,组成一种不明文之教派。一般而言,能被信仰群众所崇拜之神,因他有无形之法力显现,亦有巫之存有。这类后起之鬼神信仰,往往被归类到闾山教派或民间信仰行列中,自成一种"游宗"体系。这种在民间生前为人所崇敬的人,死后所受的敬畏便愈增加;而对令人惧怕又求其庇护的鬼魂所行的祭法,就成为一种固定的宗教式崇拜,[1]唯在道教或民间信仰中,常被认为与道教或闾山教派有关。其教派有梅山教、三一教、三平祖师派、清水祖师派、长汀夫人教、梨园教,但它们所欠缺的是宗教组成之因子。

梅山教,在中国南方或西南方少数民族传统宗教中,是受传统道教及巫文化影响较深的宗教,因为梅山教的信仰仪式具有融摄道教法术和原始巫教的特点。梅山教在南方少数民族地区的传播和影

---

① 郑工:《仙游三妃合祠习俗的历史演变考略》,《东南文化》1993 第 5 期,第 143 页。

响,是中华民族多元一体格局在宗教文化上的反映,[①]显现出道教之传统特色是具有包容性、宽容心,容许不同教派之对谈,让不同教派信仰融合为一体,让同一教派因地域因素而分割为各种名称之派别。梅山教是具有多元族群影响的宗教,[②]是一种"合缘共振"之宗教融合。在前文谈到"梅山教是南方巫法闾山教派的共生物",[③]而壮族师公又称"三元教"或"梅山教"是在一种原始"越巫"的基础上整合傩、道教、佛教等外来教派文化因素而形成和发展起来的古老民间宗教。[④]

三一教,是结合道、儒、释三教之思想合而为一的民间宗教。在福建莆田,人称"三一教",又名"三教"或"夏教"。明代嘉靖、万历年间,由福建莆田人林兆恩(1517—1598)创建。林氏字懋勋,号龙江,道号子谷子、心隐子、常明先生、混虚氏、无始氏等,门徒尊称其为三教先生、林三教、三一教主。[⑤] 因该教派教义较接近基层民众所求,又有着非佛非道执行道法二门之法术,亦有信徒将其归类在闾山教派中。但是,三一教的思想体系中,道教的色彩非常浓厚,不仅远超佛教,甚至也压过儒学,[⑥]它的定位归纳众说纷纭,争议为多。至于其他教派,如三平祖师派、清水祖师派、长汀夫人教、梨园教等,虽有广大之信仰群众,亦有涉及部分巫与道之成分,但有学者未将其归在

---

①　张泽洪:《中国南方少数民族的梅山教》,《中南民族大学报》2003 第 4 期,第 36 页。

②　张泽洪:《中国南方少数民族的梅山教》,《中南民族大学报》2003 第 4 期,第 36 页。

③　叶明生:《共生文化圈之巫道文化形态探讨——福建闾山教与湖南梅山教之比较》,《宗教学研究》2005 年第 4 期,第 1 页。

④　杨树喆、叶展新:《一个壮族师公班子的渡戒仪式——壮族师公文化研究系列论文之一》,《广西民族研究》2000 年第 1 期,第 80 页。

⑤　石沧金、欧阳班铱:《马来西亚三一教信仰考察》,《东南亚研究》2012 年第 3 期,第 63 页。

⑥　陈支平主编:《福建宗教史》,福州:福建教育出版社,1996 年,第 76 页。

闾山教派中。

第六节　闾山各教派之比较分析

一、思想领域

在中国思想史上，"天人合一"是一个基本的信念。将"天"喻为宇宙或大自然；人即为宇宙中之人类，两者之间必是相互理解不侵犯，天人相应，或天人相通。《庄子·达生》曰："夫欲免为形者，莫如弃世，弃世则无累，无累则正平，正平则与彼更生，更生则几矣。事奚足弃而生奚足遗？弃事则形不劳，遗生则精不亏。夫形全精复，与天为一。天地者，万物之父母也，合则成体，散则成始。"[①]这是说人和自然在本质上是相通的，因而一切人事均应顺乎自然规律，达到人与自然和谐。老子也说："人法地，地法天，天法道，道法自然。"宇宙一切事物皆要顺乎天地自然，道教主要教义为"道法自然"，自然宇宙中都有"道"的存有，亦主张"万物有灵论"的多神论，最后将"天地人鬼神五位一体"融入道教思维中，神仙是人类生命与灵魂的终极归宿所在，"道教不认为神仙是在人之外，而是神仙与人合为一体的，神仙是人生命的延续，是人参与宇宙造化所展现出来的极致形态"[②]。这种神仙思想的存在，自古即流传于古部落中，历久弥坚，"或问曰：'神仙不死，信可得乎？'《抱朴子》答曰：'虽有至明，而有形者不可毕见焉。虽禀极聪，而有声者不可尽闻焉。虽有大章竖亥之足，而所常履者，

---

① 王云五编，陈鼓应译：《庄子今注今译》修订版，台北：台湾商务印书馆，2004 年，第 484 页。

② 郑志明：《道教生死学》，台北：文津出版社，2006 年，第 1 页。

未若所不履之多。'"①

因此,道教教派的形成都是与人的生死观相结合,更是与生命及生活息息相关的;闾山教派中之各派之组成思想因素,唯道是体,唯法是用,道体相容并用。道思想之起源来自正一道,而法为巫法,来自各派之族群部落,道法之组成自立一门派,闾山各派思想约略是相同的。

二、科仪类型

在前文已提到,宗教之科仪是一种教派内在精神之外在显示,由各派科仪中就可观看出,该教派本体真正之内涵及其背后所存之意义,靠着科仪演法中人神鬼之交通、天地炁息之交媾,促成天地人鬼神五位一体之相互交流,达到民众身心灵快慰之目的及生命之关怀。

闾山教派中各派科仪约略大同小异,随着时空之转变,顺应时代之潮流,在不改变各派自身原有之基本特质外,皆有相互参酌之时事演进,开创出比原来更为精致细密的科仪。这种异中求同之趋势,是各地区闾山教派科仪应走且必走之路线。

在台海两岸田野调查中发现,同派之间或不同派别之间,因地域、时间与政策之改变,科仪差异性甚大。大陆之科仪较着重形式,并未将该仪式真正之内涵表露出来,仪式过于简化,谈及十二神煞制解仪式,大陆众多信徒并无概念,在第五章第五节之"闾山教派科仪仪式之异同"中已谈过台海两岸科仪之差异性。至于闾山教派内各派之间又如何? 在田野调查中发现,闾山各派之间由于师承不同,其脉络所传之仪式有其差异性。《当锣鼓响起:台湾艺阵传奇》一文中谈到台南小法团:"法师因师承的不同,早年共有青头、红头、白头、黑

---

① 王云五编,陈鼓应译:《庄子今注今译修订版》,台北:台湾商务印书馆,2004 年,第 19 页。

头及黄头等五种,台湾地区较重红头及黑头,称'红头法仔'和'乌头法仔'。"①《台湾斋醮》一文中也谈道:"红头师的'红'字表现为红布颜色象征,为闾山派许法主所传,三奶派所继承的巫法、女巫传统;在仪式作法时,头绑'红巾'为其形象上的特征。"②这些都是由于派别师承决定了其徒子与徒孙之表征。

(一)挂像

《论语·八佾》第十二章:"祭如在,祭神如神在。子曰:'吾不与祭,如不祭。'"挂像并非意味着真有神之存在,而是一种超越时空之感观,意味着法事过程中神灵之降临,与主事者在人神之间有着存神变神之境界,人是神的化身,是神之代言者,使整个仪式达到应有之场境。因此,在仪式过程中所供奉之主神依所做之道坛性质而定,在超场(阴事)中,因系渡阴超荐,"太乙救苦天尊"挂像是必备的,其他神像则为少见。在吉场中再依各派之主祀神安奉之,在其祖师挂像或三清道祖挂像上差异性较少,仅在主祀神有所不同。

(二)经典唱诵

在田野调查中发现,操控整个法场之功能所在,在于经典之唱诵,而整个坛场最大之差别是在拜请之主神,因派别不同只能拜请自身之主神。如三奶派呼请三奶夫人,法主公派呼请法主公,徐甲派呼请徐甲真人,请主神来做主行使整个法场之法事。以下为此三派呼请主神之咒语。

1. 三奶派:以大奶咒为主轴,在台南之临水夫人庙为例

> 恭焚真香专拜请,临水元君现金身。闾山学法陈夫人,率领

① 黄文博:《小法团》,见《当锣鼓响起:台湾艺阵传奇》,台北:台原出版社,1991年。

② 李丰楙、谢聪辉:《台湾斋醮》,台北:传统艺术中心筹备处,2001年。文无页。

神兵千万人。

父是下渡陈长者,母是西河葛夫人。甲寅年春正月半,寅时生下奶娘身。

八角金盆来贮水,香汤沐浴奶娘身。三岁四岁多伶俐,五岁六岁甚聪明。

七岁八岁去食菜,九岁十岁能诵经。十三岁时去学法,诸般法力尽受传。

过府逢州收妖怪,翻山倒庙拿妖精。百花桥头度男女,除关斩煞显威灵。

随带神兵三百万,鼓角飞来临水宫。千处祈求千处应,万家恳祷万家灵。

弟子一心专拜请,飞云走马降来临!临水夫人降来临!急急如律令!

2.法主公派:以台北慈圣宫陈道长所提供之法主公咒(闾山法主咒)为例

谨请闾山灵通使,真身显现请真官。原在江洲传门法,今随圣祖到凡间。

身受玉皇亲敕赐,出在符咒救万民。游山功曹扬明法,游海功曹显法通。

左右排兵全吾使,元帅哥哥致灵通。身骑宝马游天下,手持金鞭盖紫云。

有人长念随感应,扶童下降度众生。六丁六甲到坛前,功曹官封左右兵。

指山作法乾坤定,堆山塞海透天门。穿山入海斩妖精,敕封传来是老君。

香火流传通天下,护国庇民独为尊。法门弟子专拜请,闾山法主降临来。

神兵火急如律令!

3. 徐甲派：以台南狱帝庙所提供之"徐甲真人咒"为例

> 拜请同山大教主，化身十方救万民。左手执起九天枪，右手执鞭并雷霆。
>
> 慈悲降下魔身粉，金鞭一指鬼灭形。奉请九天千眼帝，腾驾麒麟下天庭。
>
> 真身来，化身来，翻天来，到地来。收捉世间无道鬼，凶邪粉碎不留停。
>
> 伽罗弟子身通力，步罡踏斗到坛前。弟子一心专拜请，徐甲真人降临来。
>
> 神兵火急如律令！

对照以上三派主神之咒语可发现，各派虽主神不同、内容不同，但其特点相似，首先为"呼请主神"，接着"歌功颂德"，同时都谈到"驱邪除煞"，最后"拜请降临"，然后说出"急急如律令！"所谓之神是一种假想神圣之存在，其定位也被假想为至高无上的，而且具有操控整个宇宙之神奇力量。但在咒语中可联想到的是"人为超乎神之上"，即"人定胜天"，因此运用咒语即可召请神圣下凡行事。

（三）仪式性质

道教有科仪仪范，如祝圣、祭祀、祈禳与丧礼等，道教仪范中共有三大类，即"戒律、威仪和章表"。[①] 仪式是一种模式轨迹程序，亦是由一定的模式准则之仪范所延伸出来的，是前人之规范结晶记载下来，虽历代先贤有不同之思维，但最终目的是一致的。虽然它有着庞杂之思维造构，但脱不了道体之范畴，因为道教科仪之行使与整个宇宙之本源有所关联，科仪之间对道炁之运作充实，以步罡踏斗运炁，方能施展其应有法力驱邪除煞，在此之道炁、运炁与步罡踏斗皆为道与法之结合体。《道法会元·道家雷法至宝》云：

---

① 闵智亭编：《道教仪范》，台北：新文丰出版社，1995年，第1页。

> 道者,灵通之至真;法者,变化之玄微。道因法以济人,人因
> 法以会道,则变化无穷矣。当知法本真空,性源澄湛;了一心而
> 通万法,则万法无不具于一心;返万法而照一心,则一心无不定
> 于万法。如是,当知道乃法之体,法乃道之用。①

只要心性得体,一心而通万法,万法聚一心,在仪式中凝聚自然
整体之力量,撼动天地鬼神,这也是闾山教派科仪之特色。因在科仪
进行中,法器全开,锣鼓喧天,加上巫舞、武吓产生之震撼力,终能达
到预期之效果。

闾山教派中,有吉场与超场之分。分派红头法师与乌头法师担
任,如丸井圭治郎《台湾宗教调查报告书》提及:"……然而还有另一
个称为法教的,按照法教信徒所说的,自己成为别的另一个教派。法
教看起来好像是独立的派别,但是毕竟只是道教的一部分而已,其中
有一派叫三奶教,它在台湾很广布……三奶教完全不管度死之事,专
做度生之事,其中特别专门做驱邪押煞的法术。"②叶明生认为闾山
教中有一位能超渡被害者的法主神徐甲,徐甲原也被害死,后被太上
老君超生,因此徐甲也能仿效太上老君超渡众生。③ 其实徐甲派在
台湾以红头派称之,法事形式以吉场为主。如今徐甲也是专渡亡魂、
伤亡者转生或进入仙山、仙界的洞主或法主。④ 与丸井圭治郎所说
之在台早期之三奶派,居于现代之时局已稍有所调配,因单靠吉场法
事,范围显得过小。此与台湾现今科仪中,徐甲派也做度亡仪式有相

---

① 〔明〕撰人不详:底本出处《正统道藏》正一部。《道家雷法至宝》,见《道
法会元》卷二八〇。

② 〔日〕丸井圭治郎:《巫觋》,见《台湾宗教调查报告书》第一卷第十二章,
台北:台湾总督府,1919 年;重刊本,台北:捷幼出版社,1993 年,第 97 页。

③ 叶明生:《建阳闾山教功德道场仪式中灵魂信仰之探讨》,《民俗曲艺》
第 118 期,1999 年,第 71~72 页。

④ 叶明生:《建阳闾山教功德道场仪式中灵魂信仰之探讨》,《民俗曲艺》
第 118 期,1999 年,第 71~72 页。

同的意味。

　　上文对整个间山教派法脉均有所探讨与分析,对间山教派之宗教形态如何定位皆有所厘清,尤其在对其宗教文化如何去解读有明细之交代,特别是许多过去无法破解之争论点,经过交叉比对与验证后豁然开朗。宗教是一个信仰下之名词,它是没有生命与力量的一个无形个体,它的力量与生命是人类所赋予的,同时是操纵在人之手中,要使群众信仰之宗教发挥作用到极致,亦唯有靠信仰群众所给予宗教之灵魂投入多寡。

第七章

闾山教派之主要思想

第一节　闾山教派思想之源流

"道法自然"是道教思想之一。因此,道教崇尚自然,同时也沿袭以先秦的儒、道、墨、法四家为主的思想,至东汉末年,张道陵创五斗米道及道教正式成立,然而道教之思想渊源为何?道教、儒家及佛教之思想关系又如何?尤其闾山教派之思想,又如何解读?这都可在道教文献中得到解答。宋张君房编撰的《云笈七签》卷三《道教所起》说到道教起源于无始以前,又称黄帝是灵宝经的传人:

> 今传《灵宝经》者,则是天真皇人于峨嵋山授于轩辕黄帝。又天真皇人授帝喾于牧德之台,夏禹感降于钟山,阖闾窃窥于句曲。其后有葛孝先之类、郑思远之徒,师资相承,蝉联不绝。其老君《道德经》,乃是大乘部摄,正当三辅之经,未入三洞之教。

而今人学多浮浅,唯诵道德,不识真经即谓道教起自庄周,始乎柱下。①

有人认为《云笈七签》该说法主观牵强,不足采信,但《云笈七签》全是取自《道藏》,可说是道教的"小道藏"。这可由道教之起源与创立得知,道教始源于黄帝,乃尊黄帝为始祖,再以阐扬道教精义的老子(太上老君)为道祖,以组成道教的张道陵(天师)为教祖,是谓"道教三祖"。道教三祖也特指张道陵,即是道教"第三祖"的意思。道教思想中的最高追求是经由修炼内丹与服食外丹等方式羽化成仙。

一、沿袭道教道家之思想

道教文化之传承已有 4700 多年历史,道教是中国本土之宗教,以多神论敬拜鬼神,追求得道、羽化成仙、济世渡人。它不仅在中国传统文化中占有重要地位,也是现代人类生活重要之组成部分。道教思想主要吸取道家之精髓,同时也来自多方面之学说渊源,最主要者与道家的老庄思想及汉初黄老学派有关联。道教自张道陵始,即将道教之思想广泛传播于中国、日本、韩国及东南亚各地,举凡有华侨驻留的地区,道教诸神均拥有自己的崇拜者,尤其闾山教派在这种移民文化中传播开来,随着移民传至国内外各地,因此闾山教派崇拜者颇多。这种思想之传播唯因道教拥有道教与道家之本质,古圣先贤所遗留至今之精华与智慧历久弥坚,有其可取之处。

(一)总体思想层面

道家的思想可应用于治理国家、社会、宗教等各个领域。老庄学说,更是道家的思想代表,也是道教教义的理论基础。道家道教在整个历史的延续和发展过程中,迎合当时的社会、经济、政治与人文的

---

① 〔宋〕张君房编,李永晟校:《道教所起》,《云笈七签》,北京:中华书局,2003 年,第 32 页。

需求,首先定出基本的人性本位,加强伦理道德的宣扬,因伦理道德就是道教信仰组成的重要部分。《禅院文集》中谈道:"一切有形,皆含道性。善为道者……人在道中,道在人中;鱼在水中,水在鱼中。道去人死,水干鱼终。众生所以不得真道者,为有妄心。真常之道,悟者自得。得悟道者,常清静矣。"①"人之初,性本善。""善"是人之本性,它亦是人生终必奉持之道理与成就万物背后之"德",也印证了《道德经》第八章:"上善若水。水善利万物而不争,处众人之所恶,故几于道。居善地,心善渊,与善仁,言善信,政善治,事善能,动善时。夫唯不争,故无尤。"②水能沉能散亦能纳百川,居于善之宽容,这种以善为常道,一切万物皆有道之存有,也是道家道教中道德伦理思想之起点。闾山教派自许逊之创立,其基本思想取自净明忠孝道,加之以许逊渡人济世及至举家拔宅飞升,显现出其积善立功,慈心于物,求仙可冀也。《抱朴子内篇》谈道:

> 览诸道戒,无不云欲求生长者,必欲积善立功,慈心于物,恕己及人,仁逮昆虫,乐人之吉,愍人之苦,赒人之急,救人之穷,手不伤生,口不劝祸,见人之得如己之得,见人之失如己之失,不自贵,不自誉,不嫉妒胜己,不佞陷阴贼。如此乃为有德,受福于天,所作必成,求仙可冀也。③

闾山教派之诸神圣,在其羽化前尤不以身许命、驱恶除煞、祈雨济世等,以"乐人之吉,愍人之苦,赒人之急,救人之穷",最终有德受之于民有福受之于天,得道羽化。这种以"善"为道之核心范畴,也是闾山教派行道之中心思想,如以善济物、以德度人的伦理道德实践。

道家原系春秋战国的百家之一,与道教是不等同的,二者本是一

---

① 雪峰:《禅院文集》,香港:中国国际文化出版社,2010年。
② 任法融:《道德经释义》,北京:白云观,年份不详,第19~20页。
③ 〔晋〕葛洪撰,陈飞龙译注:《抱朴子内篇今注今译·微旨》,台北:台湾商务印书馆,2001年,第236~237页。

体两面,道教是由道之现象所组成之宗教名词,而道家是众多专研道之内涵之高尚人群的统称。二者是不同之个体,但道教之思想渊源为道家哲学,道教奉道家之创始人老子为"道祖",尊称他为"太上道祖",或"太上老君",为"三清道祖"之一。因此,老子《道德经》是道教所奉的主要经典,是道徒必须习诵的功课。老子注重在整体道教伦理思想体系结构上,全面概括道教在道德形而上论、人体养生价值论及整体之道德心性修养、道德规范与教化之基本思想面向。《道德经》第八十章说:

> 使有什伯之器而不用;使民重死而不远徙。虽有舟舆,无所乘之;虽有甲兵,无所陈之。使民复结绳而用之。甘其食,美其服,安其居,乐其俗。邻国相望,鸡犬之声相闻,民至老死,不相往来。①

老子理想中"小国寡民"的主张是社会能得"无为而治","小国寡民"正是与其无为而治的思想互为表里的。闾山教派各派有自身优越之道与法,并各自能施展于信仰群众中,这正符合老子以他的道论为出发点,引申到"小国寡民"的理想。

(二)道教科仪

科仪是一种人为宗教形式之操作,人神空间之通神与人神化,代表着宇宙空间人神一体之思维,为远古部落之巫术与萨满行为。因此,道教的法术操作仪式通称为"科仪",其科仪之依循即为道派之"道法","'法'由圣显,道寄人弘道。道经云:'侯王若能守,万物将自化。当知人王有道,大道兴隆,人王无道,大道废矣。'"②道之言法,无法则万道末循,终将废也。在闾山教派中,对道之法广义概括指称

---

① 任法融:《道德经释义》,北京:白云观,年份不详,第 205 页。
② 〔唐〕朱法满撰,胡道镜选辑:《要修科仪戒律钞》部秩钞,《道藏要籍选刊第一册》,上海:上海古籍出版社,1989 年,第 393 页。

为道教的经咒、诰文、戒律、规范、礼仪等,亦即宗教仪式的概括。而道教科仪乃是道教实务中极为重要的组成部分,也是了解道教不可或缺的领域。其与闾山教派科仪意义相提并论的名词还有科范、科戒、科教、科律、科法、仪轨、戒规等,都存在于世界各大宗教当中,都有各自之宗教族群演绎法则与规范,此种科仪更能概括各个教派相应的教法内容。因此,在"宗教科仪"中以道教之丰富繁杂的仪式最具特色。

闾山教派系道教之"道"与巫术之"法"融合而成,在道法执行过程中,显现出深度的神秘性与威慑性。这由其执法之动作、经咒、音乐、法器、眼神、穿着可察觉到,尤其穿衣戴冠之威猛,犹如带兵遣将,有厮杀破城之势,但在禀呈章表疏奏时,又有不同之表征,举止优雅,韵律和谐,强调威仪庄严肃穆,部将兵马数量及法衣穿戴合宜,仪轨森严,表露出人神合一之境界。科曰:

> 道士、女冠若不备此法衣,皆不得轻动宝经。具其法衣,皆有神童侍卫。正一法衣,将军五人,力士八人侍卫。高玄法服,神童、神女各二人侍卫。洞神法衣,天男、天女各三人侍卫。洞玄法衣,玉童、玉女各八人侍卫。洞真大洞三洞法衣,玉童、玉女各十二人侍卫。总谓之法服。违,侍童远身,四司考魂,减算二千四百。[1]

至于"科范"或"科仪",则指依科行仪礼敬,无论在式场的布置、神像的摆设,还是法师人数的安排、科仪程序的设计,都有合宜之规划。在前文之闾山教派"送死"实务中有金泽在《宗教人类学导论》中的论述:

> 宗教仪式中的形体动作、场地设置、偶像法器等,都蕴含着丰富的象征意义。象征的物体或形象,作为具象的东西,通常比

---

① 〔唐〕朱法满撰,胡道镜选辑:《要修科仪戒律钞》部秩钞,《道藏要籍选刊》第一册,上海:上海古籍出版社,1989年,第531页。

单纯的记忆与回忆有更大作用,它们往往被赋予力量、品德或灵力,从而使人们可以直接从它们身上获得那来自超自然世界的渗透力量。象征多少具有它所象征之物的力量,有时象征作为力量的传达者甚至会被视为那种力量本身。①

象征"青词"等格式书章的呈文,除了表现丰富的教义与教理内涵,事之以礼,祭之以礼,以及传承久远的科法规范,上疏下牒,奏申关牒,祭神如神在,祭鬼如鬼在,行礼如仪。道经有云:

> 斋法之设,必有奏申关牒,悉如阳世之官府者,以事人之道,事天地神祇也,所以寓诚也。是假我之有,以感通寂然不动之无也,然后见其洋洋乎,如在其上,如在其左右,以明其不敢以上下神祇为无也,所以尽事人之道,以事天地神祇也。②

以祭祀礼拜表现人类现实生活,譬如《高唐赋》,既反映了宋玉本人的人生观、世界观,也折射了战国时代楚地楚人的宗教信仰、神灵崇拜、民间风俗、社会生活等诸多方面,具有很高的文化价值和史学价值,是一份十分珍贵的文化遗产。③ 而"疏文"与"牒文"之类的文书,大都为古时"青词"延伸发展而来。疏文、牒文、青词为一种公文诏令之传达方式,代表着人对神的表白工具诉之于文字中,具有宇宙、神、人之间约定的某种规范。被运用于科事仪式中,此乃是执行仪式最核心的意旨所在,唯文疏皆于仪式之结束而火化送出,且多为道派之内部秘传,被认为是法派中之神秘所在。

---

① 金泽:《宗教人类学导论》,北京:宗教文化出版社,2001年,第260页。

② 〔唐〕朱法满撰,胡道镜选辑:《灵宝玉鉴》卷一奏申关牒文字论,《道藏要籍选刊》第二册,上海:上海古籍出版社,1989年,第551页。

③ 刘不朽:《三峡探奥之三十七》,北京:人民邮电出版社,2006年;《三峡第一赋:宋玉〈高唐赋〉之文化诠释》,《中国三峡》2003年第9期,第50页。

(三)天师道与神仙

天师道与巫觋有关,而闾山教派大都承袭天师道之道法与符箓内容,这与许真君、陈靖姑、张圣君学道渊源有师承关系,在《道藏源流考》中有关于道教创始人张道陵(张天师)与巫觋之关系的详尽记载:

> 《后汉书·孝灵帝纪》:"中平元年春二月,巨鹿人张角自称黄天,其部帅有三十六方,皆着黄巾,同日反叛。""秋七月,巴郡妖巫张修反。"注:"刘艾纪曰:'时巴郡巫人张修,疗病,愈者雇以米五斗,号曰五斗米师。'"据此巴郡巫人张修亦修五斗米道。[①]

在此之张修为张道陵之后代,为正一天师道之传承者,亦兼习巫,这种有道又有巫之思想,是张修那个时代的一种特色。而闾山教派之形成,亦是一种道与法之组成,这种法充满着巫之内涵,因而张修之道与法正是闾山教派之思想基础。《云笈七签》卷二八云:

> 谨案《张天师二十四治图》云:太上以汉安二年正月七日中时下二十四治,[②]其二十四治,分布于益州,且远至洛阳。是张陵在日,五斗米道已传至巴郡。顺帝汉安二年,下距灵帝中平元年,以四十二年,又张修亦修是道;必其徒党无疑。张陵同党张修系巫人,当不能遽据以推定,谓张陵为巫人。但由是可见五斗米道与巫觋之关系矣。……按笑道论制于北周之时,上距张陵在世之日,已将四百年犹且如此。则出三张之术与巫人之法,相去必不甚远也。[③]

符箓为巫的组成部分,以道教正一派最为擅长,因此常被称为

---

① 陈国符:《道藏源流考》,北京:中华书局,1949年,第260页。

② 〔宋〕张君房编,李永晟点校:《云笈七签》卷二八,北京:中华书局,2003年,第632页。

③ 陈国符:《道藏源流考》,北京:中华书局,1949年,第260~261页。

"正一符箓派"。符法缘起与道教创教时期的天师道有关,道教徒总认为符箓是一种天文符字的显现,故称为"云篆"。因此,天师道除了自有正一道的思想外,同时兼有巫术之思维。间山教派以道为本,以巫为用,组成道与法相结合的道体法用之哲学思想体系。

至于神仙思想方面,道教是直接继承神仙方士学说,将宇宙划分为三十六天,在每个天皆有神仙的存在,如天地主宰者玉皇大帝,或无极界之元始天尊及初之托始的太上老君,皆为道教之神仙。神仙之起源说与分类,可追溯到战国时期的道家庄子,他说:"若夫乘天地之正,而御六气之辩,以游无穷者,彼且恶乎待哉!故曰:至人无己,神人无功,圣人无名。"①他以至人、神人、圣人肯定了神仙的存在。在《太平经·利尊上延命法》中谈道:"人愚学而成贤,贤学不止成圣,圣学不止成道,道学不止成仙,仙学不止成真,真学不止成神,皆积学不止所致也。"②更将人与成仙的等级推展开来,产生道教神仙体系与多神论思想。

日人吉冈义丰以为,神仙思想当是发展自中国古代的养生思想,由希望生命的延续发展到希望达到永生不死的境界,而此即是养生的最高境界。③ 在道教有一派自有一套丹道养生之法,民众透过内外丹的修炼、服食外丹之法,将人身称为鼎炉之体,从而体内抽坎填离、阴阳交媾,使体怃化,终至成仙境界,在道教称之为"丹鼎派"。间山各派中之主神,均拜师学道练功,奠定了日后成仙的基石。神仙的修炼即是探求长生不死的思想,而修炼的过程无非是一趟求仙之游。因为"神仙之游、求仙求永生者之游,毕竟与世俗人的旅行不同,非只为涉异地、至远方、观风土而已,更是要寻求生命的归宿,解除死亡的

---

① 陈鼓应注译:《庄子今注今译》,台北:台湾商务印书馆,2004 年,第 17 页。

② 王明编:《太平经合校》,第 725 页。

③ 〔日〕吉冈义丰:《吉冈义丰著作集》第四卷,东京:五月书房,1989 年,第 167 页。

忧惧。希望转化世俗生命成为与道合一的存有"。① 神仙是道教徒追求的终极目标,他们必须通晓修炼成仙之法与路径,从而羽化成仙。

道教所说的仙有"天仙"、"地仙"与"尸解仙",晋葛洪《抱朴子内篇·论仙》引《仙经》,将神仙分为三等"天仙、地仙、尸解仙"。"上士举形升虚,谓之天仙;中士游于名山,谓之地仙;下士先死后蜕,谓之尸解仙。"②在此所谈到的是葛洪区分成仙的等级及由来,可由不同层次达到仙界。因此,除了修炼外应尚有其他的成仙方式。《太平经》云:

> 故奴婢贤者得为善人,善人好学得成贤人;贤人好学不止,
> 次圣人;圣人学不止,知天道门户;入道不止,成不死之事,更仙;
> 仙不止入真,成真不止入神,神不止乃与皇天同形。故上神人舍
> 于北极紫宫中也,与天上帝同象也,名天心神。神而不止,乃复
> 逾天而上,但承委气,有音声教化而无形,上属天上,忧天上事。
> 神人已下,共忧天地间六合内,共调和无使病苦也。③

所成各仙之位阶各有所司,这也许与成仙前的品位及与修仙的过程艰辛程度有所关联。"夫求长生,修至道,诀在于志,不在于富贵也。"④求道者所谓之修身成仙,不仅是形体外在之修炼,更必须是内在灵魂之超越,必须是形神合一。形神不离说是求仙者坚持成仙之

---

① 龚鹏程:《道教新论》,嘉义:南华管理学院,1998 年,第 424 页。

② 〔晋〕葛洪撰、陈飞龙译注:《抱朴子内篇今注今译·论仙》,台北:台湾商务印书馆,2001 年,第 61 页。

③ 王明编:《太平经合校》卷五六至卷六四,《阙题》,北京:中华书局,1960年,第 222 页。

④ 〔晋〕葛洪撰、陈飞龙译注:《抱朴子内篇今注今译·论仙》,台北:台湾商务印书馆,2001 年,第 47 页。

可能,同时接受道家自然主义的形神思想,所发展出折中于两者间的理论。① 闾山教派科仪法事之领域,最主要的是注重到魂魄之存有,这种形体思想是传统经验论的形神合观,但闾山教派之神仙信仰超越了经验论之视角,因为在此领域中加入了魂魄观,"凡质象所结,不过形神。形神合时,是人是物;形神若离,则是魂是鬼"②。这正对应葛洪之魂魄观,"故不见鬼神……皆知己身之有魂魄,魂魄分去则人病,尽去则人死"③。这种魂魄观最后发展出恶死重寿的思维倾向,进而肯定凡人皆能成仙的进路。

二、沿袭儒释教之思想

中国古代哲学思想在世俗化过程中,在民间产生了非官方的宗教,它的组成因素为儒、佛、道三教,也因此有"三教合流"或"三教合一"之称。"三教合一"总体上指的是在宋明以后,儒教、道教、佛教三家思想相互影响,并互为融通引用。它是以儒家学者为中心,并由众多佛与道之僧侣及道士所组合而成,他们之间以宗教之宽容、对话、交流、共振融合为一体,最终导致儒学的通俗化及佛、道两教的世俗化,而闾山教派受此影响颇巨。

(一)儒家

道教教义与儒家诸子之思想,都具有独特的神圣性,这种神圣性,也是儒道之学能流传至今而不衰,并能吸引大批信仰群众之魅力所在。儒家学说因能在封建统治下满足维护秩序的需要,被当政者所青睐,为了躲过当时政策的迫害,佛道两教向儒家寻求庇护,导致

---

① 李丰楙:《不死的探求:从变化神话到神仙变化传说》,《中外文学》1986年第5期,第55页。

② 《道藏》第23册,北京:文物出版社,1988年,第646页。

③ 〔晋〕葛洪撰,陈飞龙译注:《抱朴子内篇今注今译·论仙》,台北:台湾商务印书馆,2001年,第68页。

儒释道三教融合的社会风潮。道教中之净明道教义以融摄儒道为特色，自称为"净明忠孝道"。它顺应时势所需，创教初始即汲取了儒家的伦理纲常思想，这是封建社会中最主要的道德规范。同时宋元之道教符箓与内丹等道派，对儒家思想皆有不同程度之引用，奠定了净明道之忠孝基石，最终产生了儒道融合之净明忠孝道。而净明忠孝道的净明秘法之道法与正一神霄及清微等符箓派约略相近，都是着重于丹道与内在心性修炼，将心性修炼之道和得道成仙的人生理念紧密结合起来。净明道思想在人伦思想上也汲取了《太平经》中所提出的：

> 人亦天地之子也，子不慎力养天地所为，名为不孝之子也。子不孝，弟子不顺，臣不忠，罪皆不与于赦。今天甚疾之，地甚恶之，以为大事，以为大咎也。鬼神甚非之，故为最恶下行也。子不孝，则不能尽力养其亲；弟子不顺，则不能尽力修明其师道；臣不忠，则不能尽力共事其君，为此三行而不善，罪名不可除也。天地憎之，鬼神害之，人共恶之，死尚有余责于地下，名为三行不顺善之子也。[①]

在此之天、地、君、亲、师是继承儒家思想的精华，君是君王，代表忠；亲指长辈，代表孝。不忠不孝，"天地憎之，鬼神害之，人共恶之，死尚有余责于地下"，诸事大也。许逊秉持道教、儒家思想，创立净明道教并为净明道教与闾山教派之教主，如此之教派隐含着本有之思维，有助于激发主体内在的道德需要，形成忠孝之德的精神信念支持，产生践履忠孝之行为的道德内驱力。这种将社会伦理要求向道德主体内心世界辐射和渗透的道德培育模式，对当代道德建设具有

---

① 王明编：《太平经合校》卷五六至卷六四，《阅题》，北京：中华书局，1960年，第405～406页。

启示意义。① 而后又本着净明忠孝道之理念创立闾山教派,因而这种思想的基础覆盖了整个闾山教派。

(二)释教

闾山教派是否承习佛教思想,众说纷纭,甚至于有学者认为闾山教派是由佛教密教之瑜伽派发展而来,主要原因为北宋仁宗厉禁师巫,闾山教派为求得生存,借助于佛教的庇护,导致其与佛教瑜伽派的结合。因此,加上其他因素,闾山教派被认为是由瑜伽派分离出去,这个论点在前章已经做过论证。

中国之瑜伽派原是古印度佛教的一个教派,在传入中国后不断中国化,尤其是唐宋间南传于福建等地,与当地巫法相融合,形成了世俗化的亦佛亦道的教派瑜伽教。之后,闾山教派与其相结合,形成闾山教派中的一个佛道教派,同时也为闾山教派开拓了更加广大的活动空间,最终闾山教派与瑜伽派同时存在,并风行于南方各地。而流传于民间社会的"瑜伽教",自南宋以来,该派法师以闾山教派相似之道法从事民间之驱邪、度亡等宗教服务,但在仪式过程中以"文科"科仪行事,即以"释迦之遗教"自居,奉释迦牟尼为教主,掺杂着道教仪式,以佛教仪式充斥于整个法场,融合了佛、道的科仪传统。严格来讲,它不能被列在闾山教派中,更谈不上闾山教派之承袭。但闾山教派在民间为了迎合民间信仰之儒释道思想,亦受到佛教瑜伽派的影响,部分地区之道坛则吸收它,俗称的"灵山法"(文科)与"闾山法"(武科)并存于科仪中,因而被认为闾山教派承袭自瑜伽派。

三、沿袭民间信仰与巫术之思想

在前文已谈过,民间信仰的组成因素涵盖着儒、佛、道、巫四个领域,除了儒、佛、道三教合流外,尚有巫术的组合成为民间宗教下的民

---

① 吕锡琛:《论净明道对儒家忠孝思想的继承和发展》,《株洲工学院学报》2005 年第 5 期,第 9～11 页。

间信仰。

（一）民间信仰

近年来在东方宗教中，一直受到中外学者关注、争议及探讨的，缺少不了道教与民间宗教或民间信仰的名称与信仰范围之界定，法国著名汉学家石泰安（Rolf Alfred Stein，1911—1999）认为道教与民间宗教信仰之间有着辩证关系，可将两者之间相互的影响看作是一种变化无定的辩证运动。他亦认为，所谓纯化的道教应是"正派"与备受非议之"淫祀"之间，并非界限分明。① 当然其中又必须在"淫祀"之范围做出界定方为完美，因为"淫祀"是指祭祀不合时宜或不在国家祀典当中的神明。

在妈祖与闾山教派诸神的陈靖姑、法主公等信仰中，有官方又有民间从事祭典仪式，其归"淫祀"与否，是值得探讨的课题。日本学者松元浩一在《宋代の道教と民间信仰》也提到从正统宗教与民间信仰互动的角度，来全面审视宋代宗教信仰实态。② 正统宗教是经过长时间历史的产物，通过其自身的发展，成为高级的、精致的、理论化的社会意识形态，有完整系统的教义、神学经典、宗教道德、宗教哲学及规范的礼仪、制度。③ 但中国所正式承认的宗教有佛教、道教、伊斯兰教、新教、天主教等，其他与神灵有关的崇拜行为皆属于民间信仰。因此，民间信仰的神仙思想大都受到中国传统的佛教、道教、儒教文化的影响，但可以确定的是，民间宗教与民间信仰同样也是中国传统

---

① 〔法〕石泰安著，吕鹏志译：《二至七世纪的道教和民间宗教》，《法国汉学》第七辑《宗教史专号》，北京：中华书局，2002 年，第 39～67 页。

② 〔日〕松元浩一：《宋代の道教と民间信仰》，东京：汲古书院，2006 年，第 2 页。

③ 陈霞编，陈麟书撰：《宗教的本质》，见《宗教学原理》，北京：宗教文化出版社，2003 年，第 69 页。

文化中可以与儒家文化互为表里、相互补充的一个重要方面。[①] 但两者之间最大的区别是民间宗教是一种制度化、组织化的宗教,而民间信仰则是非制度化、非组织化的准宗教。[②] 至于基督教、天主教等基督宗教文化的民间信仰似乎尚未产生。

民间信仰是一种地方文化发展的重要指标,也是一种地方民众在追求精神食粮与心灵归宿时的智慧结晶,它代表着整体精神的教养。深入基层了解,会发现它与社会大众的日常生活习俗密不可分,所表现出的是宗教意识形态的内涵,而每一种习俗仪式的背后都是群众集体情感的表露与结晶。因此,民间宗教信仰是民众精神寄托之所在,亦是人类长期在物质生活充裕下所欲寻求的一种精神寄养。以文化性而论,民间宗教信仰是社会主要的文化现象,更是赖以安身立命之"文化宗教",[③] 亦是生死智慧所遵循的轨迹,而它的成形脱离不出儒释道三个领域之结合。人身生命显现在眼前重要的课题即是无法理解人生之归宿,加之于天灾人祸无常之双重压抑,唤起民众寻求宗教信仰之寄托,将身、心、灵托付给了上帝、神与佛。

闾山教派在原始发展中,本是三教合流,吸收了道教净明道、正一道、佛教瑜伽等派与巫法,是流行于福建的一种道与巫或称民间信仰的教派,以祭典仪式与法术为主轴,法事内容涵盖着为人消灾、除厄、祭祀、庆典等领域,并传播到华南与东南亚各地。要研究闾山教派内诸神祇之思想来历,必须从净明道许逊的修仙与行道构思,再从净明道主张道教内丹与符箓的结合,吸收禅宗、儒学、巫觋等思想,融合儒释道三教,进行理论分析和论证,特别是对净明道的信仰、教义

① 陈支平:《中国民间宗教与民间信仰的重新审视代序》,陈支平主编《一统多元文化的宗教学阐释:闽台民间信仰论丛》,厦门:厦门大学出版社,2011年,第 2 页。

② 林国平:《民间宗教复兴与当代中国社会——以福建为中心》,见陈支平主编:《一统多元文化的宗教学阐释:闽台民间信仰论丛》,厦门:厦门大学出版社,2011年,第 8 页。

③ 董芳苑:《探讨台湾民间信仰》,台北:常民文化,1996 年,第 52 页。

等,要找出其中的逻辑和意蕴,以揭示净明道的理论价值和理论贡献。① 在民间信仰中更结合儒释道三教与巫术,奠定了而后闾山教派思想之基础;而后三奶派与佛教之渊源更为深奥,《海游记》的开篇说:

> 后世巫教不显,是佛教的观音之神使闾山巫法再兴。观音之所以将指甲化为陈靖姑大奶夫人,是因为她"见闾山法门久沉不现,欲思扬开其教",所以,她将一根白发化为白蟒一条,去人间作乱,而后又派陈靖姑下去斩蛇,由于这一过程,闾山派巫教得以再兴。②

此神话传说不仅体现了观音对闾山教派法门复兴的作用,背后所代表的是陈靖姑与观音的关系,因此闾山教派信仰中有观音的存在。民间信仰中观音是不可或缺的一位,几乎成为各派信仰的尊神。在民族宗教的观念中,神是自然力、社会力和人的本质异化了的一种异己力量,一个民族的神只能是这一民族的信仰对象,而不能成为别的民族的信仰对象。③ 因此,信仰是一种地域性或民族性的宗教思维显现在行为上,如在南宋时期福建地区民间大规模的造神运动,颇具法术的张圣君,因渡人济世、斩妖驱邪而被福建民间崇拜为神,陈靖姑、张圣君等以民间为出发点的尊神自成了闾山教派,同时亦被列为民间信仰教派之一。

(二)巫术之思想

英国人类学家马凌诺斯基曾经对"巫术与宗教"做出划分,他将

---

① 黄小石:《净明道研究·导言》,成都:巴蜀书社,1999 年,第 3 页。

② 海北游人无根子:《新刻全像显法降蛇海游记传》卷上,台北:施合郑民俗文化基金会,2000 年,第 66 页。

③ 陈麟书、陈霞:《宗教学原理》,北京:宗教文化出版社,2003 年,第 227 页。

巫术定义为"一套完全实用的行为,为达到某种目的而采用的手段"。① 这也对应到闾山教派中之"法术",它是道教对信仰群众施展某种超越常人力量所使用之方法,是作用于人类内在世界之宗教活动。因此,法在于巫术面向观亦是一种虚幻实用手段,而巫术正是作为人类与自然对抗,突破生活困境的方式,它的存有历久弥坚。

马凌诺斯基也说:"巫术是普遍通行的,它满足着一种人类共有的需要,事实确是如此。巫术的形式可以千变万化,东飘西荡,但是它是到处存在的。"②而这些巫术行为亦可在原始部落中找到。部落之酋长即为该宗教领袖,"由巫而史,而为王者的行政官吏;王自己虽为政治领袖,同时乃为群巫之长。……古之王即巫者,故禹步亦称巫步"③。在宗教演法中,禹步是巫术主要程序之一,亦为闾山教派科仪步罡踏斗的必要过程。为此可论证早期的巫与道是一体之两面,而闾山教派的内涵充满着巫觋思想。

第二节　闾山教派道法二门之思想

道教闾山教派基本道法的本质是由"正一道"与"巫术"组成,是"道"与"法"二门之组合。这可从它在科仪演法中的穿着与舞步看出端倪。科仪执行中,道士法师必须依不同法场之需求,穿戴不同之道服与道冠,手持法器,配合各种罡步、唱诵经咒,悠游自在于"人间仙境"。这种戏剧性的演出,就是运用闾山教派的道与法,在宗教场合中的行为表征。闾山教派道与法的思想,也可称为"道法二门"的道

---

①　Malinowski, *Magic, Science and Religion and Other Essays*, Glencoe, Illinois: The Free Press, 1948, p. 51.

②　〔英〕马凌诺斯基著,费孝通等译:《文化论》中译本,北京:中国民间文艺出版社,1987 年,第 51 页。

③　陈孟家:《商代的神话与巫术》,《燕京学报》1936 年第 20 期,第 535 页。

体法用思想,它是闾山教派在实践上之特色。

一、道法二门之道法关系

闾山教派道法之组成是一种宇宙运行自然之道体与操控该自然的法则,道法之间是自然融合、相辅相成与互为表里的体用关系,是宇宙间永远不可分离的一个自然体系。白玉蟾在《道法会元》中谈道:

> 三教异门,源同一也。夫老氏之教者,清静为真宗,长生为大道,悟之于象帝之先,达之于混元之始。不可得而名,强目曰道。自一化生,出法度人。法也者,可以盗天地之机,穷鬼神之理。可以助国安民,济生度死。本出乎道。道不可离法,法不可离道。道法相符,可以济世。[1]

闾山教派中有众多法派,各派也都有自身之思想,无论它们的差异有多少,但最终的道是唯一的。道是宇宙的本源,也是人类万物生命的本源,必须有人类法的力行,才能固守道的本质与道的行使。因此,人类不但要探讨道术符咒之法,更重要的是穷究道之理论与本质。

白玉蟾在《道法会元》又说:"近世学法之士,不究道源,只务符咒。"[2]唯有法术的手段而无道之规范,道与法不相辅相成,无法造就完美的宇宙体。虽然道的本质是无,但能起造一切的变化,由无而有,从无形到有形。[3] 人是宇宙中之小宇宙,人的生命也是从无形到有形,依循宇宙的法则存活下来。

---

[1] 〔明〕撰人不详:底本出处《正统道藏》正一部,《道法会元下》;张继禹再编:《中华道藏》第 36 册,卷一,北京:华夏出版社,第 9 页。

[2] 〔明〕撰人不详:底本出处《正统道藏》正一部,《道法会元下》;张继禹再编:《中华道藏》第 36 册,卷一,北京:华夏出版社,第 9 页。

[3] 周伯达:《甚么是中国形上学——儒释道三家形上学申论》,台北:学生书局,1999 年,第 140 页。

(一)道法相应

老子的道存在于宇宙自然中,它是宇宙自身所固有的生命力和创造力。因此,道是宇宙与人类生命起源及演化的缘起,宇宙与人类都必须透过道的支配生成、灭亡或死亡;它又是构筑这个实体世界的本质与基石,唯有以道为中心思想,在原有的基石上,再以法术重构理想的宇宙体系;这个重构道体最能符合社会与人民的理想。这种法是以道为根本范畴,创造出宇宙与人生命的价值过程中的产物,但也唯有法才能促成道达到目的,它又是物质和精神赖以运行的工具,它是超乎形象的存有,也是内在的实有。尤其在道法科仪演法中,最能显现出它的有与无。师曰:

> 有道中之道,有道中之法,有法中之法。道中之道者,一念不生,万物俱寂。道中之法者,静则交媾龙虎,动则叱咤雷霆。法中之法者,步罡、掐诀、念咒、书符,外此则皆术数。①

自身的本能藏于个体中,它是以不同的形式存在的,道中之道在"一"之始为混沌之际,宇宙中显得宁静;但道之一生二时,为道之法阴阳生,阴阳交媾始为静后为动,形成了闾山教派科仪之思想。

另外在闾山教派魂魄观中所说的魂魄或肉体与灵体,被引为是宇宙中的小宇宙,在此的体与灵就是物质与精神;但作为万物本原的道,不是物质也不是精神。不能说它是有,因为它无形无象;也不能说它是无,因为它又能化生为万物。② 所以道之体是无,道之用是有,因而道是无与有的融合,两者是同身而异名,在此的有无相融即为道与法的相应。

---

① 〔明〕撰人不详:底本出处《正统道藏》正一部,《道法会元下》;张继禹再编:《中华道藏》第36册,卷一,北京:华夏出版社,第5页。
② 王卉:《试论老子"道"的涵义及其辩证法思想》,《兰州学刊》2009年第7期,第21页。

（二）主辅相成

在宇宙万物未生成之前是一混沌的宇宙，这是一个"无"的状态，但即有道的存在，道为宇宙万物之本源、万物之先。老子曰：

> 道法者，乃太上灵宝，生于天地之先，大无不包，细无不纳。天不得此，无以耀明；地不得此，无以表形；神不得此，无以入冥；人不得此，无以生成。是以万物芸芸，以道为根，蛇得之为龙，禽得之为凤，兽得之为麟，凡人得之为仙。人能修之，逍遥太空，改易五内，变化形容，役使鬼神，隐显无常，此乃上仙之道也。①

在此的"太上灵宝"即是道法，天地人鬼神等五位如未得道法之根本，是无法生成的。道与法是相辅相成的，虽然这个道与法似有生成之先后顺序，即先有道再有法，因道起于无，在道未生成之前阴阳未生只有道，法是依循着道而生。《白玉蟾、汪火师雷霆奥旨序》论道法说：

> 道者，具乎天地之先，混混沌沌，无形无名。法者，出乎天地之后，亘古今而神通变化。人者，生乎天地之间，禀天一之炁而为万物之灵。故以吾言之，清明澄彻者运而行之，则足以通天地，感鬼神，调阴阳，赞化育。②

道在"无"的情况下是无形与无名，依汉桓帝之前最初老子的道，原文是"道可道，非恒道；名可名，非恒名"，说出初始道的状态，在道生成后，再由一而二到三成万物，法也因应而生，所以法是随道而生。在闾山各教派诸神中，也因有道之思维再拜师学法，而在学法过程中，也秉持着道为先法为后，无道即无法的传承。在《道法会元·道

---

① 《元始无量度人尚品妙经内义》卷一，《道藏》第二册，第337页。
② 《白玉蟾、汪火师雷霆奥旨序》，《道藏》第29册，上海：上海书店出版社，1988年，第262页。

微道法枢纽》中谈到,师曰:

> 大道无言,可以神会;妙法无传,可以心受。善行持者,行道不行法;善求师者,师心不师人。又曰:先天而生,生而无形;后天而感,感而有情。寂而感,感而寂。非至人,孰能与于此哉。①

闾山教派的道法错综复杂,法理深奥,必须有师承的法源,口授心传是闾山教派的师徒常规。但无论法如何,最主要科仪行使中也是在道的基础上,运用闾山教派的法来完成道法科仪,所以是以道为主以法为辅的主辅相成。

二、道法二门的道法观

"道"体思想是老子思想核心,再借着核心去体悟大道的本性和大道的法则,因法由道生,法道一体。

(一)道法之宇宙观

老子宇宙观的核心是"道","道"的本性是自然,是宇宙本源所生成的,是一种无意志、无目的中所产生的自然现象,也是因道的存有引导法的产生之结果,这就是所谓的"道法自然"。而"道法自然"正是老子宇宙观思想的出发点,因为"道法自然"是宇宙生成演化过程中既有的本能。对于"道",老子《道德经》第二十五章说:

> 有物混成,先天地生。寂兮寥兮,独立而不改,周行而不殆,可以为天地母。吾不知其名,强字之曰"道",强为之名曰"大"。大曰逝,逝曰远,远曰反。故道大,天大,地大,人亦大,域中有四大,而人居其一焉。②

---

① 〔明〕撰人不详:底本出处《正统道藏》正一部,《道法会元下》;张继禹再编:《中华道藏》第36册,卷一,北京:华夏出版社,第6页。
② 任法融:《道德经释义》,北京:白云观,年份不详,第66页。

老子说"有一个东西说不清,它比天地还早产生。在寂静空虚的宇宙中,它独自存在而不受外物的支配而改变,它遍布于四周而无止境地运行,是宇宙万物之母。我不知它叫什么名字,姑且称之为'道',也勉强叫作'太'"。老子对万物本原的道及规律进行的法是宇宙生成的基础做出解读,他将天地的母体解释为"道",认为道广大的扩散与发展,充斥在整个宇宙空间中,它是虚无混沌,但它内蕴着天地万物。① 而"道"之为物,它是生成宇宙之母的道体,表面上应是一个物体,而老子指"道"是物质实体,是抽象的物质概念。《道德经》第二十一章又说:

> 孔德之容,唯道是从。道之为物,惟恍惟惚。惚兮恍兮,其中有象。恍兮惚兮,其中有物。窈兮冥兮,其中有精。其精甚真,其中有信。自古及今,其名不去,以阅众甫。②

宇宙中抽象的道无形无体,存在于虚无之处,必须靠一定的形式才能体现,这种体现的本能就是"法",它是道的"用体",所以它必须以一种不与道相似的体征显现出来。道虽具有普遍性和统一性,但法的表现形式却有多种,而这道与法皆离不开宇宙的范畴。因此道的宇宙观包含了天地万物起源的道和范畴的法两个方面,这个传统思想是由老子传承下来,尤其他的宇宙观思想与同时代的古希腊宇宙观,有众多雷同之处。如在当时的米利都学派(Melisian school)和毕达哥拉斯学派(Pythagoras school),都有类似阴阳学说的思维。

(二)道法之神仙观

道教修炼,除了性命双修外,主要目标就是在得道成仙后进入神仙系统中。因此,神仙思想可说是道教修炼的中心教义,因为其他的

---

① 王培娟:《论中国古典文学圆美追求的文化渊源》,《中国青年政治学院学报》2013 年第 5 期,第 136 页。

② 任法融:《道德经释义》,北京:白云观,年份不详,第 57 页。

教义及修炼方式都是围绕着这个核心而展开的。再者,道教中的修道者亦把成仙当作是修炼的最高目标,一切的努力都是希望能羽化成仙。[①] 在中国的诸多后天神仙中,大都依循此成仙之轨迹。当然几乎每个派别都有它的成仙方式,在派别上据学理分析有积善派、经典派、符箓派、丹鼎派、占验派等五类。积善是一种美德,也是成仙之道,《抱朴子内篇·对俗篇》云:

> 立功为上,除过次之。为道者以救人危使免祸,护人疾病,令不枉死,为上功也。欲求仙者,要当以忠孝和顺仁信为本。若德行不修,而但务方术,皆不得长生也。行恶事大者,司命夺纪,小过……人欲地仙,当立三百善;欲天仙,立千二百善。若有千一百九十九善,而忽复中行一恶,则尽失前善,乃当复更起善数耳。故善不在大,恶不在小也。……积善事未满,虽服仙药,亦无益也。若不服仙药,并行好事,虽未便得仙,亦可无卒死之祸矣。[②]

立功积善本是伦理道德中重要的一环,要行道成仙者必须秉持忠孝和顺仁信为本的思维,修德修善,不在术数、不在服食仙药,行善至成仙的善数,自然成仙,不成仙也可免于死或祸。在积善派的例子中,有因孝或忠孝成仙者,因忠孝在我国传统的人伦关系里,是极为重要的道德标杆。孝道更是构建和谐家庭的基础,衡量一个家庭是否和谐,就是家庭整体成员对父母的孝敬与否,以及是否兄友弟恭,离开"孝道"便无从谈起。

如在闽浙地区有马仙的孝道成仙,马仙行孝是她得道成仙的根源;闾山教派创始人的净明忠孝道许逊行道的中心思想是"忠孝",最

---

① 杨琇惠:《太平经——神仙思想探微》,《成大宗教与文化学报》2002年第2期,第211页。

② 〔晋〕葛洪撰,陈飞龙译注:《抱朴子内篇今注今译·对俗》,台北:台湾商务印书馆,2001年,第113～115页。

后举家拔宅飞升,所以"忠孝"也是他成仙的基础。这与儒家提出的"孝、悌、忠、信、礼、义、廉、耻"八德相合,就是人格化的道,亦可显现出"百善孝为先"及"诸恶莫做,众善奉行",这两种例子并非完全经由修炼而成仙。

在道教中从修炼方式成仙的主要分为两个派别——符箓派和丹鼎派,这两种派别各有它成仙的路径。前者主张以符咒等方术治病驱鬼,后者主张提炼金丹求仙,分外丹与内丹二脉。

道法中对成仙又有不同的解读方式,以服食丹药达到成仙境界者,《抱朴子内篇·地真》提到"欲长生,当勤服大药,欲得通神,当金水分形。形分则自见其身中之三魂七魄,而天灵地只,皆可接见,山川之神,皆可使役也"①。在道教丹鼎派中以服食外丹药物的方式达到通神,是以象征魂魄的金水(应为金木)分离,看到自身的三魂七魄及天地鬼神,山川的神灵就任你召唤使役。这种以自炼外丹服食成仙的道法较为常见,古代帝王常因服食外丹而死亡。

道教成仙最主要是以自身身心的修炼及外在自然的力量融合而成,如道教符箓派认为以符箓方式成仙,不仅拜神,更能以符咒作为操纵天地人鬼神的工具,透过符咒将整个宇宙扭转乾坤,而符咒是要透过修道持法才能爆发出自身隐藏的法力,贯通天地之道厼操控鬼神。《道法会元》中有师曰:

> 符者,阴阳契合也。唯天下至诚者能用之。诚苟不至,自然不灵矣。故曰:以我之精,合天地万物之精;以我之神,合天地万物之神。精精相附,神神相依。所以假尺寸之纸,号召鬼神,鬼神不得不对。②

① 〔晋〕葛洪撰,陈飞龙译注:《抱朴子内篇今注今译·对俗》,台北:台湾商务印书馆,2001 年,第 746 页。

② 〔明〕撰人不详:底本出处《正统道藏》正一部,《道法会元上》;张继禹再编:《中华道藏》第 36 册,卷一,北京:华夏出版社,第 6 页。

符咒的使用是合阴阳之炁，道教认为必须持之以诚才能用它，因符咒是以人的精及神之炁，号召鬼神、操控鬼神，它是借天地所赋予的信息表张于纸上，所以能通天地之炁，产生超自然之法力。《道法会元》也记载：

> 符者，天地之真信，人皆假之以朱墨纸笔。吾独谓：一点灵光，通天彻地，精神所寓，何者非符？可虚空，可水火，可瓦砾，可草木，可饮食，可有可无，可通可变。夫是谓之道法。①

符咒是一种象征天地的传输信息，是人应用笔墨书画或虚书而成，是一种对人心理的操作，它能抚慰探求符咒者。在道教中常被作为驱邪除煞的工具，它的效用如何常是大家探讨的课题，但道教有一套的说法：

> 画符不知窍，反惹鬼神笑；画符若知窍，惊得鬼神叫。今之行持者，不明道法之根源，妄于纸上作用，以为符窍。殊不知此窍非凡窍，乾坤共合成。名为神炁穴，内有坎离精。当于身中而求，不可求于他也。能知此窍，即可与言道矣，岂徒法哉。②

道教符箓派神仙系统认为人可运用符咒，能将自身肉体与灵体超脱天地自然，应用自身深藏的阴阳之炁炁化，使肉身不死而长生成仙，这种虚无之幻觉在古之修炼中隐约可见。这种修习符箓成仙的思想，其真伪如何是必须探讨的。在研究道教神仙思想的同时，必须要认知到神仙思想是道教的核心思想，它对人成仙有两个领域的论点，分别是如何运用道法求得"长生不死"与"羽化成仙"。因此，道徒常存有神仙境界，也认为这个境界如透过修炼都可达成，所以修炼的最终目标都是羽化成仙。李丰楙在《探求不死》中说：

---

① 〔明〕撰人不详：底本出处《正统道藏》正一部，《道法会元上》；张继禹再编：《中华道藏》第36册，卷一，北京：华夏出版社，第6页。
② 〔明〕撰人不详：底本出处《正统道藏》正一部，《道法会元上》；张继禹再编：《中华道藏》第36册，卷一，北京：华夏出版社，第6页。

长生不死的神仙思想并不是道教独创的教义,它是有所承袭的。因为,"长生不死"或是"神仙乐园"并不是少数人的梦想,而是多数人的梦,这个看似不可能的梦,传达出了两项重要的愿景:盼求个人的长寿永生和社会的和谐安乐。[①]

在此论点中,长生不死的神仙思想并不是道教独创的教义,因为它还涵盖整个社会,所以不但将原有自身修炼成仙的领域设定在"长生不死"或是"神仙乐园",而且扩展到现实领域"社会的和谐安乐"中,这也是道法中之常道。

（三）道法之生命观

闾山教派最注重对人的生命观,它认为人也是宇宙自然之一,人之所以有生老病死,是因人脱离了宇宙道法的正常轨迹;在人的正常境界下,人有特殊成分的组成,那就是三魂七魄的存有。《云笈七签》中说:

> 一魂为胎光,属之于天,常欲得人清净,欲与生人延益寿命,绝秽乱之想。二魂为爽灵,属之于五行,常欲人机谋万物,摇役百神,多生福祸灾衰刑害之事也。三魂为幽精,属之于地,常欲人好色嗜欲,秽乱昏暗。七魄是尸狗、伏矢、雀阴、吞贼、非毒、除秽、臭肺。[②]

道教认为人之有三魂七魄,即为胎光、爽灵、幽精等三魂七魄在人身各有所司,人必须维持三魂七魄的正常状态。《抱朴子内篇·论仙》也说:"人无贤愚,皆知己身之有魂魄,魂魄分去则人病,尽去则人

---

① 李丰楙:《探求不死》,台北:久大文化,1987年,第63页。
② 〔宋〕张君房编,李永晟点校:《云笈七签》,北京:中华书局,2003年,第1189页。

死。"①人因本有之魂魄离体招致病或死,因而必须运用闾山教派的道法引魂归身,《抱朴子内篇·论仙》又说:"故分去则术家有拘录之法,尽去则礼典有招呼之义,此之为物至近者也。"如仅是魂魄分离,道法中有套招魂的法术,如魂魄完全分离,道法中亦有殡葬科仪的引魂归阴,这都是道法科仪对生命中生死的实践。

在道教生命观中,必须要了解到一切生命操之在我,要应用道法对自身生命进行操控,使生命脱离宇宙自然的规范与法则,达到养身、延命与成仙。《抱朴子内篇·论仙》说:"若夫仙人,以药物养身,以术数延命,使内疾不生,外患不入,虽久视不死,而旧身不改。苟其有道,无以为难也。"②所以道法必须认识人自身的体系组成基本立场与思路,将人假想为宇宙中的小宇宙,试着以此小宇宙与天地相结合成为"天人合一"的宇宙体来护卫本有的生命体,使这个生命体在道法的框架下能到永生,因为它是永远可贵且不可多得的。在《太平经·冤流灾求奇方诀》中有提到:

> 夫人死者,乃尽灭,尽成灰土,将不复见。今人居天地之间,从天地开辟以来,人人各一生,不得再生也。自有名字为人,人者,乃中和凡物之长也,而尊且贵,与天地相似,今一死,乃终古穷天毕地,不得复见为人也,不复起行也。③

《太平经》的生死观为人死归土将无法再复活,也不可能再有所行动。因此要尊重生命的存活,《抱朴子内篇·论仙》的另一个尊重生命长寿之道,就是注重死亡的起因,将防患未然之道应用在日常生活中。他说:

---

① 〔晋〕葛洪撰,陈飞龙译注:《抱朴子内篇今注今译·论仙》,台北:台湾商务印书馆,2001年,第68页。

② 〔晋〕葛洪撰,陈飞龙译注:《抱朴子内篇今注今译·论仙》,台北:台湾商务印书馆,2001年,第32页。

③ 王明编:《太平经合校》,北京:中华书局,1997年,第340页。

> 夫人所以死者,诸欲所损也;老也,百病所害也,恶毒所中也,邪气所伤也,风冷所犯也。今导引行氚、还精补脑,欲有度,兴居有节。[①]

人的死亡皆由欲所致,又有因老、病、毒、风邪所害,为了避免于死,道法中有内丹的导引行氚,抽坎填离、阴阳交媾,达到还精补脑之效的强身养生之道。这种道法的生命观重在自身生命的调养与修炼,不但在有形的身躯上内外丹兼修,还要在精气神上提升,使得形、氚、神等在修炼过程中得到调配,尤其在炼精化氚、炼氚化神、炼神还虚、与道合真的道教修炼终极目标。《道法会元·虚无自然隐真合道秘章》中谈到有关形、氚、神的修炼记载:

> 道之有三:一者炼形,二者炼氚,三者炼神。虽分其三,不可弃一。三者要全,是炼形氚神。此乃道之机也。全形者全在内炼。炼者,象四时之机,备五行之妙,对坎离匹配之用,藏龙虎交合之功。二氚常满,一氚混成,内氚不出,外氚不入。以元阳自暖于离宫……然后炼氚合神。全氚者,全神氚也。[②]

由此可以看出,《道法会元》中对炼形、炼氚、炼神表面上是分离,但它是对人体内在一贯的重新组合,运用阴阳五行、龙虎交媾等方法达到精氚神之完全。这种形氚神是人类赖以维持生命的组成因素,它已成为一个独立合　的个体,缺一则凶或死。在《太平经》及《老子想尔注校证》中都有说道:

> 古今要道,皆言守一,可长存而不老。人知守一,名为无极之道。人有一身,与精神常合并也。形者乃主死,精神者乃主生。常合即吉,去则凶。无精神则死,有精神则生。常合即为

---

① 〔晋〕葛洪撰,陈飞龙译注:《抱朴子内篇今注今译·论仙》,台北:台湾商务印书馆,2001 年,第 199 页。

② 〔明〕撰人不详;底本出处《正统道藏》,《道法会元》;张继禹再编:《中华道藏》第 37 册,卷一○九,北京:华夏出版社,第 81 页。

一，可以长存也。常患精神离散，不聚于身中，反令使随人念而游行也。故圣人教其守一，言当守一身也。念而不休，精神自来，莫不相应，百病自除，此即长生久视之符也。①

这是道教丹道养生的要诀，人要求取长生必须"守一"。这个"一"即为"形神合一"，道法中称为"魂魄"与"形神"不能分离，"分去人病，尽去则人死"。修道过程中如能"形神守一"，则百病自除，长生久视，生命即可永远维续常存或羽化成仙，这都是道法中的生命观，也是闾山教派中应用道与法在魂魄的操控，以达到对人体生命之形神守一。

（四）道法之敬畏观

闾山教派的道法思想中蕴藏着巫术的素养，对于鬼神或魂魄无所不谈，它认为天地人鬼神充满于宇宙之中，计算着人的生老病死，人的命运为它们所操纵着。因此，对鬼神敬而远之，也因认为对神的崇拜可得神的护佑，对鬼魂尊重可免于鬼魂的干扰。这是人类一种发自内在的善崇拜，同时也是对鬼恶的包容与感召，这是一种宗教情感也是宗教行为。

宗教是人类社会发展中，在原始部落即有的信仰行为，但尚无宗教之名；宗教所代表的原始意义即为祖先，因原始部落中首先产生对祖先的崇拜。祖先崇拜在历史演化阶段出现了一种信仰文化现象，最后发展出社会意识形态，他们相信鬼神具有一种神秘现象在围绕着人类、操控人类，因此产生了对鬼神的敬畏观。但对鬼神的崇拜是出自内在的敬畏，"非其鬼而祭之，谄也"，是孔子对鬼神的观点。

在老子《道德经》第六十章有谈到鬼神，但他所言并非鬼神观中的鬼神。他说："以道莅天下，其鬼不神，非其鬼不神，其神不伤人。

---

① 王明编：《太平经合校》，第716页；饶宗颐：《老子想尔注校证》，上海：上海古籍出版社，1991年，第59页。

非其神不伤人,圣人亦不伤人。"①它真正的意涵就是用宇宙的道来统御天下,如此可一片和谐而以仁施政,在圣道的感化下,没有邪恶就不伤人,同时圣人把持着道,就没有说圣人伤人了,这是借由鬼神之名影射善恶的敬畏心。在古部落巫术或闾山教派的符法执行过程中常被应用,也因此巫术与符法的施展被信仰群众认为是敬鬼神而远之。

道教在鬼神信仰中掺杂着巫术符咒的色彩,它的存在与否是一种智慧理性的思考。在这原始巫术崇拜的思维中,转化天地人鬼神的理念到道教理论系统中,首先由巫术的符咒文化发展到道教医疗上,去维系人的长生不老观等,所以鬼神思想在这个演进过程中占有着重要的地位。而鬼神是由虚无神化所造构而成,人必须运用智慧去面对这类思维的信仰,不为鬼神所迷惑。但在善用智慧的前提下,对于现实世界之外存有着通神的神秘力量或实体,像是有主宰自然宇宙的演化能力,亦可试着对其存着神秘的敬畏与崇拜。

闾山教派道法二门的思想,除最主要取自道家道教自然宇宙等思想与神仙学说外,尚有来自中国古部落萨满占卜、巫祝、阴阳、五行学说,以及图腾符咒等精华,是中国古代传统文化与宗教信仰之集大成者。在古代诸多道教神灵中,大都是透过内外丹的烧炼修养、神仙方术的运用等修炼成仙。这些神仙秘诀也一直流传至今,尤其道与法等思想被闾山教派广泛应用。

第三节　闾山教派术数文化思想

一、闾山教派"术"与"数"的集合

"道教五术"是中国自古以来就流传在道门中之思想,其中术数

---

①　任法融:《道德经释义》,北京:白云观,年份不详,第159页。

是中国古代之数学科学之一,跟随道家思维,历经五千年非但思想不灭,反而随时光演进愈加扩大其影响领域与研究价值,显现出道与术数是密不可分的。南宋之数学名家秦九韶有言:"术与道非二本。"①二者是体用相辅相成的关系。术数之实践,是以道之道法自然,顺应着整个宇宙之自然运行法则,数算出整个宇宙中之个体兴盛与衰微,寻求其趋吉避凶之道,从而运用到人类,再引导人类如何在有限之时间与空间内,扭转乾坤为有利于自身之处境。这种对天地自然道体的探寻,找出宇宙运循之自然规律,从而就真理中得到逻辑性之解答。所以闾山教派之术数是一种理性、一种思想与一种灵性的表征,这种教派中特有之内涵,最后都可在道家及道教中被找到,并被广泛地注重与应用,同时延续到闾山教派中之术数实践。

其实在文献记载中,较早之术数有西汉淮南王刘安(前179—前122)所作之《淮南万毕术》。该著作是由淮南王刘安道门中之方士编纂而成的,它是一部术数之总汇,主要是记载人类在长期生活经验中所得之结论。因此,它是论述古代有关化学反应与物理变化的一种文献,表面上着重自然现象,其实是谈论各种人为与自然的变化。人类有着求真之精神,试着以违背常态之方式,求取最大之成果,但最终仍然为自然法则所征服,产生了诸多玄学的观点及道教神仙色彩,术数理念因而产生。

(一)术数的意涵

闾山教派较注重术数之操作,"术"与"数"的组成为"术数",在此除了有量化之数据外,尚代表一种时空转化时内在隐藏的力量。就如阴阳五行术数中,其"阴"与"阳"将有比例消长关系,葛洪亦云:

> 人复不可都绝阴阳,阴阳不交,则坐致壅阏之病。故幽闭怨

---

① 秦九韶:《数书九章序》,《宜稼堂丛书》,任继愈主编:《中国科学技术典籍通汇·数学卷一》,郑州:河南教育出版社,1993年,第439页。

旷，多病而不寿也。任情恣意，又损年命。惟有得其节宣之和，可以不损。若不得口诀之术，万无一人为之而不以此自伤煞者也。①

这是一种阴阳对称之理，有阳必有阴，有阴必有阳，阴阳随形随影，永不分离而孤行。再者为五行（金、木、水、火、土）的平衡比重与刑、冲、克、害，这将影响到宇宙自然法则之运行，扰乱五行之相生相克，致使五脏六腑分泌失常。方士认为这将影响到人之身心灵调和，导致人类生理或机能之生、克、乘、侮而病变。例如，《文选·李康〈运命论〉》："吉凶成败，各以数至。"刘良注："谓运数至也。"北魏高允《酒训》："历观往代成败之效，吉凶由人不在数也。"②宇宙星球之运行是有其规律可循的，这亦是一种必然的现象，唯有迎合天理天数，顺之则昌，逆之则亡。李约瑟（Joseph Needham，1900—1995）论及中国古代占筮与数学史的关系时说：

> 算和数这两个字经常带有预卜未来的意味。例如，《西京杂记》在谈到东汉的学者皇甫嵩、真玄菟、曹元理是"算术"行家时，从上下文看，显是说他们能够预卜自己以及他人寿命的长短。因此，他们不属于数学史。然而，这并不意味着，对古代占卜方法作进一步的研究，不会为数学史的研究带来好处。③

《术数集成·名流列传一》介绍汉代嵩真云："按《西京杂记》，安定嵩真、元菟曹元理（应为皇甫嵩、真玄菟、曹元理），并明算术，皆成

---

① 〔晋〕葛洪撰，陈飞龙注译：《抱朴子内篇今注今译》，台北：台湾商务印书馆，2001年，第299页。
② 盖建民：《道教科学思想发凡》，北京：社会科学文献出版社，2005年，第98页。
③ 李约瑟：《中国科学技术史》卷三，《数学》，北京：科学出版社，1975年，第9～10页。

帝时人。真尝自算其年寿七十三。"①又云:"按《凤阳府志》,白鸥,颍川卫人。质直有古侠士风,精数学,能断人生死,时刻不爽。"②这种中国古代之术数在不同之人、事、地、物、方向的分析,皆有不同或相似之结果与论点,再依《太平广记》云:

> 汉安定皇甫嵩、真玄兔,曹元理,并善算术,皆成帝时人。真常目算其年寿七十三,于绥和元年正月二十五日晡时死。书其屋壁以记之。二十四日晡时死。其妻曰:"见算时常下一算。欲以告之,虑脱有旨,故不告,今果先一日也。"真又曰:"北邙青冢上孤檽之西四丈所,凿之入七尺。吾欲葬此地。"及真死,依言往掘,得古时空椁,即以葬焉。③

依上述所知之算数,含有吉凶、气数,尤其在年岁上难逃自然之天数。道教认为天、地、人三才中,皆有时运、气数之存有。因此,道教中有"三官手书"之运用,求得三官大帝之"天官赐福"、"地官赦罪"、"水官解厄"之科仪。闾山教派常想以占验之术数预知自己的命运,同时透过道法来趋吉避凶,这亦是闾山教派中最常运用之科仪的基本智识。

(二)术数的"炁数"

闾山教派的宇宙观中,是将人喻为大宇宙自然中的"小宇宙",在小宇宙周天循环中靠着炁的存有,唯人之长生即为炁之长存。在道教神仙观中谈到人的组成因素为形、炁、神,它们之间不但有相互依存关系,而且密不可分,在道教数术中是相互运用。如《道法会元上》中记载:

> 夫天地以至虚中生神,至静中生炁。人能虚其心则神见,静

---

① 作者佚名:《术数集成》第4册,重庆:重庆出版社,1994年,第401页。
② 作者佚名:《术数集成》第4册,重庆:重庆出版社,1994年,第416页。
③ 《算术》,《太平广记》卷第二一五。

其念则炁融。如阳燧取火,方诸召水,磁石吸铁,琥珀拾芥。以炁相召,以类相辅,有如声之应响,影之随形,岂力为之哉。不疾而速,不行而至,不机而中,不神而灵者,诚也。凡炁之在彼,感之在我;应之在彼,行之在我。是以雷霆由我作,神明由我召。感名之机,在此不在彼。人皆神其神,惟圣人则不神所以神,故偈云:莫问灵不灵,莫问验不验,信笔扫将去,莫起一切念。①

科仪中之沉思就是自身的神炁在极为虚空与寂静的处境下进行,形、炁、神融合为一,不徐不急达到忘我的境界,这时就可达到神人合一,通达天地、召唤鬼神,以完成科仪之所需。在此形、神、炁的运作是一种思维的操作,必须自身心思处于放空中与宇宙大地相联结,形神自然生成。《抱朴子》中有言:

> 夫有因无而生焉,形须神而立焉。有者,无之宫也;形者,神之宅也。故譬之于堤,堤坏则水不留矣。方之于烛,烛糜则火不居矣。身劳则神散,气(炁)竭则命终。……气(炁)疲欲胜,则精灵离身矣。②

此炁无而生有,形因神而产生,而炁能长存,是在自身之自我操控,亦即命运之能永存,一切在自我主宰,唯有将自身性命与宇宙合为一体,炁与体相生相容,强调"炁"的造化作用,认为"炁"是一切闾山教派法术的基本功法。人与炁一直是相生相用,即"人在炁中",人在宇宙大气的自然流行之中,③同时亦常保有个体组成的"炁在人中",在小宇宙运形不止,以达到"天人合一"的形体炁体共容,或应用

---

① 张继禹再编:《道法会元上》,《中华道藏》第 36 册,北京:华夏出版社,无年代,第 5 页。

② 〔晋〕葛洪撰,陈飞龙注译:《抱朴子内篇今注今译·至理篇》,台北:台湾商务印书馆,2001 年,第 187 页。

③ 郑志明:《宗教的医疗观与生命教育》,台北:台湾宗教用品有限公司,2004 年,第 47 页。

炁于人际之中,如道教祝由科有禁咒、禁术、禁架、禁法、符禁、祝禁、越方等别称。正如《抱朴子内篇·至理》所说:

> 夫人在气中,气在人中,自天地至于万物,无不须气以生者也。善行炁者,内以养身,外以却恶,然百姓日用而不知焉。吴越有禁咒之法,甚有明验,多炁耳。知之者可以入大疫之中,与病人同床而己不染。又以群从行数十人,皆使无所畏,此是炁可以禳天灾也。①

炁的存在与人体生命是一种孪生效应,是不可分离的,因人禀炁而生,含炁而长,运炁而体健,炁积而为人。因此,人的肉体和精神是"炁"形成的,炁是人体之魂魄,魂魄离身则亡;炁,是天地万物得以生存的基本条件。葛洪又说:"或有邪魅山精,侵犯人家,以瓦石掷人,以火烧人屋舍,或有形往来,或但闻其声音言语,而善禁者以气禁之皆即绝,此是气可以禁鬼神也。"②

闾山教派注重灵体与炁的完整,因炁的存有与人体生命息息相关。在前文提到闾山教派天人合一之理念,亦是影射炁的存有,"天炁"亦是"天神"之象征,要达到天人合一即为天人相通、人神一体。闾山教派法事科仪过程中,经过了存思而达到存神变神,这是一种意念、思维和与神炁的相融境界。葛洪又在《抱朴子内篇·至理篇》中谈道:

> 入山林多溪毒蝮蛇之地,凡人暂经过,无不中伤,而善禁者以气禁之,能辟方数十里上,伴侣皆使无为害者。又能禁虎豹及蛇蜂,皆悉令伏不能起。以气禁金疮,血即登止。又能续骨连筋。以气禁白刃,则可蹈之不伤,刺之不入。若人为蛇虺所中,

---

① 〔晋〕葛洪撰,陈飞龙注译:《抱朴子内篇今注今译·至理》,台北:台湾商务印书馆,2001年,第208页。

② 〔晋〕葛洪撰,陈飞龙注译:《抱朴子内篇今注今译·至理》,台北:台湾商务印书馆,2001年,第209页。

以气禁之则立愈。①

这种神炁最终被应用于符箓与符咒中，形成了一种无形之力量。这种力量被认为是巫的面向，因为推究巫术、宗教和科学的基本面向时，应有"有无知识可控制现实"（reality controllable by knowledge）和"有无活动可资达到目的"（activity means to an end）两个面向。科学是一种由知识可控制而又可资达成目的的手段，巫术则是一种知识无法控制，而却有活动可资达成目的的现象，②而宗教则两者皆无。

（三）术数的"丹炁"

闾山教派承袭净明道派之精华，教主许逊亦炼丹修身，后举家拔宅升天。因此，炼丹亦即是术数对性命之操作，常有修炼者试图透过修炼内外丹，操纵天地"丹炁"之造化权，然后掌握自身之命脉，去开发人体先天之本能，同时去追求自身超越自然能力的宗教信念，从而跃登仙界。道家内丹术就将炁的修炼当作人体内在之能源来进行，操控先天之炁与后天之炁的融合，先天之炁是人体原始得自乾坤天地之炁，如同人体受之于父精母血，亦是内丹修炼的元素，称为"元炁"，又称"原始祖炁"。修炼的结果就是用先天之炁与后天之炁，来调和灵体与肉体五行之气，从而返璞归真，延年益寿。《淮南子·地形训》中说：

> 是故坚土人刚，弱土人肥；垆土人大，沙土人细；息土人美，耗土人丑。食水者善游能寒，食土者无心而慧，食木者多力而拂，食草者善走而愚，食叶者有丝而蛾，食肉者勇敢而悍，食气者

---

① 〔晋〕葛洪撰，陈飞龙注译：《抱朴子内篇今注今译·至理》，台北：台湾商务印书馆，2001年，第209～210页。

② 瞿海源：《宗较、术数与社会变迁》，台北：桂冠图书股份有限公司，2006年，第250页。

神明而寿,食谷者知慧而夭,不食者不死而神。①

故食气者寿而不死,虽不谷饱,亦以气盈。《抱朴子内篇·黄白》:"我命在我不在天,还丹成金亿万年。"②"服药虽为长生之本,若能并行气者,其益甚速,若不能得药,但行气而尽其理者,亦得数百岁。"③闾山教派之丹炁,是运用人体先天之元素存有,假想处于小宇宙中为一修炼之鼎炉,以自身之意念与丹炁,从事人体结构的再造,是得道仙真必行之法,亦是闾山教派中对丹炁术数的实践。

二、闾山教派术数之类别

闾山教派术数众多,后人又依理再次创新,形成了众多符合基层民众之功利需求的种类,《周髀·算经》中曾云:"故禹之所以治天下者,此数之所生也。周公曰:'大哉言数。'即称'心达数术之意',故发'大哉'之叹。"④在此禹所用之数即为八卦之数,河图、洛书之妙,皆在乌龟之身上寻求到天干、地支、八卦与二十四山,配合灵鸟之禹步,这都是利用宇宙自然形成之数而产生自然数倍之力量,达成其治水及治国之方。金元时期的术数及数学家们曾将算术称为术数类,曰:"术数虽居六艺之末,而施之人事,则最为切务。"⑤《四库全书总目·术数类提要》说:"术数之兴,多在秦汉以后,要其旨,不出乎阴阳五行

---

① 〔汉〕刘安:《淮南子·地形训》,《中国传统文化读本》,北京:中国友谊出版公司,1995 年,第 31 页。

② 〔晋〕葛洪撰,陈飞龙注译:《抱朴子内篇今注今译·黄白》,台北:台湾商务印书馆,2001 年,第 648 页。

③ 〔晋〕葛洪撰,陈飞龙注译:《抱朴子内篇今注今译·黄白》,台北:台湾商务印书馆,2001 年,第 207 页。

④ 〔唐〕《周髀算经》卷上之一,钱宝琮校:《算经十书》,北京:中华书局,1963 年,第 22 页。

⑤ 李冶:《益古算段》自序,《知不足斋丛书》本,任继愈主编:《中国科学技术典籍通汇·数学卷一》,郑州:河南教育出版社,1993 年,第 875 页。

生克制化,实《易》之支派,傅以杂说耳。"①道教道门中所应用较广者有占卜、奇门遁甲、命相之术、地理风水、巫医等,而占卦卜筮是出现最早的一种术数。商周时代就有龟卜、筮占、骨卜等,特点是利用龟甲烧灼后的裂纹来断吉凶,筮占则主要用五十支蓍草的分合所得数字为占,《系辞上传》对《周易》筮法之解说:

> 大衍之数五十,其用四十有九。分而为二以象两,挂一以象三,揲之以四以象四时,归奇于扐以象闰,五岁再闰,故再扐而后挂。是故四营而成易,十有八变而成卦。②

有人将此类宇宙自然算数之思想归为迷信无知,或是一种伪科学,但也有实证案例破迷而出,如前台大校长李嗣涔教授之"手指识字"证明了人体在宇宙中之奥妙。因此,道教认为人类必须冷静地辨析、解读古代术数中所蕴含的自然、社会与人事关系的种种思想,细心的人们也许会从中剥离出有现代价值的"合理内核"。③ 此种术数之操作,在道教实践上,尤其在道法执行中是不可或缺的,在道教闾山教派中尤为广泛运用。

三、闾山教派术数之功能

今日之闾山教派更应用了先人之思想,推及于人身及人生之命运算数上,并应用演法数术之执行制星、解十二神煞、栽花移斗、八卦押煞、符箓解厄、八字数算之隐魂避灾、占卜神算、风水求吉等。如以现今人们之理性主义哲学观念,或以逻辑学之思考方向看术数之思想及实践,可能完全不认同。俞晓群《数术探秘》谈道:"'数'是天神

①　〔清〕纪昀总纂:《四库全书总目提要》,石家庄:河北人民出版社,2000年;《四库全书总目·第三册》,上海:上海古籍出版社,2003年影印,第330～331页。

②　程颐:《易程传》,台北:文津出版社,1987年,第590～592页。

③　盖建民:《道教科学思想发凡》,北京:社会科学文献出版社,2005年,第102页。

意志的表现形式，'术'是人们通过'数'探知未来的技术。"①此种天人合一或人神共振所产生的宇宙神秘轨迹，人类可依循先人所遗留之遗迹，找出其中之奥秘点，作为天人之间如何趋吉避凶之密码，去破解人身生命吉凶玄妙点，此为大众所应用之"术数"，亦为西方国家所称的东方"数学"。《四库全书》术数类中亦谈到"物生有象，象生有数，乘除推阐，务究造化之源者，是为数学"②，所以物象数是一体的。

道教主张万物有灵论，所以万物在宇宙中受大自然之熏陶，产生各种顺应自然之物象，在物象中再推敲其万物之象数。美国数学教授莫里斯·克莱因（Morris Kline）的著作（张理京等译为《古今数学思想》）谈道：

> "数学"一词在罗马人那里的名声是不好的，因为他们称占星术士为数学家，而占星术是罗马君王所禁止的，罗马王Diocletian（245—316）把几何区别于数学。前者是要学习并应用于公众事务的；但"数学方术"（亦即占星术）则被视为非法而完全禁止。禁止占星术的罗马法律"数学与恶行禁典"在中世纪的欧洲仍被援用。但罗马皇帝和其后信奉基督教的罗马皇帝还是在宫廷里供养占星术士，以期他们的预言能够灵验。③

而这种术数就像一把钥匙、一种模式、一个网络、一点线索，引导我们从混沌入手，沿着先哲们用数布下的脉络，寻找着文化之网的所

---

① 俞晓群：《数术探秘·数在中国古代的神秘意义》，北京：三联书店，1994年，第8页。

② 《四库全书总目》复印件第三册，上海：上海古籍出版社，2003年复印件，第330页。

③ 〔美〕莫里斯·克莱因著，张理京等译：《古今数学思想》（*Mathematical Thought from Ancient to Modern Times*），上海：上海科学技术出版社，1979年，第203～204页。

在。① 唯有开启智慧之钥,才能探求术数之真理模式,寻找网络之所在。术数学是中国传统文化中的一个宏大的思想体系,长期以来,由于种种因素的作用,它一直被列为文化学研究的禁区。但是,无视其存在并不能证其不存在,不究其内涵,则难以体察古人活动的文化氛围与价值取向。② 天地人鬼神五位一体,立场之不同就有相异之观点,在道教闾山教派常用之"金光神咒"中,即可视出部分端倪。其咒如下:

> 天地玄宗,万气本根,广修万劫,证吾神通。三界内外,惟道独尊,体有金光,覆映吾身。视之不见,听之不闻,包罗天地,养育群生。受持万遍,身有光明,三界侍卫,五帝伺迎。万神朝礼,役使雷霆,鬼妖丧胆,精怪亡形。内有霹雳,雷神隐名,洞慧交彻,五气腾腾,全光速现,覆护真人。急急如律令!③

闾山教派科仪执行中,在存神变神或招兵买马过程将自身融入整个法场,透过步罡、踏斗、点诀、符箓、唱诵表现于整个仪式中,鬼神的有无无法以逻辑观念来证实,但就其前后因果关系,应有一些蛛丝马迹可寻。这可对照葛洪的论点,《抱朴子内篇·论仙》中谈道:"故不见鬼神,不见仙人,不可谓世间无仙人也。"④事实上,如果我们不先弄清楚术数的深层结构与内涵,而欲开解神秘的中国文化,那无异于隔靴搔痒、隔雾看花。⑤ 有人认为闾山教派中所应用之秘籍道法,

---

① 俞晓群:《数术探秘·数在中国古代的神秘意义》,北京:三联书店,1994 年,第 1 页。

② 俞晓群:《数术探秘·数在中国古代的神秘意义》,北京:三联书店,1994 年,第 1 页。

③ 中华道教会编:《道教科仪本》,台北:中华道教学院,2000 年,第 2 页。

④ 〔晋〕葛洪撰,陈飞龙注译:《抱朴子内篇今注今译·论仙》,台北:台湾商务印书馆,2001 年,第 68 页。

⑤ 俞晓群:《数术探秘·数在中国古代的神秘意义》序文,北京:三联书店,1994 年,第 1 页。

即应用在人生之解密上,人类遇到刑凶克害,都有整套之解祭途径,在科仪之祭禳救替符式中,这种可谓为"人定胜天"的一种思维。人类为了长存或修行羽化成仙,必须有一套知天意、顺天理、演天法、变天命之法则。张荣明先生亦认为:"人类尤其是古代中国人,他们不甘心俯首帖耳地让命运牵着鼻子走,他们殚精竭虑,运用天文、历法、音律、地理、中医、哲学等各种知识,综合起来构筑各种术数理论模式,试图预测吉凶,冀福避祸,享受一种康乐太平生活。"①这都可在闾山教派术数实践思想中找寻到论述。

闾山教派是一支道教之分派,亦是古巫觋系统的传承者。它综合了道与巫之精华,成为道与法之道法二门教派,是一种富有实践之信仰体系。法师常透过它既有的术数思想,依循天地自然法则,找到民众小宇宙脱轨产生之疾苦,应用闾山教派之道与法,寻求其症结与解决之道。闾山教派术数思想涵盖了整个自然宇宙,从无极天界、太极界、凡间到冥司界,透过术数的操作,打破了各界之界墙,将这些空间以虚拟方式塑造出鬼神世界,再从事各个法事的执行,来满足大众之需求。

第四节　闾山教派社会功能之思想

一、追求社会安全的重构

闾山教派被称为"法教",它的主要特点就是具有极丰富的法术基础。这个法术涵盖道教的宗教理论学说与宗教行为体系,这些学说与行为都是延续自原始道家、道教与古部落巫术的思想。在实践上则是应用神秘的手段造构成另一体系(天地人鬼神)来操控一切,

---

① 张荣明:《堪舆即成》第一册总序,重庆:重庆出版社,1994年,第2页。

如汉代以降,这种扭转乾坤、操纵鬼神之风开始有了信仰基础,尤其在北斗信仰广为道教所接受的情况下,有"南斗注生、北斗注死"的思想,同时产生禳灾植福、消灾解厄科仪。这个仪式的创造对当时社会有举足轻重的影响,尤其于百姓对神明祈求赦罪忏悔、功德积善等,对社会民心的道德劝说最是施力。"五斗米道"教义中教民必须诚信不欺诈,有病自首其过,①并设"静室"沉思忏悔,作为病者思过修善之所,先避谈它对病情的效用,但可使整个社会充满着宗教情感,达到社会安定的效果。至于在闾山教派的法术仪式,对社会安定的功能有禳灾、植福、祈子、赦罪、解厄、延寿等,也是教派提供对社会宗教服务的主要工作,同时能取得民众信赖与社会安定。

禳灾植福是一种为满足教徒心理的操作仪式,是术士借由仪式的进行,运用道法的程序,将民众置于整个道场中,透过法器的音调、经咒唱诵、步罡踏斗等巫术舞步,施展道法的宗教迷失与重构,使信徒心理上有着一股清新的感应,达到禳灾植福的目的。

禳灾植福在道教各派中广为应用,早期在农耕社会里,天灾人祸对人们的安全造成极大的危险。至唐代,道教中的占星术、北斗信仰亦相当盛行,在宗教信仰中北斗信仰为道教特有的科仪仪式,但也被佛教密宗所接纳吸收,佛教有系统的《佛说北斗七星延命经》,正是在唐代北斗信仰与佛教功德思想相融合的基础上形成的伪经。② 这种北斗信仰在道教一直被沿用,道教认为人是从北斗七星(贪狼、禄存、巨门、文曲、廉贞、武曲、破军)中的一颗星诞生的,人一生的"死与厄"皆被北斗七星所控制,人们对生活中不确定因素的发生无法预测与排除时,唯有将人生托由北斗七星来护佑以消灾解厄,这即为俗称的"拜斗"。而民众也认为膜拜北斗七星君可消灾解厄、延命致福,所以北斗七星一直受到先民的崇拜与祭祀。葛洪在《抱朴子》中曰:

---

① 〔西晋〕陈寿:《三国志》卷八,《魏书·张鲁》,第 272 页。

② 王红梅:《元代畏兀儿北斗信仰探析——以回鹘文"佛说北斗七星延命经"为例》,《民族论坛》2013 年第 5 期,第 78 页。

避五兵之道。……但知书北斗字及日月字,便不畏白刃。帝以试左右数十人,常为先登锋陷阵,皆终身不伤也……刀名大房,虚星主之;弓名曲张,氐星主之;矢名彷徨,荧惑星主之;剑名失伤,角星主之;弩名远望,张星主之;戟名大将,参星主之也。临战时,常细祝之。①

在此的虚星、氐星、角星、张星虽是二十八星宿中的星辰,因而书写"北斗"两字即可得众星拱照护佑。人既来自北斗星辰,是宇宙星辰之一员,诸天象之变化同时也将导致星辰之改变,人之祸福避之无方。其中亦包括免于疾病的算计,葛洪对人生疾病又有一套解说:

又思作七星北斗,以魁覆其头,以罡指前。又思五脏之气,从两目出,周身如云雾,肝青炁、肺白炁、脾黄炁、肾黑炁、心赤炁,五色纷错,则可与疫病同床也。②

这是运用了道法沉思北斗七星的存有,魁罡正其位,再存想自身的小宇宙,五脏化为五行,调和五行之炁后,虽与病患同床也不受病炁所染。此皆言北斗七星在宇宙中能操纵人体,唯有崇拜与祭祀它或存想它的存在,存神变神发挥它的本能,应用到人类社会中。

禳灾与植福可说是一体的两面,植福不仅是为自身消灾,更增添原有平身的位阶,增加了原有福气的深度与层次。这也是术士运用了自身的道法,在人与宇宙之间进行桥梁的沟通与造构,将人超脱宇宙的自然规范,达到人神合一而免于灾难。在此过程中"祭解"是法术必备的一环,方士常认为人之所以有疾病或厄运侵犯,是因凶神恶煞作祟所导致,因而使用图腾或像物代表着凶神恶煞,先祭之以礼,再制送出人体或祭解空间,较常见的有十二神煞(太岁、病符、天狗、

---

① 〔晋〕葛洪撰,陈飞龙译:《抱朴子内篇今注今译·杂应》,台北:台湾商务印书馆,2001年,第599页。

② 〔晋〕葛洪撰,陈飞龙译:《抱朴子内篇今注今译·杂应》,台北:台湾商务印书馆,2001年,第626页。

福德、白虎、龙德、岁破、死符、五鬼、太阴、丧门、太阳）。这种宗教驱厄制煞、趋吉避凶的思想，是人类将宇宙时空的运转划分为十二个空间图腾，这些图腾与人类年龄每年不同的轮值有厄有善因而造成人类命运之起伏，必须经过方士道法演出扭转乾坤，禳灾植福。

道教善于法术的操作，方士认为人类受到"天、地、水"三个领域神祇的控制，这又是另一个信仰空间思维。道教认为"天"为"天官赐福"，由天官大帝来操控施给人间的福德，人要求取自身之福运必须由天官赐予；"地"为"地官大帝赦罪"，一切众生的罪状由地官所赦；"水"为"水官大帝解厄"，负责人间的消灾解厄。因此，人要透过由方士代为操作的"三官手书"，来达到天地水的圆满，《三国志》卷八《魏书·张鲁传》中谈道："设鬼吏，主为病者请祷。请祷之法，书病人姓名，说服罪之意。作三通，其一上之天，著山上；其一埋之地；其一沉之水。谓之'三官手书'。"[①]在此空间的三官大帝于不同的职司中统领三界，对人类的福祸执行三种不同的面向，山象征着天，另一地一水，将单个的人划分为三个领域管辖，显现出宇宙分工的细致。在细密管辖中说明了向天官求福寿，向水官祈病除，求地官来消除罪恶。除了三官大帝操纵人间祸福外，道教另有秘禁预防之法，《抱朴子内篇·杂应》说道：

> 或曰："《老子篇中记》及《龟文经》，皆言药兵之后，金木之年，必有大疫，万人馀一，敢问辟之道。"《抱朴子》曰："仙人入瘟疫秘禁法，思其身为五玉。五玉者，随四时之色，春色青，夏赤，四季月黄，秋白，冬黑。又思冠金巾，思心如炎火，大如斗，则无所畏也。又一法，思其发散以被身，一发端，辄有一大星缀之。[②]

道法存思在不同的病疫情况下，有不同存想变身以应付疾病的

---

① 〔西晋〕陈寿：《三国志》卷八，《魏书·张鲁》，第273页。

② 〔晋〕葛洪撰，陈飞龙注译：《抱朴子内篇注译·杂应》，台北：台湾商务印书馆，2001年，第625页。

侵扰。老子说过"大兵之后，必有凶年"①，死万人余一，再来金木相克之年如何避？《抱朴子》认为有秘禁疫之法，依各种情况来存思假想，就可免于疾难。这是一种运用道法的自我禳灾方式，也唯有这种道法的存想才能依环境变化来转化。

在禳灾延寿方面，亦有一套养生思想。人体透过丹道及丹药的调养，百毒不侵、百病不染，就无灾难疾病，是一种主动式的禳灾延寿理论。《抱朴子内篇·杂应》说道："夫长生得道者，莫不皆由服药吞炁，而达之者而不妄也。"②在此，药是丹药，要长生就要吞食丹药与服炁，这也是延寿之法。延长人的寿命，必须依靠内修与外养、内攻外应两个方面。葛洪《抱朴子》又说："古之初为道者，莫不兼修医术，以救近祸焉。"认为修道者如不兼习医术，一旦"病痛及己"，便"无以攻疗。③

禳灾由方士所为，如未学道医将无法自渡、渡人，因他所接触的为病者，一旦染上病痛就无法轻易自我疗愈，更不用谈及延寿之道。为追求将短暂生命转为长寿之方，延生、礼斗法术便有了广阔的需求。在禳灾植福思想中，因为整个社会是由低知识水平向高智能发展的永无止境的系统，为追求更高水平的社会生活，必须借由宇宙自然的力量，找寻更为可行的路径，克服生活中的局限，这都是人类普遍所向往的。人有着自身的奋斗目标与理想，如能借助于操控鬼、神、宇宙或方士的力量，超出宇宙的范畴，达成这个理想的目标——永久远离痛苦与步入得道成仙、长生不老之境界，这也有赖闾山教派的再次创新与造构。

---

① 任法融：《道德经》，北京：白云观，年份不详，第 79 页。

② 〔晋〕葛洪撰，陈飞龙注译：《抱朴子内篇注译·杂应篇》，台北：台湾商务印书馆，2001 年，第 592 页。

③ 〔晋〕葛洪撰，陈飞龙注译：《抱朴子内篇注译·杂应篇》，台北：台湾商务印书馆，2001 年，第 609 页。

二、迎合社会理想与吉祥文化

宇宙时空的进化引导整个社会、经济、人文之变化,在每个阶段中人类的需求面向也随之不同。古文明社会先是以农业为主,接着是商业与工业,再到目前的科技时期。首先在农业时期民众的生活优劣起伏,完全决定于天候的好坏;商业与工业时期,扩展到局部地区或全世界的经济运作;在科技发达时代,物质充裕条件下,人们欠缺的是非物质的精神需求。因此,在此三阶段,民众如何追求理想及他们的心理欠缺为何? 闾山教派对此有一套解读方式。

(一)祈雨功能

在道教五行中,"金、木、水、火、土"是构成自然宇宙万物的元素,亦是万物所不能或缺的。"水生木",有水,木则旺;无水,火旺化为土。农业是以木为主,水来生土,来养火,来调金,来获得收成,这套理论在道教术数知识中广为运用。因此,要木旺则需水、土、火(即阳光)得到适当的调和匹配,在匹配过程中还有赖宇宙大地"阴阳"之炁导致五行产生的力度,方能适合木的生长。《道法会元》卷一九〇《太乙火府五雷大法》记载:

> 祈雨,则收亢阳之炁。极目宇宙炎旱亢阳,收至,吸入咽下元海中。存亢阳之炁直泊入海底,便见海中波涛涌动,云雾蓊冥,吾身关窍毛孔中黑炁进出,遍满天地。元海之水上腾。须臾,自顶门出去,沛作雨泽。[1]

在祈雨过程中,将人存思为一小宇宙,再调节宇宙阴阳之炁,阴盛则雨,亢阳之炁盛则旱,阳炁入人之水中(海底轮),抽坎水填至离火,产生雾气布满天地之间,因而雨水大作。这种道家的修炼思维被

---

[1] 〔明〕撰人不详:《道法会元》卷一九〇,《太乙火府五雷大法》,第30~199页。

运用在祈雨上,是将小宇宙的操作扩展到大宇宙上,在此过程中运用的阴阳五行是道教与道家的基本思想之一。所以祈雨对阴阳五行生克制化的相互作用,必须运用得当。《道法会元》中也记载:

> 玄元秘旨:夫混沌法,以祈祷为重事,其妙在于明乾坤之体用,察阴阳之盛衰,然后使天地之机,有相默契。召雨之际,岂符咒之所灵。符者,乃天地之真信,用之以为之合也。是以先天圣人仰观天文,俯察地理,近取诸身,远取诸物,不过用彼而合此也。

祈雨是一种道教祝祷行为,方士透过道法中的符咒与意念去达到预期的效果。这种道法运作下,要了解如何运用天地阴阳之炁,同时符咒是催化天地的力量,使天地结合为一体,因为符咒是古之圣人所留下的结晶。因此祝祷与符咒是法事过程中的原动力,尤其在祈雨过程中先须收亢阳积阴之炁,转存于炁海中,使它波涛浩荡。在此有阴有阳,阴盛为雨阳盛为旱,道法中另有因阴过盛雨不止,必须返雨为晴者。《道法会元》记载:

> 祈晴,则收积阴之炁。极目乾坤淋霪阴翳,收至,吸入咽下元海中。存积阴之炁直汩入海底,便见海中波浪清明,日轮晃曜,吾身关窍毛孔中阳光迸出,烁开山川云雾。海中有日升上,直衮自顶门上天,舒为晴景。①

此种祈晴道法反阴为阳,收积阴炁,阳光照射山川使云雾烁开,炁海中日炁上升直至顶门,将此存思的小宇宙显化在大宇宙中,因而天将放晴。祈雨祈晴是早期农业社会中,国家或农民为求风调雨顺,常要求术士亲掌道坛所行的法事。它的道法过程显得深奥妙用,有静有动、有符有咒、有唱有诵,配合步罡于整个法场,由存思到最后的

---

① 〔明〕撰人不详:《道法会元》卷一九○,《太乙火府五雷大法》,第30～199页。

疏文发送逐一完成。《道法会元》也说：

> 入靖默坐，用令牌、水盂、香炉、剑印、符命等布列于前。存祖师在天门上立，诸将罗列吾身左右。候所克时到，先烧符催牒，次噀水，化成风云雷电雨。①

这是在祈雨祈晴过程中必备的行前工作，也是闾山教派一般法事的程序，而一个法派都有它的师承关系及祖师的存在。因此，在法事进行时必须将它的祖师呼请到位，以使在各个步骤中有股无形的力量相助。祈雨祈晴法事是一种形式的操作，也是一种模拟巫术的现象，现代社会与古代农业时期所显现的思想已成两极化。

（二）迎合世俗吉祥文化的功能

闾山教派是一个世俗化的宗教派别，与人民的世俗观相会通，以迎合民间通俗的需求，尤其表达对人类生命与财富的关怀，创造人民对美满生活的向往，以补足在世俗生活中产生的心理缺陷。而道教法术思想中隐含着大量的传统价值观，是信仰群众所迫切追求与渴望的，它的核心都是围绕着"福、禄、寿、喜、财、吉"等吉祥文化范畴。

"自求多福"所象征的不仅在"福"字上，而是代表着所有吉祥文化。闾山教派在科仪上除了前文所谈"三官手书"的"天官赐福"及"禳灾植福"外，在社会上遇到天灾地变时，民众顿时面临环境变迁，产生恐惧与不平衡的心理，造成国家社会的不稳定，唯有寻求宗教，进行祈福法会，才能平息民心的不安。

财富是众人所追求的，而财神是主宰人世间富贵的神祇，民众为求取更多的财富，对财神的崇拜胜过其他神灵。在人民财源停滞不前时，这种心理的寄望尤其明显，因而在道法中就有添补财库的仪式，而财神也成为人民最为崇拜的神像之一。祈财仪式是民众之所

---

① 〔明〕撰人不详：《道法会元》卷一九〇，《太乙火府五雷大法》，第30～199页。

爱,因为人民依据财富的多寡阶级化,产生了对财富的喜好和对贫穷的厌恶。《史记·货殖列传》曰:

> 凡编户之民,富相什则卑下之,伯则畏惮之,千则役,万则仆,物之理也。夫用贫求富,农不如工,工不如商,刺绣文不如倚市门。①

社会财富不均,有十倍到万倍的贫富差距现象,而"用贫求富"的方法,也因社会阶层不同,所得也各异。司马迁的财富观在世俗社会中被广为认同,他在《史记·货殖列传》中说:

> 天下熙熙皆为利来,天下攘攘皆为利往。夫千乘之王,万家之侯,百室之君,尚犹患贫,而况匹夫编户之名……亲朋道义因财失,父子情怀为利休。急缩手且抽头,免使身心昼心愁;儿孙自有儿孙福,莫与儿孙作远忧。②

各个阶层,上至千乘之王,下至匹夫,皆为财力争,但最主要还是在"儿孙自有儿孙福"。因为富无常富,贫无常贫,都随着宇宙自然的轮值而变化,这几乎都可在道教术数中找到解答。《史记·货殖列传》记载:"富无经业,则货无常主,能者辐凑,不肖者瓦解。千金之家比一都之君,巨万者乃与王者同乐。其所谓'素封'者邪?非也?"③ 这种贫富的产生,究其原因,在道教信仰中认为人的出生时运在二十八星宿中,会表露出富贵层次。如秦简《日书》甲种《星篇》记载:"房……生子,富。箕……生子,贫富半。乙亥生子,谷而富。辛巳生

---

① 〔汉〕司马迁撰:《史记》卷一二九,《货殖》,长沙:岳麓书社,2012 年,第 1548 页。

② 〔汉〕司马迁撰:《史记》卷一二九,《货殖》,长沙:岳麓书社,2012 年,第 1540 页。

③ 〔汉〕司马迁撰:《史记》卷一二九,《货殖》,长沙:岳麓书社,2012 年,第 1550 页。

子,吉而富。"①在此的"房"、"箕"都是二十八星宿星辰。以秦简《日书》为依据,结合历代文献对先秦祈财信仰的探讨,即可对当时祈财信仰的概貌进行解读。因此,道教道法就有套依星辰的轨迹添补财库之法,其中以《灵宝天尊说禄库受生经》最为奥妙,其内容为天尊言:

> 十方一切众生,命属天曹,身系地府,当得人身之日,曾于地府所属冥司,借贷禄库受生钱财。方以禄簿注财,为人富贵。其有贫贱者,为从劫至劫,负欠冥司夺禄,在世穷乏,皆冥官所克,阳禄填于阴债。是使贵贱贫富,苦乐不同,汝当省知。②

这种天曹地府借贷的思想,认为人的富贵贫困与天府冥司的禄簿注财及冥司夺禄有关,欠债还债,否则就有贵贱贫富,苦乐不同。这种前世与来世观的宗教思维,在现代社会中也曾被探讨,它的思维是值得商榷的。对如今仍在盛行不衰的祈财信仰,深入剖析其深层的信仰文化内涵,寻求人的命运在宇宙自然中的运行轨迹,从而导正民众对富贵贫贱的观念,是社会当务之急。

"福、禄、寿、喜、财"等吉祥文化思维是社会世俗的核心,追求功利也符合社会发展的原动力,《史记·货殖列传》中也认为追求功利是一种正常的社会现象,人的功利行为就是依据广大社会认同的思维,以最大的力度去满足和增进人民的利益。有了目标、有了目的地,再以祈求吉祥文化思绪的原动力,为社会创造更多的福利。而闾山教派在此所扮演的角色,是透过道法的演绎,安抚民心,使人民的心理缺憾得到暂时慰藉,这也是闾山教派在世俗吉祥文化中的功能。

三、探究道教医疗之思想

古人常言"十道九医"、"医道通仙道"及道教五术"山、医、命、卜、

---

①　吴小强:《秦简日书集释》,长沙:岳麓书社,2000年,第329页。

②　〔明〕《正统道藏》,《灵宝天尊说禄库受生经》,《洞玄部·本文类·人字十四》。

相",由此可知"医疗"在道教中的地位是永远不可抹灭的,而且有其发展之空间。然而,道教医学范围之广阔、药典之繁杂、医术之高深莫测、历史文化的断层与破坏,加以道教徒之独守秘法单传,增加了考究的困难度。道教徒之习医自救,甚至悬壶济世,无不本着先人优良之医药传承与宗教情怀,广施于人间。更有着"以医传教及借医弘道"之理念与精神,完整地理出其一套心理治疗及生理调养的道教医疗理论,探究道教医疗背后真实的内涵。① 闾山教派是个多元的宗教教派,它的思想中充满着巫医的系统,除了基本的符咒外,尚有整个巫术素养的道医理论,涵盖祝由科、草药科、中医科、医心方等。《抱朴子内篇·杂应》中云:

> "为道者可以不病乎?"《抱朴子》曰:"养生之尽理者,既将服神药,又行气不懈,朝夕导引,以宣动荣卫,使无辍阕,加之以房中之术,节量饮食,不犯风湿患所不能。如此可以不病。……若徒有信道之心,而无益己之业,年命在孤虚之下,体有损伤之危,则三尸因其衰月危日,入绝命病乡之时,招呼邪气,妄延鬼魅,来作殃害。其六厄并会,三刑同方者,其殃必大。"②

学道者也是肉身,处在风寒氛邪的环境下,肉身总是无法抵挡大自然的侵袭。所以在此问道:"为道者可以不病乎?"是一种出于对道的惊奇而发自内心的疑问。《抱朴子》的解答分为两种情况,首先是在服食丹药与修炼上,如依道法行事,则可免于疾病;其次是虽有道心,修炼时间已过,身心俱败,人体三尸神乘人之危,招致鬼魅等加害其身,灾难就大了。《抱朴子》又说:

> 其尚盛者,则生诸疾病,先有疹患者,则令发动。是故古之

---

① 萧友信:《台湾民间宗教医疗之探讨——以收惊为例》,台湾辅仁大学论文,2007年,第1页。

② 〔晋〕葛洪撰,陈飞龙注译:《抱朴子内篇今注今译·杂应》,台北:台湾商务印书馆,2001年,第607页。

初为道者,莫不兼修医术,以救近祸焉。凡庸道士,不识此理,恃其所闻者,大至不关治病之方。又不能绝俗幽居,专行内事,以却病痛,病痛及己,无以攻疗,乃更不如凡人之专汤药者。[①]

一个拥有强壮身体的人有时也会生病,更何况先天有疾者。所以古之学道者都要兼习医术,以就近治病。但有庸俗之士不知内在的道理,隐居山林,依他世俗所听行事,不深研道理、不学医理,发病时无药可攻与治疗。葛洪有一说法,即"治金丹术者宜兼修医术"。故历代著名外丹家皆为著名道医,如东晋葛洪、南朝梁陶弘景、唐朝药王孙思邈等。《金史·本传》:元素治病不用古方,其说曰:"运气不齐,古今异轨。古方今病,不相能也。自为家法云。"[②]盖外丹术与医术初无区别,二者分派疑始自金宋耳。[③]古之治病法配合了丹药与炼丹,因此,道法中除了需要自身的修炼外,医理药理的研修也是必需的,是一种里应外合的整体修为。而闾山教派有一套对疾病的医疗观,涵盖对疾病的致病、却病与心灵抚慰,这三种领域是超乎自然的道教思维。

(一)致病观

道教医疗对疾病的视角不同于西方医学,但与中医有众多雷同之处,所应用的还是脱离不开阴阳五行的调和。如肺及大肠属金,肝胆属木,肾及膀胱属水,心及小肠属火,脾胃属土;阴阳五行在人体中必须置于平衡状态,否则生克乘侮产生了疾病,这是中医理论。而闾山教派思想中又增加了魂魄观、神鬼观与心灵观。在致病观上有《太上老君说百病崇百药经》,老君曰:

---

① 〔晋〕葛洪撰,陈飞龙注译:《抱朴子内篇今注今译·杂应》,台北:台湾商务印书馆,2001年,第609页。

② 〔金〕张元素:《金史·本传》,太原:山西科学技术出版社,2013年。

③ 陈国符:《道藏源流考》,北京:中华书局,1949年,第397页。

> 救灾解难,不如防之为易;疗疾治病,不如备之为吉。今人
> 见背,不务防之而务救之,不务备之而务药之。故有君者不能保
> 社稷,有身者不能全寿命。是以圣人求福于未兆,绝祸于未有。
> 盖灾生于稍稍,病起于微微。人以小善为无益,故不肯为;以小
> 恶为无损,故不肯改。小善不积,大德不成;小恶不止,以成大
> 罪。故摘出其要,使知其所生焉,乃百病者也。①

这是太上老君对疾病生成的近因与远因的解释,近因是直接或
间接的人为因素;远因则与人身的修持息息相关,是一种积善派的思
想——"不因善小而不为,不因小恶而为之"。这种思想还是围绕在
宗教道德观上,脱离了宗教的范畴,心灵上就产生不安定性而致病。
《道教仪范》引自《太上老君说百病崇百药经》也说:

> 喜怒无常是一病。忘义取利是一病。好色坏德是一病。专
> 心系爱是一病。憎欲令死是一病。纵贪蔽过是一病。毁人自誉
> 是一病。擅变自可是一病。……含祸离爱是一病。唱祸道非是
> 一病。见便欲得是一病。强夺人物是一病。②

七情六欲是人类世俗社会中常有的现象,在无意识中即有逾越
规范的行为,在宗教思维中都被认为是超出宗教道德准则范畴,也即
道教"功过格"思想范围。道教总会谈到鬼神,因为在多神论的框
架下,祭天地拜鬼神是道教主要信仰之一,也因此认为人的疾病与鬼
神有关联,勾画出众多鬼神疾病观与假象,更增加了疾病观的复杂
性。《道教仪范》中有因人鬼关系产生的疾病,如《断鬼交第二十五·
玉房秘诀》云:

> 采女云:"何以有鬼交之病?"彭祖曰:"由于阴阳不交,情欲
> 深重,即鬼魅假像与之交通,与之交独死而莫之知也。若得此病

---

① 闵智亭:《道教仪范》,台北:新文丰出版社,1995 年,第 100 页。
② 闵智亭:《道教仪范》,台北:新文丰出版社,1995 年,第 100~101 页。

治之法，若身体疲劳不能独御者，但深按勿动亦善也。不治之
杀人，不过数年也。"①

这种心理与生理阴阳欠缺调和所产生的幻觉与心理的障碍，导
致精神与思绪脱轨，影响到人体的身心灵健康。在《黄帝内经》中有
一套"心身统一"的心理卫生观，同时在《金匮》亦有"外邪致病"的邪
邪观，而西医理论思想上应有另一套的解读方式。

（二）却病观

劝人为善的理念是宗教的基本信条，在为善的框架上与宗教的
戒律相容。宗教认为在行为超出这个框架而违反宗教戒规时，人就
触犯了上天之天意，这是一种操控信徒心理的言论，最主要的目的也
是劝人为善。老君曰：

> 古之圣人，其于善也，无小而不得；其于恶也，无微而不改。
> 而能行之，可谓饵药焉。所谓百药者：体弱性柔是一药。行宽心
> 和是一药。动静有礼是一药。起居有度是一药。……慈心悯念
> 是一药。好称人善是一药。因富而施是一药。因贵为惠是
> 一药。②

老君的理论对于积善除恶不论其大小，皆能行之者是为"饵药"，
其他为善布施亦多为药方。所以对于存"善念"则百病皆除的概念，
老君曰："能念除此百病，则无灾累，痛疾自愈，济度苦厄，子孙蒙佑
矣。"③这种运用"为善"的信念，除了能使人无灾无病苦，同时福佑后
代子孙，在宗教思想中与"缘起论"及"因果报应论"相似。老君的《太
上老君说百病崇百药经》又曰：

---

① 丹波康赖：《医心方》卷二八，《房内·断鬼交第二十五》，北京：人民卫
生出版社，1995年，第651～652页。
② ·闵智亭：《道教仪范》，台北：新文丰出版社，1995年，第103页。
③ 闵智亭：《道教仪范》，台北：新文丰出版社，1995年，第102页。

此为百药也。人有疾病,皆有过恶。阴掩不见,故应以疾病。因缘饮食、风寒、温气而起,由其人犯违于神,致魂逝魄丧,不在形中,体肌空虚,精炁不守,故风寒恶炁得中之。是以圣人虽处幽暗,不敢为非;虽居荣禄,不敢为利。度形而衣,量分而食。虽富且贵,不敢恣欲;虽贫且贱,不敢犯非。是以外无残暴,内无疾痛,可不慎之焉。[①]

信仰群众心中的"善念"与"为善"即为百药,人有病痛都是有过之处,隐藏性的过错由疾病来显现。如风寒、饮食等疾病,就是有犯于神,导致魂魄丧失;圣人对富贵贫贱知守节度,所以内无疾痛。信仰群众认为疾病的产生与他的作为犯天规违天意关系密切,病欲除必须禀报上天开恩赦罪与赐药除病。在《正统道藏·疾病困重收灭灾邪拔命保护章》中的"奏为某某所犯罪结尤重依凭"疏文有云:

大道,如蒙哀佑乞赐进算,令疾病即日痊可。谨请阴阳治病功曹、五官医吏,诣凤凰太宫日月之中,请取太清五色神药灌注口中,流布百脉腹内胸膈之中,瘟疾皆能消愈。[②]

在开恩赦罪的道法中,仪式的背后意涵代表着两方面的启示:一是信徒认为人必须行善布施,为社会行使有意义的行为,引导了他对社会的道德观。二是由于法会的操作,让他将意识中原有的病态心理转化为健康思维,完成心理的调适,同时也增强了生命价值观。

闾山教派法事过程中常常掺杂着忏悔罪过的项目,使人由内在的宗教体验中,表露出个人对道德完善的期待;同时顺应时代所需,法术仪式必须与社会民俗重新融合在一起,让它的社会功能深入民众意识中。将社会道德观与生命价值观的理想紧密结合,发挥对社

---

① 闵智亭:《道教仪范》,台北:新文丰出版社,1995年,第103页。
② 《赤松子章历》卷三,《疾病困重收灭灾邪拔命保护章》,《正统道藏》第18册,第23页。

会、对人生的积极影响，建立国家与社会新的价值观与道德观，使得社会更进步更和谐，这即是闾山教派过去的理念，同时也是积极运作与开展的新目标。

第八章

结　论

　　闾山教派又称"闾山教"、"闾山派",因而统称为"闾山教派"。该教派是以道与法(巫)为主要组成因素,教义涵盖了道、儒、释、巫等领域,但被归类到道教系统或民间信仰中,它的实践方式是以道为体、以法为用,也被称为"道法二门";它的创教教主为净明道许逊(许真人);法派包含有法主公派、三奶夫人派、徐甲真人派与一些尚有归类争议的派别,如瑜伽派、普庵派、清水祖师派、三一教等。

　　通过对闾山教派的研究,我们发现该教派不但道法神秘,在学术界的出现更为神奇,因它早已是个成熟的道教教派,在道教或闾山各分派中,过去有众多学术的论述,而且各派中大陆与台湾的研究又有各自的论点。大陆研究着重在经籍文献的剖析,台湾学者则致力于田野调查与科仪实践探讨,如道教中最必须做的祭解十二神煞、打城科仪、栽花换斗、求花丛、探本命元辰、安龙送虎等,未见大陆学者研究过;而对于大陆的地方志书等,台湾学者则较少参考与探讨。由于情况错综复杂,传说或记载的众多误解与偏颇尚未引起学界重视。因此,本书的核心重点即为本书创新所在,总概括为以下几个方面:(1)以闾山教派之整体为研究对象;(2)台海两岸教派文献比对;(3)学术理论与宗教实践两全;(4)合并文献研究与田野调查;(5)中文与日文等文献交叉比对;(6)厘清过去不当传说。文章的特色是综合了人类学、历史学、宗教学等观点,梳理古今文献,配合两岸实地田野调查。

在细查文献后发现过去研究者,仅以各单一派别来做论述探讨,如以三奶派或陈靖姑、法主公派或张圣君、徐甲派等个别来研究,未曾有以整体的闾山教派为研究对象者,因而众多文献统合比对后发现有众多的疑点。其实闾山教派涵盖着创教教主许真君的净明宗、张圣君为首的法主公派、陈靖姑为首的三奶派、徐甲真人的徐甲派及其他归类尚有争议的派别。在统合研究中能将闾山教派的特色显露出来,包含着各分派的传承、法脉之间的关系、科仪的领域、法脉的分布、理论思想的异同等,推及台海两岸之间的比对,可厘清一些误传。

一个研究的成果,最主要是将前人做过但未能厘清的部分,展开适当的论证,否则会使后人误解。本书已将各文献记载与前人研究的成果及传说做出论述,现再将疑点逐一做论证与澄清,如下:

1. 许逊与徐甲之传承误点:在有些期刊论文及文献中记载着徐甲的道法得自许逊(许真君)的传授,但从历史文献发现在老子时代的徐甲比许逊的年代提早800多年,徐甲是老子第一代传人,而许逊则为第三十六代传人,因此许逊传法于徐甲之说有待商榷。

2. 许逊与陈靖姑之误传点:在文献记载中陈靖姑学法于闾山的闾山九郎——许真君(许九郎),而许逊在世为239—374年,与陈靖姑的766—790年相差400多年,因此,许逊亲自传法给陈靖姑是不可能的,可能的话是许逊降灵某灵媒身上,传法于陈靖姑,并为其送行。

3. 闾山教派与瑜伽派关系的误点:文献记载张圣者是瑜伽派分离出来的,在此的张圣者是五营的东营守将,为绿色颜面,被误为张圣君(张法主公黑面)是出自瑜伽派,也因此误认闾山教派是从瑜伽派分离出来的,其实闾山教派是许逊所创。

4. 萧法主出生年代厘清:有记载萧公生于五代十国(907—960年),另记载为北宋大观戊子年(戊子应为戊申,1108年)、南宋绍兴十一年辛酉(1141年)及绍定元年(1128年),经比对应以《道教圣地石牛山——张公法主祖庭》①的记载最接近。所以结论是萧法主与萧公祖师应为两个不同时代的人。

5. 萧公出生年代，在诸多文献相互抄袭下，错误点经收集比对有下列之结果厘清，其传说有四种：（1）北宋大观二年（1108 年）；（2）南宋绍兴十一年（1141 年）；（3）南宋绍兴十九年（1149 年）；（4）南宋乾道四年（1168 年）。在此四个时间点比对，章公南宋绍兴十一年（1131 年）与张公南宋绍兴九年（1139 年），较符合当时三个师兄弟一同拜师于周佐道长及一道施法斩妖除煞，也因此萧公出生较有可能应为南宋绍兴十一年（1141 年），其他三个出生时间点应为误传。

6. 张法主、萧法主非五营之张圣者与萧圣者：五营圣者有张圣者（张基清，绿色）、萧圣者（萧其明）为五营系统，与张圣君法主（张慈观，黑色）、萧法主（萧法明）②的法主公派，不但名字不同，在神系颜色的表征上也有明显的差异性。因此，张圣君与张圣者是完全不同的神系，易被人误会。

7. 陈靖姑与妈祖皆为三奶派的误解：陈靖姑生于 766 年，在世仅 24 年，妈祖生于 960 年三月二十三日，两人诞生年代不同，不可能一同去斩蛇除妖等，陈靖姑也不可能称妈祖为师姐。又大奶夫人圣姐威灵林九夫人，九月初九日生，与妈祖生日是三月二十三日也明显不同，妈祖是大奶夫人的传说与记载有误。

8. 王母信仰的误解：在福建地区，所称"王母教"的王母信仰是指陈靖姑信仰，与道教经典中的"王母信仰"是不相同的。《云笈七签》太极真人九转还丹精要诀中提到"王母四童散方"，③可知"王母"

---

① 福建省道教协会研究室、德化石壶祖殿管理委员会编：《道教圣地石牛山——张公法主祖庭》，福州：福建省道教协会研究室，1998 年，第 1 页。

② 福建省道教协会研究室、德化石壶祖殿管理委员会编：《道教圣地石牛山——张公法主祖庭》，福州：福建省道教协会研究室，1998 年，第 1 页。

③ 〔宋〕张君房编，李永晟校：《云笈七签》卷七七，《药方》，北京：中华书局，2003 年，第 1747 页。

于远古时期与仙真同时存在,但把三奶夫人称为王母,与西王母是不同的。

9. 在第三章第二节依文献引述之"道教诸界圣神"论述到:"自从徐甲离开老子后,发觉人生茫然,不知如何自处,突然看见帮老子担书的篮子里,有一本老子故意留下的《阴符经》,于是徐甲依照阴符经的法门,做起超度死亡者的丧葬科仪。"但经研读,发现《阴符经》上中下三篇所谈的是有关"天人合一、天地人鬼神与生死",并无具体拔幽度亡与超度死亡者的丧葬科仪。由此指徐甲为闾山教派中专司度亡的法主,传说之可信度值得商榷。

闾山教派的研究牵涉众多的分派与思想,各分派中都有各自的特点或相融之处,同时也诞生许多传说与神话记载。鉴别这些记载中的真伪,必须将众多派别统合成一组织体系,透过时间、空间的追寻,文献及田野调查的梳理,并把自身立于不同时空下的圈内人与圈外人两个面向,应用人身的智能、历史的考证、宗教的情怀,找出前人研究成果的欠缺,深入探析,再交叉比对,了解到每一文献记载的真实性与可能的误点。如此即可观察到整个闾山教派真正的面目与它背后隐藏的内涵,不应盲从附和而失去求真求实的精神。

闾山教派由于台海两岸过去时空与制度的分隔,在语言上、思想上、宗教上产生某些程度不同的差异性。大陆改革开放后,众多宗教文献出土,传统文化浮出台面,许多民间宗教仪式也渐渐被应用,只是经过一段时间的停滞,传统仪式有些许变调;台湾的宗教文化来自大陆,保有古传统的文化基础,虽经日据时期的"皇民"政策,但破坏程度有限。只是在顺应世俗社会的同时,早期祖先来台的原始传统文化走样,科仪上也与民间信仰仪式混杂难分。因此,研究闾山教派台海两岸教派文献与实践,就有诸多不同。如台湾的红头师(司)公与黑头师(司)公的领域分配,以及祭解神煞、农历七月份的普渡、禳灾植福等闾山教派科仪,大陆在此领域的研究相对较少。而这是台湾宗教研究的主轴,从日据时期的增田福太郎开始,经过刘枝万、瞿海源、李丰楙等宗教研究者的进一步研究,已成规模庞大的宗教研究模板。这类的文献与实践,因它模拟巫术与接触巫术并行,首先使民众因信仰的陶醉而迷失于整个仪式中,凭借仪式的操作,唤醒民众精神与心理的意识回到正常状态中。闾山教派认为这个过程对社会民心安定有正面影响。

闾山教派的研究必须是学术理论与实践齐头并进,因该教派的特质是一种动态的实践意义大于静态的学术理论。闾山教派是道教的一个法派,法派的存在是以法坛的演绎为主体,经典教义只是它演法科仪中的一个工具,它以实质的演出来教化信仰群众,如在"打城"科仪中,假想民众到地府冥司路,众多关卡使行程艰辛、怪异多端,有着教化劝善的功能;另在救渡亡魂过程又充满着孝道与友爱。因此,闾山教派是存活于动态的实践领域中,但教派的存有也以理论基础为后盾,它的理论基础是释儒道三教思想,是以道与法为组合的体用相符体系,尤其以《道德经》为思想核心,《抱朴子内篇》与《道法会元》为法的核心;其中《道法会元》所谈到的施法与符咒部分,被应用在社会功能上。闾山教派是由净明道教主许逊所创,又有道教正一道与巫术的结合,最终形成了"道法二门"。因此,它有道的教义经典与法术演出的实践功能,堪称学术理论与宗教实践两全、两种面向齐头并进的教派。

闾山教派的产生约略在宋代,由于时间的漫长与派别的广阔,文献的取得杂而无序,在传承上仅有断简残篇,增加了考证上的困难,部分志书常采信口述传说,有未经考证之记载,文献的可信度不高,必须仰赖田野调查来补足与验证。而闾山派别分布在台海两岸地区,田野调查可比对文献,有效消解失误。有关闾山教派,地方志的记载以陈靖姑与张圣君较为齐全,如《德化县志》以张圣君为多,这与法主公羽化前后以德化石壶祖殿与外围地区为活动范围有关;而《古田县志》则以记载陈靖姑为多,这与古田临水宫祖庙有关。田野调查中发现,在台湾因涵盖范围不广,早在万历年间,陈靖姑信仰引入后向南北两地扩散,奠定了在台的陈靖姑信仰;法主公派则在北中南部都有从安溪或其他地区引入;至于其他的闾山教分派则较为分散,传承系统大都祖孙一脉相传。在台田野调查中,古文献的记载较不具体,但手抄本较为丰富,只是这些手抄本皆着重科仪领域。因此,在台访谈调查中是以宗教实践为重点,因在台这种祖上遗留下来的手抄本尚属不少,而且在科仪的实践上保留了原始教派的风格。在整体间山教派中,为使教派研究更翔实及更有系统,除了梳理既有文献记载外,最重要的还是在宗教实践上,因为只有从宗教实践上才能看出间山教派真正的内涵与其背后隐含的教化意义,所以必须将文献与田野调查合并研究方能深入核心。

本书还挖掘了一些日文的文献与调查报告,其中包括了《中国の呪法》①、《宋代の道教と民间信仰》②、《台湾の道教と民间信仰》③、《台湾宗教信仰》④、《台湾の宗教》⑤、《"孝"思想の宗教学的研究》⑥等。其中有研究中国道教经典、道教历史、中国的科仪咒术等;又从明郑时期宗教传入前,台湾番(先住民)的部落酋长及巫师信仰对番民的影响与控制都有记载;接着万历年间间山教派开始传入直到日据时期的整体调查,皆有细密的记载与分析。在研究间山教派时,必须将中文与日文交叉比对,更加深以圈外人角度对该教派的研究。

间山教派创立的思想来自许逊许真君,它的历史背景大部分是源自于净明道,因而有"净明宗间山派"之称,亦称为"净明宗间山

---

① 〔日〕泽田瑞穂:《扫晴娘のことなど时により过ぐれば民のなげきなり八大龙王雨やめたまへ》,见《中国の呪法 2:2》,东京:平河出版社,1984 年,第 439 页。

② 〔日〕松本浩一:《宋代の道教と民间信仰》,东京:汲古书院,2006 年。

③ 刘枝万:《台湾の道教と民间信仰》,东京:风响社,1994 年,第 174~212 页。

④ 〔日〕增田福太郎原著,黄有兴中译,江灿腾主编:《台湾宗教信仰》,台北:东大图书公司,2005 年,第 94~95 页。

⑤ 〔日〕增田福太郎:《台湾の宗教》,东京:养贤堂,1935 年,第 5~61 页。

⑥ 〔日〕池泽优:《"孝"思想の宗教学的研究》,东京:东京大学出版会,2002 年,第 10~11 页。

教"，笔者认为因它涵盖着众多教派，在本书中皆以"闾山教派"称之。一个教派的成立，必须要有它的经典教义为思想基础，有组织群众为力量，有信仰核心为目标等，而闾山教派更以科仪为它的实践手段。在众多净明道经典中皆以"灵宝×××"之名存在，这类的经典皆着重在宗教教派实践上。净明道着重内丹的修炼与符箓的应用、炼丹自渡与济世渡人，同时参酌禅宗与儒家思想，扩展到整个社会，闾山教派就在这背景中因应而生。如从《海琼白真人语录》得知其中的闾山九郎，就是各地闾山教派所崇拜的法主许真君。因此，闾山教派的神系是以许真君为教主，再以原始道教诸界圣神与后天得道仙真为闾山教派的崇拜领域，如道教的神仙系统有先天尊神、星君、自然界诸神、地方神祇、民间吉祥俗神、冥司神灵、得道仙真、佛教道教俗神化及祖先崇拜等。

闾山教派一向被认为是道教体系中的"法教"或"法派"，也被称为"道法二门"。因它的显现在宗教领域中是以科仪为主轴，表面上看是一种民俗艺曲的演出，但它背后的教义是一套社会的教化功能，靠着科仪的演法，首先所做的是存神变神到神人融合的天人合一。在这整个仪式的演出中，每个程序步骤都有它代表的内涵，包括服饰穿戴、禹步型式、表章青词的发送等，都表现出庄严肃穆、规范有序的礼敬鬼神气氛。闾山教派在科仪上尚有其他的社会功能，如追求社会安定的心理，一般常以禳灾植福方式出现在民众生活中，使民众心理因仪式的进行而得以调适，同时迎合民众对理想与吉祥的渴望。如农民的祈雨祈晴，祈求福禄财喜寿等科仪，《道藏》的《道法会元》中也都有详尽的科仪记载。

闾山教派在台常因地域的不同，受到时空的转化而变迁。台湾的闾山教派虽传自大陆，但随着不同朝代政权的轮替，宗教政策改变了整个宗教原有的特质。如荷兰统治时期的施政重点，在于将台湾宗教文化由先住民部落的祖先崇拜，改为基督教信仰。当时先住民的宗教信仰系属多神论与巫的信仰，他们的巫师(尪姨)即为祭司，同时尪姨也会借由巫术为人占卜与预言，这种信仰被当时的荷兰人所禁止,并对巫师加以迫害。日据时期日人在政策上,首先实施"皇民政策",台湾人民必须放弃原有道教与民间信仰,烧毁神像,禁止台湾原有的宗教活动;而改信日本神道教并参拜神社,同时也要对日本天皇进行膜拜。台湾光复至今,宗教政策起伏变化,加上台湾的宗教世俗化,使得台海两岸的闾山教派有些许不同。因台湾的闾山教派已非原始传统道教,它的组成涵盖着儒释道三个教派,被归类到非正统道教中。

在台发生变迁的闾山教派,因各派别之间相互吸取精华,尤其在科仪上,为了顺应世俗社会,调整了原有各派别的特色,使得在台湾的闾山各派几乎已统合而无差别,如道士与法师或红头司公与黑头司公之间已混淆不清。这种变化与各派别的分布有所关联,台湾南北部虽相隔不甚遥远,但在文化上有些许差别,南部较接近于农业社会,而北部较为商业化。这种地区文化上的差异导致所在地区民众思维上的不同,信仰也就随地方的习俗而变化,这个变迁的过程与迁台的教派渐次世俗化的趋势,对教义体系不完整的民间宗教产生负面的冲击,或使其融会成另一体系。如"道、法、教、派"之混淆不清,不知自身的派别归属何种领域的教派信仰;有"教、庙"无"法",众多闾山教派的宫观并无一套自身的教义与信仰,也无自己的演法团队,或所演之法是以佛教经典为规范;亦有"法"无"教、庙"或有"道"亦有"佛";更有将五营兵将、三十六官将等系统视为闾山教派,使整个闾山教派神系组成或宫观属性机能产生了众多的变异。

由于社会经济的繁荣、知识水平的提升,道德素养也随之提高;因此,闾山教派在台宫观机能也有所变异,宗教场所成为宗教与社会宣化的所在,运用信仰群众的慈悲心,从宗教信仰走入"社会关怀",宗教也因而成为安定社会与调适身心的一个体系。但也有从政治企图走入宗教宫庙的信仰团体,以搏取其政治利益,这都是闾山教派在台不寻常的变迁。在总体上,这种变迁与大陆相较又有更大的差异性,田野调查后发现大陆诸多道场之整个结构与经营模式与在台的已分道扬镳。但异中求同,台海两岸在信仰上也有众多相似之处,如基层百姓与传统的农业社会里都具有典型意义的传统宗教情感,这种浓厚的民俗性与基层民意,是中国传统文化社会信仰流行之基础。

闾山教派沿袭道教与道家之思想、儒家与释教之思想、民间信仰与巫术之思想。但还是以道教道家方面的老子与庄子学说为思想的最主要代表,这也是道教教义的理论基础。因为闾山教派是由正一道、净明道、密教瑜伽派与巫术综合而成的"道、释、儒、巫"融合教派,在总体思想层面而言,它的教义是以道教为体、巫术为用的教派,更以佛教与儒教的思想为辅,因为儒释两教也是社会伦理道德的重要组成部分。为迎合社会的发展需求,也要有儒家与佛教的理论道德为基础。在《道藏源流考》记载了道教创始人张天师与巫觋的关系,因而闾山教派在实践领域上,与道及巫的思想来源息息相关,亦即离不开天师道之道法与符箓内容。闾山教派的科仪内涵充满着巫术思维,在仪式进行中,首先存神变神进入人神合一状态而产生神通并通神,进而假想对整个宇宙的操控。这种人神一体之思想为远古的巫术与萨满行为。

闾山教派的产生并非偶然的,在中国古代即有"三教合流"或"三教合一"之称。这是因为宗教在哲学思想发展过程中,由于世俗化的影响,在民间因儒、佛、道三教合流产生了非官方的宗教,或俗称的民间信仰,它们的形成是因儒学的通俗化及佛、道两教的世俗化;但它们的神圣性依然存在,因而吸引大批信仰群众,反过来为当政者所注重。在封建社会,儒家是主流,这促使佛道两教向儒家寻求庇护,导致儒释道三教融合的社会风潮,也因此产生了闾山教派前身的"净明忠孝道"。在北宋的禁巫政策下,闾山教派又以佛教为掩护,因此与密教瑜伽派有所接触,导致而后传言闾山教派系由瑜伽派分离出来。

闾山教派道法二门,是道与法的合成。"道"是老子宇宙观的核心,而"自然"是"道"的本性,所以老子的道存在于宇宙自然中,是宇宙万物的本源,也是宇宙自身所固有的生命力和创造力。这个道由无到有,也是有道才有法,道法相连、道法相应与主辅相成,它的生成是一种无意识中所产生的自然现象。因此,"道法自然"正是老子在宇宙观中的思想渊源,也是宇宙万物生成的本能。闾山教派在道的思想基础上,以法的实践来发挥道中原有的内涵,也唯有道在法的执行中,才能依循道的自然轨迹达到法与道的相应。

闾山教派道与法的应用,着重以道为核心,以法围绕在这核心的范畴上,广泛实践在人身个体中,如它的神仙观、生命观。在闾山教派神仙系统中,修炼是成仙的一个路径,许逊的举家拔宅飞升是他修炼最终的成果。此外尚有众多途径,如以道法广施功德于群众或为社会消灾解厄、驱邪除煞等有益于社会大众者,皆被列入神班系统中,这即是闾山教派的神仙观。闾山教派的生命观,认为人也是组成道的一部分,在宇宙自然运行下,人身随之起伏不定,但不应脱离宇宙正常轨迹。道教认为一旦超乎此范畴,三魂七魄即会散失而致病或死亡。因此,人必须对道与法有着敬畏,道教也认为道与法的组成因素充满着巫的存有,天地人鬼神本是一体的,它充满在自然宇宙中,人的祸福操控在天地鬼神当中,所以人必须礼敬天地、祭拜鬼神。闾山教派因而有着对应天地鬼神的道法存在,应用道法的操作使人远离厄运的框架,免于鬼魂的干扰。闾山教派又有一套术数的思想,应用术数实践操作,移除天地人鬼神的界墙,将人之形炁神重新组合,找出宇宙运循的自然轨迹,从真理中找到其中的逻辑,跳脱出宇宙自然的框架,从而脱离鬼神的束缚,再以各道法的执行,来达到天地人鬼神的平衡;同时也透过术数中的修炼,结合人体先后天之炁,来调和灵体与肉体五行之炁,以实现返璞归真、延年益寿,这是闾山教派最终之目的。

闾山教派的思想最主要是应用在社会功能上,一个社会的安定与宗教有着奇妙的纽带关系。古代农耕社会中,人民所追求的是风调雨顺与国泰民安,社会的天灾地变影响民心最巨,只能借助宗教的力量来平和民心的恐惧与不安。闾山教派有着一套完整的禳灾植福思想,去追求社会安全的重构,以迎合社会理想的渴求,实现世俗吉祥文化的功能。尤其在探究道教道法的思想时,闾山教派又是一种不同的角色存在,本着教派具有的丰富法术基础,延用原始道家、道教与古部落巫术的思想,再以《道法会元》的道与法为基础,为国家或社会举办祈雨法会或祈福法会,不谈其仪式的功效为何,最主要的是其背后深层的意义功能,即使社会民心安定得到调适。尤其在运用北斗与星辰信仰中,在"南斗注生,北斗注死"的观念下,闾山教派也有善用五斗米道的三官手书执行禳灾植福、消灾解厄的科仪仪式。这种仪式除了安定民心外,其背后最主要的意涵是一种劝导社会为善的教化功能。

在闾山教派的医疗观上,主要是教理上充满着"魂魄"与"鬼神"信仰,人病是为魂魄分去,人死是为魂魄尽去,人不能脱离魂魄而躯体独立存活,也因此闾山教派有摄魂之法,可将魂魄复体而病除。另外在闾山教派的思想内涵围绕着"积功为善",尤其在它的致病观与却病观上,"积功为善"也是它的核心所在。在宗教道德范畴中,"功过格"思想是道教实践过程中的一种工具,是以"功过格"的思想引导民心向善。闾山教派认为在人身的范围空间里,充满着专司功过的鬼神,记载着人身的善与恶,而导致人身受到赏善惩恶。因此,闾山教派在劝导为善的基础上,有套"开恩赦罪"的道法,它的仪式是借由法会的操作,让人们思过忏悔,在意识中得到心理思维的转化与调适,增强了生命价值观;重要的是仪式背后的意涵是以行善布施为教化,增添了人们对社会的道德感召。

在此闾山教派整体研究中,将来如能再将有争议的与相似的门派都列入整合论述,将更显现出闾山教派的完整性。本书除了既有的文献爬梳外,运用田野调查,重新建构、修正、补足既有之理论差异,同时与前人研究的相关体验与成果做出比较,并厘清其中众多的疑点。这种闾山教派的理论创新研究,是以道教的基本理论思想与信仰为基础,尊重历史演化,运用历史上道教教义的核心思想和基本面向,对原有的部分教义思想做出新的阐释,以完成整体闾山教派教义的重构,导正教派内的基本理念与思想的偏差点。而后有赖教内与教外的研究者和道教徒,共同运用道教文化的资源,再创闾山教派新纪元。

附　录

过路关科仪

（台南市　林道长提供手抄本　2013 年 3 月）

路关咒

天开光　地开光　开光圣者开路光
开光圣者展神通　看见阴府大路头
看见门前草埔路　草埔路上平波波
草埔路上草发芽　草埔路上亦好走
草埔路上亦好走　急急行　急急走
前人叫汝亦无应　后人叫你亦无听
元帅行过献纸钱　献钱献纸买路过

照见前下长江水　看见江水白茫茫
妖魔鬼怪甚惊人　银河水卒来扶童
杨州童子来接引　接引元帅过阳桥
吾法之时天地动　飞浮走马过阳桥
太上老君律令敕　神兵火急如律令

谨请本坛诸猛将　　不舍慈悲降坛前
灵符烧化江湖海　　毫光发射照天堂
照去阎罗天子殿　　牛头狱卒尽皆惊
手执桃枝分世界　　金枪打开五岳门
打开路途万里路　　拜请中坛来点灵
哪吒太子来扶身　　扶起善信一点灵
阴府路上速起程　　急急转身出坛门
出坛急往太岁关　　值年太岁把关隘
献钱献纸买路过　　太岁关隘行过了

青龙关口再行程　　青龙神君把关隘
献钱献纸买路过　　青龙关隘行过了
朱雀关口再行程　　朱雀神君把关隘
献钱献纸买路过　　朱雀关隘行过了
白虎关口再行程　　白虎神君把关隘
献钱献纸买路过　　白虎关隘行过了
玄武关口再行程　　玄武神君把关隘
献钱献纸买路过　　玄武关隘行过了
阴阳关口再行程　　阴阳桥头分阴阳
过桥以后是阴间　　金枪打开阴府门
打开三条万里路　　打开阴府七路头
打开阴府摄生魂　　阴府路上速起程
七路分做七路走　　三路分做三路行
中坛元帅来降临　　哪吒太子来扶童
铁鞭打开三条路　　金枪打开五狱门
接引生童说分明　　说长说短说原因
一路直去是阴府　　阴府直去是草埔
草埔路上草青青　　草埔青草相交缠
恩主马上献纸钱　　草埔路上行过了

赤土路上再行程　　　赤土路上马纷纷
赤土路上断人间　　　救起马鞭马脚软
放落马鞭如云飞　　　恩主马上献纸钱
赤土路上行过了

乌土路上再行程　　　乌土路上赤芙芙
乌土路上实难行　　　恩主马上献纸钱
乌土路上行过了　　　石埔路上再行程
石埔路上平坦坦　　　石埔路上不见鬼
恩主马上献纸钱　　　石埔路上行过了
石板小路再行程　　　石板小路平坦坦
前无人家后无店　　　恩主马上献纸钱
石板小路行过了

马齿砂路再行程　　　马齿砂路马齿砂
马齿砂路实是粗　　　左手把沙变成米
右手把草变成兵　　　恩主马上献纸钱
马齿砂路行过了

六角亭上再行程　　　六角亭下六角砖
六角亭下好茶汤　　　六角亭下行过了
八角亭上再行程　　　打马走到八角亭
八角亭上六角砖　　　八角亭下好花园
走入花园花味香　　　前去步步来接引
路途寸寸说分明　　　观音大士大慈悲
善才良女排两边　　　恩主献钱拜观音
直去阴府急急行　　　土地借问何处去
直去东岳进钱财　　　恩主献钱买路过
八角亭下行过了

行到此地北狱门　　大道通通透天庭
小路通通透地府　　祖师为我发毫光
本师为我发毫光　　仙人玉女发毫光
七祖仙师发毫光　　合坛官将发毫光
毫光发起照天堂　　照去阴阳三港口
符水变化江湖海　　金鞭打开阳州城
手执桃枝分世界　　打开阴府三条路
照去阴府大路头　　照去阴府路上行
大路直透阴府路　　小路通通透阳城
中央一路是东狱　　北方一路是阴府
西方一路是阎罗　　阎罗一路实稀稀
妖精鬼怪相交缠　　妖精鬼怪排两边
阎罗一路乌纷纷　　不见生魂路上行
只见元帅变马鞭　　三步变做二步行
二步变作一步走　　走到阴府三江口
冷水坑口土地公　　……

冷水坑岭　　黑虎林内　　石碎路上
石板路上　　白云山岭　　黑云山岭
破钱山岭　　杀人山岭　　生人市头
刽狗坑口　　刽牛坑口　　龙关井前
相思山岭　　心酸山岭　　亡魂山岭
金钢桥头　　杨柳江边　　霜雪山岭
七里沙洋　　……

奈何桥水分三港　　一半清水是阳间
一半浊水是阴间　　一半红水是血河
恩主行善桥上过　　引人看着桥下人
去时莫采桥上花　　回来莫看桥下水

桥头将军来接引　桥尾土地来扶童
将军土地排两边　恩主马上献纸钱
奈何大桥行过了

观落阴入宫法(三姑奶妈咒)

(板桥于道长提供)

天清清,地灵灵,请卜三姑找亡灵,亡灵亡哀哀,请卜三姑出坛前。阮厝本坛样样有,也有香水也有粉,也有胭脂乎阮三姑姐妹点嘴唇。也有槟榔心也有荖叶藤,荖叶好食甜不分任心,要分阮三姑较是亲。

亲仔亲,一条手帕绣群莺,双头绣花枝。

一条手帕绣群鸟,双头绣凤鸟,凤鸟飞过抑仙洞。

开仔开,仙童娘娘汝都知,日时烧香点火请姑来,冥时烧香请姑来。请落请,请卜大姑来伴坛,请卜二姑来问圣,请卜三姑带你路阴行。带去大路平波波,带去小路好迄逦。

前人叫你你无听,后人叫你你无应,做你急急行,做你急急去。三步变做二步行,二步变做一步走。

走到六角亭口,走到六角庄,六角亭好茶汤,六角亭下好花园,直走入花园,花园花味香,入卜酒店面带缸。

姑仔姑,姑今好花汝无插,好酒汝无食,食去酒醉难认人。

一条大路分做三路行,一条大路透阴府,一条小路透阴城,探父探母探亲戚,探兄探弟探本命,探花丛。

三姑灵、三姑圣,三姑显圣有名声,坐得久,说得久,说得定,说卜分明分阮听。急急如律令。

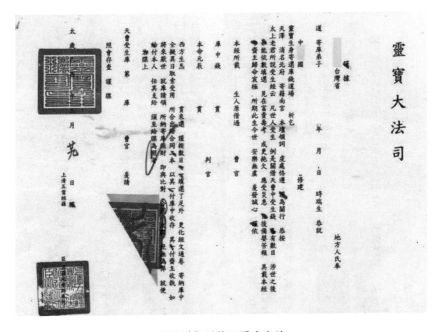

道教禅和派补还受生文疏

福建闾山教派「祈雨家书式」文疏

上感师德　嗣孙不避遣责

今据南瞻部州　（住址）　为祈雨法事　谨其急行家书申闻者

伏乞照应施行符　（略）

急行家书叩拜上申

祖师

玉帝御前

伏魔相府宗师

雷部掌籍判官圣前伏望

师慈允嗣孙家书特赐首肯后下

雷门苟　毕　辛　张　四大元帅　点率雷神　风伯　雨师　五海龙王

仙佛临坛水府龙宫　即速轰雷智雾大施甘泽救济焦枯

如有妖魔揭截就行摄送天狱治罪伏乞明彰报应法敷冒师威

伏乞遵照不备急切上申

谨据（如系用指头刺血书字「呈」）

闾山正教主行祈雨

天运下元岁次壬辰　年　某　月　某　日　嗣孙某某某家书　叩拜上申

福建闾山教派"祈雨家书式"文疏

祈雨家書

具位　嗣法小孫姓某頓首再拜。

右某揯櫟散材，雷霆小吏，仰承道蔭，忝列嗣孫，夙夜驚惶，無由懺謝。今借陳於悃愊，知上犯於崇嚴。○入意○職范雷司，豈容坐視，主張法教。未敢自專，謹具家書，再拜上申

聖位。伏望

師慈，允今家書事理，即丏面奏帝庭，請頒

勅旨，告下混沌雷省，差降十一列曜雷神，的於今月某日某時，捲水揚波，轟雷掣電，前來壇所，廣彰報應。大施三日之霖，以慰萬民之望。某干冒師嚴，不勝戰慄之至。謹具家書上

申，伏丏道照。

年　月　日具位嗣法小孫姓某家書。

道法会元祈雨家书

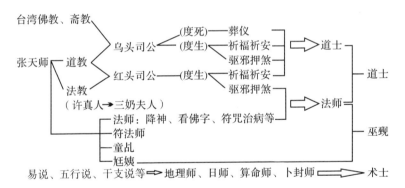

道士、巫覡、术士关系图

参考文献

一、专著

1.〔美〕艾伦·帕·梅里亚姆著,穆谦译:《音乐人类学》,北京:人民音乐出版社,2009年。

2.〔英〕埃里克·J.夏普著,吕大吉等译:《比较宗教学·译序》,台北:联经出版社,1990年。

3.〔法〕埃弥尔·涂尔干著,渠东、汲喆译:《宗教生活的基本形式》,上海:人民出版社,1999年。

4.白礁慈济祖宫管委会编:《白礁慈济祖宫史略》,龙海:白礁慈济祖宫管委会,2006年。

5.〔宋〕白玉蟾:《道藏》,北京:文物出版社,上海:上海书店出版社,天津:天津古籍出版社,1988年。

6.白云霁明主编:《正统道藏》,台北:新文丰出版社,1988年。

7.北京白云观道士编:《诸真宗派总薄》,北京:白云观,1926年。

8.陈百希:《宗教学》,台北:光启出版社,1978年。

9.〔清〕陈池养:《慎余书屋文集》,九州书局,出版时间不详。

10.陈建生等:《溪源萧公文化》,福州:海风出版社,2010年。

11.陈鼓应:《道家文化研究》,北京:三联书店,2010年。

12.陈国符:《道藏源流考》,北京:中华书局,1949年。

13.〔晋〕陈寿:《三国志》,上海:上海古籍出版社,2000年。

14.陈霞编,陈麟书撰:《宗教学原理》,北京:宗教文化出版社,2003年。

15. 陈战国、强昱:《超越生死——中国传统文化中的生死智慧》,郑州:河南大学出版社,2010 年。

16. 陈支平主编:《福建宗教史》,福州:福建教育出版社,1996 年。

17. 陈文生编校:《法窍阐微全集》,彰化:逸群图书公司,1999 年。

18. 陈支平:《福建族谱》,福州:福建人民出版社,2009 年。

19. 陈支平主编:《一统多元文化的宗教学阐释:闽台民间信仰论丛》,厦门:厦门大学出版社,2011 年。

20. 程树德:《论语集释》,台北:艺文印书馆,1990 年。

21.〔日〕村上重良著,张大柘译:《宗教与日本现代化》,高雄:佛光出版社,1993 年。

22. 德化石壶祖殿管理委员会编:《道教圣地石牛山——张公法主祖庭》,福州:福建省道教协会研究室,1998 年。

23.〔日〕丹波康赖编:《医心方》,北京:人民卫生出版社,1995 年翻印。

24.〔清〕丁步上等辑:《逍遥山万寿宫志》,广东:丰城刘芳出版社,1846 年。

25.〔清〕丁绍仪:《东瀛识略》,见《台湾文献丛刊》,1957 年。

26. 东方出版社编辑委员会:《东方国语辞典》,台北:东方出版社,1961 年。

27. 董芳苑:《台湾民间宗教信仰》,台北:长青文化事业公司,1975 年。

28. 董芳苑:《探讨台湾民间信仰》,台北:常民文化,1996 年。

29. 董芳苑:《台湾宗教论集》,台北:红蚂蚁图书公司,2008 年。

30.〔清〕董诰等编:《钦定全唐文》,北京:中华书局,1983 年。

31. 法玄山人:《闾山正宗科仪宝典》,台北:进源出版社,1999 年。

32.〔南朝宋〕范晔:《后汉书·荀爽传》。

33.〔宋〕方勺撰:《泊宅编》,北京:中华书局,1997年。

34.〔英〕菲奥纳·鲍伊著,金泽、何其敏译:《宗教人类学导论》,北京:中国人民大学出版社,2004年。

35.冯天策:《信仰导论》,南宁:广西人民出版社,1992年。

36.〔日〕福井康顺等编,朱越利、徐远和译:《道教》,上海:上海古籍出版社,1992年。

37.盖建民:《道教科学思想发凡》,北京:社会科学文献出版社,2005年。

38.〔汉〕高诱注:《吕氏春秋》,台北:艺文印书馆,1969年。

39.〔晋〕葛洪:《神仙传》,北京:中华书局,1991年。

40.〔晋〕葛洪撰,陈飞龙译:《抱朴子今注今译》,台北:台湾商务印书馆,2001年。

41.龚鹏程:《道教新论》,嘉义:南华管理学院,1998年。

42.〔清〕郭柏苍撰,福州市地方志编纂委员会编:《竹间十日话》,福州:海风出版社,2001年。

43.〔清〕郭起元、贺长龄等:《皇朝经世文编》,苏州:艺芸书舍,出版时间不详。

44.郭武:《净明忠孝全书研究》,北京:中国社会科学出版社,2005年。

45.“国立”编译馆:《五十年政治血泪》,台北:“国立”编译馆,1989年。

46.海北游人无根子:《新刻全像显法降蛇海游记传》,台北:施合郑民俗文化基金会,2000年。

47.〔明〕何乔远:《闽书》,福州:福建人民出版社,1994年。

48.〔宋〕何薳:《春渚纪闻》,北京:中华书局,1983年。

49.〔日〕后藤新平:《日本植民政策一斑》,东京:拓植新报社,1921年。

50.胡景钟、张庆熊:《西方宗教哲学文选》,上海:上海人民出版社,2002年。

51.〔清〕胡启植:《仙游县志》,乾隆三十六年(1771 年)。

52.黄福全编:《道教科仪集成四十六》,彰化:逸群图书公司,2010 年。

53.黄文博:《当锣鼓响起:台湾艺阵传奇》,台北:台原出版社,1991 年。

54.黄小石:《净明道研究》,成都:巴蜀书社,1999 年。

55.黄有兴:《澎湖的民间信仰》,台北:台原出版社,1992 年。

56.〔明〕黄仲昭:《八闽通志》,福州:福建人民出版社,1996 年。

57.〔宋〕洪迈撰,何卓点校:《夷坚志》,北京:中华书局,1981 年。

58.〔宋〕洪适:《盘洲文集》,上海:商务印书馆,出版时间不详。

59.〔宋〕黄岩孙:《仙溪志》,福州:福建人民出版社,1989 年。

60.〔日〕吉冈义丰:《吉冈义丰著作集》,东京:五月书房,1989 年。

61.〔清〕纪昀等编:《文渊阁四库全书》,台北:台湾商务印书馆,1986 年。

62.〔清〕纪昀总纂:《四库全书总目提要》,上海:上海古籍出版社,2003 年影印。

63.江家锦:《台南县志稿》,台南县文献委员会编,1957 年。

64.金清海、叶明生:《闽台张圣君信仰文化》,福州:海潮摄影艺术出版社,2008 年。

65.金泽:《宗教人类学导论》,北京:宗教文化出版社,2001 年。

66.金泽主编:《宗教人类学》,北京:民族出版社,2009 年。

67.康培德:《台湾"原住民"史·政策篇一》,南投:"国史馆"台湾文献馆,2005 年。

68.孔令宏:《宋明道教思想研究》,北京:宗教文化出版社,2002 年。

69.赖宗贤:《台湾道教源流》,台北:中华道统出版社,1999 年。

70.〔西班牙〕雷蒙·潘妮卡著,王志成,思竹译:《宗教内对话》,北京:宗教文化出版社,2001 年。

71.〔西班牙〕雷蒙·潘妮卡著,思竹译:《宇宙—神—人共融的经验》,北京:宗教文化出版社,2005 年。

72.〔宋〕李昉等编,汪绍楹校:《太平广记》,北京:人民文学出版社,1959 年。

73.〔宋〕李昉等:《太平御览》,台北:台湾商务印书馆,1968 年影印。

74.〔宋〕李昉编:《太平广记》,台北:文史哲出版社,1987 年。

75.李丰楙:《探求不死》,台北:久大文化,1987 年。

76.李丰楙:《许逊与萨守坚:邓志谟道教小说研究》,台北:学生书局,1997 年。

77.〔明〕李辅等纂修:《辽海丛书·全辽志》复印件,沈阳:辽海书社,未列年代。

78.李文瑄:《精神医疗面面观》,台北:天马文化出版社,1999 年。

79.李霞:《生死智慧——道家生命研究》,北京:人民出版社,2004 年。

80.李养正:《道教概说》,北京:中华书局,1989 年。

81.李亦园:《台湾民间宗教的现代趋势》,台北:立绪出版社,1999 年。

82.李亦园:《信仰与文化》,台北:巨流图书公司,1978 年。

83.李远国:《神霄雷法——道教神霄派沿革与思想》,成都:四川人民出版社,2003 年。

84.李约瑟:《中国科学技术史》,北京:科学出版社,1975 年。

85.李志鸿:《道教天心正法研究》,北京:社会科学文献出版社,2011 年。

86.〔宋〕梁克家撰,陈叔侗校:《三山志》,北京:方志出版社,2003 年。

87.〔清〕林豪:《澎湖厅志》,见《台湾文献丛刊》,苏州:艺芸书舍,1892 年。

88.林美容:《信仰、仪式与社会》,台北:"中央研究院"民族学研究所,2001年。

89.林庆善:《清流县志》,福州:福建地图出版社,1988年。

90.林有来:《万法符咒秘书》,新竹:竹林书局,1982年。

91.连横:《台湾通史·宗教志》,台北:群生出版社,1973年。

92.灵觉禅师:《闾山教符咒秘诀》,台南:正海出版社,2007年。

93.〔汉〕刘安:《淮南子》,北京:中国友谊出版社,1995年。

94.刘昌博:《台湾搜神记》,台北:黎明文化事业公司,1981年。

95.刘文三:《台湾宗教艺术》,台北:雄狮图书出版公司,2003年。

96.〔清〕刘献廷:《广阳杂记》,北京:中华书局,1997年。

97.刘枝万:《台湾民间信仰论集》,台北:联经出版社,1983年。

98.刘仲宇:《道教内秘世界》,台北:文津出版社,1997年。

99.〔德〕路德维希·费尔巴哈著,荣震华译:《费尔巴哈哲学著作选集》,北京:三联书店,1962年。

100.〔英〕罗伯特·鲍柯克著,龚方震等译:《宗教与意识形态》,成都:四川人民出版社,1992年。

101.吕大吉:《洛克物性理论研究》,北京:中国社会科学出版社,1982年。

102.吕大吉:《宗教学通论新编》,北京:中国社会科学出版社,1998年。

103.吕宋力、栾保群:《中国民间诸神》,台北:学生书局,1991年。

104.〔德〕马克斯·韦伯:《儒教与道教》,南京:江苏人民出版社,2003年。

105.〔意大利〕马利亚苏塞·达瓦马尼著,高秉江译:《宗教现象学》,北京:人民出版社,2006年。

106.〔英〕马凌诺斯基著,费孝通译:《文化论》,北京:中国民间文艺出版社,1987年。

107.〔英〕马凌诺斯基著,朱岑楼译:《巫术、科学与宗教》,台北:协志工业丛书出版社,1978 年。

108.马书田:《中国民间诸神》,台北:云龙出版社,1993 年。

109.〔美〕麦克·彼得森著,孙毅、游斌译:《理性与宗教信念:宗教哲学导论》,北京:中国人民大学出版社,2005 年。

110.〔美〕迈克尔·萨梭编:《庄林续道藏》,台北:成文出版社,1975 年。

111.孟慧英:《中国北方民族萨满教》,北京:社会科学文献出版社,2000 年。

112.闵智亭:《道教仪范》,台北:新文丰出版社,1995 年。

113.闵智亭:《道教玄门日诵早晚功课经注》,北京:宗教文化出版社,2000 年。

114.〔美〕莫里斯·克莱因著,张理京等译:《古今数学思想》,上海:上海科学技术出版社,1979 年。

115.〔宋〕欧阳修、宋祈撰,杨家骆主编:《新校本新唐书》,台北:鼎文书局,1978 年。

116.庞绍元编:《广西柳州市师公文武坛科仪本汇编》,广西:新文丰出版社,1980 年。

117.〔日〕片冈岩著,陈金田译:《台湾风俗志》,台北:大立出版社,1981 年。

118.普明:《大云轮请雨经》,台北:普明梵语轩,2011 年。

119.〔宋〕普容:《万字新纂续藏经》,中华佛典宝库。

120.蒲慕州:《追寻一己之福——中国古代的信仰世界》,台北:麦田出版社,2004 年。

121.〔唐〕钱宝琮校:《算经十书》,北京:中华书局,1963 年。

122.卿希泰主编:《中国道教》,上海:上海知识出版社,1994 年。

123.卿希泰主编:《中国道教史》,成都:四川人民出版社,1988 年。

124.〔日〕秋月观暎著,丁培仁译:《中国近世道教的形成:净明道的基础研究》,北京:中国社会科学出版社,2005年。

125.瞿海源:《宗教、术数与社会变迁》,台北:桂冠图书股份有限公司,2006年。

126.饶宗颐:《老子想尔注校证》,上海:上海古籍出版社,1991年。

127.任法融:《道德经》,北京:白云观,年代不详。

128.任继愈主编:《中国道教史》,上海:上海人民出版社,1990年。

129.任继愈主编:《中国科学技术典籍通汇》,郑州:河南教育出版社,1993年。

130.畲国纲:《罗铸重文集》,湖南:湖南教育出版社,1999年。

131.沈平山:《中国神明概论》,台北:新文丰出版社,1987年。

132.〔荷〕施博尔:《道教与台湾》,台南:台南市文献委员会,1966年。

133.石泰安编,吕鹏志译:《二至七世纪的道教和民间宗教》,北京:中华书局,2002年。

134.〔汉〕司马迁撰:《史记》,长沙:岳麓书社,2012年。

135.台南道家三清道院编:《道教玄门经典抄本》,台南:台南道家三清道院,出版年不详。

136.台湾社寺宗教刊行会编撰:《台北州下に于ける社寺教会要览》,台北:台湾社寺宗教刊行会,1933年。

137.陶磊:《从巫术到数术》,济南:山东人民出版社,2008年。

138.〔日〕窪德忠:《道教史》,东京:山川出版社,1977年。

139.〔日〕窪德忠编,萧坤华译:《道教史》,上海:上海译文出版社,1987年。

140.〔日〕丸井圭治郎:《台湾宗教调查报告书》,台北:捷幼出版社重刊,1993年。

141.〔晋〕王弼注,〔唐〕孔颖达疏:《周易注疏》,台北:艺文印书馆影印南昌府学重刊宋本。

142. 王弼：《老子道德经注》，台北：世界书局，1958 年。

143. 王弼：《周易正义》，台北：广文书局，1972 年。

144. 王伏阳：《老君历世应化图说》，彰化：逸群图书公司，2001 年。

145. 王明编：《太平经合校》，北京：中华书局，1960 年。

146. 王秋桂、李丰楙主编：《三教源流圣地佛祖搜神大全》，台北：学生书局，1989 年。

147. 王秋桂：《中国传统科仪本汇编》，台北：新文丰出版社，2007 年。

148. 〔清〕王玉德撰，刘道超译注：《协记辨方书》影印本，南宁：广西人民出版社，年份不详。

149. 陈鼓应注译：《庄子今注今译》，台北：台湾商务印书馆，1999 年。

150. 陈鼓应注译：《庄子今注今译修订版》，台北：台湾商务印书馆，2004 年。

151. 〔唐〕魏征等：《隋书》，北京：中华书局，1977 年。

152. 温国良编译：《台湾总督府公文类纂宗教史料汇编》，南投：台湾省文献委员会，1999 年。

153. 〔清〕文国绣修：《南平县志》，康熙五十八年（1719 年）刊本。

154. 〔明〕无根子集，叶明生点校：《海游记》，《民俗曲艺丛书》，台北：施合郑民俗文化基金会，2000 年。

155. 吴先化：《净明宗闾山派符咒》，彰化：逸群图书公司，2001 年。

156. 吴小强：《秦简日书集释》，长沙：岳麓书社，2000 年。

157. 吴永猛、谢聪辉：《台湾民间信仰仪式》，台北：空中大学发行中心，2005 年。

158. 〔日〕小野玄妙等校：《大正新修大藏经》，台北：新文丰出版社，1983 年影印。

159. 谢宗荣：《台湾传统宗教文化》，台中：晨星出版社，2003 年。

160.〔清〕辛竟可总修:《古田县志》,乾隆辛未年(1751年),古田县地方志编纂委员会,1987年。

161.徐晓望:《福建民间信仰源流》,福州:福建教育出版社,1993年。

162.许丽玲、林美容主编:《信仰、仪式与社会》,台北:"中央研究院"民族研究所,2003年。

163.许绍龙:《符咒施法全书》,台北:满庭芳出版社,2007年。

164.〔汉〕许慎撰:《说文解字注》,台北:黎明文化事业,1985年。

165.〔晋〕许真君纂,武林、朱说霖雨畴重校:古本《玉匣记》,出版及年代不详。

166.〔清〕阎永和等:《重刊道藏辑要》,成都:巴蜀书社,1906年重刻。

167.杨丹妮、何浩然、杨眉编:《行礼如仪》,北京:人民教育出版社,2005年。

168.叶明生:《福建省龙岩市东萧镇闾山较广记坛科仪本》,台北:新文丰出版社,1996年。

169.叶明生:《闽台张圣君信仰文化》,福州:海潮摄影艺术出版社,2007年。

170.叶明生、劳格文编:《福建省建阳市闾山派科仪本汇编》,台北:新文丰出版社,2007年。

171.叶明生、李秋桂:《闾山派科仪本汇编》,台北:新文丰出版社,2007年。

172.叶明生:《闽台张圣君信仰文化》,福州:海潮摄影艺术出版社,2008年。

173.余安邦:《情、欲与文化》,台北:"中央研究院"民族研究所,2003年。

174.余光弘:《台湾地区民间宗教的发展》,台北:"中央研究院"民族学研究所,1981年。

175.余光弘:《续修澎湖县志》,澎湖:澎湖县政府,2005年。

176.〔美〕余英时著,侯旭东译:《东汉生死观》,台北:联经出版社,2008年。

177.俞晓群:《数术探秘·数在中国古代的神秘意义》,北京:三联书店,1994年。

178.〔汉〕袁康、吴平辑录,俞纪东译注:《越绝书全译》,贵阳:贵州人民出版社,1996年。

179.〔日〕增田福太郎原著,黄有兴中译:《台湾宗教信仰》,台北:东大图书公司,2005年。

180.詹石窗、林安梧:《闽南宗教》,福州:福建人民出版社,2007年。

181.詹鄞鑫:《心智的误区——巫术与中国巫术文化》,上海:上海教育出版社,2001年。

182.〔晋〕张华撰,范宁校证:《博物志校证》,北京:中华书局,1980年。

183.张汉修,丘复纂:《上杭县志》,上杭启文书局铅印本,1938年。

184.张继禹主编:《中华道藏》,北京:华夏出版社,2004年。

185.〔宋〕张君房编,李永晟点校:《云笈七签》,北京:中华书局,2003年。

186.张荣明:《堪舆即成》,重庆:重庆出版社,1994年。

187.〔宋〕张世南:《宦游纪闻》,北京:中华书局,1981年。

188.〔明〕张以宁:《临水顺懿庙记》,《古田县志》,1606年。

189.〔元〕张以宁:《顺懿庙记》,古田临水宫管委会,2004年。

190.〔金〕张元素:《金史》,太原:山西科学技术出版社,2013年翻印。

191.张振国:《道教教义的现代阐释》,北京:宗教文化出版社,2002年。

192.钟华操:《台湾地区神明的由来》,台北:台湾省文献委员会,1988年。

193.郑志明:《以人体为媒介的道教》,嘉义:南华大学宗教文化研究中心,2000年。

194.郑志明:《宗教与民俗医疗》,台北:曜鸿出版社,2004年。

195.郑志明:《宗教的医疗观与生命教育》,台北:台湾宗教用品公司,2004年。

196.郑志明:《道教生死学》,台北:文津出版社,2006年。

197.郑志明:《传统宗教的文化诠释》,台北:文津出版社,2009年。

198.郑镛:《闽南民间诸神探询》,郑州:河南人民出版社,2009年。

199.〔元〕赵道一撰,胡孚琛主编:《中华道教大辞典》,北京:中国社会科学出版社,1995年。

200.周伯达:《甚么是中国形上学——儒释道三家形上学申论》,台北:台湾学生书局,1999年。

201.〔明〕周华编,蔡金耀校:《兴化县志》,1936年。

202.〔明〕周思得:《藏外道书》,成都:巴蜀书社,1992年。

203.〔清〕周玺编:《彰化县志》,见《台湾文献丛刊》,1830年。

204.朱存明:《灵感思维与原始文化》,上海:学林出版社,1995年。

205.〔唐〕朱法满撰,胡道镜选辑:《道藏要籍选刊》,上海:上海古籍出版社,1989年。

206.〔明〕朱权编:《中华道藏》,台北:新文丰出版社,1995年。

207.〔宋〕宗镜述,〔明〕觉连重集:《大藏新纂万字续藏经》,石家庄:河北佛教协会,2006年。

208.《马克思恩格斯选集》,北京:人民出版社,1972年。

209.〔清〕《安平县杂记》,见《台湾文献丛刊》,1830年。

210.《福建府县志辑》,上海:上海书店出版社,2000年。

211.《勒封天后志》,妈祖出生地贤良港藏书,乾隆戊戌年(1778年)。

212.〔宋〕《三教源流搜神大全》,长沙:中国古书刊印社,1935年。

213.〔清〕《三教源流搜神大全》,上海:上海古籍出版社,1990年。

214.〔明〕史馆臣合撰,台湾"中央研究院"校勘:《明太祖实录》,1962年影印。

215.《术数集成》,重庆:重庆出版社,1994年。

216.〔清〕《太上洞玄灵宝高上玉皇本行集经》,清康熙五十一年(1712年)。

217.〔明〕《万历道藏本》,上海:上海古籍出版社,1990年。

218.《阴符经》,民国珂罗版,成书年代不详。

219.〔明〕《藏外道书》,成都:巴蜀书社,1992年。

220.〔明〕《正统道藏》,上海:商务印书馆,1923—1926年影印。

221.〔明〕《正统道藏》,台北:新文丰出版社,1988年影印。

二、期刊论文

1.陈芳伶:《陈靖姑信仰的内容、教派及仪式探讨》,台南:台南师范学院乡土文化研究所,2003年。

2.陈进国:《安镇符咒的利用与风水信仰的辐射——以福建为中心的探讨》,《世界宗教研究》2002年第4期。

3.陈孟家:《商代的神话与巫术》,《燕京大学学报》1936年第20期。

4.陈文龙:《"法"与宋元道教的变革——评"道教天心正法研究"》,《世界宗教研究》2012年第4期。

5.段玉明:《中国宗教学应加强宗教实践技术的研究》,《云南社会科学》2007年第3期。

6.范立舟:《南宋元代符箓道的发展与净明道的出现及其思想特质》,《国际社会科学杂志》2009年第3期。

7.方丽等:《正确处理宗教领域人民内部矛盾的路径选择》,《理论导刊》2011 年第 2 期。

8. 郭武:《关于净明道研究的回顾及展望》,《汉学研究通讯》2000 年第 3 期。

9. 郭武:《何真公、周真公与南宋净明道团的演变》,《汉学研究通讯》2002 年第 2 期。

10. 郭武:《净明道与传统道派关系考述》,《云南社会科学》2005 年 3 期。

11. 金清海:《台湾地区张圣君法主公信仰文化源流及现况探究》,《成大宗教与文化学报》2008 年第 10 期。

12. 江灿腾:《日本帝国在台殖民统治初期的宗教政策与法制化的确立》,《中华佛学学报》2001 年第 14 期。

13.〔法〕劳格文:《台湾北部正一派道士谱系(续篇)》,《民俗曲艺》第 114 期,1998 年。

14. 赖保荣:《从儒道互补看净明道的特色》,《中国道教》2002 年第 6 期。

15. 李丰楙:《不死的探求:从变化神话到神仙变化传说》,《中外文学》1986 年第 5 期。

16. 李丰楙:《台湾中部红头司与客属聚落的醮仪行事》,《民俗曲艺》第 116 期,1998 年。

17. 李星:《论许真君对农业生产的影响》,《农业考古》2008 年第 3 期。

18. 李玉昆:《亦佛亦道的法主公》,《泉州民间信仰》1996 年第 11 期。

19. 林昌华:《殖民背影下的宣教——17 世纪荷兰改革宗教会的宣教师与西拉雅族》,台北:"中央研究院"民族学研究所,2013 年。

20. 林渭洲:《台湾地区清水祖师信仰研究——以台北、台南地区为中心》,台南:"国立"成功大学历史语言研究所,1992 年。

21. 林琴玉:《探究闽东马仙信俗的宗教特征》,《宁德师范学院学报》2012 年第 4 期。

22. 林振源：《闽南客家地区的道教仪式:三朝醮个案》,《民俗曲艺》第 158 期,2007 年。

23. 刘不朽：《三峡第一赋:宋玉〈高唐赋〉之文化诠释》,《中国三峡》2003 年第 9 期。

24. 刘锡诚：《非物质文化遗产的文化性质问题》,《福建省社会主义学院学报》2006 年第 1 期。

25. 刘枝万：《中国民间信仰论集》,台北:"中央研究院"民族学研究所,1974 年。

26. 刘仲宇：《道教通向现代社会的端口》,《中国宗教》2002 年第 6 期。

27. 吕锡琛：《论净明道对儒家忠孝思想的继承和发展》,《株洲工学院学报》2005 年第 5 期。

28. 毛攀云、石潇纯、周探科：《1988—2012 年梅山文化研究述略》,《湖南人文科技学院学报》2013 年第 1 期。

29. 宁俊伟：《由谱录考许逊与吴猛之关系》,《山西大学学报(哲学社会科学版)》1999 年第 1 期。

30. 〔日〕片冈岩：《台湾风俗志》,《台湾日日新报》,1921 年。

31. 冉云华：《论中国佛教核心思想的建立》,《中华佛学学报》2000 年第 13 期。

32. 日生：《宗教神圣性功能与宗教社会作用的复杂性》,《中国宗教》2003 年第 12 期。

33. 孙亦平：《论净明道三教融合的思想特色》,《世界宗教研究》2001 年第 2 期。

34. 石沧金、欧阳班铱：《马来西亚华人的三一教信仰考察》,《东南亚研究》2012 年第 3 期。

35. 石奕龙：《临水夫人信仰及其对民俗活动的影响与解释》,《民俗研究》1996 年第 3 期。

36. 宋龙飞：《民俗艺术探源》,台北:艺术家杂志社,1982 年。

37. 宋永和、叶明生：《普庵信仰在福建民间之文化形态探讨》,

《闽江学院学报》2010 年第 6 期。

38.田青青、张义桂:《中国宗教的情感论特点浅析》,《湖北省社会主义学院学报》2011 年第 3 期。

39.魏德毓:《道教仪式传统的演变——以闽西正一派火居道士为例》,《福建省社会主义学院学报》2010 年第 6 期。

40.王红梅:《元代畏兀儿北斗信仰探析——以回鹘文"佛说北斗七星延命经"为例》,《民族论坛》2013 年第 5 期。

41.王铭铭:《地方道教与民间信仰——"法主公"》,《民俗研究》1997 年第 4 期。

42.王培娟:《论中国古典文学圆美追求的文化渊源》,《中国青年政治学院学报》2013 年第 5 期。

43.谢重光、邹文清:《三圣妃信仰与三奶夫人信仰关系试析》,《文化遗产》2011 年第 4 期。

44.徐宏图、薛成火:《浙江苍南道教闾山派度关仪式》,《民俗曲艺》第 39 期,1998 年。

45.徐晓望:《论瑜珈教与台湾的闾山派法师》,《福州大学学报》2008 年第 2 期。

46.许丽玲:《台湾北部红头法师法场补运仪式》,《民俗曲艺》第 105 期,1997 年。

47.叶明生:《试论"瑜伽教"之衍变及其世俗化事象》,《佛学研究》1999 年第 8 期。

48.叶明生:《建阳闾山教功德道场仪式中灵魂信仰之探讨》,《民俗曲艺》第 118 期,1999 年。

49.叶明生:《闽台张圣君信仰之探讨》,《福建道教》1999 年第 2 期。

50.叶明生:《闽台张圣君信仰之探讨(续一)》,《福建道教》1999 年第 3 期。

51.叶明生:《闽台张圣君信仰之探讨(续二)》,《福建道教》2001 年第 1 期。

52. 叶明生:《闽台张圣君信仰之探讨(续三)》,《福建道教》2001年第2期。

53. 叶明生:《张圣君信仰发祥地与盘谷方壶寺祭仪述略》,《民俗曲艺》第138期,2002年。

54. 叶明生:《道教闾山派与闽越神仙信仰考》,《世界宗教研究》2004年第3期。

55. 叶明生:《共生文化圈之巫道文化形态探讨——福建闾山教与湖南梅山教之比较》,《宗教学研究》2005年第4期。

56. 杨世华:《浅述净明道的忠孝思想及现代价值》,《中国道教》2002年第6期。

57. 杨树喆、叶展新:《一个壮族师公班子的渡戒仪式——壮族师公文化研究系列论文之一》,《广西民族研究》2000年第1期。

58. 杨琇惠:《太平经·神仙思想探微》,《成大宗教与文化学报》2002年第2期。

59. 俞黎媛:《张圣君信仰与两宋福建民间造神运动》,《福建师范大学学报》2005年第1期。

60. 曾炆煋:《社会文化与精神医学》,《"中央研究院"民族学研究所集刊》第32期,1971年。

61. 周宗禧:《张公法主的祖殿及其羽化地点考证》,《福建道教》2000年第2期。

62. 周宗贤:《清代台湾民间的地缘组织》,《台湾文献》1983年第2期。

63. 张环宙:《从台湾历史人口的构成看台湾与祖国大陆的渊源关系》,《安徽师范大学学报》2005年第4期。

64. 张开华:《试谈道教科仪的功用》,《中国道教》2004年第2期。

65. 章伟文:《净明道的忠孝思想及形成原因初探》,《江西社会科学》2003年第6期。

66. 张泽洪:《净明道与正一道》,《江西社会科学》2001年第

12 期。

67．张泽洪：《中国南方少数民族的梅山教》，《中南民族大学学报》2003 年第 4 期。

68．张泽洪：《道教斋醮史上的青词》，《世界宗教研究》2005 年第 2 期。

69．郑工：《仙游三妃合祠习俗的历史演变考略》，《东南文化》1993 年第 5 期。

三、学位论文、会议论文

1．〔日〕酒井规史：《地方的雷法的形成（其二）——以〈洞玄玉枢雷霆大法〉为中心》，台北：经典道教与地方宗教国际研讨会，2013 年。

2．李晓文：《赣南客家地区许真君信仰研究》，赣南师范学院硕士学位论文，2007 年。

3．李游坤：《台湾基隆广远坛的传承与演变研究论文》，台北：天主教辅仁大学宗教学研究所，2011 年。

4．林庭宇：《〈净明忠孝全书〉——摄儒归道思想研究》，台北：台湾师范大学博士论文，2012 年。

5．〔日〕山田明广：《道教血湖科仪的初步探讨——以台湾南部地区为例》，台北：经典道教与地方宗教国际研讨会，2013 年。

6．萧进铭：《淡水道教的源流与内涵》，台北：淡水宗教学术研讨会，2012 年。

7．萧友信：《台湾民间宗教医疗之探讨——以收惊为例》，台湾辅仁大学论文，2007 年。

8．杨济襄：《台湾民间礼俗中的"孕母守护"图像群与仪》，高雄：第二届宗教生命关怀学术研讨会专辑，2008 年。

四、外文刊物及著作

1．Gil Raz, *Local Paths and the Universal Way：Daoism and*

Local Religion in Medieval China，International Conference on Scriptural Daoism and Local Religion，2013.

2. Ivan Strenski，*Four Theories of Myth in Twentieth-Century History*，Hong Kong：The Macmillan Press，1987.

3. Mark Meulenbeld，*What is Local about Local Religion? The Pantheon of an Ordination Document from Hunan*，International Conference on Scriptural Daoism and Local Religion，2013.

4. Stephen F. Teiser，*The Ghost Pestival in Medieval China*，New Jers.：Princeton University Press，1988.

5.〔日〕池泽优:《"孝"思想の宗教学的研究》,东京:东京大学出版会,2002年。

6.〔日〕渡边照宏氏:《思想の历史4——佛教的东渐与道教》,东京:平凡社,1965年。

7.〔日〕宫川尚志:《南宋の道士白玉蟾の事绩》,东京:同朋舍,1978年。

8.〔日〕横手裕:《白玉蟾と南宋江南道教》,(日本)《东方学报》1996年第68册。

9.〔日〕铃木清一郎:《台湾旧惯冠婚葬祭と年中行事》,台北:古亭书局,1975年翻印。

10.刘枝万:《台湾の道教と民间信仰》,东京:风响社,1994年。

11.〔日〕浅野春二:《台湾における道教仪礼の研究》,东京:笠间书院,2005年。

12.〔日〕松本浩一:《宋代の道教と民间信仰》,东京:汲古书院,2006年。

13.〔日〕泽田瑞穗:《中国の呪法》,《登刀梯》,东京:平河出版社,1984年。

14.〔日〕增田福太郎:《台湾の宗教》,东京:养贤堂,1935年。

15.〔日〕增田福太郎:《台湾本岛人の宗教》,东京:明治圣德纪念学会,1935年。

16.〔日〕增田福太郎:《民族信仰を中心として——东亚法秩序说》,东京:ダイヤモンド社发行,1942年。

17.〔日〕增田福太郎:《台湾の宗教,农村とする宗教研究1939》,东京:佐野书房,1976年。

18.〔日〕朱家骏:《神灵の音ずれ——太鼓と钲の祭祀仪礼音乐》,东京:思文阁,2001年。

19.〔日〕中村元:《东洋人の思维方法》,台北:东初出版社,1990年。

五、其他文献

1.古田县前山村拓主殿:《夫人经》,古田县前山村民历代口传唱本,收录在古田《临水宫志》。

2.兰宗荣、郑金华编:《溪源峡谷与萧公文化》,2001年。

3.李道长提供:《栽花换斗科仪》手抄本,新北市三峡区,2013年。

4.李道长提供:《请大奶咒》清代手抄本,新北市土城区。

5.李丰楙、谢聪辉:《台湾斋醮》,台北:传统艺术中心筹备处,2001年。

6.李游坤提供:《祭解科仪》《割闯义》,《2006年道士养成班教材》,基隆:广远堂手抄本,2006年。

7.刘枝万口述,林美容、丁世杰、林承毅记录:《学海悠游·刘枝万先生访谈录》,台北:"国史馆",2008年。

8.吕宸荣:《道教科仪讲义》,台北:中华道教学院,2002年。

9.吕宸荣:《祭禳救替符式》,台北:台北道教会,2004年。

10.南平市政协学习文史委员会:《南平宗教史略》,2003年。

11.台北市法主宫管理委员会:《台北法主宫沿革》,台北:台北市法主宫管理委员会,时间不详。

12.王见川:《从僧侣到神明——定光古佛、法主公、普庵之研究》,桃园:圆光佛学研究所,2007年。

13. 吴道长提供:《天赦日忏悔消灾植福》文疏手抄本乙纸。

14. 吴永猛抄本:《道教与法教科仪》,台北:保生道教学院,2006 年。

15. 吴永猛提供:《造桥过限》手抄本,年代不详。

16. 雪峰:《禅院文集》,香港:中国国际文化出版社,2010 年。

17. 袁法晟:《瑜伽派经典》手抄本,取自福建宁德柘荣县清云宫法会现场。

18. 曾金赐:《金教岩法主公庙》,新竹:金教岩管理委员会,2004 年。

19. 张柽:《道教实务》,台北:中华道教学院讲义,2003 年。

20. 张二文:《客家〈圣君爷〉信仰及其传说流变调查研究——以圣君、法主公、五营信仰之关系》,台北:台湾客家委员会,2008 年。

21. 中国道教学院招生简章:《中国道教学院章程》,2002 年修订。

22. 中华道教会编:《禅和派科仪教材讲义》,台北:中华道教学院,2001 年。

23. 中华道教总会:《中华道教神明溯源系统表》,台北:台北市道教会,无年代。

24. 中华道教总会:《认识道教》,台北:中华道教总会,2002 年。

后　记

　　艰巨工程的完成定有一优良的工作环境与一组幕后的功臣；同样地，要获得博士学位与撰写一篇合乎水平的毕业论文，必须有一所排行资优的学校，与身后的众多恩师益友及家人，方能顺利准时达阵。首先感谢导师陈支平教授的指导，及时引导本人撰写论文的思绪，另外黄永锋教授也从旁指点迷津，使我在论文撰写过程中不误入歧途；亦感谢厦门大学给我甲子后的求学机会及连续三年的巨额奖学金，使我能在优美环境下完成学业；还有不可否认的家内等家人的关怀，使我能安于学业求知。

　　人的灵魂体魄依时光岁月凋零，尤其在过了甲子年华后，必须要有养生与保健，感谢在台的朋友与医师，不时地提供养生与医药，协助照料，让我在三年求学期间免于疾病侵扰；同时在校党行政人员、老师、同学亲切关照，给予多方温馨协助，使我感觉到与在台湾家乡没有两样，有流连不去之念。

　　尚有众多恩师益友，无法一一详述，在此亦唯有"感恩"再"感恩"。

萧友信
天运岁次甲午孟夏